THE TEXT OF MATTHEW IN THE WRITINGS OF BASIL OF CAESAREA

Society of Biblical Literature

New Testament in the Greek Fathers

Edited by
Michael W. Holmes

Number 5
THE TEXT OF MATTHEW IN THE
WRITINGS OF BASIL OF CAESAREA

Jean-François Racine

THE TEXT OF MATTHEW IN THE WRITINGS OF BASIL OF CAESAREA

Jean-François Racine

Atlanta
Society of Biblical Literature

THE TEXT OF MATTHEW IN THE WRITINGS OF BASIL OF CAESAREA

Jean-François Racine

Copyright © 2004 by the Society of Biblical Literature

All rights reserved. No part of this work may be reproduced or transmitted in any form or by any means, electronic or mechanical, including photocopying and recording, or by means of any information storage or retrieval system, except as may be expressly permitted by the 1976 Copyright Act or in writing from the publisher. Requests for permission should be addressed in writing to the Rights and Permissions Office, Society of Biblical Literature, 825 Houston Mill Road, Atlanta, GA 30329, USA.

Library of Congress Cataloging in Publication Data

Racine, Jean-Francois.
  The text of Matthew in the writings of Basil of Caesarea / by Jean-Francois Racine.
    p. cm. — (Society of Biblical Literature New testament in the Greek fathers ; no. 5)
  Includes bibliographical references.
  ISBN 1-58983-116-0 (alk. paper)
  1. Basil, Saint, Bishop of Caesarea, ca. 329-379. 2. Bible. N.T. Matthew—Criticism, Textual. 3. Bible. N.T. Matthew—Quotations, Early. I. Title. II. New Testament in the Greek fathers ; no. 5.
BS2575.52.R33 2004b
226.2'0486—dc22
                                           2004000347

Printed in the United States of America
on acid-free paper

A Lucien Racine
(1920–2002)

CONTENTS

List of Tables	ix
Editor's Preface	xi
Acknowledgments	xiii
List of Abbreviations	xv
Introduction The Need for Investigating Basil of Caesarea's Quotations of Matthew	1
CHAPTER 1 Basil of Caesarea, Theologian, Ascetic and Bishop	7
CHAPTER 2 Introduction to the Critical Apparatus	27
CHAPTER 3 The Text of the First Gospel in Basil	37
CHAPTER 4 Data Analysis	239
CHAPTER 5 Peculiarities of Basil's Quotations of the Gospel of Matthew	271
Conclusion	349
Appendix A Uncertain Quotations	353
Appendix B Quotations from *de baptismo*	371
Appendix C Basil's Text of Matthew in the Apparatus of NA^{27} and UBS^4	391
Bibliography	407

LIST OF TABLES

1. Proportional Relationships (%) of All Witnesses to One Another in Matthew (coefficient of confidence: 95%)   244

2. Witnesses Ranked according to Proportional Agreement with Basil in Matthew (coefficient of confidence: 95%)   248

3. Proportional Relationships of Witnesses with Basil Arranged by Textual Group in Matthew   250

4. Basil's Attestation of Inter-group Readings in Matthew   257

5. Basil's Attestation of Intra-group Readings in Matthew   260

6. Basil's Support of Uniform and Predominant Readings That Are Also Distinctive, Exclusive or Primary in Matthew   266

7. Preservation of Uncommon Non-Byzantine Variants   284

EDITOR'S PREFACE

Properly interpreted, patristic evidence for the text of the New Testament offers a major resource of primary importance for establishing the text of the NT as well as for writing the history of its transmission. In contrast to the earliest New Testament manuscripts, which can often be dated only rather generally and about whose geographical provenance frequently nothing is known, citations of the New Testament by Christian writers of Late Antiquity can be located, often with some degree of precision, with respect to both time and space. It is this feature of patristic citations that makes them particularly important for the task of writing the history of the transmission and development of the text of the documents that now comprise the New Testament. The ability of patristic evidence to document the existence of a variant reading or textual tradition at a particular time in a specific geographic location renders this category of testimony invaluable for the historian of early Christianity.

The Society of Biblical Literature's monograph series, *The New Testament in The Greek Fathers*, is devoted to explorations of patristic texts and authors that will contribute to a better understanding of the history of the transmission of the New Testament text. Each volume investigates the text of the New Testament (or parts thereof) as preserved in the writings of a significant Christian author. While the series does not impose a specific format, each volume provides an exhaustive presentation of the relevant data, an apparatus that indicates the alignment (or lack thereof) of this data with carefully selected representative textual witnesses, and a statistical analysis of these data and alignments—typically both a quantitative assessment of their affinities with leading representatives of known textual traditions and a profile analysis that nuances the quantitative findings. Finally, since the goal is not only to gather and assess the evidence, but to interpret its significance, conclusions or observations are offered regarding the implications of the findings for the history of the text and its transmission.

Dr. Jean-François Racine's contribution to the series takes the form of a highly significant investigation of the text of the first gospel in the writings of Basil of Caesarea (*ca.* A.D. 330-379). Basil, the brother of Macrina and Gregory of Nyssa (whose New Testament text was examined by James A. Brooks in volume 2 of the series), was an erudite and prolific writer and church leader in fourth century Cappadocia—a critical time and place for the history of the New Testament text. Dr. Racine's quantitative analysis adds a level of statistical refinement to the methodology utilized in previous volumes in the series. Almost as important as his major finding—that Basil's text of Matthew represents the earliest known witness of the Byzantine text type—are his conclusions regarding the manner in which the text developed into the form in which it is found in Basil's works. In all, Dr. Racine's volume is a substantial contribution to the series which will be of interest to New Testament and Patristic scholars alike.

Finally, for the sake of bibliographers and others who may be curious as to why volume 5 appears several years after volume 7, a word of explanation. At an earlier time in the history of the series, a proposal was accepted for inclusion and volume numbers 5 and 6 were reserved for it; subsequently the next proposal accepted was designated as volume 7. But whereas the latter proposal came to fruition relatively quickly and was published in 1997, the former proposal has never materialized as planned. At present it does not appear that it ever will, and therefore the reserved volume numbers are being re-assigned, number 5 to the present volume and number 6 to the next, both of which will thus appear some years after volume number 7.

Michael W. Holmes
Editor, *The New Testament in the Greek Fathers*

ACKNOWLEDGMENTS

This book is a slightly revised version of a Ph.D. dissertation presented and accepted at the University of St.Michael's College in October 2000.

Many people deserve acknowledgments for their support of this project. I would first like to express my thanks to both my advisers, Bart D. Ehrman and Paul J. Fedwick, for their diligent help and their encouragement to always do better. I also want to thank my parents for their unfailing support during all these years. Anne Hébert, my wife, deserves my gratitude, especially for her patience during those weekends I spent at the office with "la thèse." I extend my thanks to Léas Sirard s.s.s who has been a well read and passionate conversation partner in New Testament textual criticism for more than fifteen years. He graciously provided me access to his rich personal library.

Since English is my second language, I was glad to rely on such proofreaders as Julie Tabler and Mark Jessop. My colleagues at Université du Québec à Chicoutimi and the Jesuit School of Theology at Berkeley have also provided much support through numerous casual conversations

Finally, I wish to thank Michael Holmes, for inviting me to submit my work in the *New Testament in the Greek Fathers* series, and for supervising the realization of this book.

The initial stages of this research benefited from funds granted by the governments of the province of Ontario and of the province of Québec through the Fonds pour la Formation des Chercheurs et l'Aide à la Recherche (Fonds FCAR).

Berkeley, September 2003

LIST OF ABBREVIATIONS

AnBib	Analecta Biblica
ANRW	*Aufstieg und Niedergang der römischen Welt*
ANTF	Arbeiten zur neutestamentlichen Textforschung
Aug	*Augustinianum*
BAGD	W. Bauer, W. F. Arndt, F. W. Gingrich, and F. W. Danker, *Greek-English Lexicon of the New Testament*
Bas.	*In Basilium fratrem*
BDF	F. Blass, A. Debrunner, and R. W. Funk, *A Greek Grammar of the New Testament*. 3d ed. Chicago, 2000
BETL	Bibliotheca ephemeridum theologicarum lovaniensium
Bib	*Biblica*
Bibl.	*Bibliotheca*
CEBT	Contributions to Biblical Exegesis and Theology
cod.	codex
GCS	Die griechischen Schriftsteller der erstern drei Jahrhunderte
Doctr. chr.	*De doctrina christiana*
ed.	editor, edited by
e.g.	*exempli gratia*, for example
Ep. Afr.	*Epistula ad Afros episcopos*
esp.	especially
FC	Fathers of the Church
FgNT	Filología Neotestamentaria
Garnier	J. Garnier, P. Maran, and F. Faverolles eds. *Sancti Patris nostri Basilii, Caesareae Cappaociae archiepiscopi, opera omnia quae extant*
GOTR	*Greek Orthodox Theological Review*
JECS	*Journal of Early Christian Studies*
Johnston	C. F. H. Johnston ed., *On the Holy Spirit*
Hel.	*Helena*

Hist. eccl.	*Historia ecclesiastica*
HTKNT	Herders theologischer Kommentar zum Neuen Testament
HTR	*Harvard Theological Review*
HTrin 105	Sainte Trinité 105 for *Regulae fusius tractatae*; *Regulae brevius tractatae*[1]
ICC	International Critical Commentary
i.e.	*id est*, that is
Il.	*Illias*
Iph. aul.	*Iphigenia aulidensis*
JBL	*Journal of Biblical Literature*
JTS	*Journal of Theological Studies*
LASBF	*Liber annuus Studii biblici franciscani*
LSJ	Liddell-Scott-Jones, *Greek-English Lexicon*
LXX	The Septuagint
MHT	J. H. Moulton, W. F. Howard, and N. Turner, *A Grammar of New Testament Greek*
NA[27]	Nestle-Aland, *Novum Testamentum Graece*, 27th ed.
Neot	*Neotestamentica*
NT	New Testament
NovT	*Novum Testamentum*
n.s.	new series
NTS	*New Testament Studies*
NTTS	New Testament Tools and Studies
Oliver	H. H. Oliver, *The Text of the Four Gospels in the Moralia of Basil the Great*
Or. Bas.	*Oratio in laudem Basilii*
OCP	*Orientalia christiana periodica*
Pan.	*Panarion (Adversus haereses)*
PO	Patrologia orientalis
RBén	*Revue bénédictine*

---

[1]This manuscript, which dates from the second part of the tenth century, has a complete corpus of the rules. It also has *Regulae brevius tractatae* after *Regulae fusius tractatae* without any explicit separation. On the value of this manuscript, see Paul J. Fedwick, *The Ascetica, Contra Eunomium 1–3, Ad Amphilochium de Spiritu Sancto, Dubia et Spuria, with Supplements to Volumes I-II*, in *Bibliotheca Basiliana Universalis* (vol. III; Corpus Christianorum; Turnhout: Brepols, 1997), 46–48.

REAug	*Revue des études augustiniennes*
Resp.	*Respublica*
RHE	*Revue d'histoire ecclésiastique*
Rhet.	*Rhetorica*
RTL	*Revue théologique de Louvain*
SBLDS	Society of Biblical Literature Dissertation Series
SBLNTGF	Society of Biblical Literature The New Testament in the Greek Fathers
SC	Sources chrétiennes
SD	Studies and Documents
Serm. Dom.	*De sermone Domini in monte*
StudMon	*Studia Monastica*
SVTQ	*St. Vladimir's Theological Quaterly*
Syn.	*De synodis*
TC	*Journal of Biblical Textual Criticism*
TCGNT	B. M. Metzger, *A Textual Commentary on the Greek New Testament*
TR	*Textus Receptus*
TU	Texte und Untersuchungen
TZ	*Theologische Zeitschrift*
UBS[4]	United Bible Societies, *The Greek New Testament*, 4th ed.
VatGr 413	Vaticanus Graecus 413 for *Moralia*; *Regulae fusius tractatae*; *Regulae brevius tractatae*, *Proemium in regulae fusius tractatae*; Prologue 6: *ejusdem*; Prologue 7: *de judicio dei*; Prologue 8: *ejusdem de fide*; *Homilia in illud, Attende tibi ipsi*; *Homilia in illud dictum evangeli secundum Lucam: "Destruam horrea mea, et majora aedificabo:" itemque de avaritia*; *Homilia in divites*; *Homilia in principium Proverbium*; *Homilia adversus eos qui irascuntur*; *Homilia in Ebriosos*; *Homilia quod deus non est auctor malorum*; *Homilia dicta tempore famis et siccitatis*; *Homilia de gratiarum actione*; *Homilia in martyrem Julittam et in ea quae superfuerant dicenda in prius habita concione de gratiarum actione*; *Homilia in Gordium martyrem*; *Homilia in sanctos quadraginta martyres*; *Homilia in sanctam Christi generationem*; *Homilia exhortatoria ad sanctum baptisma*; *Homilia de Jejunio 1*; *Homilia de Jejunio 2*; *Ejusdem homilia. Adversus eos qui per calumniam dicunt dici a*

	nobis deos tres; Homilia super Psalmos 1, 7, 28, 29, 32, 33, 44, 59, 61, 115[2]
VatGr 428	Vaticanus Graecus 428 for *Moralia, Regulae fusius tractatae, Regulae brevius tractatae*, Prologue 4: *proemium in regulae fusius tractatae*, Prologue 6: *ejusdem*, Prologue 7: *de judicio dei*, Prologue 8: *ejusdem de fide*[3]
WBC	Word Biblical Commentary
VCaro	Verbum Caro
VetChr	Vetera Christianorum
VSpir	La Vie Spirituelle
ZKT	Zeitschrift für katholische Theologie
ZNW	Zeitschrift für die neutestamentliche Wissenschaft

---

[2]This manuscript which dates from the ninth or tenth century reproduces the recension *pb* of the Ascetica and the family *D* of the homilies. The latter is considered as the best recension of the homilies. On this matter, see Paul Jonathan Fedwick, *The homiliae morales, hexaemeron, de litteris, with Additional Coverage of the letters*, in *Bibliotheca Basiliana Vniversalis* (vol. II.1; Corpus Christianorum; Turnhout: Brepols, 1996), 3–6.

[3]This manuscript which dates from the 9-10th century is the only uncial manuscript of Basil's works. It reproduces the recension *pa*, the best for Ask 4. On this matter, see Paul J. Fedwick, *Ascetica*, 99.

INTRODUCTION

THE NEED FOR INVESTIGATING BASIL OF CAESAREA'S QUOTATIONS OF MATTHEW

Textual critics of the New Testament acknowledge at least three main textual traditions: the Alexandrian (or Egyptian), the so-called Western, and the Byzantine. The time and place of their development remain obscure. Although numerous Greek manuscripts and versions manifest the various text types and mixtures of text types, these Greek manuscripts cannot, for the most part, be dated or located accurately.[1] Early Christian writers can nevertheless be easily located temporally and geographically. These authors frequently quote and allude to the text of the New Testament. By extracting these citations and allusions, and by comparing them with manuscripts representing the different text types, one can add a piece to the puzzle of the history of the transmission of the New Testament text.

---

[1] Early papyri, e.g., $\mathfrak{P}^{45}$, $\mathfrak{P}^{46}$, $\mathfrak{P}^{52}$, $\mathfrak{P}^{64+67}$, $\mathfrak{P}^{66}$, and $\mathfrak{P}^{72}$ have all been found in Egypt, which may suggest that the earliest manuscripts originated in Egypt. It is more likely, however, that they were preserved there simply because Egypt offered better conditions than other regions for the preservation of ancient documents. On that point see Bart D. Ehrman, "The Use and Significance of Patristic Evidence for NT Textual Criticism," in *New Testament Textual Criticism, Exegesis, and Early Church History. A Discussion of Methods* (ed. Barbara Aland and Joël Delobel; CBET 7; Kampen [The Netherlands]: Kok Pharos, 1994), 118–20.

2   The Text of Matthew in Basil of Caesarea

WHY BASIL?

Basil of Caesarea (ca. 330–379) is a valuable witness for the study of the development of the New Testament text. A prolific writer, Basil abundantly quotes the New Testament in his works. His quotations are often long and appear to have often been carefully copied from a written text. In addition, a study has been done concerning Gregory of Nyssa's text of the New Testament.[2] Gregory of Nyssa (ca. 335–394) was Basil's brother, so the study of Basil's New Testament quotations will allow us to obtain a more complete picture of the New Testament text in usage in Cappadocia during the fourth century.

PREVIOUS STUDIES OF BASIL'S TEXT OF THE NEW TESTAMENT

The last forty years have seen the appearance of several studies on Basil and the New Testament. Prior to that time, W. K. L. Clarke had shown some interest for the topic in an introductory chapter of his translation of Basil's ascetic works.[3] His purpose was to test the authenticity of some treatises on the rationale that similarity of quotations between works may point to identity of authorship. Clarke collated the quotations of the New Testament found in the Maurist edition of the works of Basil with Souter's edition of the Greek New Testament. He found that most quotations agreed *verbatim*. He also classified the number of readings according to von Soden's three-class nomenclature. In his chart, Clarke provided only the number of agreements between the treatises and Souter's edition of the New Testament. His data are too fragmentary to permit one to draw a clear picture of Basil's New Testament text. Yet, these figures allow one to grasp the quantitative importance of New Testament quota-

---

[2]James A. Brooks, *The New Testament Text of Gregory of Nyssa* (SBLNTGF 2; Atlanta: Scholars Press, 1991).

[3]William Kemp Lowther Clarke, *The Ascetic Works of Saint Basil, Translated into English with Introduction and Notes* (Translations of Christian Literature, Series 1: Greek Texts; London/New York: SPCK/MacMillan, 1925), 19–27, esp. 25–27

tions in Basil's works.[4]

Like Clarke, Gribomont first came to the study of the New Testament quotations to test the authenticity of some of Basil's writings.[5] A 1957 article examines Basil's preference in the corpus of the New Testament by counting the frequency with which each book of the New Testament is quoted in the *Moralia*.[6] Oliver comments on Gribomont's statistics, contending that "Gribomont's data on the gospels in the Moralia are difficult to confirm, since he does not cite the exact source of his information. His figures do not coincide with Migne, nor with the individual manuscripts upon which he most heavily depends, viz., Vaticanus Graecus 413 and 428."[7] Thereafter, Gribomont concentrated on the quotations of Pauline and Johannine literature.[8] His first article on Basil's paulinism displays in charts the number of Pauline quotations in a sample of Basil's works and comments on the picture of Paul that appears from these quotations. The second article continues the statistical investigation by

---

[4]For instance, Clarke counted 2348 NT quotations in Basil's ascetical works only. See Clarke, *Ascetic Works*, 26.

[5]Jean Gribomont, "L'Exhortation au renoncement attribuée à saint Basile. Étude d'authenticité," *OCP* 21 (1955): 375–98.

[6]Jean Gribomont, "Les Règles Morales de Saint Basile et le Nouveau Testament," in *Papers Presented to the Second International Conference on Patristic Studies Held at Christ Church, Oxford, 1955* (ed. Kurt Aland and F. L. Cross; Studia Patristica 2.2, TU 64; Berlin: Akademie Verlag, 1957), 416–26. Reproduced in *Saint Basile. Évangile et Église. Mélanges* (2 volumes; ed. Enzo Bianchi; Spiritualité Orientale 36; Brégrolles-en-Mauge, Maine-&-Loire: Abbaye de Bellefontaine, 1984), 146–56. Gribomont went further by noticing that Basil seems to prefer specific chapters of some books of the NT; those which he quotes extensively include, e.g., Rom 12.

[7]Harold Hunter Oliver, *The Text of the Four Gospels as Quoted in the Moralia of Basil the Great* (Ph.D. diss., Emory University; 1961), 78.

[8]Jean Gribomont, "Le Paulinisme de Saint Basile," in *Studiorum Paulinorum Congressus Internationalis Catholicus 1961: Simul Secondus Congressus Internationalis Catholicus de Re Biblica, Completo Undevicesimo Saeculo Post S. Pauli in Urbem Adventum* (AnBib 17–18; Rome: Pontificio Instituto Biblico, 1963), 481–90 (reproduced in *Basile. Évangiles et Église*, vol. 1, 192–200); idem, Jean Gribomont, "Le Paulinisme de Basile. Note Complémentaire," in *Saint Basile. Évangile et Église. Mélanges* (vol. 1; ed. Enzo Bianchi; Spiritualité Orientale 36; Brégrolles-en-Mauge, Maine-&-Loire: Abbaye de Bellefontaine, 1984), vol. 1, 201–08; idem, "La tradition johannique chez saint Basile," in *Parola e Spirito. Studi in onore di Settimio Cipriani* (tome I; ed. Cesare Casale Marcheselli; Brescia: Paideia, 1982), 847–66. Also reproduced in *Basile. Évangiles et Église*, vol. 1, 209–28.

charting the number of Pauline quotations in Basil's works, which he considered genuine. In his 1982 article, Gribomont counted all occurrences of Johannine quotations in Basil's works. He comments on Basil's preferences in the Johannine corpus. Gribomont's articles help one to grasp better the importance of New Testament quotations in Basil's writings. Still, they provide no clue as to the New Testament text used by Basil.[9]

Harold H. Oliver was the first to specifically investigate the matter of Basil's *tetraeuangelion* text. In his 1961 Ph.D. dissertation under the direction of Merril M. Parvis at Emory University, he chose to focus on the *Moralia* because of its great concentration of Gospel citations and the length of these citations. Oliver proceeded by displaying the complete citations of the Gospels along with their location in the works, and their support in a wide range of Greek New Testament manuscripts. He went further by determining the percentage of agreement between the citations of each gospel and manuscript. The purpose of his quantitative study was to test the validity of von Soden's classification of Basil's text among his I^K text-type.[10] Oliver demonstrated that Basil's text of the four gospels showed instead the textual characteristics of von Soden's K^1 sub-group. To arrive at his results, Oliver used the *Multiple Method* designed by his adviser Merrill M. Parvis and better known since discussed by Colwell in two articles.[11] With his extensive treatment of the text of the four Gospels in Basil's *Moralia*, Oliver's dissertation would seem to render useless

---

[9] Prior to Gribomont, William A. Tieck had written "Basil of Caesarea and the Bible," Ph.D. diss. Columbia University (1953). The author focussed on Basil's perception of the Bible and was therefore not interested in Basil's text of the NT.

[10] Oliver, *The Text of the Four Gospels*, 7-9, 12.

[11] Colwell discussed this method in two articles: Ernest C. Colwell, "The Significance of Grouping of New Testament Manuscripts," *NTS* 4 (1958): 73–92. Reproduced as "Method in Grouping New Testament Manuscripts," in *Studies in Textual Criticism of the New Testament* (NTTS 9; Leiden: Brill, 1969), 1–25; idem, "Method in Locating a Newly-Discovered Manuscript Within the Manuscript Tradition of the Greek New Testament," in *Studia Evangelica [Vol. I] Papers Presented to the International Congress on "The Four Gospels in 1957" Held at Christ Church, Oxford, 1957* (ed. Kurt Aland et al.; TU 73; Berlin: Akademie Verlag, 1959). Reproduced as "Method in Locating a Newly Discovered Manuscript," in *Studies in Textual Criticism of the New Testament* (NTTS 9; Leiden: Brill, 1969), 26–44.

Introduction 5

any further research on the matter.[12] I believe, however, that it is both possible and desirable to go further, and for several reasons. First, Oliver considered only one part of Basil's writings, namely the *Moralia*. That part is considerable, but it is possible to increase significantly the amount of data by investigating Basil's other works. Second, Oliver was concerned with testing von Soden's classification of Basil's text of the Gospels. He succeeded in showing the inadequacy of von Soden's label regarding Basil's text, but nonetheless reclassified it within von Soden's nomenclature. Meanwhile, von Soden's textual theory has proven to be wrong in several different ways and has fallen into disuse. It is therefore necessary to re-label Basil's text according to currently used text-types. Third, although the *Multiple Method* used by Oliver allows one to measure the affinities between Basil's text of the Gospels and a sample of manuscripts, it does not provide a precise judgment concerning the affinities of Basil's text of the Gospels with a definite text-type. To achieve that judgment, it is necessary to use another method. Bart D. Ehrman designed such a method for his study of the text of the Gospels in the writings of Didymus the Blind.[13] Fourth, Oliver did not estimate the importance of his findings on our knowledge of the origin and character of the early Byzantine text-type. I intend to investigate this matter to the full extent of the data available.

---

[12]There has not been, in fact, any further research on the topic except for Jean Duplacy, "Les regulae morales de Basile de Césarée et le texte du Nouveau Testament en Asie-Mineure au IVe siècle," *Arbeiten zur Kirchengeschichte* 50 (1980): 69–83. Reproduced in Jean Duplacy, *Études de critique textuelle du Nouveau Testament* (ed. Joël Delobel; BETL 78; Leuven: Leuven University Press/Uitgeverij Peeters, 1987), 293–307. Duplacy appears mainly concerned with the possibility that the original edition of the *Regulae Morales* did not quote the text of the NT and supplied references instead. Duplacy concludes by maintaining the likelihood of an original edition of the *Regulae Morales* including full New Testament quotations.

[13]See Bart D. Ehrman, *Didymus the Blind and the Text of the Gospels* (SBLNTGF 1; Atlanta: Scholars Press, 1986), 223–53 and "The Use of Group Profiles for the Classification of New Testament Documentary Evidence," *JBL* 106 (1987): 465–86.

PURPOSE OF THE STUDY

To summarize, the purpose of this study is 1) to present Basil's text of the Gospel of Matthew by tabulating all quotations Basil made from the First Gospel in all his works;[14] 2) to characterize this text in relation to the existing manuscripts of the Gospels by using both a method of quantitative analysis and a profile method; 3) to contribute to the study of the history of the transmission of the New Testament text by presenting a sample of the text of Matthew in use in Cappadocia in the middle of the 4th century; 4) to shed some light on the character and origin of the early Byzantine text-type of the First Gospel.

---

[14]The large amount of NT quotations in Basil's works required that the scope of the project be limited to the First Gospel alone.

CHAPTER 1

BASIL OF CAESAREA: THEOLOGIAN, ASCETIC, AND BISHOP

A "revolutionary aristocrat." That is how Jean Gribomont portrayed Basil of Caesarea in an article on his aristocratic background and social involvement in mid-fourth-century Cappadocia.[1] Basil was born after the council of Nicea (325), as were the other Cappadocians, i.e., his brother Gregory of Nyssa and his friend Gregory of Nazianzus. The creed issued at Nicea was discussed during most of his lifetime. At Basil's death (ca. 379), this creed was, in part due to his efforts at clarifying its terms, on its way to common acceptance. In fact, along with the other Cappadocians, Basil was deeply involved in the christological debates of the fourth century, and greatly contributed to the elaboration of the Greek theology of the Trinity.[2] He was also an ascetic, whose

---

[1]Jean Gribomont, "Un aristocrate révolutionnaire, évêque et moine," *Augustinianum* 17 (1977): 179–91. On these aspects, see also Ioannes Karayannopoulos, "St. Basil's Social Activity: Principles and Praxis," in *Basil of Caesarea: Christian, Humanist, Ascetic. A Sixteen-Hundredth Anniversary Symposium* (ed. Paul J. Fedwick; Toronto: Pontifical Institute of Mediaeval Studies, 1981), 375–91; Ramón Teja, *Organización economica y social de Capadocia en el siglo IV, segun los Padres capadocios* (Acta Salmanticensia, Filosofia y Letras 78; Salamanca: Universidad de Salamanca, 1974); Barnim Treucker, *Politische und sozialgeschichtliche Studien zu den Basilius-Briefen* (Frankfurt am Main, 1961).

[2]On the theological contributions of Basil and the other Cappadocians, see for instance; Stanley M. Burgess, *The Holy Spirit: Ancient Christian Traditions* (Peabody, Mass.: Hendrickson, 1997), 133; Michael A. G. Haykin, *The Spirit of God. The Exegesis of 1 and 2 Corinthians in the Pneumatochian Controversy of the Fourth Century* (VCSup 27; Leiden: Brill, 1994), 104–13; Anthony Meredith, *The Cappadocians* (Crestwood, N.Y.: St. Vladimir's Seminary Press, 1995), 102–14; Jaroslav Pelikan, *La tradition chrétienne*, tome I: L'émergence de la tradition catholique (100–600) (transl. by Pierre Quillet; Théologiques; Paris: Presses Universitaires de France, 1994), 221–36; Johannes Quasten, *The Beginnings of Patristic Literature. From*

writings have greatly influenced both Eastern and Western monasticism.[3] Finally, he was the sometime bishop of Caesarea in Cappadocia. Each of these aspects of Basil's life could have had an effect on the way he studied and used the Bible in his writings. I will draw a short biographical sketch of Basil in the following pages, emphasizing elements of his life relevant to his use of the text of the New Testament.[4]

Basil was born into a wealthy Christian family in about 330 at Caesarea in Cappadocia. His father, Basil of NeoCesarea (Pontus), was a sophist-rhetorician. His mother, Emmelia, was a noble-woman from Cappadocia. Of

---

the Apostles Creed to Irenaeus (vol. 1 of *Patrology*; Westminster Md.: Christian Classics Inc., 1992), 228–33; Bernard Sesboüé and Joseph Wolinski, *Le Dieu du Salut* (Histoire des Dogmes, tome 1; Paris: Desclée, 1994), 267–70; Frances M. Young, *From Nicea to Chalcedon. A Guide to the Literature and Its Background* (Philadelphia: Fortress, 1983), 109–13.

[3]For the importance of Basil to Christian monasticism, see for instance William Kemp Lowther Clarke, *Saint Basil the Great. A Study of Monasticism* (Cambridge: Cambridge University Press, 1913); Patrice Cousin, *Précis d'histoire monastique* (La vie de l'Église; Paris: Bloud & Gay, 1956), 65–70; David Knowles, *Les moines chrétiens* (transl. by Christine Renard-Cheinisse; L'Univers des Connaissances; Paris: Hachette, 1969), 22; Jules Pargoire, "Basile de Césarée (Saint) et Basiliens," in *Dictionnaire d'archéologie chrétienne et de liturgie* (vol. 2; ed. Fernand Cabrol; Paris: Letouzey et Ané, 1907), 501–10.

[4]No "life of Basil" has been published recently. Some monographs on Basil nevertheless deal with biographical matters. These include Philip Rousseau, *Basil of Caesarea* (Transformation of the Classical Heritage 20; Berkeley, Calif.: University of California Press, 1994); Wolf-Dieter Hauschild, *Basilius von Caesarea. Briefe. Eingeletet, übersetzt und erlaütert* (3 volumes; Bibliothek der Griechischen Literatur 3, 32, 37; Stuttgart: Anton Hiersemann, 1973–93); Klaus Koschorke, *Spuren der alten Liebe. Studien zum Kirchenbegriff des Basilius von Caesarea* (Paradosis 32; Freiburg, CH: Universitätsverlag, 1991); Benoît Gain, *L'Église de Cappadoce au IVe siècle d'après la correspondance de Basile de Césarée (330–379)* (OrChrAn 225; Rome: Pontificium Institutum Orientale, 1985), 41–58; Paul J. Fedwick, *The Church and the Charisma of Leadership in Basil of Caesarea* (Text and Studies 45; Toronto: Pontifical Institute of Mediaeval Studies, 1979); "A Chronology of the Life and Works of Basil of Caesarea," in *Basil of Caesarea: Christian, Humanist, Ascetic. A Sixteen-Hundredth Anniversary Symposium* (tome I; ed. Paul J. Fedwick; Toronto: Pontifical Institute of Mediaeval Studies, 1981), 3–19; Meredith, *Cappadocians*, 19–38; Johannes Quasten, *The Golden Age of Greek Patristic Literature. From the Council of Nicea to the Council of Chalcedon* (vol. 3 of *Patrology*; Westminster Md.: Christian Classics Inc., 1992), 203–36.

their nine children the names of five are known: Macrina the Younger, Basil, Naucratius, Gregory of Nyssa, and Peter of Sebaste.

EDUCATION

Basil began his higher education in Caesarea (ca. 346–348), continued this education in Constantinople[5] (ca. 348–349) studying with the famous teacher of rhetoric Libanius, and finally completed it in Athens from ca. 349 to 355.[6] In Athens, he met Gregory of Nazianzus who had preceded him in the city.[7] Basil's education prepared him for the profession of rhetorician, which he practiced for a short time in Caesarea. His rhetorical skills are manifest in his works, although he expresses disdain for his education as a rhetorician:

> After I had wasted much time in vanity and had spent nearly all my youth in the vain labor in which I was engaged, occupying myself in acquiring a knowledge made foolish by God, when at length, as if aroused from a deep sleep, I looked upon the wondrous light of the truth of the Gospel and saw the futility of the wisdom 'of the rules of this world who are passing away' having mourned deeply my piteous life, I prayed that guidance be given me for my introduction to the doctrines of religion.[8]

---

[5]Or Antioch according to Meredith *(Cappadocians*, 21, note 6), who likely leans on the witnesses of Socrates (*Hist. eccl.* IV.26 = PG 67, 529A) and Sozomen (*Hist. eccl.* VI.26 = PG 67, 1333C). Nevertheless, it is more probable that both Basil and Gregory of Nazianzus were Libanius' students during the teacher's second sojourn in Constantinople (ca. 348-353). On this matter, see A. J. Festugière, *Antioche païenne et chrétienne. Libanius, Chrysostome et les moines de Syrie* (Bibliothèque des Écoles Françaises d'Athènes et de Rome 194; Paris: E. de Boccard, 1959), 409.

[6]Here, I follow the chronology proposed by Fedwick, "Chronology,". On the content of higher education, see for instance Henri-Irénée Marrou, *Histoire de l'éducation dans l'Antiquité* (6th ed. revised; Paris: Seuil, 1965), 280–322. On Basil's education, see Paul J. Fedwick, "Basil of Caesarea on Education," in *Basilio di Caesarea, la sua età, la sua opera e il basilianesimo in Sicilia. Atti del Congresso internazionale, Messina 3–6 XII 1979* (Messina: Centro di studi umanistici, 1983), 579–600.

[7]In his funeral oration on Basil, Gregory of Nazianzus recalls the years spent in Athens and comments on his friendship with Basil. See *Or. Bas.* 15–25.

[8]*Ep* 223.2. I quote the translation of Agnes Clare Way, ed., *Saint Basil. Letters*

Photius, who lived four centuries later (820–891), considered him an outstanding rhetorician:

> He [Basil] is admirable in all his writings. More than any one else he knows how to use a style that is pure, distinct, suitable, and in general, forensic and panegyrical; in arrangement and purity of sentiment he is second to none. He is fond of persuasiveness and sweetness and brilliancy, his words flow like a stream gushing forth spontaneously from a spring. He employs probability to such an extent, that if any one were to take his discourses as a model of forensic language, and practice himself in them, provided he had some acquaintance with the rules connected with it, I do not think he would need to consult any other author, nor even Plato nor Demosthenes, whom the ancients recommended those to study who desire to become masters of the forensic and panegyrical style.[9]

Basil's rhetorical skills are evident mostly in his homilies and polemical treatises. Although he draws his theological ideas from scripture, which he quotes generously and without much alteration, the architecture of the discourses and even the choice of the terms show much acquaintance with rhetoric.[10]

(186–368) (FC 28; Washington, D.C.: The Catholic University of America Press, 1955), 127.

[9] Photius, *Bibl.* cod. 141. I quote the translation of John H. Freese, ed., *The Library of Photios* (London: SPCK, 1920). For the Greek text, see Photius, *Bibliothèque* (ed. René Henry; Collection Byzantine; Paris: Les Belles lettres, 1959).

[10] On this aspect, see George L. Kustas, "Saint Basil and the Rhetorical Tradition," in *Basil of Caesarea: Christian, Humanist, Ascetic. A Sixteen-Hundredth Anniversary Symposium* (tome I; ed. Paul Jonathan Fedwick; Toronto: Pontifical Institute of Mediaeval Studies, 1981), 221–79 and James Marshall Campbell, *The Influence of the Second Sophistic on the Style of the Sermons of St. Basil the Great* (The Catholic University of America Patristic Studies 2; Washington, D.C.: Catholic University of America, 1922), 148–49. As an example regarding the choice of terms, Kustas mentions that Basil prefers the term *homotimos* ("of like honor") to the term *homoousios* (consubstantial) to describe the Spirit, the former being a rhetorical term, the latter a philosophical term. See Kustas, "Saint Basil and the Rhetorical Tradition," 231–33. Campbell, whose method is to highlight features of the second sophistic and to trace examples of it in Basil's homilies, notices Basil's attention to the structure of the homilies, the use of paradox, of puns, of sophisticated metaphors. He nevertheless qualifies Basil as a

THE ASCETIC LIFE

Basil's interest in ascetic life grew stronger. He toured settlements of ascetics ca. 357–358 with Eusthatius, bishop of Sebaste, and went on his own to visit other settlements in Coele-Syria, Mesopotamia, Palestine, and Egypt. His baptism followed this tour.[11] He also joined his mother and sister Macrina on a family estate in Annisa to live an ascetic life. Gregory of Nazianzus joined him briefly and both, during this time, composed the *Philocalia*, an anthology of Origen's works. Throughout his whole career, Basil oversaw several groups of ascetics. This oversight provided an avenue for an important literary activity. Thus, he produced the *Moralia*, a collection of eighty moral instructions, each of them supported by quotations from the NT. Another collection gathers Basil's answers to questions asked by monks. These collections of questions and answers went through several editions as Basil, on each tour of his communities, received new questions. A Latin version made from an earlier edition was soon produced by Rufinus; other editions and translations were published in the years that followed.[12] Common to all these rules are abundant quotations from the NT. Indeed, Basil considered that the ideal rule of life was the life and doctrine of Christ. This explains the large number of quotations, often extensive, from the Gospels. Furthermore, he stated in the *Moralia* that "every word or thing should be confirmed by the testimony of inspired scripture, for the assuring of the good and rebuking of the bad."[13]

---

restrained rhetorician in these homilies. See Campbell, *Influence of the Second Sophistic*, 148–49.

[11]On this matter, see *Ep* 1 and *Ep* 223.2.

[12]One generally distinguishes the *Regulae fusius tractatae* or "Long Rules" organized under fifty-five headings from the *Regulae brevius tractatae* or "Shorter Rules" arranged under three hundred thirteen headings. This division was apparently made by editors of these questions-answers. Fedwick distinguishes seven recensions of Basil's *Asceticon* and lists all manuscripts which belong to each recension. Two recensions (*Ask* 2 and 3) do not separate the two collections. On this matter, see Paul J. Fedwick, *The Ascetica, Contra Eunomium 1–3, Ad Amphilochium de Spiritu Sancto, Dubia et Spuria, with Supplements to Volumes I-II*, in *Bibliotheca Basiliana Universalis* (vol. III; Corpus Christianorum; Turnhout: Brepols, 1997), xxviii-xxix. Fedwick also provides a table, which displays the correspondence between the arrangement of the questions-answers in *Ask* 2 and 4, see ibid., 49–57. *Sainte Trinité* 105, the manuscript I used to

PRIESTHOOD

Basil was ordained as a presbyter around 362–364 by his bishop Eusebius, whom he served as an adviser. A disagreement with the bishop brought him back to ascetic life for a short time, until he was recalled by Eusebius on Gregory of Nazianzus' advice. It is during this period that he wrote his *contra Eunomium*, in response to Eunomius' own *Apologia*.

Along with Aetius of Antioch, Eunomius was the chief representative of the *Anomoian* party, whose position could be described as "second generation" Arian.[14] Anomoians used a more thorough philosophical and semantic argumentation than their Arian predecessors. Thus, they considered that God's substance resides in his unbegotten character. This character makes God absolutely transcendent (i.e., dissimilar = *anomoios*), the act of generation being totally alien to him. Therefore, God could not have begotten a Son, equal to him in nature, since he is the absolute monad. Hence, the Son was a creature, the first one made by the Father, and the Holy Spirit was the Son's first creature.[15] As a result, the Anomoians envisioned the Trinity as a three-scale reality.[16]

---

collect quotations from the First Gospel, belongs to the recension *Ask* 2. On the value of this manuscript, see ibid., 48.

[13]*Mor.* 26.1. I quote the English tranlation found in William Kemp Lowther Clarke, *The Ascetic Works of Saint Basil, Translated into English with Introduction and Notes* (Translations of Christian Literature, Series 1: Greek Texts; London/New York: SPCK/MacMillan, 1925), 109.

[14]Basil could have heard Eunomius as he attended the synod of Constantinople (360) as an observer. On this matter, see Stanislas Giet, "Saint Basile et le concile de Constantinople de 360," *JTS* n.s. 6 (1955): 94–99.

[15]See Eunomius, *Apologia*, 20.20–21.

[16]Among Aetius' writings, only the *Syntagmaton* has been preserved in Epiphanius, ~*Pan.* 76.11. It is found in Karl Holl, ed., *Epiphanius Werke III* (2th ed.; GCS 37; Berlin: Akademie Verlag, 1985); Lionel R. Wickham, ed., "The *Syntagmaton* of Aetius the Anoeman," *JTS* n.s. 19 (1968): 532–69. There are also two editions of Eunomius' *Apology*: Bernard Sesboüé et al., *Basile de Césarée. Contre Eunome* (Paris: Les Editions du Cerf, 1982); Richard Paul Vaggione, ed., *Eunomius. The Extant Works* (Oxford Early Christian Texts; Oxford: Clarendon Press, 1987). For an exposition of Aetius and Eunomius' positions and Basil's response to Eunomius, see for instance, Sesboüé and Wolinski, *Dieu du Salut*, 262–63, 284; *Saint Basile et la Trinité. Un acte théologique au IVe siècle* (Paris: Desclée, 1998), and Meredith, *Cappadocians*, 23–24.

Basil responded to Eunomius on the latter's own ground, namely logic and language. He insisted on the impossibility of defining God, since human beings can only know characteristics of God and not God himself. Ingeneracy was therefore only one of God's properties and did not encompass his whole nature. Basil also leaned on the liturgical confessions of faith, especially the one used at baptism, attested in Matt 28:19–20, which juxtaposes the names of Father, Son and Spirit. He also appealed to other passages that witnessed to the equality of the Son with the Father or the divine status of the Holy Spirit.[17]

Basil's effort at refuting Eunomius was also the occasion for clarifying and refining the vocabulary used to describe the Trinity. The Nicene creed had stated the deity of the Son by declaring him consubstantial (*homoousios*) to the Father. Nevertheless, the meaning of the term *ousia* was ambiguous. It could even be used as a synonym for *hypostasis*.[18] Arius, in a confession of faith addressed to Alexander, could declare that there were three *hypostases*.[19] On the other hand, the term *homoousios* could be interpreted as implying that the Father and the Son were not distinct, since they shared the same nature. This position was held by Marcellus of Ancyra, and was assimilated to Sabellianism.[20] Basil's aim was to steer a middle course between Arianism and

---

[17]E.g., concerning the equality of the Son with the Spirit: John 5:26; 6:27; 12:45; 14:9; 17:10; Phil 2:6,7; Col 1:15; Heb 1:3 in *Eun* I.17.23–18,29; Matt 16:27; John 5:18,19; 10:30; 1 Cor 1:24; Phil 2:6 in *Eun* I.23.20–25,22; Luke 10:16; John 5:23 in *Eun* I.26.28–30; John 10:30 in *Eun* I.27.18; Col 1:15,18; Heb 1:3 in *Eun* II.8.40–41; Ps 109:3; John 1:1; 1 Cor 1:24,30; Col 1:15; Heb 1:3 in Eun II.17.1–30; Pss 2:7; 109:3 in *Eun* II.24.19–21; Jn 14:6; 1 Cor 1:24 in *Eun* II.27.23–25; Mark 1:24 in *Eun* II.31.61; 2 Cor 4:4; Col 1:15; Heb 1:3 in *Eun* II.32.48; John 17:10 in *Eun* II.34.13. Concerning the Spirit, Basil's argument was basically to show that the names and functions attributed to the Spirit are the same as the ones granted to the Father and the Son. For instance, the Spirit completed creation (Ps 33:6; Job 33:4); his power is spread through the whole universe (Pss 139:7); he teaches as does Christ (John 14:26); he distributes the charismas (1 Cor 12:4–6); he searches the depths of God (1 Cor 2:10–11); he gives life (Rom 8:11), etc. I borrow these data from Bernard Sesboüé, *Basile et la Trinité*, 158, 167.

[18]On this see Pelikan, *tradition chrétienne*, 219; Quasten, *Patrology*, vol. 3, 228; Bernard Sesboüé, *Basile et la Trinité*, 15. In *Ep. Afr.* 4, Athanasius writes: "now subsistence [*hypostasis*] is essence [*ousia*], and means nothing else but very being."

[19]The confession is quoted by Athanasius, *Syn.* 16.

[20]Sabellianism refers to Sabellius who would have condemned in Rome in 220 by

Sabellianism, so that one would confess both consubstantiality (*homoousios*) and distinction of persons (*hypostases*).[21] For this reason, he sought to clarify each of these terms and prepared the ground for the dogmatic formula of "one substance in three *hypostases*" which is probably the most enduring heritage left by the Cappadocians fathers.[22]

A notable aspect of Basil's priestly period was his involvement, on the occasion of a famine in Cappadocia around 369, in successfully finding and distributing food to the needy. Three of his homilies were likely given at that time, with the goal of obtaining provisions for distribution. These homilies took their cues from evangelical principles.[23] Gregory of Nazianzus alluded to this episode in his funeral oration on Basil:

> By his word and exhortations he opened up the storehouses of the rich and brought to realization the words of Scripture: "he dealt bread to the hungry and he satisfied the poor with bread, and he fed them in famine and he has filled the hungry with good things." [cf. Isa 58:7; Ps 131:15; 32:19; Luke 1:53] And in what manner? For this contributed in no small way to his assistance. He assembled in one place those afflicted by the famine, including some who had recovered a little from it, men and women, children, old men, the distressed of every age. He collected through contributions all kinds of food help-

---

Calixtus. It posits that God is revealed as the Father in the OT, as the Son in the Incarnation, and as the Holy Spirit at the Pentecost. On Sabellianism, see Manlio Simonetti, "Sabellius—Sabelliens," in *Dictionnaire encyclopédique du christianisme ancien* (Paris: Cerf, 1990), 2205–06. On the theological position of Marcellus of Ancyra, see Quasten, *Patrology*, vol. 3, 199.

[21]Basil explains his goal in *Ep* 210.4–5.
[22]The formula is found in Gregory of Nazianzus, *Oratio* 21.35.
[23]See *Homilia in illud dictum evangeli secundum lucam: "Destruam horrea me, et majora aedificabo:" itemque de avaritia, Homilia in divites* and *Homilia dicta tempore famis et siccitatis*. The first homily expounds Luke 12:18, the second Matt 19:16–26, and the third Amos 3:8. In his edition and commentary on the two first homilies, Courtonne has identified biblical allusions as well as quotations to pagan authors. See Yves Courtonne, ed., *Saint Basile. Homélies sur la richesse. Édition critique et exégétique* (Paris: Firmin-Didot, 1935). Both homilies show the vanity of amassing material goods, and the responsability of wealthy people toward needy people.

ful for relieving famine. He set before them caldrons of pea soup and our salted meats, the sustenance of the poor.[24]

EPISCOPATE

Basil's social involvement gained him favor among the population, so that he was the ideal candidate for bishop when Eusebius died in 370. In addition, the name of his family helped him obtain the support from other wealthy, influential families.[25] During his episcopate, Basil continued his social action with the creation of hospitals, shelters for the poor, and hospices for travellers.[26]

He also kept fighting for the recognition of the Nicene creed in a period when state-supported Arianism appeared to triumph. Indeed, emperor Valens (364–378) promoted the reconciliation of the Eastern Church around the formula of Rimini (359), which had replaced the terms *homoousios*—coined at the council of Nicea (325)—with the more ambiguous term *homoios* (alike). All bishops who refused to recognize the formula of Rimini and to accept communion with the Anomoian party were dispossesed of their see, which was then handed over to an Arian bishop. Basil successfully resisted the emperor and his

---

[24]*Or. Bas.* 35. I quote the English translation found in Leo P. McCauley, ed., "On St. Basil the Great, Bishop of Caesarea," in *Funeral Orations by Saint Gregory Nazianzen and Saint Ambrose* (The Fathers of the Church 22; New York: The Fathers of the Church, 1953), 58. On the same episode, see Gregory of Nyssa, *Bas.*124.14–125.1. I refer to Otto Lendle, "In Basilium fratrem," in *Gregorii Nysseni sermones* (Pars II; ed. Werner Jaeger et al.; vol. 10, tome 1; Leiden: Brill, 1990), 107–34.

[25]Here I adopt Gribomont's explanation of the circumstances of Basil's episcopal election. See Gribomont, "Aristocrate révolutionnaire," 184. Nevertheless, Basil's candidacy was met with opposition from some neighbouring bishops and some people from Caesarea, so that he had to summon bishops from distant locations, among whom was Gregory of Nazianzus' ill father. On this, see *Or. Bas.* 37.

[26]On this aspect, see for instance Stanislas Giet, *Les idées et l'action sociales de saint Basile* (Paris: Librairie Lecoffre, 1941), 417–23; Demetrios J. Constantelos, "Basil the Great's Social Thought and Involvement," *Greek Orthodox Theological Review* 26 (1981): 81–87; Gerald Francis Reilly, *Imperium and Sacerdotium according to St. Basil the Great* (Catholic University of America Studies in Christian Antiquity 7; Washington, D.C.: Catholic University of America Press, 1945), 117–34.

prefect Modestus on this point. He kept his see and was even granted authority over the religious affairs of Armenia.[27]

During these years, Basil wrote his second polemical treatise, *de Spiritu Sancto ad Amphilochium*, to defend the divine status of the Holy Spirit and its consubstantiality with the Father and the Son. He had already dealt with this matter in the third book of the *contra Eunomium*. The treatise could have taken its cue from an accusation that Basil used contradictory doxological formulae. Basil writes:

> Lately when praying with the people, and using the full doxology to God the Father in both forms at one time "*with* the Son *together with* the Holy Ghost," and at another "*through* the Son *in* the Holy Ghost," [νῦν μὲν μετὰ τοῦ Ὑιοῦ σὺν τῷ Πνεύματι τῷ ἁγίῳ, νῦν δὲ διὰ τοῦ Ὑιοῦ ἐν τῷ ἁγίῳ Πνεύματι] I was attacked by some of those present on the ground that I was introducing novel and at the same time mutually contradictory terms.[28]

Several scholars have claimed that the treatise about the Spirit (*AmphSp*) was directed against Basil's former mentor, Eusthatius of Sebaste, who had espoused a *Pneumatomachian* position.[29] Nevertheless, Pouchet has argued that

---

[27]On this matter, see Paul J. Fedwick, *Church and Charisma*, 103–04 and Benoît Pruche, ed., *Basile de Césarée. Sur le Saint-Esprit. Introduction, texte, traduction et notes* (2nd ed.; SC 17bis; Paris: Cerf, 1968), 62–63.

[28]*AmphSp* 1.3; quoted from Blomfield Jackson, ed., *The Treatise de Spiritu Sancto. The Nine Homilies of the Hexaemeron and the Letters of Saint Basil the Great, Archbishop of Caeserea Translated with Notes* (*NPNF*², Vol. 8; Grand Rapids, Mich.: Eerdmans, 1968), 3.

[29]This position could have originated with Macedonius, archbishop of Constantinople, dispossessed of his see in 360. It pretended that beings are neither created *from* the Spirit, nor *by* the Spirit, but *in* the Spirit, so the Spirit must be inferior in nature to the Father and the Son, being neither a creature nor a creator, but something in between. On this, see Sesboüé and Wolinski, *Dieu du Salut*, 264–65. Dörries, Sesboüé, Meredith, Gribomont, Amand de Mendieta, Heising, Hanson, Yamamura and Fedwick think that the treatise was directed against Eusthatius. See Hermann Dörries, *De Spiritu Sancto. Der Beitrag Des Basilius Zum Abschluss Des Trinitarischen Dogmas* (Abahandlungen der Akademie der Wissenchaften in Göttingen, Philologisch-Historische Klasse, 3. Folge, 39; Göttingen: Vandenhoeck und Ruprecht, 1956), 81–85; Sesboüé, ibid.; Meredith, *Cappadocians*, 31; Jean Gribomont, "Ésotérisme et tradition dans le *Traité du Saint-Esprit* de saint Basile," *Oecumenica* 2 (1967): 40–41;

it was aimed at the Anomians as was the *contra Eunomium*.³⁰

Basil's method to ascertain the nature of the Holy Spirit was to examine three sets of biblical passages dealing with his titles (ὀνόματα) his activities (ἐνεργείαι) and his gifts (εὐεργεσίαι). Matt 28:19–20 was the cornerstone of his argumentation: in this formula, the three persons stood in relation to each other, not in subordination, but in coordination. The same passages used in *contra Eunomium* III were used to sustain Basil's argument.³¹ Still, Basil never affirms that the Holy Spirit is God. He qualifies him as *homotimos* rather than *homoousios* in relation with the Father and the Son. Sesboüé explains this reserve by the fact that the deity of the Spirit is never explicitly stated in the Bible. In addition, the Spirit's deity could have presented a difficulty for some Christians. Basil is therefore content to ask for an acceptance of the Nicene creed and the understanding that the Spirit is not a creature.³² This treatise on

---

"Intransigence and Irenicism in Saint Basil's 'De Spritu Sancto,'" *Word and Spirit* (1979): 126–28; Emmanuel Amand de Mendieta, *The 'Unwritten' and 'Secret' Apostolic Traditions in the Theological Thought of St. Basil of Caesarea* (Scottish Journal of Theology Occasional Papers 13; Edinburgh: Oliver & Boyd, 1965), 21–24; R. C. P. Hanson, "Basil's Doctrine of Tradition in Relation to the Holy Spirit," *VC* 22 (1968): 252; Alkuin Heising, "Der Heilige Geist und die Heiligung der Engel in der Pneumatologie des Basilius von Cäsarea," *ZKT* 87 (1965): 292–93; Kei Yamamura, "The Development of the Doctrine of the Holy Spirit in Patristic Philosophy: St. Basil and St. Gregory of Nyssa," transl. by H.G. Seraphim, *SVTQ* 18 (1974): 5–6; Paul J. Fedwick, *Church and Charisma*, 149.

³⁰See Jean-Robert Pouchet, "Le traité de s. Basile le Grand sur le Saint-Esprit. Milieu originel," *RSR* 84, no. 3 (1996): 325–50. John M. Rist had made a similar suggestion earlier: See "Basil's 'Neoplatonism': Its Background and Nature," in *Basil of Caesarea: Christian, Humanist, Ascetic. A Sixteen-Hundredth Anniversary Symposium* (tome I; ed. Paul J. Fedwick; Toronto: Pontifical Institute of Mediaeval Studies, 1981), 197. For a more nuanced position, see Pruche, *Sur le Saint-Esprit*, 76–77.

³¹See note 17 above. Basil also argued from 1 Cor 12:4–6, which, according to him, mentions first the one who brings the spiritual gifts, i.e., the Spirit, second, the sender of the gifts, i.e., the Son, and finally the source of the gifts, i.e., the Father. See *AmphSp* 16.37. On Basil's argumentation from 1 Cor 12:4–6, see Haykin, *Spirit of God*, 149–52.

³²See Sesboüé and Wolinski, *Dieu du Salut*, 267–71. On Basil's argumentation in *AmphSp*, see also P. C. Christou, "L'enseignement de saint Basile sur le Saint-Esprit," *Verbum Caro* 23 (1969): 86–99; Burgess, *Holy Spirit*, 136–44; Jaroslav Pelikan, "The 'Spiritual Sense' of Scripture: The Exegetical Basis of St. Basil's Doctrine of the Holy Spirit," in *Basil of Caesarea: Christian, Humanist, Ascetic. A Sixteen-Hundredth Anniversary Symposium* (tome I; ed. Paul Jonathan Fedwick; Toronto: Pontifical

the Holy Spirit would have some influence on theological definitions adopted thereafter, particularly at the council of Constantinople (381).[33]

During his episcopate, Basil also had to cope with the division of Cappadocia into two smaller provinces: Cappadocia prima (capital city: Caesarea) and Cappadocia secunda (capital city: Tyana). The motive of the division could have been to diminish the size and to increase the number of provinces in order to decrease the power of the imperial governors and to reduce the amount of administrative work. In addition, the aim could have been to separate the urban part of Cappadocia (Cappadocia secunda) from the rural parts (Cappadocia prima) made up mostly of imperial estates and of one city: Caesarea.[34] The loss of half of the provincial administration economically impoverished Caesarea. In addition, Anthimos, the bishop of Tyana, wanted to act as a metropolitan bishop, since the territory of an ecclesiastical metropolis usually corresponded to the territory of a civil one.[35] To counter Anthimos, Basil installed his brother Gregory in the see of Nyssa and Gregory of Nazianzus in the see of Sasima, both towns in Cappadocia secunda. Far from being happy at the appointment, the latter ran away to Nazianzus and never set foot in Sasimes, a miserable village, whose *raison d'être* was to serve as a postal relay to change horses. Gregory complained to Basil about this appointment, holding a grudge against him after this episode.[36]

Institute of Mediaeval Studies, 1981), 337–60; Haykin, *Spirit of God*, 114–66.

[33]Dörries, *De Spiritu Sancto*, 85–91 believes that Basil's thought on the Holy Spirit gave the tone to the discussion, but nevertheless did not make its way into the formulation of the dogmatic formulas. Contra Dörries, see André de Halleux, "La profession de foi de l'Esprit-Saint dans le Symbole de Constantinople," *RTL* 10 (1979): 18–23 reprinted in André de Halleux, *Patrologie et oecuménisme* (BETL 93; Leuven: Leuven University Press/Peeters, 1990), 303–37.

[34]This explanation is suggested by A. H. M. Jones, *The Cities of the Eastern Roman Provinces* (2nd ed.; Oxford: Clarendon, 1971), 184. Giet has a related explanation for the division of Cappadocia: by creating new 'curiales', the emperor may have sought to increase the revenues he obtained from the provinces. See Stanislas Giet, *Idées et action sociales*, 367. One may dismiss the emperor Valens' enmity towards Basil as the motive of the division of the province, since after being reunited by Theodosius in 379, Cappadocia was parted again in 382 soon after Basil's death.

[35]Gregory of Nazianzus describes the conflict between the two bishops. See *Or. Bas.* 58.3.

[36]Gregory complained to Basil in letters 48 and 50. On Gregory of Nazianzus'

Basil of Caesarea: Theologian, Ascetic, and Bishop   19

Basil died in Caesarea, at about 50 years of age (379), soon after Valens had lifted the order of banishment on bishops who held to the Nicean creed.[37] He remained immensely popular, as demonstrated by the formidable quantity of manuscripts of his works (which circulated in numerous languages) the iconography and the existence of his veneration.[38]

BASIL AND THE BIBLE

In most of his works, Basil quotes the Bible abundantly, as one notices when looking at the Scripture index of each of Basil's works.[39] One may wonder why Basil was so fond of Scripture and felt the need to quote it so fre-

---

appointment in Sasimes, see Stanislas Giet's short monograph *Sasimes. Une méprise de saint Basile* (Paris: Gabalda, 1941).

[37]There has been recently some debate regarding the date of Basil's death. January 1, 379, was traditionally regarded as the date of his death. In 1981, Booth suggested antedating his death to 14 June 377, since he believed that Basil had been elected bishop earlier than 370. In 1988, based on Valens' alleged departure from Antioch, Maraval proposed August-September 377 as the time of Basil's death. Pouchet challenged Maraval's claim and suggested instead autumn 378. Rousseau appears unconvinced by Maraval's suggestion and would prefer to hold to the traditional date, as does Barnes, who abundantly documents his claim. On these matters, see Alan D. Booth, "The Chronology of Jerome's Early Years," *Phoenix* 35 (1981): 237–59; Pierre Maraval, "La date de la mort de Basile de Césarée," *Revue des Études Augustiniennes* 34 (1988): 25–38; Jean-Robert Pouchet, "La date de l'élection épiscopale de saint Basile et celle de sa mort," *RHE* 87 (1992): 5–33; Rousseau, *Basil*, 360–63; Timothy D. Barnes, "The Collapse of the Homoeans in the East," in *Studia Patristica Vol. XXIX* (Papers Presented at the Twelfth International Conference on Patristic Studies held in Oxford 1995; ed. Elizabeth A. Livingstone; Leuven: Peeters, 1997), 3–16.

[38]The four volumes published by Fedwick, listing all manuscripts of Basil's writings, iconography and *testimonia*, witness to his popularity through the ages. See Paul J. Fedwick, ed., *Bibliotheca Basiliana Universalis. A Study of the Manuscript Tradition of the Works of Basil of Caesarea* (4 volumes; Corpus Christianorum. Bibliotheca Basiliana Universalis; Turnhout: Brepols, 1993–2000). On iconography and veneration, see Daniel Stiernon, "Basilio il Grande. Vita, opere, culto, reliquie, iconografia," in *Bibliotheca Sanctorum* (vol. 2; Rome: Istituto Giovanni xxiii, 1962), 910–44.

[39]The only exception appears to be his *Ad adolescentes, quomodo possint ex gentilium libris fructum capere.*

quently in his works.[40] One may also question whether Basil always quotes Scripture in the same ways and for the same reasons.

What Tieck calls Basil's "bibliocentricity" becomes obvious as one considers his ascetical works.[41] All but nine of the fifty-five *Regulae fusius tractatae* are supported by quotations of Scripture.[42] The *Moralia* appear as an anthology of NT quotations gathered under short headers. Although Scripture is not quoted as extensively as as in the *Regulae fusius tractatae*, the *Regulae breviae*

---

[40]There have been several studies devoted to Basil's use of the Bible. See, for instance, G. J. M. Bartelink, "Observations de saint Basile sur la langue biblique et théologique," *VC* 17 (1963): 85–104; Elena Cavalcanti, "Il significato dell'esegesi letterale in Basilio e in Agostino. Omelie sull'Esamerone e De Genesi ad litteram I-III," *Annali di storia dell'esegesi* 4 (1987): 119–42; Mario Girardi, "Basilio di Caesarea esegeta dei Proverbi," *Vetera Christianorum* 28 (1991): 25–60; "Note sul lessico esegetico di Basilio di Caesarea," *Vetera Christianorum* 29 (1992): 19–53; "Basilio e Gregorio Nisseno sulle beatitudini," *Vetera Christianorum* 32 (1995): 91–129; *Basilio di Cesarea interprete della Scrittura. Lessico, principi ermeneutici, prassi* (Quaderni di "Vetera Christianorum"; Bari: Edipuglia, 1998); "Les Règles Morales de saint Basile et le Nouveau Testament," in *Papers presented to the Second International Conference on Patristic Studies held at Christ Church, Oxford, 1955* (ed. Kurt Aland and F. L. Cross; Studia Patristica 2.2, TU 64; Berlin: Akademie Verlag, 1957), 416–26; reprinted in Jean Gribomont, *Saint Basile. Évangile et Église. Mélanges* (vol. 1; ed. Enzo Bianchi; Spiritualité orientale 36; Brégrolles-en-Mauge, Maine-&-Loire: Abbaye de Bellefontaine, 1984), 146–56; "Le paulinisme de saint Basile," in *Studiorum Paulinorum Congressus Internationalis Catholicus 1961: simul secondus Congressus Internationalis Catholicus de Re Biblica, completo undevicesimo saeculo post S. Pauli in urbem adventum* (AnBib 17–18; Rome: Pontificio Instituto Biblico, 1963), 481–90; *Basile. Évangiles et Église*, vol. 1, 191–208; "La tradition johannique chez saint Basile," in *Parola e Spirito. Studi in onore di Settimio Cipriani* (tome I; ed. Cesare Casale Marcheselli; Brescia: Paideia, 1982), 847–66 reprinted in *Basile. Évangiles et Église*, vol. 1, 209–28; Anne Gordon Keidel, "Basil of Caesarea's Use of Romans 7 as a Reflection of Inner Struggle," in *Studia Patristica* (Vol. XXXII; ed. Elizabeth A. Livingstone; Leuven: Peeters, 1997), 136–40; Richard Lim, "The Politics of Interpretation in Basil of Caesarea's *Hexaemeron*," *VC* 44 (1990): 351–70; M. C. Paczkowski, "L'esegesi tipologica nel dibattito antipneumatico di S. Basilio Magno," *LASBF* 43 (1993): 243–59; "Esegesi prosopografica di S. Basilio Magno," *LASBF* 44 (1994): 291–330; Piero Scazzoso, "San Basilio et la Sacra Scrittura," *Aevum* 47 (1973): 210–24; James G. Sigountos, *Basil the Great's Rejection of Allegory* (Ph.D. diss. University of Chicago; 1987); William Arthur Tieck, "Basil of Caesarea and the Bible," Ph.D. diss. Columbia University (1953).

[41]See Tieck, "Basil and the Bible," 34.

[42]Tieck, "Basil and the Bible," 59–60; Clarke, *Ascetic Works of Basil*, 174, note 1.

Basil of Caesarea: Theologian, Ascetic, and Bishop   21

tractatae often deal with questions concerning the interpretation of difficult passages, e.g., what is "raca?" (*RBr* 51); who are "the meek?" (*RBr* 201); what does "Charity does not behave itself unseemly" mean? (*RBr* 246). One should note that the first question of the *Regulae breviae tractatae* is: "Is it lawful or expedient for a man to allow himself to do or say what he thinks right without the testimony of the inspired Scriptures?" Such a question and Basil's answer set the tone of the importance of Scripture for Basil in writing about the monastic life. In fact, Basil mentions that the study of Scripture is the most important means to discover one's duty.[43] For Basil, Scripture appears to represent one of God's voices, as can be seen from the use of formulae such as "as the Lord says," "according to the word of the Lord," and "as the Lord commands," or "as the Lord teaches," used to introduce biblical quotations.[44]

If, in the ascetical works, Basil often let the Scripture answer questions asked by his followers without making much if any commentary, the theological treatises witness to another type of utilization of Scripture. In the *contra Eunomium*, Basil had to fight on his opponent's ground by using terms associated with logic and language. Nonetheless, even in this case, he establishes a rule that the theological terms must conform to Scripture, and that one must avoid the creation of new terms.[45] One may distinguish two ways of using the Bible in *contra Eunomium* and *De Spiritu Sancto ad Amphilochium*. Either Basil quotes Scripture simply to illustrate his discourse or he uses it to check the validity of his own discourse; for instance, whenever he discusses consubstantiality and hypostasis, terms which are absent from Scripture or used in

---

[43]See Ep 2.3 addressed to Gregory of Nazianzus. On the importance of Scripture for monastic life, Rippinger comments: "One can even say that in the larger framework of Basil's thought, there is no *raison d'être* for monastic life other than that found in the Scriptures and thus his *Rules* appear less as legislative documents and more as interpretations of the Bible." Joel Rippinger, "The Concept of Obedience in the Monastic Writings of Basil and Cassian," *Studia Monastica* 19 (1977): 10–11. See also Jean Gribomont, "Obéissance et Évangile selon saint Basile le Grand," *La Vie Spirituelle. Supplément* 5 (1952): 202 reprinted in Gribomont, *Basile. Évangiles et Église*, vol. 1, 280.

[44]For numerous samples of these formulas, see the lists provided on pp. 271–274.

[45]For instance, see *Eun* I.5.63–66 and *Eun* II.6.36-42. On avoiding new words, see Ep 175: "As for names, it is enough for us to admit those which we have received from the Holy Scripture and to avoid innovations in these matters."

another context.⁴⁶ In this way, Basil applies a sort of double hermeneutical circle where Scripture is interpreted within the framework of ecclesiastical interpretation and of the confession of faith, and, in the same movement, interprets the confession of faith. In addition, Basil compares his discourse to Scripture and Scripture nurtures his discourse.⁴⁷ In the homiletic works, Basil's task was often to explain biblical passages. For this purpose, he uses methods of exegesis common among the Fathers.⁴⁸ Thus, he explains a difficult passage by examining the meaning of the same word or expression in other passages.⁴⁹ He also shows a care for grammar, spelling and verb tenses of biblical passages.⁵⁰ Basil sometimes explains obscure passages by using allegory, as in *HPs* 28.1:

---

⁴⁶Thus, the word *hypostasis* is used in 2 Cor 9:4; 11:17; Heb 1:3; 3:14; 11:1.

⁴⁷Basil comments on the latter hermeneutical circle in Eun II.1.25–29: "Is there any manner of examination finer than comparing one's teachings to those given to us by the Spirit? What we find in agreement with them, we will accept, and we will refuse to put our faith in anything that opposes them, fleeing from it as from an enemy." On Basil's use of Scripture in the theological treatises, especially the *contra Eunomium*, see Bernard Sesboüé, *Basile et la Trinité*, 65–66, 150–69.

⁴⁸On the methods of patristic exegesis, see for instance Michael Fiedrowicz, *Principes de l'interprétation de l'Ecriture dans l'Eglise ancienne* (transl. by Gérard Poupon; Traditio Christiana 10; Bern: Peter Lang, 1998); Manlio Simonetti, *Biblical Interpretation in the Early Church. An Historical Introduction to Patristic Exegesis* (transl. by J. A. Hughes and ed. A. Bergquist and M. Bockmuehl; Edinburgh: T & T Clark, 1994); Bertrand de Margerie, *Les Pères grecs et orientaux*, in *Introduction à l'histoire de l'exégèse* (Initiations; Paris: Cerf, 1980); Claude Montdésert, ed., *Le monde grec ancien et la Bible*, in *Bible de tous les temps* (vol. 1; Paris: Beauchesne, 1984); Jacques Fontaine and Charles Pietri, *Le monde latin antique et la Bible*, in *Bible de tous les temps* (vol. 2; Paris: Beauchesne, 1985); Robert M. Grant and David Tracy, *A Short History of the Interpretation of the Bible* (2nd ed.; Philadelphia: Fortress, 1984), 39–72; P. R. Ackroyd and C. F. Evans, eds., *From the Beginnings to Jerome*, in *The Cambridge History of the Bible* (vol. 1; Cambridge: Cambridge University Press, 1970), 412–586.

⁴⁹For instance, in *HPs* 7 (PG 29, 237), Basil explains the meaning of κρίνεσθαι in this psalm (Ps 7,9) by examining the different meanings the term can take in the Bible, either in the sense of being tested and approved (δοκιμάζεσθαι) or in the sense of being condemned (κατακρίνεσθαι).

⁵⁰For instance, the discussion on the words ἀνταπόδοσις and δόσις in HPs 7.3, the discussion on the words ἐξεζήτησα and ἐζήτησα in *HPs* 33.3, the discussion on verb tenses in *HPs* 1.3. I owe these references to Tieck, "Basil and the Bible," 159–60.

Now, as regards the history, it will seem that the order was given to the priests and Levites who had acquitted themselves of the work to remember what they ought to prepare for the divine service. Scripture, furthermore, solemnly declares to those going out and departing from the tabernacle what it is proper for them to prepare and to have of their assembly on the following day: namely, 'offspring of rams, glory and honor, glory to his name'; likewise it declares that nowhere else it is becoming to worship except in the court of the Lord and in the place of holiness. But, according to our mind which contemplates the sublime and makes the law familiar to us through a meaning which is noble and fitted to the divine Scripture, this occurs to us: the ram does not mean the male among the sheep; nor the tabernacle, the building constructed from this inanimate material; and the going out from the tabernacle does not mean the departure from the temple; but, the tabernacle for us is this body, as the Apostle taught us when he said: 'We who are in this tabernacle sigh.'[51]

In his examination of the *Homilia in principium Proverbum* within the collection of Basil's homiletic works, Girardi notices that Basil tended to gradually move away from allegorical exegesis, practiced for instance by Origen, toward a more literal exegesis.[52] If it were the case, Basil's formal rejection of allegory in the *Hexaemeron* would mark the end of this trajectory, but its explicitness has puzzled several scholars:

> I know the laws of allegory, although I did not invent them of myself, but have met them in the works of others. Those who do not admit the common meaning of the Scriptures say that water is not water, but some other nature, and they explain a plant and a fish according to their opinion. They describe also the production of reptiles and wild animals changing according to their own notions, just like the dream interpreters, who interpret for their own ends the appearances seen in their dreams. When I hear 'grass', I think of grass, and in

---

[51]Quoted from Agnes Clare Way, *Exegetic Homilies*. (Washington: Catholic University of America Press, 1963), 193. In addition, one may consult *Hex* 7.3, where the behavior of some animals is compared to human behavior.
[52]See Girardi, "Proverbi," 58–60.

the same manner I understand everything as it is said, a plant, a fish, a wild animal, and an ox. Indeed, I am not ashamed of the gospel.[53]

Sigountos thinks that there are coherent reasons for Basil's change of attitude toward allegory. Clement, Origen, and Eusebius had attempted to demonstrate that Christianity could dialogue with Greek culture, particularly philosophical systems. They had used allegory for the purpose of this demonstration. However, as Christianity became a mainstream religion during the 4th century, Julian the Apostate (361–363) used allegory precisely to demonstrate the possible dialogue between Christianity and paganism. Thus, Julian allegorized the myths of the creation story in Genesis in order perhaps to assimilate parts of the Judaeo-Christian tradition into his revived Hellenism.[54] According to Sigountos, Basil became aware of Julian's method of allegorization and consequently rejected one type of allegory, the ahistorical one (that is, the allegorical method assuming that the text is fiction), and continued to use only the historical method of allegory (which assumes that the text has a historical meaning of its own).[55] One may nevertheless wonder whether Basil had Julian in mind when he wrote the *Hexaemeron*.[56]

Concerning this problem, Frances Young argues that those who had been trained in philosophical schools were likely to apply the so-called allegorical method of exegesis, since this method was currently taught and used in these schools.[57] In contrast, those trained in rhetorical schools were likely to use the so-called literal method of exegesis, since this method was practiced in these schools. Young gives as evidence Chrysostom's and Theodore's of Mopsuestia

---

[53]*Hex* 9.1. Quoted from Agnes Clare Way, *Exegetic Homilies*, 135. See also *Hex* 3.9 for a comparable statement.

[54]See Sigountos, *Basil the Great's Rejection of Allegory*, 108–21, and Julian, *contra Galileos*.

[55]Ibid., 122–141. For the distinction between ahistorical and historical allegory, see ibid., 156–157.

[56]If one was to accept Sigountos' hypothesis, the *Hexaemeron* would have been a late response to Julian's exegesis, since it was written ca. 378 while Julian wrote ca. 361–363.

[57]See Frances Young, "The Rhetorical Schools and Their Influence on Patristic Exegesis," in *The Making of Orthodoxy* (Essays in Honour of Henry Chadwick; ed. Rowan Williams; Cambridge: Cambridge University Press, 1989), 182–99.

rhetorical training. She explains the difficulty of assigning the Cappadocians to either the Alexandrian or Antiochian school by their training in rhetoric, and the fact they kept strong interests in philosophy.

Lim investigates the possibility of the influence of Diodore of Tarsus, an early representative of the Antiochian school, on Basil.[58] There is indeed evidence of a correspondence between the two as two letters from Basil to Diodore have been preserved.[59] Yet, Lim concludes that contact with Diodore could have simply made Basil more aware of the hazards of excessive allegorizations. He explains Basil's rejection of allegory as circumstantial: some parts of the audience had derided his literalist interpretation of Gen 1:6, so he attacked the allegorical intepretation expected by the audience at the beginning of the ninth homily.[60]

One should nonetheless remember that the ancients did not divide the text into literal and figurative meaning, but into plain and obscure. Allegory could be applied to those places deemed obscure.[61] Basil's rejection of allegory appears to be directed towards those who apply allegory to passages where the meaning is plain. He does not identify these people, but one can think that this practice was widely spread.[62] Therefore, Basil probably does not reject allegory by itself, but a certain use of allegory. In fact, he seems to hold to a certain type of spiritual exegesis in *De Spiritu Sancto*, written at the same period: "Because he who abides in the bare sense of the letter, and in it busies himself with the observance of the Law, has, as it were, got his own heart enveloped in the Jewish acceptance of the letter, like a veil."[63]

---

[58]See Lim, "The Politics of Interpretation in Basil of Caesarea's *Hexaemeron*."

[59]*Ep* 135 and 160.

[60]Giet has a comparable explanation. See Stanislas Giet, ed., *Basile de Césarée. Homélies sur l'Hexaéméron* (SC 26; Paris: Cerf, 1949), 479.

[61]On this, see Gerald L. Bruns, "The Problem of Figuration in Antiquity," in *Hermeneutics: Questions and Prospects* (ed. Gary Shapiro and Alan Sica; Amherst, Mass.: University of Massachussets Press, 1984), 147–64.

[62]According to Smets and Esbroeck, these people should be identified as the Anomoians, viz. Aetius and Eunomius. This would be consistent with the aims of Basil's other works, i.e., *contra Eunomium* and *de Spiritu Sancto ad Amphilochium*. On this, see Alexis Smets and Michel van Esbroeck, eds., *Basile de Césarée. Sur l'Origine de l'Homme. (Hom. X et XI de l'Hexaéméron)* (SC 106; Paris: Cerf, 1970), 122.

[63]*AmphSp* 21.52, quoted from Jackson, *Treatise de Spiritu Sancto*; Cavalcanti,

SUMMARY

The different aspects of Basil's life, namely his interest in ascetic life, his involvement in theological debates, and his duties as a priest and a bishop explain his diversity of approaches to the Bible, either as a source of principles for a righteous life, the basis for establishing theological doctrine, or as a text which must be understood by the pew.[64] If his training in rhetoric and philosophy does not appear in his ascetical writings, it shows up in his homiletic and theological writings where logic, philosophy and science are set into dialogue with Scripture. Still, behind each interaction Basil has with the Bible lies the conviction that the scriptures represent one of God's voices.

"Significato," 119–21.

[64]In *MorPrF* 1 (=PG 31, 677C), Basil alludes to Paul who himself adapted his language to the circumstances.

CHAPTER 2

INTRODUCTION TO THE CRITICAL APPARATUS

THE TEXT

I have provided three lists of Basil's quotations of the First Gospel. The first list (Chapter III), which is the most important, gathers all quotations that refer with certainty to specific passages of the Gospel of Matthew. These quotations are drawn from all of Basil's genuine works and are accompanied by a critical apparatus. The second list (Appendix A) displays quotations (a) whose precise reference in Matthew cannot be ascertained, (b) that present material common to several books of the Bible, or (c) that could be a mixture of passages of different books of the Bible, mainly the other Synoptic Gospels. The third list (Appendix B) displays quotations drawn from the treatise *De baptismo*, whose authorship is still disputed.[1]

---

[1]The authenticity of the *De baptismo* has been vigorously defended by Umberto Neri, ed., *Basilio di Cesarea: Il battesimo* (Testi e ricerche di scienze religiose 12; Brescia: Paideia, 1976), 23–53; Jean Gribomont, *Histoire du texte des Ascétiques de S. Basile*. (Bibliothèque du Muséon 32; Louvain: Publications universitaires, 1953), 306–08; review of Neri, *Basilio di Cesarea: Il battesimo*, RHE 74 (1979): 49-52, and Jeanne Ducatillon, ed., *Sur le baptême* (SC 357; Paris: Editions du Cerf, 1989), 7–12. Gribomont's and Neri's advocacy of the authenticity of the *De baptismo* has had limited success when one considers recent monographs on Basil. For instance, Klaus Koschorke, *Spuren der alten Liebe. Studien zum Kirchenbegriff des Basilius von Caesarea* (Paradosis 32; Freiburg, CH: Universitätsverlag, 1991), 136–37, considers it as a spurious work while Robert Pouchet, *Basile le Grand et son univers d'amis d'après sa correspondance. Une stratégie de communion* (Studia Ephemeridis-Augustinianum 36; Rome: Institutum Patristicum Augustinianum, 1992), 10, lists it among the authentic works of Basil. Philip Rousseau, *Basil of Caesarea* (Transformation of the Classical Heritage 20; Berkeley, Calif.: University of California Press, 1994), 130, note 48,

For each list, I sorted references to the First Gospel according to the canonical order. I labeled each reference either as *citation* [C], *adaptation* [Ad], *allusion* [All] or *lemma* [L].

A *citation* [C] is a verbally exact reproduction of a Gospel passage; an *adaptation* [Ad] is a quoted passage in which Basil has modified the text, either to accomodate its context syntactically, or to suit his own purpose; an *allusion* [All] is an echo of a Gospel passage that shows conceptual and/or verbal affinities with it.[2] A *lemma* [L] is the header of a paragraph or of a section. Although lemmata may have originated with Basil himself, they may have also been added by editors or scribes. Citations are displayed first, followed by adaptations, allusions, and lemmata. The exact reference to the work from which citations, adaptations, allusions, and lemmata are drawn accompanies each datum.

Whenever a quoted passage of the First Gospel appears in different forms in Basil's works, I indicate Basil's most probable text by a double asterisk [**] next to a specific citation. When the discrepancy is too wide among different quotations of the same verse, or a passage of the First Gospel is represented by only a few allusions, I endeavour to achieve a *bona fide* reconstruction of Basil's probable text. Such a reconstruction is indicated by the label TEXT.[3] I follow these principles when identifying or reconstructing Basil's most likely text of a passage: 1.) More weight is granted to longer citations over shorter ones, for it is more likely that Basil is quoting from a written text in the case of longer citations than in the case of shorter ones. 2.) More weight is granted to citations over adaptations and allusions, for Basil does not seek to adapt his

---

expresses a nuanced opinion: "One is tempted to make wholesale use of the *De baptismo*; and I am swayed towards acceptance of its reliability, not only by arguments in a recent edition but also by Gribomont, *Histoire du texte des Ascétiques*, 307–08. However, the plentiful clues to Basil's thought on the matter in undubitably genuine works make an appeal to *De baptismo* a bonus rather than a necessity; and I have allowed room for cautious scepticism."

[2]I discarded allusions that were useless for the reconstruction of Basil's text of the First Gospel, i.e., an allusion that only evokes a passage without exhibiting any verbal affinity with it.

[3]In my footnotes, I frequently give the rationale for my decision to select a specific citation [C]** or for reconstructing as such Basil's most likely text.

citations to the context of the sentence. 3.) More weight is granted to adaptations over allusions, for even when adjusting the quotation to the context of the sentence, Basil is willing to quote a passage specifically. 4.) Finally, lemmata are given less weight because of the uncertainty of their origin. They can nevertheless help to confirm a decision on the exact text of a verse when they display the same wording.[4] Even when using these principles, it may be impossible to choose between two different readings that are equally attested in Basil's writings. One should not discard the possibility that Basil quoted from different copies of the First Gospel during his career, especially since he may have written during several journeys away from Caesarea. In addition, some allusions are so remote from the text of a verse that I found it useless to attempt a reconstruction of Basil's most likely text.

---

[4]Principles of classification of patristic evidence for New Testament textual criticism were enunciated first by Gordon D. Fee, "The Text of John in Origen and Cyril of Alexandria: A Contribution to Methodology in the Recovery and Analysis of Patristic Citations," *Bib* 52 (1971): 362–63, reprinted in Eldon J. Epp and Gordon D. Fee, *Studies in the Theory and Method of New Testament Textual Criticism* (SD 45; Grand Rapids, Mich.: Eerdmans, 1993), 301–34; "The Text of John in *The Jerusalem Bible*: A Critique of the Use of Patristic Citations in New Testament Textual Criticism," *JBL* 90 (1971): 169–70 reprinted in Epp and Fee, *Studies in the Theory and Method*, 335–43. Fee refined these principles in subsequent works such as "The Use of Patristic Citations in New Testament Textual Criticism: The State of the Question" (ANRW 26.1; Berlin/New York: De Gruyter, 1992), 256–61, reprinted in *Studies in the Theory and Method*, 344–59, and "The Use of the Greek Fathers for New Testament Textual Criticism," in *The Text of the New Testament in Comtemporary Research. Essays on the Status Quaestionis. A Volume in Honor of Bruce M. Metzger* (ed. Bart D. Ehrman and Michael W. Holmes; SD 46; Grand Rapids, Mich.: Eerdmans, 1995), 201–04. They also have been described and used in the five volumes published so far of the collection *The New Testament in the Greek Fathers*, i.e.: Bart D. Ehrman, *Didymus the Blind and the Text of the Gospels* (SBLNTGF 1; Atlanta: Scholars Press, 1986). James A. Brooks, *The New Testament Text of Gregory of Nyssa* (SBLNTGF 2; Atlanta: Scholars Press, 1991); Bart D. Ehrman et al., *The Text of the Fourth Gospel in the Writings of Origen* (Vol. 1; SBLNTGF 3; Atlanta: Scholars Press, 1992); Darrell D. Hannah, *The Text of 1 Corinthians in The Writings of Origen* (SBLNTGF 4; Atlanta: Scholars Press, 1997); Roderick L. Mullen, *The New Testament Text of Cyril of Jerusalem* (SBLNTGF 7; Atlanta: Scholars Press, 1997).

ABBREVIATIONS OF BASIL'S WORKS

I have listed all of Basil's works that have been taken into consideration in my study. Some of Basil's writings are absent from the list, since they lack any relevant material.

I modeled my system of abbreviations from the list provided in the Toronto 1979 Symposium volume on Basil.[5] I nevertheless altered the system, mainly by removing periods wherever possible, and by using Garnier's numeral system to designate Basil's letters instead of the names of the addressees as does Fedwick. More complete information on the editions can be found in the bibliography. I have used the most recent editions available and cross-checked them with older editions. In some instances, I also verified modern translations and ancient versions. Whenever no modern edition was available, I used specific manuscripts or the 18th century Maurist edition. In these cases, I gave the Migne volume number (PG).[6] I also included the number of the work (CPG #) in M. Geerard's *Clavis Patrum Graecorum*.[7]

AmphSp   DE SPIRITU SANCTO AD AMPHILOCHIUM (SC 17bis [1968]; CPG 2839)

AscPr3   PROEMIUM IN REGULAE FUSIUS TRACTATAE (VatGr 428; PG 31, 889A–901A; CPG 2281)

---

[5]Paul Jonathan Fedwick, ed., *Basil of Caesarea, Christian, Humanist, Ascetic a Sixteen-Hundredth Anniversary Symposium* (ed. Paul Jonathan Fedwick; Toronto: Pontifical Institute of Mediaeval Studies, 1981), xix-xxxi. Considering the scope of that study, which does not deal with all recensions and versions of Basil's works, this system is more convenient than the one designed by Fedwick in his more recent *Bibliotheca Basiliana Universalis. A Study of the Manuscript Tradition of the Works of Basil of Caesarea* (4 volumes; Corpus Christianorum. Bibliotheca Basiliana Universalis; Turnhout: Brepols, 1993–2000).

[6]The use of the Migne volume number (PG) should not be interpreted as the use of the text printed in Migne itself. I justify the use of this system, since it is highly convenient and that Migne is the only complete edition of Basil's works widely available. Garnier's 18th century edition is rare, even in the De Sinner 1839 reprint. The most recent edition by Konstantinou Mpoēn in *Bibliothēkē hellēnōn paterōn kai ekklēsiastikōn euggrapheōn*, reprints Migne's wherever no critical edition has been published and also uses its location numbers.

[7]Maurice Geerard, *Clavis Patrum Graecorum* (CCSG; Turnhout: Brepols, 1974).

Bapt	DE BAPTISMO libri duo (SC 357 [1989]; CPG 2896)
Ep	EPISTULAE (Forlin Patrucco [1984] for letters 1–46; Courtonne I [1957], II [1961], III [1966] for the remaining letters; CPG 2900)
Eun	CONTRA EUNOMIUM libri tres (SC 299 [1982], 305 [1983]; CPG 2837)
HAtt	HOMILIA IN ILLUD, ATTENDE TIBI IPSI (Rudberg [1962]; CPG 2847)
HBapt	HOMILIA EXHORTATORIA AD SANCTUM BAPTISMA (VatGr 413; PG 31, 424–444; CPG 2857)
HChr	HOMILIA IN SANCTAM CHRISTI GENERATIONEM (VatGr 413; PG 31, 1457–1473; CPG 2913)
HDest	HOMILIA IN ILLUD DICTUM EVANGELI SECUNDAM LUCAM: "DESTRUAM HORREA MEA, ET MAJORA AEDIFICABO:" ITEMQUE DE AVARITIA (Courtonne [1935]; CPG 2850)
HDiv	HOMILIA IN DIVITES (Courtonne [1935]; CPG 2851)
HEbr	HOMILIA IN EBRIOSOS (VatGr 413; PG 31, 444–464; CPG 2858)
Hex	HOMILIAE IN HEXAEMERON 1–9 (Mendieta & Rudberg [1997]; CPG 2835)
HFam	HOMILIA DICTA TEMPORE FAMIS ET SICCITATIS (VatGr 413; PG 31, 304–328; CPG 2852)
HGord	HOMILIA IN GORDIUM MARTYREM (VatGr 413; PG 31, 489–508; CPG 2862)
HGrat	HOMILIA DE GRATIARUM ACTIONE (VatGr 413; PG 31, 217–237; CPG 2848)
HHum	HOMILIA DE HUMILITATE (Garnier; PG 31, 525–540; CPG 2865)
HIra	HOMILIA ADVERSUS EOS QUI IRASCUNTUR (VatGr 413; PG 31, 353–372; CPG 2854)
HIul	HOMILIA IN MARTYREM JULITTAM ET IN EA QUAE SUPERFUERANT DICENDA IN PRIUS HABITA CONCIONE DE GRATIARUM ACTIONE (VatGr 413; PG 31, 237–261; CPG 2849)

Hleiun 1	HOMILIA DE JEJUNIO 1 (VatGr 413; PG 31, 164–184; CPG 2845)
Hleiun 2	HOMILIA DE JEJUNIO 2 (VatGr 413; PG 31, 185–197; CPG 2846)
HMal	HOMILIA QUOD DEUS NON EST AUCTOR MALORUM (VatGr 413; PG 31, 329–353; CPG 2853)
HMam	HOMILIA IN SANCTUM MARTYREM MAMANTEM (Garnier; PG 31, 589–600; CPG 2868)
HMart	HOMILIA IN SANCTOS QUADRAGINTA MARTYRES (VatGr 413; PG 31, 508–525; CPG 2863)
HMund	HOMILIA QUOD REBUS MUNDANIS ADHAERENDUM NON SIT, ET DE INCENDIO EXTRA ECCLESIAM FACTO (Garnier; PG 31, 540–564; CPG 2866)
HProv	HOMILIA IN PRINCIPIUM PROVERBIUM (VatGr 413; PG 31, 385–424; CPG 2856)
HPs	HOMILIAE SUPER PSALMOS (VatGr 413 for *HPs* 1, 7, 28, 29, 32, 33, 44, 59, 61, 115; Garnier for the remaining ones; PG 29:209–493; CPG 2836)
HSab	HOMILIA CONTRA SABELLIANOS, ET ARIUM, ET ANOMOEOS (Garnier; PG 31, 600–617; CPG 2869)
HTrin	EJUSDEM HOMILIA. ADVERSUS EOS QUI PER CALUMNIAM DICUNT DICI A NOBIS DEOS TRES (VatGr 413; PG 31, 1488–1496; CPG 2914)
HypPr	PROLOGUE 6; *EJUSDEM* (Gribomont [1953, pp. 279–282]; CPG 2884)
Mor	MORALIA or REGULAE MORALES (VatGr 428; PG 31, 691–869; CPG 2877)
MorPrF	PROLOGUE 8; *Ejusdem de fide* (VatGr 428; PG 31, 676C–692C; CPG 2886)
MorPrL	PROLOGUE 7; *DE JUDICIO DEI* (VatGr 428; PG 31, 653–676; CPG 2885)
RBr	REGULAE BREVIUS TRACTATAE (HTrin 105; PG 31, 1052C–1305B; CPG 2875)

Introduction to the Critical Apparatus 33

RFus   *REGULAE FUSIUS TRACTATAE* (HTrin 105; PG 31, 905B–1052C; CPG 2875)

SUMMARY OF SIGLA AND ABBREVIATIONS
USED IN THE TEXT, APPARATUS, AND FOOTNOTES

The following sigla appear in the apparatus:

[Ad]	Adaptation
[Ad]*	Adaptation that supports a reading of the apparatus
[All]	Allusion
[All]*	Allusion that supports a reading of the apparatus
[C]	Citation
[C]* *	Citation taken to be representative of Basil's text and used as the collation base.
c	Indicates a correction to the manuscript
[L]	Lemma
Lac.:	*Lacunose.* A verse or part of a verse is missing in the manuscripts listed.
Nyssa	Variant supported by Gregory of Nyssa
pt	*partial.* A verse is partially missing in a manuscript
TEXT	Indicates the reconstructed text used as the collation base.
+	Signifies a continuous quotation: when found at the end of a reference, a quotation continues without break into the following verse; when found at the beginning, a quotation is a continuation itself.
vid	*videtur.* Indicates the likely reading of a manuscript difficult to read or lacunose
*	Indicates the original reading of a manuscript prior to a correction
[...]	Brackets are used (a) for words that Basil attests, when the form is in question; (b) for words that Basil appears to attest, when there are residual doubts; and (c) for divergent forms of the text, both/all of which Basil appears to attest.
...	Ellipses are used whenever there is no evidence of Basil's support.
-------	Variants below this line are supported by a single manuscript and

therefore considered as insignificant for establishing textual relationships among manuscripts.

THE TEXTUAL WITNESSES OF THE APPARATUS

I selected textual witnesses representing main textual trends to which I compare Basil's quotations of the First Gospel. The selection of these witnesses was made after consulting various studies on patristic quotations and New Testament textual criticism handbooks.[8] Along with these textual witnesses, I also added the text of Matthew found in Gregory of Nyssa whenever available.[9] Since Gregory of Nyssa was Basil's brother, their texts have been compared. The profile analysis does not nonetheless include Gregory's testimony, for Basil and Gregory do not have enough verses of the First Gospel in common to justify its inclusion. The textual witnesses are listed below according to the textual groups to which they belong.

Primary Alexandrian: ℵ B
Secondary Alexandrian:[10] C L f^1 33
Caesarean:[11]   Θ f^{13}

---

[8]Bart D. Ehrman, *Didymus*, 36; Brooks, *NT Text of Gregory of Nyssa*, 18; Mullen, *NT Text of Cyril of Jerusalem*, 65; John J. Brogan, *The Text of the Gospels in the Writings of Athanasius* (Ph.D. diss., Duke University; 1997), 85; Bruce M. Metzger, *The Text of the New Testament. Its Transmission, Corruption, and Restoration* (3rd ed.; New York/Oxford: Oxford University Press, 1992), 36–79; *A Textual Commentary on the Greek New Testament. A Companion Volume to the United Bible Societies' Greek New Testament* (2nd ed.; Stuttgart: Deutsche Bibelgesellschaft/United Bible Societies, 1994), 15*-16*; Kurt Aland and Barbara Aland, *The Text of the New Testament* (2nd ed.; transl. by Errol F. Rhodes; Grand Rapids, Mich./Leiden: Eerdmans/Brill, 1989), 103–63, 186–90; J. Harold Greenlee, *Introduction to New Testament Textual Criticism* (2nd ed.; Peabody, Mass.: Hendrickson, 1995), 30–38, 80–87.

[9]I used Brooks, *NT Text of Gregory of Nyssa*, 27–55 as a source for the text of Gregory of Nyssa.

[10]The placement of f^1 among Secondary Alexandrian witnesses may be somewhat surprising, taking into account its frequent listing among Caesarean witnesses, but my quantitative analysis (see chapter 4) demonstrates that it does not belong to the Caesarean category.

[11]I adopt the label Caesarean more as a convention than by conviction. The exis-

Introduction to the Critical Apparatus   35

Byzantine:[12]   E W Δ Π Σ Ω 565 700 Nyssa
Western: D a b e k[13]

All significant variant units are cited in the critical apparatus. I discarded scribal errors which result in nonsense readings, unless they are widespread. Similarly, scribal tendencies due to stylistic preferences (e.g., nu-movable, itacisms, abbreviations) were excluded from the apparatus.[14]

---

tence of such a text type has been challenged since the formulation of this hypothesis by B. H. Streeter in 1924. See *The Four Gospels. A Study of Origins* (London: Macmillan, 1924), 26, 108, 150, 572–75. This discussion has been skillfully summarized in Mullen, *NT Text of Cyril of Jerusalem*, 33–43. Even though the existence of such a text type is questionable in other parts of the New Testament than the Gospel of Mark, one must notice in Matthew the existence of a pattern of variants unique to Θ and f^{13} that make them stand apart from other groups of manuscripts.

[12]The comparatively larger number of Byzantine witnesses is justified by the fact that this text type is not as clearly defined in early Byzantine manuscripts as in the late manuscripts. I therefore selected several manuscripts to make sure to grasp all tendencies of this text type. Among this list, one will notice the presence of W Δ 565 700. These codices contain a relatively high number of singular and subsingular readings, but quantitative analysis show them to be in greater agreement with other "purer" Byzantine witnesses, such as E Π Ω, than with any manuscript belonging to other text types.

[13]The presence of four Latin manuscripts is justified by the small number of Greek manuscripts belonging to the Western textual group.

[14]W. L. Richards, *The Classification of the Greek Manuscripts of the Johannine Epistles* (SBLDS 35; Missoula, Mont.: Scholars Press, 1977) has demonstrated that the latter type of variants are of no profit to establish the relationships among manuscripts.

CHAPTER 3

THE TEXT OF THE FIRST GOSPEL IN BASIL

MATTHEW CHAPTER ONE

Matthew 1:1
    ο μεν Ματθαιος της κατα σαρκα γενεσεως εξηγητης γεγονεν ως αυτος φησι· "Βιβλος γνεσεως Ιησου Χριστου υιου Δαυιδ" (*Eun* II.15.13–14) [C]

Lac.: C D Θ b e Nyssa

βιβλος γενεσεως Ιησου Χριστου rell] liber generalis (=βιβλος κοινος?) k

Matthew 1:9
    πως ους Οζιας εγεννησε τον Ιωαθαμ, Ιωαθαμ τον Αξας, Αξαξ τον Εζεκιαν (*Hex* 100.14–15) [Ad]*

Lac.: D Θ b e Nyssa
.1) Οζιας ℵ C E L Π Σ Ω f^1 f^{13} 33 565 700, Ozias a k] Οζειας B W Δ
.2) Αχαζ, Αχαζ B E L W Δ Π Σ Ω f^1 f^{13} 33 565 700] Αχας, Αχας ℵ C, Achas a / Achaos k

---

Ιωαθαμ rell] Ιωαθαμ 33 / Iothan k

Matthew 1:18
    μαλλον δε αυτων ακουε των του ευαγγελιου ρηματων. "μνηστυθεισης γαρ της μητρος αυτου Μαριας τω Ιωσηφ, πρις η συνελθεις αυτους ευρεθη εν γαστρι εχουσα εκ πνευματος αγιου" (*HChr* 3; PG 31, 1464A) [C]**

πριν η συνελθεις αυτους ευρεθη εν γαστρι εχουσα εκ πνευματος αγιου (*HChr* 4; PG 31, 1464D) [C]

Lac.: D Θ^{pt} e Nyssa

.1) γαρ C^c E L W Δ Θ Π Σ Ω f^{13} 33 565] omit ℵ B C* f^1 700 a b k

----

Ιωσηφ rell] Iosesf k

Matthew 1:19

ηβουληθη λαθρα αυτην απολυσαι (*HChr* 4; PG 31, 1464D) [C]

μη τολμησας δημοσιευσαι τα κατ' αυτην. "δικαιος δε ων,"[1] ετυχε της αποκαλυψεως των μυστηριων [Matt 1:20] (*HChr* 4; PG 31, 1464D) [Ad]

TEXT: δικαιος δε[2] ων...ηβουληθη λαθρα απολυσαι αυτην

Lac.: D e Nyssa

ηβουληθη] εβουληθη rell

Matthew 1:20

μη φοβηθης παραλαβειν Μαριαμ την γυναικα σου (*HChr* 4; PG 31, 1465A) [C]

και ο αγγελος· "το γαρ εν αυτη γεννηθεν εκ πνευματος εστιν αγιου" (*AmphSp* V.9.23–24) [C]

το γαρ εν αυτη γεννηθεν εκ πνευματος εστιν αγιου (*HChr* 4; PG 31, 1465A) [C]

ταυτα γαρ αυτου ενθυμηθεντος αγγελος κυριου εφανη αυτω κατ' οναρ λεγων· μη φοβηθης παραλαβειν Μαριαμ την γυναικα σου (*HChr* 4; PG 31, 1465A) [Ad]*

---

[1]Although this adaptation is very short, it represents a quotation from Matt 1:19, for the first part of the verse is quoted almost immediately before and Matt 1:20 follows almost immediately after.

[2]The quotation is too short to know whether Basil's text read δε.

ου γαρ ειρηται, το κυνηθεν, αλλα "το γεννηθεν" (*HChr* 4; PG 31, 1465B) [C][3]

TEXT: ταυτα γαρ αυτου ενθυμηθεντος ...[4] αγγελος κυριου εφανη αυτω κατ' οναρ λεγων· ...[5] μη φοβηθης παραλαβειν Μαριαμ την γυναικα σου· το γαρ εν αυτη γεννηθεν εκ πνευματος εστιν αγιου

Lac.: D^pt a^pt b^pt e Nyssa^pt

.1) γαρ^((1))] δε ℵ B C E L W Δ Θ Π Σ Ω f^1 f^{13} 33 565 700 k / omit a b

.2) εφανη αυτω κατ' οναρ, apparet ei in fornis k] εφανη κατ' οναρ αυτω W f^{13} / κατ' οναρ εφανη αυτω ℵ B C E L Δ Π Σ Ω f^1 33 565 700 / εφανη κατ' οναρ τω Ιωσηφ Θ

.3) Μαριαμ ℵ C D E W Δ Θ Π Σ Ω f^{13} 33 565 700 a b] Μαριαν B L f^1 / Maxriam k

.4) εστιν αγιου ℵ B C E W Δ Θ Π Σ Ω f^1 f^{13} 33 565 700, est sancto k] αγιου εστιν D L, sancto est a b

---

παραλαβειν rell] omit k

Matthew 1:21

τεξεται δε υιον και καλεσεις το ονομα αυτου Ιησουν (*HChr* 4; PG 31, 1465B) [C]

Lac.: Θ^pt e Nyssa

αυτου rell] omit ℵ*
Ιησουν rell] Iesus k

---

[3]The citation is very short here, but one can be sure that Basil alludes to Matt 1:20, for he has previously cited the whole verse and is concerned to explain some details of the vocabulary.

[4]Manuscripts have ιδου here. The only quotation of this part of the verse is an adaptation. In that context, the use of ιδου may have been seen as disruptive.

[5]Here, the word order and the omission of Ιωσηφ υιος Δαυειδ is unique. That is why one can wonder whether Basil quotes from a written text or memory.

Matthew 1:23

αφ' ου ηκουσε του προφητου λεγοντος· "ιδου η παρθενος εν γαστρι ληψεται και τεξεται υιον" (*HChr* 3; PG 31, 1464C) [C][6]

ιδου η παρθενος εν γαστρι ληψεται (*HChr* 4; PG 31, 1465C) [C][7]

ιδου η παρθενος εν γαστρι ληψεται[8] και τεξεται υιον, καὶ καλέσουσιν τὸ ὄνομα αὐτοῦ Ἐμμανουήλ, τουτεστιν[9] μεθ' ημων ο θεος (*HChr* 4; PG 31, 1465BC) [Ad]*

ειδε τον ενανθρωπησαντα Θεον ειδε τον εκ παρθενου αγιας γεννηθεντα Εμμανουηλ, ο εστι μεθερμηνευομενον μεθ' ημων ο θεος (*HPs* 45.6; PG 29, 425C) [All]*

TEXT: ιδου η παρθενος εν γαστρι ληψεται και τεξεται υιον, και καλεσουσιν το ονομα αυτου Εμμανουηλ, ο εστι μεθερμηνευομενον μεθ' ημων ο θεος

Lac.: Θ e Nyssa

ληψεται] εξει rell [NA: a b k]
καλεσουσιν rell] καλεσεις D
αυτου rell] omit ℵ*
Εμμανουηλ rell] Εμανουηλ ℵ* / Ενμανουηλ D / Emmanuet k

Matthew 1:24

και ετερωθι[10] παρελαβε την γυναικα (*HChr* 5; PG 31, 1468A) [Ad]
TEXT: παρελαβε την γυναικα[11]

---

[6]This may be Isa 7:14, but the whole context is Matthean. In addition, the introductory words may reproduce the end of Matt 1:22.

[7]Idem.

[8]It appears that ληψεται is found only in three manuscripts of the LXX, namely B L C.

[9]I have not found this reading in any manuscript of Matthew.

[10]Even if Garnier reads εγερθεις, I believe that ετερωθι (viz., "elsewhere"), read in VatGr 413, is more likely. It fits the argument better indeed.

[11]Most manuscripts add αυτου here. Because of the brevity of this quotation, it is impossible to know whether Basil's text had αυτου here.

Lac.: Θ e Nyssa

Matthew 1:25

"ουκ εγινωσκεν γαρ αυτην," φησιν, "εως ου ετεκεν τον υιον αυτης τον πρωτοτοκον" (*HChr* 5; PG 31, 1468B) [C]

ουκ εγινωσκεν αυτην εως ου ετεκεν τον υιον αυτης (*HChr* 5; PG 31, 1468B) [C]

TEXT: ουκ εγινωσκεν αυτην εως ου ετεκεν τον υιον αυτης τον πρωτοτοκον[12]

Lac.: Θ a^pt e Nyssa

.1) εγινωσκεν ℵ B C E L W Δ Π Σ Ω f^1 f^{13} 33 565 700] εγνω D, cognovit b k

.2) ου ℵ B^c C D E L W Δ Π Σ Ω f^1 f^{13} 33 565 700] omit B* b k

.3) τον C D E L W Δ Π Σ Ω 565 700] omit ℵ B f^1 f^{13} 33 [NA: b k]

.4) αυτης C D E W Δ Π Σ Ω 565 700] omit ℵ B L f^1 f^{13} 33 b k

.5) τον πρωτοτοκον C D E L W Δ Π Σ Ω 565 700] omit ℵ B f^1 f^{13} 33 b k

ουκ εγινωσκεν αυτην εως ου rell] omit k

MATTHEW CHAPTER TWO

Matthew 2:1

"του δε Ιησου γεννηθεντος" φησιν "εν Βηθλεεμ της Ιουδαιας εν ημεραις Ηρῳδου του βασιλεως, ιδου μαγοι απο ανατολων παρεγενοντο εις Ιεροσολυμα" + (*HChr* 5; PG 31, 1469A) [Ad]*

δια τουτο κινηθεντες οι μαγοι απο ανατολων (*HChr* 6; PG 31, 1472A) [All]

TEXT: του δε Ιησου γεννηθεντος εν Βηθλεεμ της Ιουδαιας εν ημεραις

---

[12]In the exegesis of the passage, Basil insists on πρωτοτοκον, which implies that his text included this word. In addition, those manuscripts which omit πρωτοτοκον also omit αυτης.

Ηρωδου του βασιλεως, ιδου μαγοι απο ανατολων παρεγενοντο εις Ιεροσολυμα +

Lac.: Θ e Nyssa

.1) Βηθλεεμ ℵ B C D E W Δ Π Σ f^1 f^{13} 33 565 700 b] Βιθλεεμ L^c Ω / Βιθληεμ L* / Bethlem a k

.2) Ιουδαιας ℵ B C D E L W Δ Π Σ Ω f^1 f^{13} 33 565 700 k] civitatem Iudeae (=πολιν Ιουδαιας) a b

.3) Ιεροσολυμα ℵ B C^c D E Σ f^1 f^{13} 33 a b] Ιερουσαλημ C* L W Δ Π Ω 565 700 / Hierosolima k

---

Ιησου rell] Ιησου Χριστου Ω
Ηρωδου rell] Ηρωδους D [NA: a b k]

Matthew 2:2

+ λεγοντες· που εστιν ο τεχθεις βασιλευς των Ιουδαιων; (*HChr* 5; PG 31, 1469A) [C]**
που εστιν ο τεχθεις βασιλευς των Ιουδαιων; (*HChr* 5; PG 31, 1469B) [C]

Lac.: Θ e Nyssa

Matthew 2:9

επανω ου ην το παιδιον (*HChr* 5; PG 31, 1469D–1472A) [C]
ελθων γαρ εστη επανω ου ην το παιδιον + (*HChr* 6; PG 31, 1472C) [Ad]*
TEXT: ελθων [γαρ]^{13} εστη επανω ου ην το παιδιον

Lac.: Θ a^{pt} e Nyssa

.1) εστη E L W Δ Π Σ Ω f^{13} 565 700] εσταθη ℵ B C D f^1 33 [NA: a b k]

.2) επανω ου ην το παιδιον ℵ B C E L W Δ Π Σ Ω f^1 f^{13} 33 565 700] επανω του παιδιου D, supra puerum b, super puerum k

---

[13]Basil may have inserted the conjunction γαρ to indicate that he appeals to Scripture.

Matthew 2:10

+ διο και ιδοντες οι μαγοι εχαρησαν χαραν μεγαλην (*HChr* 6; PG 1472C) [Ad]

TEXT: ιδοντες...[14] οι μαγοι εχαρησαν χαραν μεγαλην

Lac.: Θ 33^pt Nyssa

.1) οι μαγοι] omit rell

Matthew 2:11

δια τουτο ευροντες το παιδιον προσεκυνησαν αυτω εν δωροις (*HChr* 5; PG 31, 1469B) [All]*

δωροις ετιμησαν χρυσω και λιβανω και σμυρνη (*HChr* 6; PG 31, 1472A) [All]

TEXT: το παιδιον ... προσεκυνησαν αυτω ... [εν δωροις ετιμησαν χρυσω και λιβανω και σμυρνη][15]

Lac.: Θ Ω^pt e Nyssa

το παιδιον rell] τον παιδα D [NA: a b k]

---

[14] Basil's text probably had την αστεραν here. The omission can be explained by the fact that he had mentioned it just before.

[15] One can doubt that the text between brackets represents the exact wording of Basil's text of Matthew. Nevertheless, one should notice that the order of the three gifts is the same in all mss and that the spelling of σμυρνη contrasts with the spelling found in D W* (ζμυρναν).

MATTHEW CHAPTER THREE[16]

Matthew 3:2

Ιωαννου μεν λεγοντος· "ηγγικεν[17] η βασιλεια των ουρανων" (*HMal* 10; PG 31, 352C) [Ad]

Lac.: Θ e Nyssa

Matthew 3:4

ου το ενδυμα ην εκ τριχων καμηλου (*RFus* 22.1; PG 31, 977C) [All]*
TEXT: το ενδυμα ... [εκ] τριχων καμηλου

Lac.: Θ e Nyssa

.1) καμηλου ℵ B C D E L W Δ Π Σ Ω f^1 f^{13} 33 565 700, camelii k] camelorum (=καμηλων) a b

Matthew 3:7

ιδων δε πολλους των Φαρισαιων και Σαδδουκαιων ερχομενους επι το βαπτισμα αυτου ειπεν αυτοις· γεννηματα εχιδνων, τις υπεδειξεν υμιν φυγειν απο της μελλουσης οργης; + (*Mor* 1.4; PG 31, 701C) [C]

Lac.: D^pt Θ e Nyssa

.1) αυτου ℵ^c C D E L W Δ Π Σ Ω f^1 f^{13} 33 565 700, suum a b k] omit ℵ* B

των rell] omit Δ [NA: a b k]
Φαρισαιων και Σαδδουκαιων rell] Σαδδουκαιων και Φαρισαιων Σ

---

[16]The closeness of the wording among the Synoptics, especially between Matthew and Luke in the section of the preaching of John the Baptist (Matt 3:1–12/Mark 1:2–8/Luke 3:3–14) makes it difficult to ascertain whether Basil quotes the text of one gospel or another. For that reason, I relegated to the first appendix several quotations that display uncertain references.

[17]Most manuscripts of Matthew insert γαρ at this place. It is nevertheless possible that Basil's text omitted it, but he may have seen no reason for keeping γαρ in such a short quotation.

υπεδειξεν rell] ostendit viperarum (=υπεδειξεν εχιδνων?) k

Matthew 3:8

+ ποιησατε ουν καρπους αξιους της μετανοιας + (*Mor* 1.4; PG 31, 701CD) [C]

ποιησατε ουν καρπους αξιους της μετανοιας[18] + (*Mor* 15.1; PG 31, 728A) [C]

Lac.: D Θ e Nyssa

.1) καρπους αξιους L 33, fructos dignos a] καρπον αξιον ℵ B C E W Δ Π Σ Ω *f*¹ *f*¹³ 565 700, fructum dignum b k

Matthew 3:9

+ και μη δοξητε λεγειν εν εαυτοις, πατερα εχομεν τον Αβρααμ. λεγω γαρ υμιν οτι δυναται ο θεος και εκ των λιθων τουτων εγειραι τεκνα τω Αβρααμ + (*Mor* 1.4; PG 31, 701CD) [C]

+ και μη δοξητε λεγειν εν εαυτοις, πατερα εχομεν τον Αβρααμ. λεγω γαρ υμιν οτι δυναται ο θεος εκ των λιθων τουτων εγειραι τεκνα τω Αβρααμ + (*Mor* 15.1; PG 31, 728A) [C]

TEXT: και μη δοξητε λεγειν εν εαυτοις, πατερα εχομεν τον Αβρααμ. λεγω γαρ υμιν οτι δυναται ο θεος [και][19] εκ των λιθων τουτων εγειραι τεκνα τω Αβρααμ

Lac.: D Θ e Nyssa

.1) δοξητε ℵ B C E L W Δ Π Σ Ω *f*¹ *f*¹³ 33 565 700, putaveritis k] existimare vos (=δοξητε υμας?) a, praeferre vos (=δοξητε υμας?) b

---

εν εαυτοις rell] omit b
πατερα rell] οτι πατερα *f*¹

---

[18]This citation is similar to Luke 3:8 as found in Ψ 713 1200. I prefer to posit a harmonization of these manuscripts on Matt 3:8–9 since most manuscripts of Luke have a slightly different text, i.e., they have αρξησθε where Matt 3:9 has δοξητε.

[19]I doubt the presence of και here, since it is absent from most manuscripts of this work and the other quotation of that verse as well.

τουτων rell] omit 700

Matthew 3:10

+ ηδη δε η αξινη προς την ριζαν των δενδρων κειται· παν ουν δενδρον μη ποιουν καρπον καλον εκκοπτεται και εις πυρ βαλλεται (*Mor* 1.4; PG 31, 701D) [C]

+ ηδη δε και η αξινη προς την ριζαν των δενδρων κειται· παν ουν δενδρον μη ποιουν καρπον καλον εκκοπτεται και εις πυρ βαλλεται (*Mor* 15.1; PG 31, 728A) [C][20]

TEXT: ηδη δε [και][21] η αξινη προς την ριζαν των δενδρων κειται· παν ουν δενδρον μη ποιουν καρπον καλον εκκοπτεται και εις πυρ βαλλεται

Lac.: D Θ a^pt e Nyssa

.1) ηδε δε ℵ B C W Δ f^1 700, iam autem k] ηδη δε και E L Π Σ Ω f^{13} 33 565 / iam enim (=ηδη γαρ?) b

.2) την ριζαν ℵ B C E L W Δ Π Σ Ω f^1 f^{13} 33 565 700, radicem k] radices (=τας ριζας) a b

---

η rell] omit Δ [NA: a b k]
δενδρων rell] malorum (=μηλεων?) k

Matthew 3:11

ο δε Κυριος ημων Ιησους Χριστος εν τω Πνευματι τω αγιω· "εγω μεν γαρ υμας," φησι, "βαπτιζω εν υδατι εις μετανοιαν, ο δε οπισω μου ερχομενος ισχυροτερος μου εστιν, ου ουκ ειμι ικανος τα υποδηματα βαστασαι· αυτος υμας βαπτισει εν πνευματι αγιω και πυρι" (*AmphSp* XV.36.15–19) [Ad]*

Lac.: D Θ e k Nyssa

.1) γαρ ℵ] ουν f^{13} / omit B C E L W Δ Π Σ Ω f^1 33 565 700 a b

---

[20]Absent from Garnier and VatGr 413.
[21]I am hesitant about the presence of και, since the evidence is evenly split.

.2) υμας βαπτιζω ℵ B W ƒ¹ ƒ¹³ 33 700] βαπτιζω υμας C E L Δ Π Σ Ω 565, baptizo vos a b

.3) και πυρι ℵ B C L W Δ Π Σ ƒ¹ ƒ¹³ 33 565 700, et igni a b] omit E Ω

οπισω μου rell] omit a

Matthew 3:13

τοτε παραγινεται ο Ιησους απο της Γαλιλαιας επι τον Ιορδανην προς τον Ιωαννην του βαπτισθηναι υπ' αυτου + (*Mor* 19.1; PG 31, 733AB) [C]

Lac.: D Θ e k Nyssa

Ιωαννην rell] Ιωανην B
αυτου rell] eo in Iordane (=αυτου εν Ιορδανῃ) b

Matthew 3:14

+ ο δε Ιωαννης διεκωλυεν αυτον λεγων, εγω χρειαν εχω υπο σου βαπτισθηναι, και συ ερχῃ προς με; + (*Mor* 19.1; PG 31, 733B) [C]

Lac.: D Θ 33^pt e k Nyssa

.1) Ιωαννης ℵ^c C E L W Δ Π Σ Ω ƒ¹ ƒ¹³ 33 565 700, Iohannes a b] omit ℵ* B

αυτον rell] αυτῳ Ω
ερχῃ rell] omit Δ / venisti (=ηλθες) b

Matthew 3:15

+ αποκριθεις δε ο Ιησους ειπεν προς αυτον, αφες αρτι, ουτω γαρ πρεπον εστιν ημιν πληρωσαι πασαν δικαιοσυνην. τοτε αφιησιν αυτον (*Mor* 19.1; PG 31, 733B) [C]

Lac.: D Θ 33^pt e k Nyssa

.1) προς αυτον ℵ C E L W Δ Π Σ Ω ƒ¹ 33 565 700] αυτῳ B ƒ¹³, eo a b
.2) ημιν ℵ^c B C E L W Δ Π Σ Ω ƒ¹ ƒ¹³ 565 700] ημας ℵ*, nos a b

αποκριθεις δε ο Ιησους rell] ο δε Ιησους αποκριθεις f^{13}

Matthew 3:16
    και βαπτισθεις ο Ιησους ανεβη ευθυς απο του υδατος· και ιδου ανεωχθησαν αυτω οι ουρανοι, και ειδε το πνευμα του θεου καταβαινον ωσει περιστεραν και ερχομενον επ' αυτον + (*Mor* 62.1; PG 31, 796D) [C]

Lac.: D^{pt} Θ 33^{pt} e k Nyssa

.1) και βαπτισθεις C^c E L W Π Σ Ω f^1 565 700, et baptizato a b] βαπτισθεις δε ℵ B C^* f^{13} / omit Δ

.2) ανεβη ευθυς C E L Δ Π Σ Ω f^{13} 565] ευθυς ανεβη ℵ B W f^1 700, confestim ascendit a b

.3) ανεωχθησαν ℵ C E L W Δ Π Σ Ω f^1 33 565 700] ηνεωχθησαν B f^{13} [NA: a b]

.4) αυτω ℵ^c C E L W Δ Π Σ Ω f^1 f^{13} 33^{vid} 565 700, ei a b] omit ℵ* B

.5) το πνευμα του θεου C E L W Δ Π Σ Ω f^1 f^{13} 565 700] πνευμα θεου ℵ B [NA: a b]

.6) καταβαινον ℵ B C E L W Δ Π Σ Ω f^1 f^{13} 33 565 700] καταβαινοντα εκ του ουρανου D, descendentem de caelo a b

.7) και ερχομενον ℵ^c C D E L W Δ Π Σ Ω f^1 f^{13} 33 565 700] ερχομενον ℵ* B, venientem a b

.8) επ' αυτον ℵ B C^c D^c E L W Δ Π Σ Ω f^1 f^{13} 565 700] προς αυτον C^* / εις αυτον D^*, in ipsum a b

ωσει rell] ως D [NA: a b]

Matthew 3:17
    + και ιδου φωνη εκ των ουρανων λεγουσα· ουτος εστιν ο υιος μου ο αγαπητος, εν ω ευδοκησα (*Mor* 62.1; PG 31, 796D–797A) [C]**
    οτε βαπτισθεντι τω Ιησου εγενετο ανωθεν φωνη, οτι "ουτος εστιν ο υιος μου ο αγαπητος" (*HPs* 28.3; PG 29, 289C) [C]

Lac.: Θ 33^{pt} e k Nyssa

.1) των ουρανων ℵ B C D E L Δ Π Σ Ω f^1 f^{13} 565 700] του ουρανου W, de caelo a b

.2) λεγουσα ℵ B C E L W Δ Π Σ Ω f^1 f^{13} 33 565 700] λεγουσα προς αυτον D, dicens ad eum a b

.3) ουτος εστιν ℵ B C E L W Δ Σ Π Ω f^1 f^{13} 33 565 700, hic est b] συ ει D, tu es a

.4) ευδοκησα ℵ* B D E Δ Π Σ Ω f^1 f^{13} 565 700] ηυδοκησα ℵc C L W [NA: a b]

MATTHEW CHAPTER FOUR

Matthew 4:1

+ τοτε ο Ιησους ανηχθη εις την ερημον υπο του πνευματος πειρασθηναι υπο του διαβολου (*Mor* 62.1; PG 31, 797A) [C]

τοτε Ιησους ανηχθη εις την ερημον υπο του πνευματος πειρασθηναι υπο του διαβολου + (*Mor* 62.4; PG 31, 800C) [C]

τουτο και υπο του διαβολου πειραζομενω παρην. "ανηχθη" γαρ, φησιν, "ο Ιησους υπο του πνευματος εις την ερημον του πειρασθηναι" (*AmphSp* XVI.39.17) [Ad]*

TEXT: Τοτε [(ο) Ιησους ανηχθη/ανηχθη ο Ιησους][22] [εις την ερημον υπο του πνευματος/υπο του πνευματος εις την ερημον][23] πειρασθηναι υπο του διαβολου

Lac.: Θ 33pt e k Nyssa

.1) ο Ιησους ανηχθη ℵ Cc D E W Π Σ Ω f^1 f^{13} 565, Iesus ductus est (a b)[24]] Ιησους ανηχθη B Δ 700 (a b) / ανηχθη δε ο Ιησους C* L

τοτε rell] omit L

---

[22]The existence of a variant in VatGr 413 raises the possibility that Basil was familiar with two different word orders.

[23]Although I give more credit to citations than adaptations, it is not unlikely that Basil was familiar with two forms of the text.

[24]Since Latin does not have articles, the brackets indicate that manuscripts a and b could support both readings here.

εις την ερημον υπο του πνευματος rell] in deserto ab spiritu (=εν τω ερημω υπο του πνευματος) a / υπο του πνευματος εις την ερημον ℵ

Matthew 4:2

+ και νηστευσας ημερας τεσσαρακοντα και νυκτας τεσσαρακοντα, υστερον επεινασε + (*Mor* 62.4; PG 31, 800C) [C]

Lac.: Θ e Nyssa

.1) και νυκτας τεσσαρακοντα B C E L W Δ Π Σ Ω f^{13} 33 565 700] και τεσσαρακοντα νυκτας ℵ D, et XL noctibus a b, et quadraginta noctibus k / omit f^1

Matthew 4:3

+ και προσελθων αυτω ο πειραζων ειπεν, ει υιος ει του θεου, ειπε ινα οι λιθοι ουτοι αρτοι γενωνται + (*Mor* 62.4; PG 31, 800C) [C]**
και προσελθων αυτω ο πειραζων ειπεν, ει υιος ει του θεου, ειπε ινα οι λιθοι ουτοι αρτοι γενωνται (*Mor* 26.1; PG 31, 744D) [C]
ειπων, "ει υιος ει του θεου, ειπε ινα οι λιθοι ουτοι αρτοι γενωνται" (*RBr* 75; PG 31, 1136A) [C]

Lac.: Θ e Nyssa

.1) προσελθων ℵ B C E L W Δ Π Σ Ω f^1 f^{13} 33 565 700] προσηλθεν D, accessit a b k

.2) αυτω C D E L Δ Π Σ Ω 565, ad eum a b, ad illum k] omit ℵ B W f^1 f^{13} 33 700

.3) ειπεν C E L Δ Π Σ Ω 565] ειπεν αυτω ℵ B W f^1 f^{13} 33 700 / και ειπεν αυτω D, et dixit illi a b / et dixit (=και ειπεν) k

Matthew 4:4

+ ο δε αποκριθεις ειπε, γεγραπται, ουκ επ' αρτω μονω ζησεται ανθρωπος, αλλ' επι παντι ρηματι εκπορευομενω, δια στοματος θεου + (*Mor* 62.4; PG 31, 800C) [C]
ο δε αποκριθεις ειπεν, γεγραπται, ουκ επ' αρτω μονω ζησεται ο ανθρωπος, αλλ' επι παντι ρηματι εκπορευομενω, δια στοματος θεου + (*Mor* 26.1;

PG 31, 744D) [C]

TEXT: ο δε αποκριθεις ειπεν, γεγραπται, ουκ επ' αρτω μονω ζησεται [ο]²⁵ ανθρωπος, αλλ' επι παντι ρηματι εκπορευομενω, δια στοματος θεου

Lac.: Θᵖᵗ aᵖᵗ e Nyssa

.1) ο δε αποκριθεις ℵ B C E L W Δ Π Σ Ω f^1 f^{13} 33 565 700 k] αποκριθεις δε ο Ιησους D, cui respondens Iesus a b

.2) ο ανθρωπος ℵ B C D L W Δ Θ Σ f^1 33] ανθρωπος E Π Ω f^{13} 565 700 [NA: a b k]

.3) επι ℵ B E L W Δ Θ Π Σ Ω f^1 33 565 700] εν C D f^{13}, in a b k

.4) εκπορευομενω, δια στοματος ℵ B C E L W Δ Θ Π Σ Ω f^1 f^{13} 33 700] εκπορευομενω εκ στοματος 565 / omit D a b k

---

ειπεν rell] ειπεν αυτω 565
γεγραπται rell] γεγραπται οτι 700
αλλ' ... θεου rell] omit k

Matthew 4:5

+ τοτε παραλαμβανει αυτον ο διαβολος εις την αγιαν πολιν και ιστησεν αυτον επι το πτερυγιον του ιερου + (*Mor* 62.4; PG 31, 800D) [C]²⁶

Lac.: aᵖᵗ e Nyssa

.1) ιστησεν ℵ B C D f^1 33] ιστησιν E L W Δ Θ Π Σ Ω f^{13} 565 700 [NA: a b k]

εις την αγιαν πολιν rell] omit 33
επι rell] εις 565

---

²⁵The evidence is equally split regarding the presence or omission of the article, so it is difficult to decide. Manuscript evidence in VatGr 413 points to the presence of this article.

²⁶Garnier omits vv. 5–11.

Matthew 4:6

+ και λεγει αυτω, ει υιος ει του θεου, βαλε σεαυτον κατω· γεγραπται γαρ οτι τοις αγγελοις αυτου εντελειται περι σου και επι χειρων αρουσιν σε, μηποτε προσκοψης προς λιθον τον ποδα σου + (*Mor* 62.4; PG 31, 800D) [C]

Lac.: Θ^{pt} e Nyssa

.1) λεγει ℵ* B C D E L Δ Θ Π Σ Ω f^1 f^{13} 33 565 700, dicit k] ειπεν ℵ^c W, dixit a b

.2) ει του θεου ℵ B C D E L W Δ Π Σ Ω f^1 f^{13} 33 565 700] του θεου ει Θ, si ... dei es a b k

.3) σεαυτον ℵ B C^c D E L W Δ Π Ω f^1 f^{13} 33 565 700, te a b k] σεαυτον εντευθεν C* Θ Σ

.4) και^{(2)} ℵ B C D E L W Δ Π Σ Ω f^1 f^{13} 33 565 700] ut custodiant te et (=ως τηρωσιν σε και?) a / ut (=ως?) b k

.5) αρουσιν ℵ B C E L W Δ Π Σ Ω f^1 f^{13} 33 565 700] αιρουσιν D, tollant (a b k)

περι σου rell] omit a

Matthew 4:7

+ εφη αυτω ο Ιησους, παλιν γεγραπται, ουκ εκπειρασεις κυριον τον θεον σου + (*Mor* 62.4; PG 31, 800D) [C]

Lac.: Θ e Nyssa

ο Ιησους rell] omit b
ουκ εκπειρασεις rell] ου πειρασεις D [NA: a b k]

Matthew 4:8

+ παλιν παραλαμβανει αυτον ο διαβολος εις ορος υψηλον λιαν και δεικνυσιν αυτω πασας τας βασιλειας του κοσμου και την δοξαν αυτων + (*Mor* 62.4; PG 31, 800D) [C]

Lac.: Θ e Nyssa

δεικνυσιν rell] εδειξεν D
κοσμου rell] huius mundi (=κοσμου τουτου?) k

Matthew 4:9
+ και λεγει αυτω, ταυτα παντα σοι δωσω, εαν πεσων προσκυνησῃς μοι + (*Mor* 62.4; PG 31, 800D) [C]

Lac.: e Nyssa

.1) λεγει E L W Δ Θ Π Σ Ω f^1 565 700] ειπεν ℵ B C D f^{13} 33, dixit a b k
.2) ταυτα παντα σοι C^c D E L Δ Θ Π Ω f^{13} 565, haec omnia tibi a b k] ταυτα σοι παντα ℵ B C^* W Σ f^1 33 / παντα ταυτα σοι 700

μοι rell] με 565

Matthew 4:10
+ τοτε λεγει αυτω ο Ιησους, υπαγε Σατανα· γεγραπται γαρ, Κυριον τον θεον σου προσκυνησεις και αυτω μονω λατρευσεις + (*Mor* 62.4; PG 31, 800D) [C]

Lac.: $Θ^{pt}$ e Nyssa
.1) λεγει ℵ B C D E L W Δ Π Σ Ω f^1 f^{13} 33 565 700, dicit k] dixit (= ειπεν) a b
.2) υπαγε ℵ B C^* W Δ Π Σ f^1 f^{13} 565 700, vade k] υπαγε οπισω μου C^c D E L Ω 33, vade retro me a b

----

γαρ rell] omit k

Matthew 4:11
+ τοτε αφιησιν αυτον ο διαβολος, και ιδου αγγελοι προσηλθον και διηκονουν αυτω (*Mor* 62.4; PG 31, 800D) [C]

Lac.: Θ^{pt} e Nyssa

αυτον rell] αυτω L / omit k

Matthew 4:17
απο τοτε ηρξατο ο Ιησους κηρυσσειν και λεγειν, μετανοειτε· ηγγικεν γαρ η βασιλεια των ουρανων (*Mor* 1.1; PG 31, 700B) [C]

Lac.: Θ^{pt} e Nyssa

.1) ηρξατο ℵ B C E L W Δ Θ Σ Ω f^1 f^{13} 33 565 700, coepit a b] γαρ ηρξατο D, enim coepit k

---

ο rell] omit D [NA: a b k]
μετανοιετε rell] omit k
γαρ rell] omit k

Matthew 4:23
και περιηγεν ολην την Γαλιλαιαν ο Ιησους διδασκων εν ταις συναγωγαις και κηρυσσων το ευαγγελιον της βασιλειας και θεραπευων πασαν νοσον και πασαν μαλακιαν (*Mor* 70.12; PG 31, 825D) [C]**
του Κυριου δε πανταχου του ευαγγελιου της βασιλειας κηρυσσοντος (*HMal* 10; PG 31, 352C) [All]

Lac.: Θ L e Nyssa

.1) ολην την Γαλιλαιαν ο Ιησους E W Δ Π Σ Ω f^{13} 565 700] εν ολη τη Γαλειλαια B / ο Ιησους εν τη Γαλιλαια ℵ* / ο Ιησους ολην την Γαλιλαιαν ℵ^c D f^1 33, Iesus totam Galileam a b / ο Ιησους εν ολη τη Γαλιλαια C* / εν ολη τη Γαλιλαια ο Ιησους C^c / totam Galilae (=ολην την Γαλιλαιαν?) k

---

διδασκων rell] διδασκων αυτους ℵ*
συναγωγαις] συναγωγαις αυτων rell
πασαν νοσον και rell] omit Δ

MATTHEW CHAPTER FIVE

Matthew 5:3

μακαριοι οι πτωχοι τω πνευματι, οτι αυτων εστιν η βασιλεια των ουρανων + (*Mor* 69.2; PG 31, 812B) [C]**

τουτους και ο Κυριος μακαριζει λεγων, "μακαριοι οι πτωχοι τω πνευματι" (*HPs* 33.5; PG 29, 361B) [C]

τουτους και μακαριζει ο Κυριος λεγων, "μακαριοι οι πτωχοι τω πνευματι" (*HPs* 33.12; PG 29, 381A) [C]

ουτοι εισιν οι πτωχοι τω πνευματι (*RBr* 205; PG 31, 1217C) [All]*

τινες εισιν οι πτωχοι τω πνευματι (*RBr* 205; PG 31, 1217C) [L]

Lac.: L Θ e Nyssa

τω πνευματι rell] πνευματι D [NA: a b k]

Matthew 5:4[27]

+ μακαριοι οι πενθουντες, οτι αυτοι παρακληθησονται + (*Mor* 69.2; PG 31, 812B) [C]

μακαριοι οι πενθουντες, οτι αυτοι παρακληθησονται (*HGrat* 4; PG 31, 228A) [C]

μακαριοι γαρ οι πενθουντες, οτι αυτοι παρακληθησονται (*HPs* 29.4; PG 29, 316A) [Ad]*

Lac.: L Θ^{pt} e Nyssa

.1) πενθουντες ℵ* B C D E W Δ Θ Π Σ Ω f^1 f^{13} 565 700, lugent a b, plangentis k] πενθουντες νυν ℵ^c 33

αυτοι rell] omit 700

Matthew 5:5

+ μακαριοι οι πραεις, οτι αυτοι κληρονομησουσιν την γην + (*Mor* 69.2; PG 31, 812BC) [C]**

---

[27]D 33 a b k invert vv. 4 and 5.

μακαριοι οι πραεις (HPs 33.5; PG 29, 361C) [C]
και κατα τον μακαρισμον του Κυριου, "μακαριοι" γαρ, φησιν, "οι πραεις, οτι αυτοι κληρονομησουσι την γην" (HProv 14; PG 31, 416B) [Ad]
μακαριοι γαρ οι πραεις, οτι αυτοι κληρονομησουσιν την γην (HIra 7; PG 31, 372B) [Ad]
"μακαριοι" γαρ, φησιν, "οι πραεις, οτι αυτοι κληρονομησουσι την γην" (HPs 33.2; PG 29, 356BC) [Ad]
οι δε πραεις κληρονομησουσι την γην (HProv 14; PG 31, 416B) [All]

Lac.: e Nyssa

Matthew 5:6

+ μακαριοι οι πεινωντες και διψωντες την δικαιοσυνην, οτι αυτοι χορτασθησονται + (Mor 69.2; PG 31, 812C) [C]**
μακαριοι οι πεινωντες και διψωντες την δικαιοσυνην (Mor 18.5; PG 31, 732C) [C]
του Κυριου λεγοντος· "μακαριοι οι πεινωντες και διψωντες την δικαιοσυνην" (RBr 130; PG 31, 1169B) [C]

Lac.: e Nyssa

Matthew 5:7

+ μακαριοι οι ελεημονες, οτι αυτοι ελεηθησονται + (Mor 69.2; PG 31, 812C) [C]**
μακαριοι οι ελεημονες, οτι αυτοι ελεηθησονται (Mor 48.1; PG 31, 768C) [C]
"μακαριοι" γαρ φησιν, "οι ελεημονες, οτι αυτοι ελεηθησονται" (AscPr3 4; PG 31, 897C) [Ad]*

Lac.: L a^{pt} e
.1) ελεηθησονται ℵ B C D E W Δ Θ Π Σ Ω f^1 f^{13} 33 565 700 Nyssa] miseribitur Deus (=θεος ελεθησεται?) a b / misericordiam insequitur (=ελεον ακολουθησει?) k

Matthew 5:8

+ μακαριοι οι καθαροι τη καρδια, οτι αυτοι τον θεον οψονται + (*Mor* 69.2; PG 31, 812C) [C]**

γραφη μολις τοις καθαροις τη καρδια (*MorPrF* 2; PG 31, 681A) [All]

τις εστιν ο καθαρος τη καρδια (*RBr* 280; PG 31, 1280A) [L]

Lac.: L e Nyssa

.1) καθαροι ℵ B C D E W Δ Θ Π Σ Ω *f*¹ *f*¹³ 33 565 700, mundi k] mundo (=καθαρῳ) a b

----

θεον rell] Dominum (=κυριον) k

Matthew 5:9

+ μακαριοι οι ειρηνοποιοι, οτι αυτοι υιοι θεου κληθησονται (*Mor* 69.2; PG 31, 812C) [C]**

μακαριοι οι ειρηνοποιοι, οτι αυτοι υιοι θεου κληθησονται (*Mor* 50.1; PG 31, 776B) [C]

μακαριοι οι ειρηνοποιοι (*HPs* 33.5; PG 29, 361C) [C]

τις εστιν ο υπο του Κυριου μακαριζομενος ειρηνοποιος (*RBr* 215; PG 31, 1225A) [L]

Lac.: L e Nyssa

.1) αυτοι B E W Δ Θ Π Σ Ω *f*¹ 565 700, ipsi k] omit ℵ C D *f*¹³ 33 a b

Matthew 5:10

+ μακαριοι οι δεδιωγμενοι ενεκεν δικαιοσυνης, οτι αυτων εστιν η βασιλεια των ουρανων + (*Mor* 69.2; PG 31, 812C) [C]**

μακαριοι οι δεδιωγμενοι ενεκεν δικαιοσυνης, οτι αυτων εστιν η βασιλεια των ουρανων + (*Mor* 64.1; PG 31, 801D) [C]

Lac.: L e Nyssa

ενεκεν rell] ενεκα B [NA: a b k]

δικαιοσυνης rell] της δικαιοσυνης C [NA: a b k]

εστιν rell] εστε D

Matthew 5:11

+ μακαριοι εστε οταν ονειδισωσιν υμας και διωξωσιν και ειπωσιν παν πονηρον ρημα καθ' υμων ψευδομενοι ενεκεν εμου + (*Mor* 69.2; PG 31, 812C) [C]
+ μακαριοι εστε οταν ονειδισωσιν υμας και διωξωσιν και ειπωσιν παν πονηρον καθ' υμων ψευδομενοι ενεκεν εμου + (*Mor* 64.1; PG 31, 801D–804A) [C]

τω Κυριω ειποντι· "μακαριοι εστε οταν ονειδισωσιν υμας και διωξωσιν και ειπωσιν παν πονηρον ρημα καθ' υμων ψευδομενοι ενεκεν εμου" + (*RBr* 163; PG 31, 1189AB) [C]

του Κυριου ειποντος· "μακαριοι εστε οταν ονειδισωσιν υμας και διωξωσιν και ειπωσιν παν πονηρον ρημα καθ' υμων ψευδομενοι ενεκεν εμου" + (*RBr* 176; PG 31, 1200C) [C]

"μακαριοι γαρ εστε," φησιν, "οταν ονειδισωσιν υμας ενεκεν εμου" (AmphSp VI.13.11) [Ad]

TEXT: μακαριοι εστε οταν ονειδισωσιν υμας και διωξωσιν και ειπωσιν παν πονηρον ρημα[28] καθ' υμων ψευδομενοι ενεκεν εμου

Lac.: L a^pt e Nyssa

.1) μακαριοι εστε ℵ B C D E W Δ Π Σ Ω f^1 f^{13} 33 565 700] μακαριοι οι εστε Θ / beati eritis (=μακαριοι εσεσθε?) a b k

.2) ονειδισωσιν υμας και διωξωσιν B C E Π Ω f^1 565 700, vos maledicent et persequentur a b] ονειδισωσιν υμας και διωξουσιν ℵ W Δ (Θ) Σ f^{13} / διωξουσιν υμας και ονιδισουσιν D, persecuti vos fuerint et maledixerint k / διωξωσιν υμας και ονιδισωσιν 33

.3) ειπωσιν παν πονηρον ρημα καθ' υμων C E W Δ (Θ) Π Σ Ω f^1 f^{13} 33 565 700] ειπωσιν παν πονηρον καθ' υμων ℵ B, dicent omne malum adversum vos b / ειπωσιν καθ' υμων παν πονηρον D, dixerint adversus

---

[28]In three cases, VatGr 428 has omitted ρημα, but the word is present in the other manuscripts. In addition, the word is not omitted in the citation of *RBr* 176, which is longer. I conclude that Basil's text read ρημα.

vos omne nequam k

.4) ψευδομενοι ℵ B C E W Δ Θ Π Σ Ω f^1 f^{13} 33 565 700] omit D a b k

.5) ενεκεν εμου ℵ C E W Δ Θ Π Σ Ω f^1 f^{13} 33 565 700] ενεκα εμου B / ενεκεν δικαιοσυνης D, propter iustitiam (a) b k

Matthew 5:12

+ χαιρετε και αγαλλιασθε, οτι ο μισθος υμων πολυς εν τοις ουρανοις (*Mor* 69.2; PG 31, 812C) [C]
+ χαιρετε και αγαλλιασθε, οτι ο μισθος υμων πολυς εν τοις ουρανοις (*Mor* 64.1; PG 31, 804A) [C]
+ χαιρετε και αγαλλιασθε, οτι ο μισθος υμων πολυς εν τοις ουρανοις (*RBr* 163; PG 31, 1189B) [C]
+ χαιρετε και αγαλλιασθε, οτι ο μισθος υμων πολυς εν τοις ουρανοις (*RBr* 176; PG 31, 1200C) [C]

"χαιρετε," φησι, "και αγαλλιασθε, οτι ο μισθος υμων πολυς εν τοις ουρανοις" (*HIul* 7; PG 31, 256B) [Ad]*

οτι ο μισθος πολυς εν τοις ουρανοις (*RFus* 29; PG 31, 992C) [Ad]*

παρακαλουμεν προσευχεσθαι υμας υπερ ημων, χαιροντας και αγαλλιωμενους, οτι ο μισθος υμων πολυς εν τοις ουρανοις (*Ep* 256.27–29) [All]*

TEXT: χαιρετε και αγαλλιασθε, οτι ο μισθος υμων πολυς εν τοις ουρανοις

Lac.: L e Nyssa

.1) τοις ουρανοις: ℵ B C E W Δ Θ Π Σ Ω f^1 f^{13} 33 565 700] τω ουρανω D, caelo a b k

Matthew 5:13

υμεις εστε το αλας της γης· εαν δε το αλας μωρανθη, εν τινι αλισθησεται; εις ουδεν ισχυει ετι ει μη βληθηναι εξω και καταπατεισθαι υπο των ανθρωπων (*Mor* 70.11; PG 31, 825BC) [C]

υμεις εστε το αλας της γης (*Mor* 80.10; PG 31, 864B) [C]

Lac.: L e Nyssa

.1) αλας^{bis} ℵ^c B C D^c E Δ Θ Π Σ Ω f^1 f^{13} 33 565 700] αλα ℵ* D* W [NA:

a b k]

.2) ετι ℵ B C E Δ Θ Π Σ Ω f^1 f^{13} 33 565 700 a b] omit D W a b k

.3) βληθηναι D E W Δ Θ Π Σ Ω f^{13} 565 700] βληθεν ℵ B C f^1 33 [NA: a b k]

.4) και D E W Δ Θ Π Σ Ω f^{13} 565 700, et a b k] omit ℵ B C f^1 33

αλισθησεται rell] fallietur terra k[29]

Matthew 5:14

υμεις εστε το φως του κοσμου. ου δυναται πολις κρυβηναι επανω ορους κειμενη + (*Mor* 18.6; PG 31, 732D) [C]**

υμεις εστε το φως του κοσμου (*Mor* 80.9; PG 31, 864A) [C]

ο Κυριος εδηλωσεν ειπων· "ου δυναται πολις κρυβηναι επανω ορους κειμενη" + (*RBr* 223; PG 31, 1229C) [C]

οπερ διδασκων αυτος ο Κυριος, λεγει· "ου δυναται πολις κρυβηναι επανω ορους κειμενη" + (*RBr* 277; PG 31, 1277B) [C]

Lac.: L e

.1) κοσμου ℵ B C D E W Δ Θ Π Σ Ω f^1 f^{13} 33 565 700, mundi k Nyssa] huius mundi (=τουτου κοσμου) a b

---

υμεις rell] υμεις δε Δ

Matthew 5:15

ουδε καιουσι λυχνον και τιθεασιν αυτον υπο τον μοδιον αλλ' επι την λυχνιαν, και λαμπει πασι τοις εν τη οικια + (*Mor* 18.6; PG 31, 732D) [C]

+ ουδε καιουσιν λυχνον και τιθεασιν αυτον υπο τον μοδιον αλλ' επι την λυχνιαν, και λαμπει πασιν τοις εν τη οικια + (*RBr* 277; PG 31, 1277BC) [C]

---

[29]This is a nonsense reading that can be explained by confusion between the "s" of *sallietur* and "f."

+ ουδε καιουσι λυχνον και τιθεασιν αυτον υπο τον μοδιον και τα εξης
(*RBr* 223; PG 31, 1229C) [C]

Lac.: C e Nyssa

την rell] omit Δ [NA: a b k]
τοις rell] omit Δ [NA: a b k]

Matthew 5:16

+ ουτω λαμψατω το φως υμων εμπροσθεν των ανθρωπων, οπως ιδωσιν
υμων τα καλα εργα και δοξασωσι τον πατερα υμων τον εν τοις ουρανοις
(*Mor* 18.6; PG 31, 732D–733A) [C]

ουτως λαμψατω το φως υμων εμπροσθεν των ανθρωπων, οπως ιδωσιν
υμων τα καλα εργα και δοξασωσι τον πατερα υμων τον εν τοις ουρανοις
(*Mor* 4.1; PG 31, 708B) [C]

κατ' εντολην του Κυριου ημων Ιησου Χριστου ειποντος· "ουτως λαμψατω
το φως υμων εμπροσθεν των ανθρωπων, οπως ιδωσιν υμων τα καλα
εργα και δοξασωσιν τον πατερα υμων τον εν τοις ουρανοις" (*RFus* 7.4;
PG 31, 933C) [C]

+ ουτως λαμψατω το φως υμων εμπροσθεν των ανθρωπων, οπως ειδωσιν
υμων τα καλα εργα και δοξασωσιν τον πατερα υμων τον εν τοις
ουρανοις (*RBr* 277; PG 31, 1277BC) [C]

του Κυριου ειποντος· "ουτως λαμψατω το φως υμων εμπροσθεν των
ανθρωπων, οπως ιδωσιν υμων τα καλα εργα και δοξασωσι τον πατερα
υμων τον εν τοις ουρανοις" (*RBr* 195; PG 31, 1212CD) [C]

του Κυριου ειποντος· "ουτω λαμψατω το φως υμων εμπροσθεν των
ανθρωπων, οπως ιδωσιν υμων τα καλα εργα και δοξασωσι τον πατερα
υμων τον εν τοις ουρανοις" (*RBr* 299; PG 31, 1293B) [C]

του Κυριου ειποντος· "ουτω λαμψατω το φως υμων εμπροσθεν των
ανθρωπων, οπως ιδωσιν τα καλα υμων εργα και δοξασωσι τον πατερα
υμων τον εν τοις ουρανοις" (*RBr* 315)[30] [C]

---

[30]*RBr* 313 is absent from Garnier, from HTrin 105, VatGr 428 and VatGr 413. It is
present and edited in Jean Gribomont, *Histoire du texte des Ascétiques de S. Basile*

ωστε και επι της τραπεζης λαμπειν τα καλα ημων εργα προς το δοξασθηναι τον πατερα ημων τον εν τοις ουρανοις (*RFus* 17.2; PG 31, 965A) [All]
του γαρ τοιουτου λαμπει το φως εμπροσθεν των ανθρωπων, και λογω και εργω και δια παντοδαπων ανδραγαθηματων δοξαζει τον εν ουρανοις πατερα (*HPs* 28.2; PG 29, 285AB) [All]*
οταν λαμπη τα εργα ημων εμπροσθεν των ανθρωπων ωστε ιδοντας τους ανθρωπους τα εργα ημων δοξασαι τον πατερα ημων τον εν τοις ουρανοις (*HPs* 28.2; PG 29, 284BC) [All]
κλινειν τα γονατα προς τον πατερα υμων τον εν τοις ουρανοις (*Ep* 150.2.17–18) [All]
TEXT: ουτως λαμψατω το φως υμων εμπροσθεν των ανθρωπων, οπως ιδωσιν υμων τα καλα εργα και δοξασωσιν τον πατερα υμων τον εν τοις ουρανοις

Lac.: C e

εργα rell] omit B*

Matthew 5:17

μη νομισητε οτι ηλθον καταλυσαι τον νομον η τους προφητας· ουκ ηλθον καταλυσαι αλλα πληρωσαι (*Mor* 42.1; PG 31, 761C) [C]
οτι ου δει νομιζειν επι καταλυσει του νομου και του νομου και των προφητων τον Κυριον εληλυθεναι (*Mor* 42; PG 31, 761B) [L]
TEXT: μη νομισητε οτι ηλθον καταλυσαι τον νομον η τους προφητας· ουκ ηλθον καταλυσαι αλλα πληρωσαι

Lac.: e

Matthew 5:18

κατα την ευαγγελικην προρρησιν, "ιωτα εν η μια κεραια ου μη παρελθη" (*HFam* 9; PG 31, 328C) [C]

(Bibliothèque du Muséon 32; Louvain: Publications universitaires, 1953), 180–86.

του Κυριου διαβεβαιωσαμενου μεν, οτι "ιωτα εν η μια κεραια ου μη παρελθη απο του νομου, εως αν παντα γενηται" (*RBr* 4; PG 31, 1084C) [C]

ει γαρ εκ του νομου ιωτα εν η μια κεραια ου παρελευσεται (AmphSp I.2.32) [All]*

TEXT: ιωτα εν η μια κεραια ου μη παρελθη απο του νομου, εως αν παντα γενηται

Lac.: C 33^{pt} e Nyssa

.1) του νομου ℵ B D E L W Δ Π Ω f^1 33 700, a lege a b k] του νομου και των προφητων Θ (Σ) f^{13} 565

αν rell] omit B* [NA: a b k]
παντα γενηται rell] γενηται παντα D

Matthew 5:20

εαν μη περισσευση υμων η δικαιοσυνη πλειον των γραμματεων και Φαρισαιων, ου μη εισελθητε εις την βασιλειαν των ουρανων (*Mor* 43.3; PG 31, 764A) [C]**

το περισσευειν αυτου την δικαιοσυνην εν παντι πλεον των γραμματεων και Φαρισαιων (*Mor* 80.22; PG 31, 869C) [All]*

Lac.: C 33^{pt} e Nyssa

.1) υμων η δικαιοσυνη ℵ B E L W Δ Θ Π Ω f^{13} 700] η δικαιοσυνη υμων Σ f^1 33^{vid} 565, iustitia vestra a b / iustitia (=η δικαιοσυνη) k

---

omit *in toto* D
περισσευση rell] περισσευσαι Δ
πλειον/πλεον/πλειων rell] πληονα L [NA: a b k]

Matthew 5:21

ηκουσατε οτι ερρεθη τοις αρχαιοις, ου φονευσεις· ος δ' αν φονευση, ενοχος εσται τη κρισει + (*Mor* 43.1; PG 31, 761CD) [C]**

ωσπερ γαρ εν τω ευαγγελιω ο Κυριος προτερον ειπων· "ερρεθη τοις αρχαιοις" (RBr 243; PG 31, 1245A) [C]

Lac.: 33^pt e Nyssa

Matthew 5:22
+ εγω δε λεγω υμιν οτι πας ο οργιζομενος τω αδελφω αυτου ενοχος εσται τη κρισει (*Mor* 43.1; PG 31, 761CD) [C]
ωσπερ γαρ εν τω ευαγγελιω ο Κυριος προτερον ειπων [Mt 5:21] τοδε ειτα επαγει" εγω δε λεγω υμιν" (*RBr* 243; PG 31, 1245A) [C]
ως οργιζομενος τω αδελφω αυτου ενοχος γενηται τη κρισει (*RBr* 232; PG 31, 1237B) [All]*
ει μελλοιμι μωρον ειπων τον αδελφον ενοχος εσεσθαι τη γεεννη (*AscPr3* 2; PG 31, 893B) [All]*
του Κυριου λεγοντος τον οργιζομενον εικη τω αδελφω αυτου ενοχος ειναι τη κρισει (*HIra* 1; PG 31, 353B) [All]*
τι εστι ρακκα (*RBr* 51; PG 31, 1117A) [L]
TEXT: εγω δε λεγω υμιν οτι πας ο οργιζομενος τω αδελφω αυτου ενοχος εσται τη κρισει ... ρακκα

Lac.: C e Nyssa
.1) οργιζομενος ℵ B C D^c E L W Δ Θ Π Σ Ω f^1 f^{13} 33 565 700, irascitur a b] οργαζομενος D*, pascitur k
.2) ενοχος ℵ* B Ω] εικη ενοχος ℵ^c D E L W Δ Θ Π Σ f^1 f^{13} 33 565 700, sine causa reus a b k
.3) ρακκα f^{13}] ρακα ℵ^c B D E L (W) Δ Θ Π Σ Ω f^1 33 (565) 700, raca k / ραχα ℵ* D W, racha a b

Matthew 5:23
εαν ουν προσφερης το δωρον σου επι το θυσιαστηριον κακει μνησθης οτι ο αδελφος σου εχει τι κατα σου + (*Mor* 5.4; PG 31, 709B) [C]
τουτο δε σαφως εναντιουται τω προσταγματι του Κυριου ειποντος· "εαν προσφερης το δωρον σου επι το θυσιαστηριον και εκει μνησθης οτι ο αδελφος σου εχει τι κατα σου" + (*RFus* 36; PG 31, 1009B) [C]
υπο του Κυριου ειρημενον· "εαν προσφερης το δωρον σου επι το

θυσιαστηριον κακει μνησθης οτι ο αδελφος σου εχει τι κατα σου" +
(RBr 40; PG 31, 1109A) [C]
ει προς τους ιερεις ειρηται το, "εαν προσφερης το δωρον σου επι το
θυσιαστηριον και εκει μνησθης οτι ο αδελφος σου εχει τι κατα σου" +
(RBr 265; PG 31, 1261D) [L]
TEXT: εαν προσφερης το δωρον σου επι το θυσιαστηριον [και εκει/κακει]
μνησθης οτι ο αδελφος σου εχει τι κατα σου

Lac.: C e Nyssa

εαν] εαν ουν rell

Matthew 5:24

+ αφες εκει το δωρον σου εμπροσθεν του θυσιαστηριου και υπαγε πρωτον
διαλλαγηθι τω αδελφω σου, και τοτε ελθων προσφερε το δωρον σου
(Mor 5.4; PG 31, 709B) [C]
+ αφες εκει το δωρον σου εμπροσθεν του θυσιαστηριου και υπαγε πρωτον
διαλλαγηθι τω αδελφω σου, και τοτε ελθων προσφερε το δωρον σου
(RFus 36; PG 31, 1009B) [C]
+ αφες εκει το δωρον σου εμπροσθεν του θυσιαστηριου και υπαγε πρωτον
διαλλαγηθι τω αδελφω σου, και τοτε ελθων προσφερε το δωρον σου
(RBr 40; PG 31, 1109A) [C]
ουκ αν παρεστη τω θυσιαστηριω πριν καταλλαγηναι τω αδελφω (Ep
207.4.24–25) [All]
+ αφες εκει το δωρον σου εμπροσθεν του θυσιαστηριου και υπαγε πρωτον
διαλλαγηθι τω αδελφω σου, και τοτε ελθων προσφερε το δωρον σου
(RBr 265; PG 31, 1261D) [L]
TEXT: αφες εκει το δωρον σου εμπροσθεν του θυσιαστηριου και υπαγε
πρωτον διαλλαγηθι τω αδελφω σου, και τοτε ελθων προσφερε το δωρον
σου

Lac.: C e Nyssa

.1) προσφερε ℵ B E L W Δ Θ Π Σ Ω f^1 f^{13} 33 565 700, offer k]
προσφερεις D a b

διαλλαγηθι rell] καταλλαγηθι D [NA: a b k]
ελθων rell] veni (=ελθε?) k

Matthew 5:28

δια δε των αγιων ευαγγελιων, "οτι πας ο βλεπων γυναικα προς το επιθυμησαι αυτην ηδη εμοιχευσεν αυτην εν τη καρδια αυτου" (*Ep* 46.1.16–17) [C]

ο εμβλεψας γυναικι προς το επιθυμησαι ηδη εμοιχευσεν (*HEbr* 8; PG 31, 461A) [C]

ο γαρ εμβλεψας γυναικι προς το επιθυμησαι ηδη εμοιχευσεν εν τη καρδια αυτου (*HAtt* 25.1–2) [Ad]*

TEXT: [πας ο βλεπων/εμβλεψας][31] [γυναικα/γυναικι][32] προς το επιθυμησαι [αυτην] ηδη εμοιχευσεν αυτην εν τη καρδια αυτου

Lac.: C e Nyssa

.1) αυτην[(1)] B D E L W Δ Θ Π Ω f^{13} 33 565 700, eam a b] αυτης ℵ^c Σ f^1 / omit ℵ* / causam (=αιτιαν?) k[33]

εμβλεψας][34] πας ο βλεπων rell
γυναικι] γυναικα rell
την[(2)] rell] omit Δ

Matthew 5:29

το υπο του Κυριου ειρημενον, οτι "εαν ο οφθαλμος σου ο δεξιος σκανδαλιζη σε, εξελε αυτον και βαλε απο σου· συμφερει γαρ σοι ινα

---

[31] It is not impossible that Basil knew each reading, especially since this verse occurs in three different works. Still, I would prefer εμβλεψας, for it is found in two occurences and present in one manuscript of the remaining occurrence.

[32] γυναικι is not found in any manuscript of Matthew. Nonetheless it appears in two of the quotations and some variants of the remaining quotation. For this reason, I prefer that spelling.

[33] This reading does not make much sense.

[34] This reading is also found in MSS K 28 157.

απολητται εν των μελων σου και μη ολον το σωμα σου βληθη εις την γεενναν" (RBr 7; PG 31, 1088A) [C]

του μεν Κυριου ειποντος, οτι συμφερει ινα τις, ενα οφθαλμον, η μιαν χειρα, η ενα ποδα απολεσας εισελθη εις την βασιλειαν η εν τω φεισασθαι τινος τουτων, ολος βληθη εις την γεενναν του πυρος (RBr 57; PG 31, 1121AB) [All]*

TEXT: [εαν] ο οφθαλμος σου ο δεξιος σκανδαλιζη σε, εξελε αυτον και βαλε απο σου· συμφερει γαρ σοι ινα απολητται εν των μελων σου και μη ολον το σωμα σου βληθη εις την γεενναν

Lac.: C e Nyssa

.1) και μη ℵ B D E L W Δ Θ Π Σ Ω f^1 f^{13} 33 565 700, et non k] quam (=η?) a b

.2) βληθη ℵ B E W Δ Θ Π Σ Ω f^1 f^{13} 33 565 700] απελθη D / βληθησει L / eat (=ελθη?) a b / omit k

.3) την L W] omit ℵ B D E Δ Θ Π Σ Ω f^1 f^{13} 33 565 700] [NA: a b k]

οφθαλμος rell] oculos (=οφθαλμους) k
σου ο δεξιος σκανδαλιζη σε rell] ο δεξιος σου σκανδαλιζει σε D
και βαλε rell] omit L
γαρ rell] omit k
γεεναν rell] gehenna (=γεενα) k

Matthew 5:30

γεγραπται γαρ· "συμφερει ινα απολητται εν των μελων σου και μη ολον το σωμα σου βληθη εις γεενναν" (RBr 44; PG 31, 1112A) [Ad]*

TEXT: [γαρ] συμφερει ινα απολητται εν των μελων σου και μη ολον το σωμα σου βληθη εις γεενναν

Lac.: C a^{pt} e Nyssa

.1) και μη ℵ^c B D E L W Δ Θ Π Σ Ω f^1 f^{13} 33 565 700, et non k] η ℵ*, quam a b

.2) βληθη εις γεενναν E W Δ Θ Π Σ Ω f^{13} 700] εις γεενναν απελθη ℵ B f^1 33 565 / βληθησει εις την γεεναν L / eat in gehennam (=ελθη εις την γεεναν?) a b / eat in gehenna (=ελθη εν τη γεενα?) k

----

omit *in toto* D

συμφερει] συμφερει γαρ σοι rell / expedit soi (=συμφερει σοι) k

Matthew 5:31

ερρεθη δε οτι, ος αν απολυση την γυναικα αυτου, δοτω αυτη αποστασιον +
(*Mor* 73.1; PG 31, 849D–852A) [C]

Lac.: C Σ^{pt} e Nyssa

.1) δε οτι E W Δ Θ Σ Ω] δε ℵ^c B D L f^1 f^{13} 33 700, autem a b k / οτι Π 565 / omit ℵ*

αυτου δοτω ... απολυση την γυναικα (v.32) rell] omit Σ^{*35}
αυτη rell] αυτην 565

Matthew 5:32

+ εγω δε λεγω υμιν οτι ος αν απολυση την γυναικα αυτου παρεκτος λογου πορνειας ποιει αυτην μοιχασθαι, και ος αν απολελυμενην γαμηση μοιχαται (*Mor* 73.1; PG 31, 852A) [C]**
ει γαρ ο Κυριος ειπεν, "οτι εαν τις καταλιπη γυναικα εκτος λογου πορνειας, ποιει αυτην μοιχασθαι" (*Ep* 199.48.23–24) [All]*

Lac.: C Σ^{pt} e Nyssa

.1) οτι ℵ B E L W Δ Θ Π Ω f^1 f^{13} 33 565 700] omit D a b k

.2) ος αν απολυση D E Ω, quicumque dimiserit a b k] πας ο απολυων ℵ B L W Δ Θ Π f^1 f^{13} 33 565 700

.3) μοιχασθαι E L Δ Π Σ Ω 565 700] μοιχευθηναι ℵ B D W Θ f^1 f^{13} 33 [NA: a b k]

.4) ος αν ... μοιχασθαι ℵ B E L W Δ Θ Π Σ Ω f^1 f^{13} 33 565 700 a b] omit D k

.5) αν/εαν$^{(2)}$ ℵ D E L W Δ Θ Π Σ Ω f^1 f^{13} 33 565 700] omit B a b k

---

[35]The omission is likely due to homoeoteleuton.

ος rell] ο Β [NA: a b k]
γαμηση/γαμησει rell] γαμησας Β

Matthew 5:34
εκει δε, "εγω δε λεγω υμιν μη ομοσαι ολως" (*HPs* 1.14.5 PG 29, 260C) [C]
δια το προσταγμα του Κυριου ειποντος· "εγω δε λεγω υμιν μη ομοσαι ολως" (*Ep* 207.4.18) [C]

Lac.: e

Matthew 5:37
εστω δε ο λογος υμων ναι ναι, ου ου· το δε περισσον τουτων εκ του πονηρου εστιν (*Mor* 24.1; PG 31, 744A) [C]
ινα η συμφονον τω παρα του Κυριου ειρημενω, τω, "εστω δε υμων ο λογος ναι ναι, ου ου" (*HPs* 1.14.5; PG 29, 261A) [C]
TEXT: εστω δε ο λογος υμων ναι ναι, ου ου· το δε περισσον τουτων εκ του πονηρου εστιν

Lac.: C e
.1) εστω ℵ D E L W Δ Θ Π Ω f^1 f^{13} 33 565 a b k Nyssa] εσται Β Σ 700
.2) ναι ναι, ου ου ℵ B D E W Δ Π Σ Ω f^1 f^{13} 33 565 700, est est, non non k] ναι ναι, και ου ου L, est est et non non (a b) / το ναι ναι, και το ου ου Θ Nyssa (a b)
.3) τουτων ℵ B D E L W Δ Θ Π Σ Ω f^1 f^{13} 33 565 700, hoc (k) Nyssa] omit a b

Matthew 5:38
ηκουσατε οτι ερρεθη, οφθαλμον αντι οφθαλμου και οδοντα αντι οδοντος + (*Mor* 49.2; PG 31, 773B) [C]

Lac.: C e Nyssa
.1) και ℵ B E L W Δ Θ Π Σ Ω f^1 33 565 700] omit D f^{13} a b k

Matthew 5:39

+ εγω δε λεγω υμιν μη αντιστηναι τω πονηρω· αλλ' οστις σε ραπισει επι την δεξιαν σου σιαγονα, στρεψον αυτω και την αλλην (*Mor* 49.2; PG 31, 773BC) [C]

ητοι το μη αντιστηναι τω πονηρω, καθως γεγραπται "αλλα και τω τυπτοντι επι την δεξιαν σιαγονα, στρεψαι και την αλλην" και τα εξης (*RBr* 244; PG 31, 1245B) [Ad]*

TEXT: εγω δε λεγω υμιν μη αντιστηναι τω πονηρω· αλλ' οστις σε ραπισει [εις/επι][36] την δεξιαν [σου][37] σιαγονα, στρεψον αυτω και την αλλην

Lac.: C e Nyssa

.1) ραπισει D E L Δ Θ Π Ω f^1 f^{13} 565] ραπιζει ℵ B W Σ 33 700 [NA: a b k]

.2) επι ℵ^c D E L Δ Θ Π Ω f^1 f^{13} 33 565 700] εις ℵ* B W Σ, in a b k

.3) σου σιαγονα E L Δ Θ Π Ω f^{13} 565 700] σιαγονα σου B D, maxillam tuam a b k / σιαγονα ℵ W Σ f^1 33

αντιστηναι rell] αντισταθηναι ℵ
πονηρω rell] adversus nequam nequam (=κατα πονηρου πονηρου?) k
δεξιαν rell] omit D

Matthew 5:40

ο της θεοσεβειας λογος δι' ων φησιν· "τω θελοντι σοι κριθηναι και τον χιτωνα σου λαβειν, αφες αυτω και το ιματιον" (*RFus* 9.2; PG 31, 944A) [C]

το προσταγμα του Κυριου ειποντος· "τω θελοντι σοι κριθηναι και τον χιτωνα σου λαβειν, αφες αυτω και το ιματιον" (*RBr* 222; PG 31, 1229B) [C]

Lac.: C a^{pt} e Nyssa

---

[36]It is not unlikely that Basil knew both readings, but I would prefer επι according to the rule of priority of VatGr 428.

[37]That is the reading of VatGr 428.

.1) αυτω ℵ^c B D E L W Δ Θ Π Σ Ω f^1 f^{13} 33 565 700, ei a b] τουτω ℵ*, illi k

----

τω θελοντι rell] ο θελων D / τον θελοντα Δ [NA: a b k]
λαβειν rell] tollere desiderat (=λαβειν επιθυμει?) b
αφες rell] αφησεις D

Matthew 5:41

και εαν τις σε αγγαρευση μιλιον εν υπαγε μετ' αυτου δυο (*HPs* 1.4; PG 29, 220A) [Ad]*[38]

του Κυριου προστασσοντος, "εαν τις σε αγγαρευση μιλιον εν υπαγε μετ' αυτου δυο" (*RBr* 114; Pg 31, 1160A) [L]

Lac.: C e Nyssa

.1) εαν τις σε] οστις σε B D E W Θ Π Σ Ω f^1 f^{13} 565 700, quicumque se b / οστις σε εαν ℵ (33) / οστις εαν Δ / οστις L / qui te (=τις σε) a k

.2) δυο ℵ B E L W Δ Θ Π Σ Ω f^1 f^{13} 33 565 700] ετι αλλα δυο D, adhuc alia duo a b k

----

αγγαρευση/αγγαρευσει/ενγαρευση/ενγαρευσει rell] αγγαρευει D

Matthew 5:42

τω αιτουντι σε διδου, και απο του θελοντος δανεισασθαι μη αποστραφης (*HPs* 1.14.6; PG 29, 261C) [C]**

τω αιτουντι σε δος (*HPs* 1.14.6; PG 29, 261C) [C]

και τον θελοντα απο σου δανεισασθαι απο σου μη αποστραφης (*HPs* 2.14.1; PG 29, 265BC) [C]

μητε ουν τον θελοντα δανεισασθαι αποστραφης (*HPs* 2.14.5; PG 29, 280C) [All]*

και απο του θελοντος δανεισασθαι μη αποστραφης (*HPs* 1.14.6; PG 29, 264C) [All]

---

[38]I labeled that quotation as an adaptation, for the first words (viz., εαν τις) do not appear in any manuscript of Matthew. Nonetheless, it is interesting to notice that the

72   The Text of Matthew in Basil of Caesarea

και τον θελοντα απο σου δανεισασθαι μη αποστραφης   (*RBr* 101; PG 31, 1152C) [L]

TEXT: τω αιτουντι σε δος, και [απο του θελοντος/τον θελοντα απο σου][39] δανεισασθαι μη αποστραφης

___

Lac.: C e Nyssa[pt]

.1) αιτουντι ℵ B D E L W Δ Θ Π Σ Ω f^1 f^{13} 33 565 700] omni petenti/poscenti (=παντω αιτουντι?) a b k
.2) δος ℵ B D W f^{13}] διδου E L Δ Θ Π Σ Ω f^1 33 565 700 [NA: a b k]
.3) τον θελοντα ℵ B E L W Δ Θ Π Σ Ω f^1 f^{13} 33 Nyssa] τω θελοντι D 565 (700), volenti a b, ab eo qui voluerit k
.4) απο σου ℵ B E L W Δ Θ Π Σ Ω f^1 f^{13} 33 565 700, a te a b] omit D k Nyssa

___

σε rell] σοι ℵ*

Matthew 5:43

ηκουσατε οτι ερρεθη τοις αρχαιοις αγαπησεις το πλησιον σου και μισησεις τον εχθρον σου + (*Mor* 5.1; PG 31, 708C) [Ad]

TEXT: ηκουσατε οτι ερρεθη τοις αρχαιοις αγαπησεις το πλησιον σου και μισησεις τον εχθρον σου

___

Lac.: C e Nyssa[pt]

___

τοις αρχαιοις] omit rell
το] τον rell [NA: a b k]

Matthew 5:44

+ εγω δε λεγω υμιν, αγαπατε τους εχθρους υμων (*Mor* 5.1; PG 31, 708C) [C]

___

lemma starts with the same words and originates from a different work.

[39]I prefer τον θελοντα απο σου, for απο του θελοντος is not found in any manuscript of Matthew.

προσευχεσθε υπερ των επηρεαζοντων υμας και διωκοντων υμας + (*Mor* 56.6; PG 31, 788A) [C]

TEXT: εγω δε λεγω υμιν, αγαπατε τους εχθρους υμων[40] ... προσευχεσθε υπερ των επηρεαζοντων υμας και διωκοντων υμας[41]

Lac.: C e

.1) επηρεαζοντων υμας   E L W Δ Θ Π Σ Ω f^{13} 33 565 700 Nyssa] επηριαζοντων D, calumniantibus a b / eis qui (=αυτων οι?) k / omit ℵ B f^1

.2) και D E L W Δ Θ Π Σ Ω f^{13} 33 565 700, et a b Nyssa] omit ℵ B f^1 k

.3) διωκοντων υμας ℵ B D E L W Δ Θ^c Π Σ Ω f^1 f^{13} 565 700, persenquentibus vos   a b, vox persecuntur k] διωκοντων ημας   Θ* / διωκοντων 33 Nyssa

Matthew 5:45

+ οπως γενησθε υιοι του πατρος υμων του εν ουρανοις (*Mor* 56.6; PG 31, 788A) [C]

Θεος γαρ εν καιρω χρηστοτητος και μακροθυμιας τον ηλιον αυτου ανατελλει επι πονηρους και αγαθους (*RBr* 179; PG 31, 1201C) [All]*

ο ηλιος, καθως γεγραπται, ανατειλη επι πονηρους και αγαθους (*RBr* 302; PG 31, 1296D) [All]*

ο τον ηλιον ανατελλων (*AscPr3* 4; PG 31, 897D) [All]

βρεχει γαρ επι δικαιους και αδικους, και ανατελλει τον ηλιον επι πονηρους και αγαθους (*HDest* 17.1–2) [All]*

---

[40]It is impossible to know whether Basil had the shorter version of that verse found in ℵ B k, or the longer version found in C D E L W Δ Θ Π Σ Ω f^{13} 33 700 a b with some variants which adds *grosso modo* after υμων: ευλογειτε τους καταρωμενους υμας, καλως ποιειτε τοις μισουσιν υμας. One may indeed argue here that Basil does not quote the longer version because he does not know it, or he does not quote it because he considers he has made his point by quoting the first part of the verse.

[41]With the presence of two fragments of the verse, it is impossible to know whether Basil's text read the longer versions found in Western and Byzantine manuscripts. The particular wording of the last part of the verse nevertheless points toward the longer reading.

TEXT: οπως γενησθε υιοι του πατρος υμων του εν ουρανοις, ... τον ηλιον αυτου ανατελλει επι πονηρους και αγαθους ... βρεχει επι δικαιους και αδικους

Lac.: C e

.1) οπως ℵ B D E L W Δ Π Ω f^1 f^{13} 33 565 700, ut a b k Nyssa] οπως αν Θ Σ

.2) ουρανοις ℵ B D E L W Δ Σ Ω f^1 Nyssa] τοις ουρανοις Θ Π f^{13} 33 565 700 [NA: a b k]

πονηρους και αγαθους rell] bonos et malos (=αγαθους και πονηρους) a δικαιους και αδικους ℵ^c B D E L W Δ Θ Π Σ Ω f^1 f^{13} 33 565 700, iustos et iniustos a b Nyssa] omit ℵ* / superiuseos et iniustos (=χρεισσοντας και αδικους?) k

Matthew 5:46
εαν γαρ αγαπησητε τους αγαπωντας υμας τινα μισθον εχετε; ουχι και οι τελωναι το αυτο ποιουσιν + (*Mor* 27.1; PG 31, 745CD–748A) [C][42]

Lac.: C e Nyssa

.1) εχετε ℵ B E L W Θ Π Σ Ω f^1 33 565 700] ουκ εχετε Δ / εξεται D, habebitis a b k / εξετε f^{13}

.2) το αυτο ℵ B E L W Δ Θ Π Σ Ω f^{13} 565 700, hoc a b] ουτως D 33, sic k / τουτο f^1

ουχι rell] omit ℵ*

Matthew 5:47
+ και εαν ασπασησθε τους φιλους υμων μονον, τι περισσον ποιειτε; ουχι και οι εθνικοι ουτως ποιουσιν; + (*Mor* 27.1; PG 31, 745CD–748A) [C]**

[42]Garnier omits vv. 46–47.

ο Κυριος απηγορευσεν ειπων· "εαν ασπασησθε τους φιλους υμων μονον, τι περιστοτερον ποιειτε; ουχι και οι εθνικοι ουτως ποιουσιν;" (*RBr* 124; PG 31, 1165C) [C]

Lac.: C e Nyssa

.1) φιλους E L W Δ Θ Π Σ Ω 33 565 700] αδελφους ℵ B D f^1 f^{13}, fratres a b

.2) εθνικοι ℵ B D f^1 33, ethnici a b] τελωναι E L W Δ Θ Π Σ Ω f^{13} 565 700

.3) ουτως E L Δ Θ Π (Ω) 565] το αυτο ℵ B D W Σ f^1 f^{13} 33 700, hoc a b

---

omit *in toto* k

Matthew 5:48

+ εσεσθε ουν υμεις τελειοι ωσπερ ο πατηρ υμων ο εν τοις ουρανοις τελειος εστιν (*Mor* 27.1; PG 31, 745CD–748A) [C][43]

εσεσθε ουν υμεις τελειοι ωσπερ ο πατηρ υμων ο ουρανιος τελειος εστιν (*Mor* 5.1; PG 31, 708C) [C]

εσεσθε ουν υμεις τελειοι ως ο πατηρ υμων ο εν τοις ουρανοις τελειος εστιν (*Mor* 70.31; PG 31, 841B) [C]

εν οις φησι "γινεσθε τελειοι καθως και ο πατηρ υμων ο ουρανιος" (*Eun* I.27.27-28) [Ad]*

TEXT: [εσεσθε/γινεσθε][44] ουν υμεις τελειοι [ωσπερ/ως/καθως][45] ο πατηρ υμων ο [εν τοις ουρανοις/ουρανιος][46] τελειος εστιν

Lac.: C e

---

[43] Absent from Garnier.

[44] εσεσθε appears more likely than γινεσθε, for Basil often seems to quote loosely in *Contra Eunomium*. Nevertheless, one cannot exclude that he was aware of a form of the text that used γινεσθε (which is found in manuscript 157).

[45] Evidence between ωσπερ and ως is equally divided; it is therefore difficult to prefer one over the other. It is unlikely that καθως was found in Basil's text of Matthew, for no manuscript has this reading, and it might rather be the sign of a loose quotation.

[46] Basil likely knew both forms.

.1) ως ℵ B E L Σ f¹ f¹³ 33 700 Nyssa] ωσπερ D W Δ Θ Π Ω 565 [NA: a b k]

.2) ο ουρανιος ℵ B Dᶜ L W Σ f¹ f¹³ 33, qui calestis a Nyssa] εν ουρανοις D* / ο εν τοις ουρανοις Eᶜ (Δ) Θ Π Ω 565 700, qui in caelis est b k /[47] ο ουρανιοις E*

MATTHEW CHAPTER SIX

Matthew 6:1

προσεχετε την ελεημοσυνην υμων μη ποιειν εμπροσθεν των ανθρωπων προς το θεαθηναι αυτοις· ει δε μη γε, μισθον ουκ εχετε παρα τω πατρι υμων τω εν τοις ουρανοις + (*Mor* 18.2; PG 31, 729C) [C]**

ως ο Κυριος εδιδαξεν ειπων· "προσεχετε ην ελεημοσυνην υμων μη ποιειν εμπροσθεν των ανθρωπων προς το θεαθηναι αυτοις" (*RBr* 291; PG 31, 1288A) [C]

και παντα πρασσων ου προς το θεαθηναι τοις ανθρωποις (*HPs* 44.11; PG 29, 412A) [All]*

οπου γε και αυτην την εντολην ο προς το θεαθηναι υπο των ανθρωπων και δοξασθηναι ποιων τον επ' αυτη μισθον απολλυσι (*RFus* 20.1; PG 31, 969C) [All]*

προς το θεαθηναι τοις ανθρωποις (*RBr* 223; PG 31, 1229C) [All]*

και το ποιειν αγαθον προς το θεαθηναι τοις ανθρωποις αυτοις (*HHum* 7; PG 31, 540A) [All]*

Lac.: C e Nyssa

.1) προσεχετε ℵᶜ¹ B D E W Δ Π Ω f¹³ 565 700, attendite a b, observate k] προσεχετε δε ℵ*·ᶜ² L Θ Σ f¹ 33

.2) ελεημοσυνην E L W Δ Θ Π Σ Ω f¹³ 33 565 700, elemosinam k] δικαισυνην ℵ*·ᶜ² B D f¹, iustitiam a b / δοσειν ℵᶜ¹

.3) εχετε ℵ B D E L W Δ Θ Π Σ Ω f¹ f¹³ 33 565 700, habetis k] habebitis (=εξετε) a b

---

[47]The reading of E* does not make much sense: ο ουρανιοις; neither does the reading found in Δ: ο εν τοις ουρανους.

.4) τοις ℵ^c B E L W Δ Θ Π Σ Ω *f*¹³ 565 700] omit ℵ* D *f*¹ 33 [NA: a b k]

θεαθηναι rell] μη θεαθηναι Δ

Matthew 6:2

+ οταν ουν ποιης ελεημοσυνην, μη σαλπισης εμπροσθεν των ανθρωπων ωσπερ οι υποκριται ποιουσιν εν ταις συναγωγαις και εν ταις ρυμαις, οπως δοξασθωσιν υπο των ανθρωπων· αμην λεγω υμιν απεχουσι τον μισθον αυτων (*Mor* 18.2; PG 31, 729C) [C]

οταν ουν ποιης ελεημοσυνην, μη σαλπισης εμπροσθεν σου, ωσπερ οι υποκριται ποιουσιν εν ταις συναγωγαις και εν ταις ρυμαις, οπως δοξασθωσιν υπο των ανθρωπων· αμην λεγω υμιν απεχουσιν τον μισθον αυτων (*Mor* 19.2; PG 31, 736AB) [C]

ΤΕΧΤ: οταν ουν ποιης ελεημοσυνην, μη σαλπισης [εμπροσθεν σου/εμπροσθεν των ανθρωπων] ωσπερ οι υποκριται ποιουσιν εν ταις συναγωγαις και εν ταις ρυμαις, οπως δοξασθωσιν υπο των ανθρωπων· αμην λεγω υμιν απεχουσι τον μισθον αυτων

Lac.: C e Nyssa

συναγωγαις και εν ταις ρυμαις ℵ B D E L W Θ Π Σ Ω *f*¹ *f*¹³ 33 565 700 (a b)] συναγωγαις και εν ρυμαις Δ (a b) / vicis et in synagogis (=ρυμαις και εν [ταις] συναγωγαις) k

εμπροσθεν των ανθρωπων Basil] εμπροσθεν σου rell

αμην rell] αμην αμην ℵ*

Matthew 6:3

σου δε ποιουντος ελεημοσυνην μη γνωτω η αριστερα σου τι ποιει η δεξια σου + (*Mor* 19.2; PG 31, 736AB) [C]**

πως ποιει η δεξια, ινα μη γινωσκη η αριστερα (*RBr* 197; PG 1213A) [L]

Lac.: C e Nyssa

ελεημοσυνην rell] την ελεημοσυνην L [NA: a b k]

Matthew 6:4

+ οπως η σου η ελεημοσυνη εν τω κρυπτω, και ο πατηρ σου ο βλεπων εν τω κρυπτω αυτος αποδωσει σοι εν τω φανερω   (*Mor* 19.2; PG 31, 736AB) [C]**

ο γαρ ευτρεπιζων εαυτον τω πατρι τω βλεποντι εν τω κρυπτω   (*HPs* 44.11; PG 29, 412A) [All]

Lac.: C e Nyssa

.1) η σου η ελεημοσυνη   ℵ^c B E L W Θ Π Σ Ω f^1 f^{13} 565 700] η σου ελεημοσυνη η ℵ* 33 / η ελεημοσυνη σου η D / η σου ελεημοσυη Δ / sit elemosyna tua (=η ελεημοσυνη σου) a b / sic elemosina tua (=ως ελεημοσυνη τυα) k

.2) αυτος αποδωσει σοι   D E W Δ Π (Σ) Ω f^1 565] αποδωσει σοι αυτος 700 / αποδωσει σοι ℵ B L Θ f^{13} 33, reddet tibi a b k

.3) εν τω φανερω   E L W Δ Θ Π Σ Ω 565 700, in palam a, in pala b] omit ℵ B D f^1 f^{13} 33 k

Matthew 6:7

προσευχομενοι δε μη βατταλογησητε ωσπερ οι εθνικοι, δοκουσι γαρ οτι εν τη πολυλογια αυτων εισακουσθησονται   +   (*Mor* 56.3; PG 31, 785B) [C]

Lac.: C 33^{pt} e Nyssa^{pt}

.1) βατταλογησητε   ℵ B (D E) L Δ Θ Π Σ Ω f^1 f^{13} 33^{vid} 565] βατταλογειται W (700) [NA: a b k]

εθνικοι rell] υποκριται B
οτι rell] omit W*

Matthew 6:8

+ μη ουν ομοιωθητε αυτοις· οιδε γαρ ο πατηρ υμων ων χρειαν εχετε προ του υμας αιτησαι αυτον   (*Mor* 56.3; PG 31, 785BC) [C]**

ο Κυριος... ειπων· "οιδεν γαρ ο πατηρ υμων ων χρειαν εχετε προ του υμας αιτησαι αυτον"   (*RBr* 206; PG 31, 1220A) [C]

Lac.: C 33ᵖᵗ e Nyssa

.1) ο πατηρ ℵ* D E L W Δ Θ Π Σ Ω f^1 f^{13} 33 565 700, pater a b k] ο θεος ο πατηρ ℵᶜ B

αιτησαι αυτον rell] αιτησαι 700 / ανοιξε το στομα D

Matthew 6:9

Πατερ ημων ο εν τοις ουρανοις, αγιασθητω το ονομα σου + (*Mor* 56.4; PG 31, 785C) [C]

ουτως ουν προσευχεσθε υμεις· Πατερ ημων ο εν τοις ουρανοις, αγιασθητω το ονομα σου + (*Mor* 62.2; PG 31, 797C) [C]**

Lac.: C 33ᵖᵗ e Nyssa

ο rell] omit ℵ* [NA: a b k]

Matthew 6:10

+ ελθετω η βασιλεια σου· γενηθητω το θελημα σου, ως εν ουρανω και επι της γης + (*Mor* 56.4; PG 31, 785C) [C][48]

+ ελθετω η βασιλεια σου· γενηθητω το θελημα σου, ως εν ουρανω και επι γης + (*Mor* 62.2; PG 31, 797C) [C][49]

γενηθητω γαρ το θελημα σου, αντι του γενηθειη και, ελθετω η βασιλεια σου, αντι του ελθοι (*HPs* 44.5; PG 29, 401A) [Ad]*

TEXT: ελθετω η βασιλεια σου· γενηθητω το θελημα σου, ως εν ουρανω και επι [της][50] γης

Lac.: C 33ᵖᵗ e Nyssa

.1) ελθετω B E L Θ Π Ω f^1 f^{13} 565 700] ελθατω ℵ D W Δ Σ [NA: a b k]

---

[48] Garnier omits vv. 10B–13.
[49] Garnier omits vv. 10B–12.
[50] I hesitate to adopt the reading of VatGr 428 here, since that manuscript does not have the same omission in the other citation of the same verse in the same work.

.2) ως ℵ B Dᶜ E L W Δ Θ Π Ω f¹ f¹³ 565 700] omit D* a b k

.3) της D E L Θ Π Ω f¹³ 565 700] omit ℵ B W Δ Σ f¹ [NA: a b k]

Matthew 6:11

+ τον αρτον ημων τον επιουσιον δος ημιν σημερον + (*Mor* 56.4; PG 31, 785C) [C]

+ τον αρτον ημων τον επιουσιον δος ημιν σημερον + (*Mor* 62.2; PG 31, 797C) [C]

τις εστιν ο αρτος ο επιουσιος ον διδοσθαι ημιν καθ' ημεραν προσευχεσθαι εδιδαχθημεν (*RBr* 252; PG 31, 1252A) [L]

TEXT: τον αρτον ημων τον επιουσιον δος ημιν σημερον

Lac.: C 33ᵖᵗ e Nyssa

Matthew 6:12

+ και αφες ημιν τα οφειληματα ημων, ως και ημεις αφιεμεν τοις οφειλεταις ημων + (*Mor* 56.4; PG 31, 785C [C]

+ και αφες ημιν τα οφειληματα ημων, ως και ημεις αφιεμεν τοις οφειλεταις ημων + (*Mor* 62.2; PG 31, 797C) [C]

μη αφιεντες τοις οφειλεταις ημων (*HBapt* 3; PG 31, 432A) [All]

TEXT: και αφες ημιν τα οφειληματα ημων, ως και ημεις αφιεμεν τοις οφειλεταις ημων

Lac.: C 33ᵖᵗ e Nyssa

.1) αφιεμεν ℵᶜ Π Ω f¹³ 700 (dimittiumus a, remittimus b k)] αφιομεν D E L W Δ Θ Σ 565(dimittiumus a, remittimus b k) / αφηκαμεν ℵ* B f¹

Matthew 6:13

+ και μη εισενεγκης ημας εις πειρασμον, αλλα ρυσαι ημας απο του πονηρου (*Mor* 56.4; PG 31, 785C) [C]

+ και μη εισενεγκης ημας εις πειρασμον, αλλα ρυσαι ημας απο του πονηρου (*Mor* 62.2; PG 31, 797C) [C][51]

---

[51]Some manuscripts (including E L W Δ Θ Π Ω f¹³ 33 700) add a doxology to this

Lac.: C e Nyssa

εισενεγκης rell] passus fueris induci (=συγκεχωρεκας εισφερεσθαι?) k
ημας rell] omit 565

Matthew 6:14

εαν γαρ αφητε τοις ανθρωποις τα παραπτωματα αυτων, αφησει και υμιν ο πατηρ υμων ο ουρανιος + (*Mor* 53.1; PG 31, 780AB) [C]

μεμνημενον του αληθινου Κυριου ειποντος· "εαν αφητε τοις ανθρωποις τα παραπτωματα αυτων, αφησει και ο πατηρ υμων ο ουρανιος τα παραπτωματα υμων" (*RFus* 11; PG 31, 948B) [Ad]*[52]

TEXT: εαν [γαρ] αφητε τοις ανθρωποις τα παραπτωματα αυτων, αφησει και [υμιν][53] ο πατηρ υμων ο ουρανιος [τα παραπτωματα υμων]

Lac.: C e

.1) εαν γαρ ℵ B D^c E W Δ Θ Π Σ Ω f^1 f^{13} 33 565 700, si enim a b k] εαν D* L Nyssa

.2) και υμιν ℵ B E L W Δ Θ Π Σ Ω f^1 f^{13} 33 565 700 Nyssa] υμιν και D, vobis et b k / vobis (=υμιν) a

.3) ουρανιος ℵ B D E W Δ Π Σ Ω f^1 33 565] εν τοις ουρανοις Θ 700, in caelis a b k / ο ουρανιος τα παραπτωματα υμων L f^{13} Nyssa

---

αυτων rell] υμων W*
πατηρ υμων rell] πατηρ ημων E* / πατηρ Nyssa

---

verse that reads: οτι σου εστις η βασιλεια και η δυναμις και η δοξα εις τους αιωνας. It is impossible to know whether Basil had this doxology in his text. If so, he may not have found relevant to quote it within this verse.

[52]One hesitates here to posit that Basil quotes a written text exactly. That exact wording is not found in any manuscript of Matthew.

[53]Basil may have been familiar with two forms of text, one of them without υμιν.

Matthew 6:15

+ εαν δε μη αφητε τοις ανθρωποις τα παραπτωματα αυτων, ουδε ο πατηρ υμων αφησει τα παραπτωματα υμων (*Mor* 53.1; PG 31, 780AB) [C][54]

Lac.: C e Nyssa

.1) τα παραπτωματα αυτων⁽¹⁾ B E L W Δ Θ Π Σ Ω f^{13} 33 565 700] peccata (=παραπτωματα) b / omit ℵ D f^1 a k

.2) αφησει ℵ B E L W Δ Θ Π Σ Ω f^1 f^{13} 33 565 700] αφησει υμειν D, remittet vobis a b k

-----

υμων⁽¹⁾ rell] υμιν ℵ

Matthew 6:16

και ο Κυριος· "μη γινεσθε σκυθρωποι" + (Hlieun 1.1; PG 31, 164A) [Ad]
κατα τον του Κυριου λογον, "μη κατασκυθρωπαζοντες ως οι υποκριται" (Hlieun 2.7; PG 31, 196A) [All]

TEXT: μη γινεσθε ως οι υποκριται σκυθρωποι

Lac.: C e Nyssa

.1) ως ℵ B D Δ f^1] ωσπερ E L W Θ Π Σ Ω f^{13} 33 565 700 [NA: a b k]

οι rell] omit ℵ* [NA: a b k]

Matthew 6:17

+ αλλ' αλειψαι το προσωπον (Hlieun 1.1; PG 31, 164A) [Ad]*
αλειψαι σου την κεφαλην και νιψαι το προσωπον (Hlieun 1.2; PG 31, 165A) [Ad]*
του Κυριου ειποντος· "συ δε νηστευων αλειψαι σου την κεφαλην και το προσωπον σου νιψαι" + (*RBr* 223; PG 31, 1229B) [L]

TEXT: συ δε νηστευων αλειψαι σου την κεφαλην και το προσωπον σου νιψαι

---

[54]Garnier displays verses 14 and 15 in reverse order.

Lac.: C e Nyssa

αλειψαι rell] αλιψον D [NA: a b k]

Matthew 6:18

+ οπως μη φανης τοις ανθρωποις νηστευων (*RBr* 223; PG 31, 1229B) [L]

Lac.: C e Nyssa

.1) οπως ℵ B E L W Δ Θ Π Σ Ω f^1 f^{13} 33 565 700] ινα D, ut k / omit a b
.2) τοις ανθρωποις νηστευων ℵ D E L W Δ Θ Π Σ Ω f^1 f^{13} 33 565 700, hominibus ieiunantes a b] νηστευων τοις ανθρωποις B, ieunantes hominibus k

Matthew 6:19

μη θησαυριζετε υμιν θησαυρους επι της γης, οπου σης και βρωσις αφανιζει και οπου κλεπται διορυσσουσι και κλεπτουσι + (*Mor* 47.1; PG 31, 768B) [C]

Lac.: C e Nyssa[pt]

.1) θησαυριζετε ℵ B E L W Δ Θ Π Σ Ω f^1 f^{13} 33 565 700] θησαυρσεται D, thensaurizare a[vid] b, condere k
.2) σης και βρωσις ℵ B D E L W Δ Θ Π Σ Ω f^1 f^{13} 33 565 700, tinia et comestura k] erugo et tinea (=βρωσις και σης) a b
.3) αφανιζει ℵ B D[c] E L W Δ Θ Π Σ Ω f^1 f^{13} 33 565 700, exterminat a b] αφανιζουσιν D*, exterminant k

---

υμιν rell] εν υμιν Δ
κλεπται rell] και κλεπται D[c]

Matthew 6:20

+ θησαυριζετε δε υμιν θησαυρους εν ουρανω, οπου ουτε σης ουτε βρωσις αφανιζει και οπου κλεπται ου διορυσσουσιν ουδε κλεπτουσιν (*Mor* 47.1; PG 31, 768B) [C]** οπου σης ουκ αφανιζει ουδε λησται διορυσσουσιν ουδε κλεπτουσι (*HMund* 8; PG 31, 553A) [All]*

Lac.: C D^pt e
.1) ουρανω ℵ B D E L W Δ Θ Π Σ Ω f^1 f^{13} 33 565 700, caelo b k] ουρανοις, caelis a Nyssa
.2) σης ουτε βρωσις ℵ B E L W Δ Θ Π Σ Ω f^1 f^{13} 33 565 700, tinia neque comestura k Nyssa] erugo neque tinea (=βρωσις ουτε σης) a b
.3) ουδε/ουτε κλεπτουσιν B E L Δ Θ Π Σ Ω f^{13} 33 565 700] και κλεπτουσιν ℵ f^1, et furantur a b Nyssa / omit W k

Matthew 6:21
οπου γαρ ο θησαυρος σου, φησιν εκει και η καρδια (*HDiv* 47.22–49.1) [Ad]*
"οπου" γαρ, φησιν, "εστιν ο θησαυρος σου, εκει και η καρδια σου εσται" (*RFus* 8.3; PG 31, 940AB) [Ad]*
TEXT: οπου γαρ εστιν ο θησαυρος σου, εκει και η καρδια σου εσται

Lac.: C D e
.1) σου^(1) ℵ B f^1, tuus a, tuum b k] υμων E L W Δ Θ Π Σ Ω f^{13} 33 565 700 Nyssa
.2) και η καρδια σου εσται] εσται η καρδια σου B / εσται και η καρδια σου ℵ, erit et cor tuum a b k / εσται και η καρδια υμων E L W Δ Θ Π Σ Ω f^1 f^{13} 33 565 700 Nyssa

Matthew 6:22
ο λυχνος του σωματος εστιν ο οφθαλμος εαν ουν η ο οφθαλμος σου απλους, ολον το σωμα σου φωτεινον εσται (*Mor* 80.15; PG 31, 865B) [C]

Lac.: C D e Nyssa
.1) σωματος ℵ B E L W Δ Θ Π Σ Ω f^1 f^{13} 33 565 700] corporis tui (= σωματος σου) a b / corrupta (=φθαρτη?) k
.2) οφθαλμος^(1) ℵ E L W Δ Θ Π Σ Ω f^1 f^{13} 33 565 700] οφθαλμος σου B, oculus tuus a b k

.3) η ο οφθαλμος σου απλους ℵ B W] ο οφθαλμος σου απλους η E L Δ Θ Π Σ Ω f^1 f^{13} 33 565 700, oculus tuus simplex est a, oculus tuus simplex fuerit b k

---

ουν rell] omit ℵ

Matthew 6:24

ουδεις δυναται δυσι κυριοις δουλευειν· η γαρ τον ενα μισησει και τον ετερον αγαπησει, η ενος ανθεξεται και του ετερου καταφρονησει. ου δυνασθε θεω δουλευειν και μαμωνα (*Mor* 2.1; PG 31, 704CD) [C]

ου δυνασθε θεω δουλευειν και μαμωνα + (*Mor* 48.5; PG 31, 769C) [C]

ο Κυριος απεφηνατο ειπων· "ουδεις δυναται δυσι κυριοις δουλευειν", και παλιν, ου "δυνασθε θεω δουλευειν και μαμμωνα" (*RFus* 8.3; PG 31, 940A) [Ad]*

διοτι "ουδεις δυναται" φησιν ο Κυριος, "δυσι κυριοις δουλευειν" (*MorPrL* 3; PG 31, 660B) [Ad]*

TEXT: ουδεις δυναται δυσι κυριοις δουλευειν· η γαρ τον ενα μισησει και τον ετερον αγαπησει, η ενος ανθεξεται και του ετερου καταφρονησει. ου δυνασθε θεω δουλευειν και μαμωνα

Lac.: C D e Nyssa

.1) ουδεις ℵ B E W Θ Π Σ Ω f^1 f^{13} 33 565 700, nemo a b k] ουδεις οικετης L Δ

γαρ rell] omit b
ενος rell] alterum (=ετερον) k
θεω rell] domino (=κυριω) k

Matthew 6:25

+ δια τουτο λεγω υμιν, μη μεριμνατε τη ψυχη υμων τι φαγητε και τι πιητε, μηδε τω σωματι υμων τι ενδυσησθε. ουχι η ψυχη πλειον εστι της τροφης και το σωμα του ενδυματος; + (*Mor* 48.5; PG 31, 769C) [C]**[55]

του Κυριου λεγοντος· "μη μεριμνατε τη ψυχη υμων τι φαγητε η τι πιητε" (*RBr* 252; PG 31, 1252A) [C]⁵⁶

TEXT: δια τουτο λεγω υμιν, μη μεριμνατε τη ψυχη υμων τι φαγητε [και/η] τι πιητε, μηδε τω σωματι υμων τι ενδυσησθε. ουχι η ψυχη πλειον εστι της τροφης και το σωμα του ενδυματος;

Lac.: C D e Nyssa

.1) μεριμνατε ℵ B E L W Δ Θ Π Σ Ω f^1 33 565 700] μεριμνησητε f^{13}, cogitetis a b, solliciti sitis k

.2) ψυχη⁽¹⁾ ℵ B E L W Δ Θ Π Σ Ω f^1 f^{13} 33 565 700, anima k] corde (= καρδια) a b

.3) η τι πιετε B W f^{13} 33] και τι πιητε E L Δ Θ Π Σ Ω 33 565 700 / omit ℵ f^1 a b k

.4) υμων⁽²⁾ ℵᶜ B E L W Δ Θ Π Σ Ω f^1 f^{13} 33 565 700, vestro a] omit ℵ* b k

---

υμων⁽¹⁾ ℵ E L W Δ Θ Π Σ Ω f^1 f^{13} 33 565 700, vestro a b, vestra k] ημων B

του ενδυματος rell] plus est quam vestimentum (=πλειον εστιν του ενδυματος) b

Matthew 6:26

+ εμβλεψατε εις τα πετεινα του ουρανου οτι ου σπειρουσιν ουδε θεριζουσιν ουδε συναγουσιν εις τας αποθηκας και ο πατηρ υμων ο ουρανιος τρεφει αυτα ουχ υμεις μαλλον διαφερετε αυτων; (*Mor* 48.5; PG 31, 769CD) + [C]

Lac.: C D e Nyssa

.1) τας αποθηκας ℵᶜ L] αποθηκας ℵ* B E W Δ Θ Π Σ Ω f^1 f^{13} 33 565 700

---

⁵⁵That could be Luke 12:22 as well, but the presence of the phrase η τι πιητε tends to classify it as reproducing Matt 6:25. I relegated two quotations to the section on uncertain references.
⁵⁶Idem.

[NA: a b k]

.2) ουχ ℵ B E L Δ Π Σ Ω f^1 f^{13} 33 565 700, non k] ουχι W Θ, nonne a b

.3) αυτων ℵ B L W Δ Θ Π Σ Ω f^1 f^{13} 33 565 700, eis k] τουτων E, illis a b

----

ου rell] ουτε E^c
υμων rell] ημων L
μαλλον rell] ergo (=ουν?) k

Matthew 6:27

+ τις δε εξ υμων μεριμνων δυναται προσθειναι επι την ηλικιαν αυτου πηχυν ενα + (*Mor* 48.5; PG 31, 769D) [C]

Lac.: C D e Nyssa

.1) εξ υμων ℵ B E L W Θ Π Σ Ω f^1 f^{13} 33 565 700] υμων Δ, vestrum b k / omit a

.2) μεριμνων ℵ B E L W Δ Θ Π Σ Ω f^1 f^{13} 33 565 700] omit a b k

Matthew 6:28

+ και περι ενδυματος τι μεριμνατε; καταμαθετε τα κρινα του αγρου πως αυξανει ου κοπια ουδε νηθει + (*Mor* 48.5; PG 31, 769D) [C]

Lac.: C D e Nyssa

.1) αυξανει ου κοπια ουδε νηθει E L W Δ Π Σ Ω f^{13} 565 700] αυξανουσιν ου κοπιουσιν ουδε νηθουσι (ℵ^c) B f^1 33, crescunt non laborant neque neunt a b, crescunt non laborant neque veniunt[57] k / ου ξενουσιν ουδε νηθουσιν ουδε κοπιωσιν ℵ* / αυξανουσιν ου νηθουσιν ουδε κοπιωσιν Θ

---

[57]I believe that this verb is a deformation of *neunt*, since it creates a nonsense reading. Notice the proximity of *veniunt* to *neunt* and the rare use of the verb *neo*.

Matthew 6:29

+ λεγω δε υμιν οτι ουδε Σολομων εν παση τη δοξη αυτου περιεβαλετο ως εν τουτων + (*Mor* 48.5; PG 31, 769D) [C]

Lac.: C D a^{pt} e Nyssa

.1) περιεβαλετο ℵ B E W Δ Θ Π Σ Ω f^1 f^{13} 33 565 700, vestiebatur a^{vid}] περιβεβλητε L / ita coopertus est (=ουτως περιεβαλετο) b, ita amictus est (=ουτως περιεβαλετο) k

\-

οτι rell] omit W

Matthew 6:30

+ ει δε τον χορτον του αγρου σημερον οντα και αυριον εις κλιβανον βαλλομενον ο θεος ουτως αμφιεννυσιν ου πολλω μαλλον υμας ολιγοπιστοι + (*Mor* 48.5; PG 31, 769D) [C]

Lac.: C D e Nyssa

.1) ου πολλω ℵ B E W Θ Π Σ Ω f^1 f^{13} 33 565 700] ουπω L / ποσω Δ / magis (=πολλω) a b k

\-

σημερον rell] σημερον εν αγρω W
κλιβανον rell] ignem (=πυρ) b
υμας rell] nos (=ημας) k

Matthew 6:31

+ μη ουν μεριμνησητε λεγοντες, τι φαγωμεν η τι πιωμεν η τι περιβαλωμεθα + (*Mor* 48.5; PG 31, 769D–772A) [C]**
του Κυριου παραγγελλοντος· "μη μεριμναν τι φαγωμεν η τι πιωμεν, η τι περιβαλλωμεθα" (*RBr* 206; PG 31, 1220A) [L]

Lac.: C D e Nyssa

Matthew 6:32

+ ταυτα γαρ παντα τα εθνη επιζητει· οιδε γαρ ο πατηρ υμων ο ουρανιος οτι χρηζετε τουτων απαντων + (*Mor* 48.5; PG 31, 772A) [C]

Lac.: C D e Nyssa

.1) ταυτα γαρ παντα ℵ Δ Θ Σ f^{13}] παντα γαρ ταυτα B E L W Π Ω f^1 33 565 700 / haec enim (=ταυτα γαρ) a b k

.2) επιζητει E L W Δ Θ* Π Σ Ω 565 700] επιζητουσιν ℵ B Θ^c f^1 f^{13} 33, inquirunt a b, quaerunt k

.3) ο ουρανιος ℵ^c B E L W Δ Θ Π Σ Ω f^1 f^{13} 33 565 700] omit ℵ* a b k

---

ο πατηρ rell] ο θεος ο πατηρ ℵ*
υμων rell] omit L
χρηζετε rell] χρητε B*

Matthew 6:33

+ ζητειτε δε πρωτον την βασιλειαν του θεου και την δικαιοσυνην αυτου, και ταυτα παντα προστεθησεται υμιν + (*Mor* 48.5; PG 31, 769C-772A) [C]**

ζητειτε δε πρωτον την βασιλειαν του θεου και την δικαιοσυνην αυτου (*Mor* 56.4; PG 31, 785C) [C]

ζητειτε δε την βασιλειαν του θεου και την δικαιοσυνην αυτου (*RBr* 207; PG 31, 1220C) [C]

ο καταδεξαμενος την του Κυριου διδασκαλιαν ειποντος· "ζητειτε πρωτον την βασιλειαν του θεου και την δικαιοσυνην αυτου, και πληροφορηθεις την αληθειαν της αυτου επαγγελιας επαγαγοντος και ταυτα παντα προστεθησεται υμιν" (*RBr* 272; PG 31, 1272A) [Ad]*[58]

Lac.: C D e

την βασιλειαν του θεου και την δικαιοσυνην E L W Δ Θ Π Σ Ω f^1 f^{13} 33 565 700, regnum Dei et iustitiam eius a b Nyssa] την δικαιοσυνην και την βασιλειαν B / την βασιλειαν και την δικαιοσυνην ℵ k

---

[58]It seems that Basil added his own comment, i.e., πληροφρορηθεις την αληθειαν

Matthew 6:34

+ μη ουν μεριμνησητε εις την αυριον η γαρ αυριον μεριμνησει εαυτη αρεκτον τη ημερα η κακια αυτην (*Mor* 48.5; PG 31, 772A) [C]
ουδεμιαν μεριμναν περι εις της αυριον εχων (*HMam* 3; PG 31, 592D) [All]
επειδη προσταγμα εστι του Κυριου· "μη μεριμναν περι της αυριον" (*RBr* 272; PG 31, 1269C) [L]
TEXT: μη ουν μεριμνησητε εις την αυριον, η γαρ αυριον μεριμνησει εαυτη· αρκετον τη ημερα η κακια αυτης

Lac.: C D e Nyssa

.1) ουν ℵ B E L W Δ Θ Π Σ Ω f^1 f^{13} 33 565 700, igtaque k] omit a b
.2) αυριον μεριμνησει εαυτη] αυριον μεριμνησει εαυτης ℵ B^c W / αυριον μεριμνησει εαυτην 700 / αυριον μεριμνησει αυτης B^* L / αυριον μεριμνησει τα εαυτης Ε Π Σ Ω f^1 f^{13} 33 / αυριον μεριμνησει το εαυτης Θ 565 / μεριμνησει αυριον τα περι αυτης Δ [NA: a b k]

αρεκτον rell] αρεκτον γαρ Ω

MATTHEW CHAPTER SEVEN

Matthew 7:1

μη κρινετε, ινα μη κριθητε + (*Mor* 54.1; PG 31, 780B) [C]

Lac.: C D e Nyssa

ινα μη κριθητε rell] ινα μη κριθητε μη κατακιδαζετε και ου μη καταδικασθηται L / ne iudecimini (=μη κριθητε) k / non iudicetur de vobis (=μη κριθησεται υμιν?) a

Matthew 7:2

+ εν ω γαρ κριματι κρινετε κριθησεσθε (*Mor* 54.1; PG 31, 780B) [C]

της αυτου επαγγελιας επαγαγοντος, before ending the quotation.

Lac. C D e Nyssa

Matthew 7:3

τι βλεπεις το καρφος το εν τω οφθαλμω του αδελφου σου, την δε δοκον την εν τω σω οφθαλμω ου κατανοεις; + (*Mor* 51.1; PG 31, 776B) [C]

ο Κυριος... ειπων προς αυτους· "τι δε βλεπεις το καρφος το εν τω οφθαλμω του αδελφου σου, την δε εν τω σω οφθαλμω δοκον ου κατανοεις;" (*RBr* 231; PG 31, 1236D–1237A) [C][59]

TEXT: τι [δε] βλεπεις το καρφος το εν τω οφθαλμω του αδελφου σου, την δε [δοκον την εν τω σω οφθαλμω/εν τω σω οφθαλμω δοκον][60] ου κατανοεις;

Lac.: C D e Nyssa
.1) δοκον την εν τω σω οφθαλμω ℵ* Σ, trabem in oculo tuo a b k] εν τω σω οφθαλμω δοκον ℵ^c B E L W Δ Θ Π Ω *f*¹ *f*¹³ 33 565 700

Matthew 7:4

+ η πως ερεις τω αδελφω σου, αφες εκβαλω το καρφος εκ του οφθαλμου σου, και ιδου η δοκος εν τω οφθαλμω σου; + (*Mor* 51.1; PG 31, 776BC) [C]

Lac.: C D e Nyssa
.1) ερεις ℵ^c B E L W Δ Π Σ Ω *f*¹ *f*¹³ 33 565] λεγεις ℵ* Θ 700 [NA: a b k]
.2) εκ ℵ B Σ *f*¹ *f*¹³ 33] απο E L W Δ Θ Π Ω 565 700 [NA: a b k]

σου⁽¹⁾ rell] σου αδελφε ℵ
και ιδου ... σου rell] omit Δ*

---

[59]Manuscripts 69 and *l*299 have the same wording as Matt 7:3 in Luke 6:41. This single instance is not sufficient to classify this quotation among the uncertain ones.

[60]Here, I prefer the first reading found in Garnier and VatGr 428, which happens to be the one found in ℵ* and Σ (N). The scribal tendency would be to harmonize toward the more common reading. Still, it is not excluded that Basil knew both readings.

Matthew 7:5

+ υποκριτα, εκβαλε πρωτον την δοκον εκ του οφθαλμου σου, και τοτε διαβλεψεις εκβαλειν το καρφος εκ του οφθαλμου του αδελφου σου (*Mor* 51.1; PG 31, 776C) [C]**

του Κυριου λεγοντος· "εκβαλε πρωτον την δοκον εκ του οφθαλμου σου, και τοτε διαβλεψεις εκβαλειν το καρφος εκ του οφθαλμου του αδελφου σου" (*RBr* 164; PG 31, 1192A) [C]

Lac.: C^{pt} D e Nyssa

.1) την δοκον εκ του οφθαλμου σου E L W Δ Θ Σ Ω f^1 f^{13} 565 700, trabem de oculo tuo a b k] εκ του οφθαλμου σου την δοκον ℵ B Π 33

.2) εκ του οφθαλμου ℵ B C E L W Δ Θ Π Ω f^1 33 565 700, de oculo (a b k)] απο του οφθαλμου f^{13} (a b k) / το εν τω οφθαλμω Σ

εκβαλειν rell] omit b

Matthew 7:6

ποιουντες το ειρημενον, οτι "στραφεντες ρηξουσιν υμας" (*RFus* 22.3; PG 31, 980C) [C]

αλλ' ωστε μη ριπτεσθαι τοις χοιροις τους μαργαριτας (*AmphSp* XXX.79.21) [All]

πως διδωσιν τις το αγιον τοις κυσιν η βαλλει τους μαργαριτας εμπροσθεν των χοιρων η πως συμβαινει το επιφερωομενον μηποτε καταπατησωσιν αυτους εν τοις ποσιν αυτων και στραφεντες ρηξωσιν υμας (*RBr* 250; PG 31, 1249AB) [L]

TEXT: το αγιον τοις κυσιν ... [βαλετε][61] τους μαργαριτας εμπροσθεν των χοιρων μηποτε καταπατησωσιν αυτους εν τοις ποσιν αυτων και στραφεντες ρηξωσιν υμας

Lac.: D e Nyssa

---

[61] I assume this verb is present in Basil's text, although I cannot infer its form from the presence of βαλλει in the lemma.

.1) καταπατησωσιν Δ f^1, conculcent a b, inculcent k] καταπατησουσιν ℵ B C E L W Θ Π Σ Ω f^{13} 33 565 700

.2) εν ℵ B C E L W Δ Θ Π Σ Ω f^{13} 565 700] omit f^1 33 a b k

----

μαργαριτας] μαργαριτας υμων rell
αυτους rell] αυτοις Δ
ρηξωσιν rell] ρηξουσιν 33

Matthew 7:7

αιτειτε και δοθησεται υμιν, ζητειτε και ευρησετε, κρουετε και ανοιγησεται υμιν + (*Mor* 56.1; PG 31, 784C) [C]

Lac.: D e Nyssa

Matthew 7:8

+ πας γαρ ο αιτων λαμβανει και ο ζητων ευρισκει και τω κρουοντι ανοιγησεται (*Mor* 56.1; PG 31, 784C) [C]

Lac.: D e Nyssa

.1) ζητων ℵ B C E L W^c Δ Θ Π Σ Ω f^1 f^{13} 33 565 700] αιτων W*, petit a b k

----

ανοιγησεται rell] ανοιγεται B / ανοιχθησετε Θ

Matthew 7:13

δυο γαρ εισιν οδοι εναντιαι αλληλαις η μεν πλατεια και ευρυχωρος + (*HPs* 1.5; PG 29, 221D) [All]

ο γαρ εκκλινων μεν την πλατειαν και ευρυχωρον οδον + (*HPs* 45.2; PG 29, 420A) [All][62]

κατα τι πλατεια η πυλη και ευρυχωρος η οδος ειρηται η απαγουσα εις την απωλειαν (*RBr* 240; PG 31, 1244A) [L]

----

[62]Allusions to Matt 7:13–14 are missing from VatGr 413.

TEXT: πλατεια η πυλη και ευρυχωρος η οδος η απαγουσα εις την απωλειαν[63]

Lac.: D 33^pt e Nyssa^pt
.1) πλατεια η πυλη ℵ^c B C E L W Δ Θ Π Σ Ω f^1 f^{13} 33 565 700] πλατεια ℵ*, lata a b, data[64] k

Matthew 7:14

+ η δε στενη και τεθλιμμενη (*HPs* 1.5; PG 29, 221D) [All]
+ οδευων δε την στενην και τεθλιμμενην (*HPs* 45.2; PG 29, 420A) [All]
+ η δε στενη και τεθλιμμενη (*HPs* 1.5; PG 29, 221D) [All]
+ οδευων δε την στενην και τεθλιμμενην (*HPs* 45.2; PG 29, 420A) [All][65]
πασα η του δικαιου ζωη τεθλιμμενη εστι και στενη και τεθλιμμενη η οδος (*HPs* 33.4; PG 29, 360A) [All]
ου δεχεται σε η στενη και τεθλιμμενη οδος (*HDiv* 69.7–8) [All]
και δυσαντητα της στενης και τεθλιμμενης οδου (*Ep* 23.11–12) [All]
πως στενη η πυλη και τεθλιμμενη η οδος η απαγουσα εις την ζωην και πως δι' αυτης τις εισερχεται (*RBr* 241; PG 31, 1244B) [L]
TEXT: στενη η πυλη και τεθλιμμενη η οδος η απαγουσα εις την ζωην[66]

Lac.: D 33^pt a^pt e Nyssa
.1) η πυλη ℵ B C E W Δ Π Σ Ω f^1 f^{13} 565 700, porta (b)] πυλη L Θ (b) / omit a k

απαγουσα rell] αποφερουσα 700

---

[63] I do not give much weight to this reconstruction, since it relies mainly on a lemma.
[64] This word is the feminine singular participle of the verb *dare*, i.e., *to give*. Because of its proximity to *lata*, it is likely a scribal error. That is why I assmimilated it to the reading *lata*.
[65] Missing from VatGr 413.
[66] I do not give much weight to this reconstruction, since it relies mainly on a lemma.

Matthew 7:15

προσεχετε δε απο των ψευδοπροφητων, οιτινες ερχονται προς υμας εν ενδυμασι προβατων, εσωθεν δε εισι λυκοι αρπαγες (*Mor* 28.1; PG 31, 748B) [C]

προσεχετε δε απο των ψευδοπροφητων, οιτινες ερχονται εν ενδυμασιν προβατων, εσωθεν δε εισιν λυκοι αρπαγες (*Mor* 72.2; PG 31, 848B) [C]

προσεχετε δε απο των ψευδοπροφητων, οιτινες ερχονται προς υμας εν ενδυμασι προβατων, εσωθεν δε εισι λυκοι αρπαγες + (*Mor* 26.2; PG 31, 745B) [C]

ινα τηρουντες κακεινο το, "προσεχετε απο των ψευδοπροφητων" (*MorPrF* 5; PG 31, 689BC) [C]

τα τοιαυτα "ηθη λυκους αρπαγας" ονομαζει ο κυριος, "εν ενδυμασι προβατων" προφαινομενους (*Hex* 118.11–13) [All]

ως λυκοι αρπαγες (*Ep* 139.3.7) [All]

TEXT: προσεχετε δε απο των ψευδοπροφητων, οιτινες ερχονται [προς υμας][67] εν ενδυμασι προβατων, εσωθεν δε εισι λυκοι αρπαγες

Lac.: D 33^{pt} e

.1) δε C E L W Δ Θ Π Σ f^1 f^{13} 33 700] omit ℵ B Ω 565 a b k Nyssa[68]

προσεχετε rell] attendite vobis (=προσεχετε εαυτοις) b

Matthew 7:16

απο των καρπων αυτων επιγνωσεσθε αυτους. μητι συλλεγουσιν απο ακανθων σταφυλην η απο τριβολων συκα; (*Mor* 28.1; PG 31, 748B) [C][69]

απο των καρπων αυτων επιγνωσεσθε αυτους (*Mor* 72.2; PG 31, 848B) [C]

---

[67] I tend to include προς υμας, which is absent in a single manuscript of Matthew at that locus.

[68] About the absence of δε in this verse, Brooks notices that "it is the kind of transition word about which Gregory is indifferent." See James A. Brooks, *The New Testament Text of Gregory of Nyssa* (SBLNTGF 2; Atlanta: Scholars Press, 1991), 37.

[69] Garnier, VatGr 428, VatGr 413 omit v. 16b.

+ απο των καρπων αυτων επιγνωσεσθε αυτους. μητι συλλεγουσιν απο ακανθων σταφυλην η απο τριβολων συκα; + (*Mor* 26.2; PG 31, 745B) [C]

και απο μισανθρωπου εξηλθε φιλανθρωπια ου συλλεγουσιν απο ακανθων σταφυλας ουδε απο τριβολων συκα (*HPs* 2.14.5; PG 29, 280B) [All]*

TEXT: απο των καρπων αυτων επιγνωσεσθε αυτους. μητι συλλεγουσιν απο ακανθων σταφυλην η απο τριβολων συκα;

Lac.: D 33[pt] e Nyssa[pt]

.1) σταφυλην C[c] E L W Δ Θ Π Σ Ω f^{13} 565 700] σταφυλας ℵ B f^1, uvas a b / σταφυληνας C* / suis (=εαυτοις) k

---

μητι rell] μη τινες f^{13}

Matthew 7:17

+ ουτω παν δενδρον αγαθον καρπους καλους ποιει, το δε σαπρον δενδρον καρπους πονηρους ποιει (*Mor* 26.2; PG 31, 745B) [C]**

παν γαρ δενδρον σαπρον καρπους πονηρους ποιει (*HPs* 2.14.5; PG 29, 280B) [All]

Lac.: D e Nyssa[pt]

αγαθον rell] omit W*

καρπους καλους ποιει ℵ C E L W Θ Π Σ Ω f^1 f^{13} 33 565 Nyssa] καρπους ποιει καλους B / καλους ποιει καρπους Δ / καρπους αγαθους ποιει 700 [NA: a b k]

Matthew 7:18

ου δυναται δενδρον πονηρον καρπους αγαθους ποιειν (*HPs* 29.3; PG 29, 312C) [All]*

TEXT: ου δυναται ... δενδρον [πονηρον] καρπους [αγαθους] ποιειν

Lac.: D e

ποιειν rell] ενεγκειν ℵ*

Matthew 7:21

ου πας ο λεγων μοι, Κυριε Κυριε εισελευσεται εις την βασιλειαν των ουρανων, αλλ' ο ποιων το θελημα του πατρος μου του εν ουρανοις + (*Mor* 7.1; PG 31, 712C) [C]

ακουε του Κυριου λεγοντος· "ου πας ο λεγων μοι, Κυριε Κυριε εισελευσεται εις την βασιλειαν των ουρανων, αλλ' ο ποιων το θελημα του πατρος μου του εν ουρανοις" (*AscPr3* 3; PG 31, 896A) [C]

Lac.: D e Nyssa

.1) ουρανοις E L W Π Σ Ω f^{13} 565 700] τοις ουρανοις ℵ B C (Δ) Θ f^1 33 [NA: a b k]

.2) ουρανοις ℵ B C* E L Δ Π Σ Ω f^1 f^{13} 565 700] ουρανοις ουτος εισελυσεται εις την βασιλειαν των ουρανων C^c 33 k / ουρανοις αυτος εισελυσεται εις την βασιλειαν των ουρανων W Θ, caelis est ipse intrabit in regnum caelorum a b

το θελημα rell] τα θεληματα ℵ*

Matthew 7:22

+ πολλοι ερουσι μοι εν εκεινη τη ημερα, Κυριε Κυριε, ου τω σω ονοματι προεφητευσαμεν, και τω σω ονοματι δαιμονια εξεβαλομεν, και τω σω ονοματι δυναμεις πολλας εποιησαμεν; + (*Mor* 7.1; PG 31, 712BC) [C]**[70]

ει μνημονευομεν του Κυριου ειποντος· [Mt 23:5] και της αποκρισεως αυτου της προς τους ειποντας· "Κυριε Κυριε ου τω σω ονοματι επροφητευσαμεν, και τω σω ονοματι δαιμονια εξεβαλομεν, και τω σω ονοματι δυναμεις πολλας εποιησαμεν;" προς ους φησιν [Lk 13:27] (*RBr*

---

[70]I give more credit to this citation, as it is longer. In addition, the reading επροφητευσαμεν, present in the second citation, is not found in all the manuscripts of *RBr*.

179; PG 31, 1201C) [C]

Lac.: D e Nyssa

τη rell] omit Δ [NA: a b k]
Κυριε Κυριε rell] Κυριε 700
ου τω rell] ουτως C
δαιμονια ... τω σω ονοματι rell] omit Σ*[71]
δαιμονια rell] δαιμονια πολλα ℵ*
και τω σω rell] omit E*

Matthew 7:23

+ και τοτε ομολογησω αυτοις οτι ουδεποτε εγνων υμας· αποχωρειτε απ' εμου οι εργαζομενοι την ανομιαν + (*Mor* 7.1; PG 31, 712C) [C]

Lac.: D e Nyssa[pt]

.1) ουδεποτε ℵ B C E L W Δ Θ Π Σ Ω f^1 f^{13} 33 565 700, numquam k Nyssa] non (=ου) a b

.2) αποχωρειτε ℵ B C E L W Δ Π Σ Ω f^1 33 565 700] αναχωρειτε Θ f^{13} [NA: a b k]

.3) απ' εμου ℵ B C E W Δ Π Σ Ω f^1 33 565 700, a me a b k] απ' εμου παντες L Θ f^{13}

εγνων υμας rell] εγνων αυτους E* / vos cognovi (=υμας εγνων) k

Matthew 7:24

+ πας ουν οστις ακουει μου τους λογους τουτους και ποιει αυτους, ομοιωσω αυτον ανδρι φρονιμω, οστις ωκοδομησεν την οικιαν αυτου επι την πετραν + (*Mor* 7.1; PG 31, 712C) [C][72]

Lac.: D e Nyssa

---

[71]The omission is likely due to homoeoteleuton.
[72]Garnier omits vv. 24–27.

.1) τουτους ℵ B^c C E L W Δ Θ Π Σ^c Ω f^1 f^13 33 565 700, haec a b k] omit B* Σ*

.2) ομοιωσω αυτον C E L W Δ Π Σ Ω 565, simulabo illum k] ομοιωθησεται ℵ B Θ f^1 f^13 33 700 / similis est (=ομοιος εστιν) a b

.3) την οικιαν αυτου E L Δ Π Ω f^13 565 700, domum suam a b k] αυτου την οικιαν ℵ B C W Θ Σ f^1 33

ακουει μου rell] μου ακουει L
ᾠκοδομησεν rell] οικοδομησε f^13

Matthew 7:25

+ και κατεβη η βροχη και ηλθον οι ποταμοι και επνευσαν οι ανεμοι και προσεπεσαν τη οικια εκεινη, και ουκ επεσεν, τεθεμελιωτο γαρ επι την πετραν (*Mor* 7.1; PG 31, 712C) [C]**
τον θεμελιον αυτου τιθεναι επι την πετραν (*HProv* 6; PG 31, 400B) [All]

Lac.: D e Nyssa^pt

.1) και^(1) ℵ B C D E L W Δ Θ Π Σ Ω f^1 f^13 33 565 700] omit a b k

.2) και^(2) ℵ B C E L W Δ Θ Π Σ Ω f^1 f^13 33 565 700 (Nyssa)] omit a b k

.3) ηλθον οι ποταμοι και επνευσαν οι ανεμοι ℵ B C E L W Δ Θ Π Σ Ω f^1 f^13 33 565 700 (Nyssa)] flaverunt venti, advenerunt flumina (=επνευσαν οι ανεμοι, ηλθον οι ποταμοι) a b (Nyssa) / advenerunt flumina, venerunt venit (=ηλθον οι ποταμοι επνευσαν οι ανεμοι) k (Nyssa)

.4) προσεπεσαν ℵ^c B C E (L) Δ (Π Ω) f^1 f^13 (565) 700, offenderunt a b, inpegerunt k] προσεπεσεν ℵ* / προσεκρουσαν W / προσερρηξαν Θ Σ / προσεκοψαν 33

και ουκ επεσεν ... πετραν rell] omit 33

Matthew 7:26

+ και πας ο ακουων μου τους λογους τουτους και μη ποιων αυτους ομοιωθησεται ανδρι μωρω, οστις ᾠκοδομησεν την οικιαν αυτου επι την αμμον + (*Mor* 7.1; PG 31, 712C) [C]

Lac.: D e Nyssa

.1) ο ακουων ℵ B C E L W Δ Π Σ Ω f^1 33 565 700] οστις ακουει Θ f^{13}, qui audit a b k[73]

.2) ποιων ℵ B C E L W Δ Π Σ Ω f^1 33 565 700] ποιει Θ f^{13}, facit a b k

.3) ομοιωθησεται ℵ B C E L W Δ Θ Π Σ Ω f^1 f^{13} 33 565 700 k] similis est (=ομοιος εστιν) a b

.4) την οικιαν αυτου C E L Δ Π Ω f^{13} 565, domum suam a b k] αυτου την οικιαν ℵ B W Θ Σ f^1 700

---

omit *in toto* 33

τουτους rell] omit 700

ῳκοδομησεν rell] οικοδωμησεται Θ / οικοδομησε f^{13}

Matthew 7:27

+ και κατεβη η βροχη και ηλθον οι ποταμοι και επνευσαν οι ανεμοι και προςεπεσαν τη οικεια εκεινη, και επεσεν και ην η πτωσις αυτης μεγαλη σφοδρα (*Mor* 7.1; PG 31, 712C) [C]

Lac.: D a^pt e Nyssa

.1) και^(1) ℵ B C E L W Δ Θ Π Σ Ω f^1 f^{13} 565 700] omit a b k

.2) και^(2) ℵ B C E L W Δ Θ Π Σ Ω f^1 f^{13} 565 700] omit a b k

.3) προσεπεσαν, offenderunt (a b), inpegerunt (k)] προσεκοψαν ℵ B E L W Δ Π Σ Ω 565 700 (a b k) / προσερρηξαν C Θ f^1 / προσεκρουσαν f^{13}

.4) σφοδρα Θ Σ f^{13} 33] omit ℵ B C E L W Δ Π Ω f^1 565 700 a b k

---

και κατεβη ... εκεινη rell] omit 33

ηλθον οι ποταμοι και επνευσαν οι ανεμοι rell] flaverunt venti, advenerunt flumina (=επνευσαν οι ανεμοι, ηλθον οι ποταμοι) b / ηλθον οι ποταμοι

---

[73]The agreement of the Old Latin manuscripts, Θ and f^{13} is likely coincidental since the Latin manuscripts tend to translate Greek participles preceded by an article with a relative pronoun and a verb.

א* / advenerunt flumina, venerunt venti (=ηλθον οι ποταμοι επνευσαν οι ανεμοι) k

MATTHEW CHAPTER EIGHT

Matthew 8:13
και γενηθητω σοι ως επιστευσας (*HPs* 7.2; PG 29, 232C) [Ad]
TEXT: [γενηθητω σοι ως επιστευσας][74]

Lac.: D e Nyssa

Matthew 8:17
και τας ασθενειας ημων ελαβεν, και τας νοσους εβαστασεν (*RFus* 2.4; PG 31, 916A) [C][75]
κατα το γεγραμμενον οτι, "αυτος τας ασθενειας ημων ελαβεν, και τας νοσους εβαστασεν" (*RBr* 177; PG 31, 1200D) [C]**[76]

Lac.: D e Nyssa

ημων rell] υμων L^c
ελαβεν rell] ανελαβεν Π [NA: a b k]
τας νοσους rell] aegrimonia nostra (=τας νοσους ημων) b

Matthew 8:26
τις αξιοπιστος διαναστησαι τον Κυριον επετιμησαι τω ανεμω και τη θαλασση (*Ep* 82.20–21) [All]*
και επετιμηση τω ανεμω τουτω και τη θαλασση (*Ep* 91.16–17) [All]*

---

[74]It is not certain that Basil's text shows these words in this order.

[75]Citing Isa 53:4; Davies and Allison comment: "Matthew has obviously not followed the LXX (which is here a very loose translation). His agreements with it are minimal. He has instead translated the text from the Hebrew and worded it to serve the purposes of his narrative." See William D. Davies and Dale C. Allison, *The Gospel according to Saint Matthew* (ICC 26, Vol. 2; Edinburgh: T & T Clark, 1991), 37.

[76]The only difference between these two citations is the omission of αυτος in the first citation. αυτος is well attested in all manuscripts of the NT, so one could infer that in the first case, Basil simply decided to cite from τας ασθενειας.

επιτιμησαντος του Κυριου ημων τω ανεμω και τη θαλασση (*Ep* 154.37–38) [All]*

TEXT: επετιμης[η]⁷⁷ τω ανεμω [τουτω] και τη θαλασση

Lac.: D e Nyssa^pt

.1) τω ανεμω ℵ* *f*¹ *f*¹³, vento a b] τοις ανεμοις ℵᶜ B C E L W Δ Θ Π Σ Ω 33 565 700 / omit k

MATTHEW CHAPTER NINE

Matthew 9:9

Ματθαιος δε απ' αυτου του τελωνειου εξαναστας και ακολουθησας τω Κυριω (*RFus* 8.1; PG 31, 936CD) [All]

Lac.: e Nyssa

Matthew 9:10

και ιδου πολλοι τελωναι και αμαρτωλοι ελθοντες συνανεκειντο τω Ιησου και τοις μαθηταις αυτου + (*Mor* 52.3; PG 31, 777B) [C]

Lac.: e Nyssa

.1) και ιδου B C E L W Δ Θ Π Σ Ω *f*¹ *f*¹³ 33 565, et ecce k] ιδου ℵ D, ecce a b / omit 700

.2) πολλοι τελωναι και αμαρτωλοι ελθοντες ℵᶜ B D E L Δ Θ Π Σ Ω *f*¹ *f*¹³ 33 700, multi publicani et peccatores advenientes k] πολλοι τελωνε και αμαρτωλοι ℵ*, multi publicani et peccatores a / πολλοι αμαρτωλοι και τελωναι ελθοντες C / τελωναι πολλοι και αμαρτωλοι ελθοντες W / πολλοι τελωναι ελθοντες και αμαρτωλοι 565 / multi publicani et peccatores venerunt et (=πολλοι τελωναι και αμαρτωλοι ελθον και?) b

---

συνανεκειντο rell] συνεκειντο D* [NA: a b k]

---

⁷⁷Although I am certain that Basil's text had the verb επιτιμαω, I am less certain of

Matthew 9:11

+ και ιδοντες οι Φαρισαιοι ειπον τοις μαθηταις αυτου, δια τι μετα των τελωνων και αμαρτωλων εσθιει ο διδασκαλος υμων; + (*Mor* 52.3; PG 31, 777B) [C]

και ιδοντες οι Φαρισαιοι ειπον τοις μαθηταις αυτου, δια τι μετα των τελωνων και αμαρτωλων εσθιει ο διδασκαλος υμων; + (*Mor* 70.20; PG 31, 833A) [C]

Lac.: e Nyssa

.1) ειπον D E L Δ Θ Π Σ Ω f^{13} 565 700, dixerunt k] ελεγον ℵ B C W f^1 33, dicebant a b

.2) μετα των τελωνων και αμαρτωλων εσθιει ο διδασκαλος υμων ℵ B C° E L W Δ Θ Π Σ Ω f^{13} 33 700] μετα των τελωνων και αμαρτωλων ο διδασκαλος υμων εσθιει C* f^1 / ο διδασκαλος υμων μετα των αμαρταλων και τελωνων εσθιει D / μετα των τελωνων και αμαρτωλων εσθιει και πινει ο διδασκαλος υμων 565 / cum publicanis et peccatoribus manducat (=μετα των τελωνων και αμαρταλων εσθιει) a / magister vester cum publicanis et peccatoribus manducat (=διδασκαλος υμων μετα των τελωνων και αμαρταλων εσθιει) b / cum publicanis et peccatoribus sedes (=μετα των τελωνων και αμαρταλων καθιζεται) k

---

και ιδοντες rell] ειδοντες δε D / quod cum vidissent (=επειδη εωρακησαν?) k

οι rell] omit Δ [NA: a b k]

Matthew 9:12

+ ο δε Ιησους ακουσας ειπεν αυτοις, ου χρειαν εχουσιν οι ισχυοντες ιατρου αλλ' οι κακως εχοντες + (*Mor* 52.3; PG 31, 777B) [C]

+ ο δε Ιησους ακουσας ειπεν, ου χρειαν εχουσιν οι ισχυοντες ιατρου αλλ' οι κακως εχοντες + (*Mor* 70.20; PG 31, 833AB) [C]

TEXT: ο δε Ιησους ακουσας ειπεν [αυτοις],[78] ου χρειαν εχουσιν οι

---

the tense and mood of the verb in his text.

[78]The evidence is equally divided concerning the presence or the absence of this

ισχυοντες ιατρου αλλ' οι κακως εχοντες

Lac.: D^{pt} e Nyssa

.1) Ιησους C E L W Δ Θ Π Σ Ω f^1 f^{13} 33 565 700, Iesus a b k] omit ℵ B D

.2) ειπεν ℵ B C*, ait b, dixit k] ειπεν αυτοις C^c E L W Δ Θ Π Σ Ω f^1 f^{13} 33 565 700 a^{vid}

ακουσας rell] respondens (=αποκριθεις) a
ιατρου rell] ιατρων ℵ

Matthew 9:13

+ πορευθεντες δε μαθετε, ελεον θελω και ου θυσιαν· ου γαρ ηλθον καλεσαι δικαιους αλλα αμαρτωλους εις μετανοιαν (*Mor* 52.3; PG 31, 777B) [C]
+ πορευθεντες δε μαθετε τι εστιν, ελεον θελω και ου θυσιαν· ου γαρ ηλθον καλεσαι δικαιους αλλα αμαρτωλους εις μετανοιαν (*Mor* 70.20; PG 31, 833B) [C]

TEXT: πορευθεντες δε μαθετε [τι εστιν][79], ελεον θελω και ου θυσιαν· ου γαρ ηλθον καλεσαι δικαιους αλλα αμαρτωλους εις μετανοιαν

Lac.: a^{pt} e Nyssa

.1) ελεον C^c E L W Δ Π Σ Ω f^{13} 565 700] ελεος ℵ B C* D Θ f^1 33 [NA: a b k]

.2) καλεσαι δικαιους ℵ B C^c (D) E L Δ Θ Π Σ Ω f^1 f^{13} 33 565 700, vocare iustos a^{vid} b] δικαιους καλεσαι C* W, iustos vocari k

----

ου θυσιαν rell] ουσιαν Σ
γαρ rell] omit b

---

word in Basil's text.

[79] I would tend to include τι εστιν, which is absent from only one manuscript of Matthew at that location.

Matthew 9:14

τοτε προσερχονται αυτω οι μαθηται Ιωαννου λεγοντες, δια τι ημεις και οι Φαρισαιοι νηστευομεν, οι δε μαθηται σου ου νηστευουσι; + (*Mor* 14.1; PG 31, 725D) [C]

Lac.: e Nyssa

.1) Ιωαννου ℵ C E L W Δ Θ Π Σ Ω f^1 f^{13} 33 565 700] Ιωανου B D [NA: a b k]

.2) νηστευομεν ℵ* B] νηστευομεν πυκνα ℵ¹, ieiunamus frequenter a b / νηστευομεν πολλα C D E L W Δ Θ Π Σ Ω f^1 f^{13} 33 565 700, ieiunamus multum k

Matthew 9:15

+ και ειπεν αυτοις ο Ιησους, μη δυνανται οι υιοι του νυμφωνος πενθειν εφ' οσον μετ' αυτων εστιν ο νυμφιος; ελευσονται δε ημεραι οταν απαρθη απ' αυτων ο νυμφιος, και τοτε νηστευσουσιν + (*Mor* 14.1; PG 31, 725D) [C]

Lac.: e Nyssa

.1) μη ℵ B C E L W Δ Θ Σ Π Ω f^1 f^{13} 33 565] μητι D, numquid a b k / ου 700

.2) οι ℵ B C D E W Δ Θ Π Σ Ω 33 700] omit L f^{13} [NA: a b k]

.3) πενθειν ℵ B C E L Δ Θ Π Σ Ω f^1 f^{13} 33 565 700, lugere k] νηστευειν D W, ieiunare a b

.4) απαρθη ℵ^c B C E L Δ Θ Π Σ Ω f^{13} 33 565 700] αρθη D f^1 / αφερεθη W [NA: a b k]

.5) νηστευσουσιν ℵ B C E W Θ Π Σ Ω f^1 f^{13} 33 565 700, ieiunabunt k] νηστευουσιν εν εκειναις ταις ημεραις D* / νηστευσουσιν εν εκειναις ταις ημεραις D^c, ieunabunt in illis diebus a b / νηστευσωνιν L Δ

νυμφωνος rell] νυνφιου D [NA: a b k]
ελευσονται ... νυμφιος rell] omit ℵ*
ημεραι rell] αι ημεραι D* [NA: a b k]

Matthew 9:16

+ ουδεις δε επιβαλλει επιβλημα ρακκους αγναφου επι ιματιω παλαιω· αιρει γαρ το πληρωμα αυτου απο του ιματιου και χειρον σχισμα γινεται + (*Mor* 14.1; PG 31, 725D) [C][80]

Lac.: e Nyssa

.1) επιβαλλει επιβλημα ℵ B C D E L W Δ Π Σ Ω f^1 f^{13} 33 565, committit commissuram a b k] επιβλημα επιβαλλει Θ 700

.2) αγναφου ℵ B D E L W* Δ Θ Π Σ Ω f^1 f^{13} 33 565 700, rudis a b k] αγναφους C W^c

το πληρωμα rell] πληρων Δ
αυτου rell] omit ℵ*
ιματιου rell] ιματιου του παλεου L*

Matthew 9:17

+ ουδε βαλλουσιν οινον νεον εις ασκους παλαιους· ει δε μη γε ρηγνυνται οι ασκοι και ο οινος εκκεχειται και οι ασκοι απολλυνται· αλλα βαλλουσιν οινον νεον εις ασκους καινους και αμφοτεροι συντηρουνται + (*Mor* 14.1; PG 31, 725D) [C][81]

Lac.: e Nyssa

.1) γε ℵ C D E L W Δ Θ Π Σ Ω f^1 f^{13} 33 565] omit B 700 [NA: a b k]

.2) εκκεχειται] εκχειται ℵ B C E L W Δ Θ Π Σ Ω f^1 f^{13} 33 565 700, effundetur b / απολλυται D, peribit a, perit k

.3) και οι ασκοι απολλυνται ℵ B E L W Δ Θ Π Σ Ω f^1 f^{13} 33 565 700, et utres peribunt b] και οι ασκοι D / omit a k

.4) αλλα βαλλουσιν οινον νεον εις ασκους καινους B E (L) W Θ Π Σ Ω f^1 f^{13} 33 565 700] αλλ' οινον νεον εις ασκους καινους βλητεον ℵ / αλλα οινον νεον εις ασκους βαλλουσιν καινους C / βαλλουσιν δε οινον νεον εις ασκους καινους D, mittunt autem vinum novum in utres novos k /

---

[80]vv. 16–17 are missing from Garnier.
[81]Absent from Garnier.

βαλουσσιν οινον νεον εις ασκους νεους Δ / sed vinum novum in utres novos mittunt (=αλλα οινον νεον εις ασκους καινους βαλλουσιν) a b

----

ρηγνυνται οι ασκοι rell] ρησσει ο οινος ο νεος τους ασκους D / rumpit vinum utres (=ρησσει ο οινος τους ασκους) k
αμφοτεροι rell] αμφοτερα Ω [NA: a b k]
συντηρουνται rell] τηρουνται D* [NA: a b k]

Matthew 9:18

ταυτα αυτου λαλουντος, ιδου αρχων εις ελθων[82] προσεκυνει αυτω λεγων οτι η θυγατηρ μου αρτι ετελευτησεν· αλλα ελθων επιθες την χειρα σου επ' αυτην και ζησεται + (*Mor* 70.17; PG 31, 829D) [C]

Lac.: e Nyssa

.1) λαλουντος f^1] λαλουντος αυτοις ℵ B C D E L W Δ Θ Π Σ Ω f^{13} 33 565 700, illos a, ad eos b k

.2) εις ελθων Δ Ω 33 565, unus accessit a] ΕΙΣΕΛΘΩΝ ℵ² C* D E W Θ Π Σ / εισελθων f^1 700 / εις προσελθων ℵ¹ B / προσελθων ℵ* / τις προσελθων τω Ιησου C^c L f^{13} / quidam princeps veniens (=τις πρωτος προσελθων?) k / unus accessit nomine Iairus (=εις ελθων ονοματι Ιαιρος) b

.3) προσεκυνει ℵ B C D E L W Δ Θ Π Σ Ω f^1 f^{13} 33 565 700, adorabant (k)] et adorabat (=και προσεκυνει) a b

.4) οτι B C E L W Δ Θ Π Σ Ω 565 700] omit ℵ D f^1 f^{13} 33 a b k

.5) σου ℵ B C D E L W Δ Θ Π Ω f^1 f^{13} 33 565 700, suam k] omit Σ a b

----

ταυτα rell] ταυτα δε L
επιθες rell] επιθεις L / et inpone (=και επιθες) k

---

[82]Although the manuscript which serves as a basis of collation for Basil's *Moralia* is an uncial, there is no doubt from the accentuation of these words that they are to be read separately. A glimpse at VatGr 413, a minuscule manuscript, confirms this judgement.

Matthew 9:19

+ και εγερθεις ο Ιησους ηκολουθησεν αυτω   (*Mor* 70.17; PG 31, 829D) [C]

Lac.: e Nyssa

.1) ηκολουθησεν B (E) L W Δ Θ Π Σ Ω f^1 f^{13} 565 700, secutus est k] ηκολουθει ℵ C D 33, sequebatur a b

Matthew 9:28

πιστευεις οτι δυναμαι τουτο ποιησαι; (*Ep* 234.3.13–14) [Ad]*
TEXT: [πιστευεις][83] οτι δυναμαι τουτο ποιησαι;

Lac.: 33^{pt} e Nyssa

δυναμαι τουτο ποιησαι rell]   τουτο δυναμαι ποιησαι B / δυναμαι υμιν τουτο ποιησαι ℵ* / δυναμαι ποιησαι τουτο C*

Matthew 9:36

ιδων δε τους οχλους εσπλαγχνισθη περι αυτων, οτι ησαν εσκυλμενοι ως προβατα μη εχοντα ποιμενα (*Mor* 70.20; PG 31, 833B) [C]

Lac.: e Nyssa

.1) εσπλαγχνισθη ℵ B D E W Δ Θ Π Ω f^1 33 565 700, misertus est a b, commotus est k] ο Ιησους εσπλαγχνισθη C Σ f^{13}

.2) εσκυλμενοι 33] εσκυλμενοι και εριμμ/ερριμ/ρερι/ερρη/ερη/μενοι ℵ B C D E L W Δ Θ Π Σ Ω f^1 f^{13} 565 700, vexati et iacentes a b, vexati et abiec (k) / εκεκλυμενοι και ερρι/ερρημενοι L

.3) ως C D L Θ Σ f^1 33 565] ωσει ℵ B E W Δ Π Ω f^{13} 700 [NA: a b k]

Matthew 9:37

τοτε λεγει τοις μαθηταις αυτου, ο μεν θερισμος πολυς, οι δε εργαται ολιγοι + (*Mor* 70.1; PG 31, 817A) [C]

Lac.: e Nyssa

Matthew 9:38

+ δεηθητε ουν του κυριου του θερισμου οπως εκβαλη εργατας εις τον θερισμον[84] (*Mor* 70.1; PG 31, 817A) [C]

Lac.: e Nyssa

.1) του κυριου ℵ B C E L W Δ Θ Π Σ Ω f^1 f^{13} 33 565 700] τον κυριον D, dominum a b k

MATTHEW CHAPTER TEN

Matthew 10:5

τουτους τους δωδεκα απεστειλεν ο Ιησους παραγγειλας αυτοις λεγων, εις οδον εθνων μη απελθητε και εις πολιν Σαμαριτων μη εισελθητε + (*Mor* 70.3; PG 31, 820C) [C]

Lac.: e Nyssa

.1) αυτοις ℵ B C E L W Δ Θ Π Ω f^1 f^{13} 33 565 700] αυτοις και D, eis et a b k / omit Σ

.2) πολιν ℵ B C D E L W Δ Θ Π Σ Ω f^1 f^{13} 33 565 700, civitatem k] civitatibus (=πολεσιν) a b

.3) Σαμαριτων ℵ B C E L W Δ Θ Π Σ Ω f^1 f^{13} 33 700] Σαμαριτανων D, Samaritanorum a b k

---

τουτους rell] τουτους δε Ω
τους δωδεκα rell] omit C^c
απεστειλεν rell] εξαπεστειλεν W [NA: a b k]

---

[83]The familiar tone of this letter to Amphilochius could explain the 2nd person singular, not found in any manuscript of Matthew.

[84]All Greek manuscripts of Matthew add αυτου to the end of this verse. Either Basil's text had αυτου and he decided to not quote it, or his text did not have it.

λεγων rell] omit ℵ*
εθνων rell] omit ℵ*
απελθητε rell] εισελθητε Δ / ieritis (=ελθητε) k
εισελθητε rell] απελθητε Δ

Matthew 10:6
+ πορευεσθε δε μαλλον προς τα προβατα τα απολωλοτα οικου Ισραηλ (*Mor* 70.3; PG 31, 820C) [C]

Lac.: e Nyssa

.1) δε ℵ B C E L W Δ Θ Π Σ Ω f^1 f^{13} 33 565 700, sed a b] omit D k

----

πορευεσθε rell] υπαγετε D [NA: a b k]

Matthew 10:7
πορευομενοι δε κηρυσσετε λεγοντες οτι ηγγικεν η βασιλεια των ουρανων (*Mor* 80.13; PG 31, 864C) [C]

Lac.: e Nyssa

ηγγικεν rell] ηγγικεν εφ υμας Σ
οτι rell] omit B

Matthew 10:8
ασθενουντας θεραπευετε, λεπρους καθαριζετε, δαιμονια εκβαλλετε· δωρεαν ελαβετε, δωρεαν δοτε + (*Mor* 58.3; PG 31, 789C) [C]

Lac.: e Nyssa

.1) λεπρους καθαριζετε, δαιμονια εκβαλλετε C^c E L (Θ) Π Ω 700] νεκρους εγειρετε, λεπρους καθαριζετε, δαιμονια εκβαλλετε ℵ B C* Σ f^1 f^{13} 33 565, mortuos suscitate, leprosos mundate, daemonia eicite a b / νεκρους εγειρατε, λεπρους καθαρεισατε, και δαιμονια εκβαλετε D, mortuos excitate, lebrosos emundate et daemonia expellite k / λεπρους καθαριζετε, δαιμονια εκβαλλετε, νεκρους εγειρετε W Δ θεραπευετε rell] θεραπευσατε D [NA: a b k]

Matthew 10:9

+ μη κτησησθε χρυσον μηδε αργυρον μηδε χαλκον εις τας ζωνας υμων (*Mor* 58.3; PG 31, 789C) [C]

μη κτησησθε χρυσον μηδε αργυρον μητε χαλκον εις τας ζωνας υμων + (*Mor* 70.28; PG 31, 840C) [C]

μη εχειν χαλκον εις τας ζωνας (*RFus* 23; PG 31, 981B) [All]

TEXT: μη κτησησθε χρυσον μηδε αργυρον [μηδε/μητε][85] χαλκον εις τας ζωνας υμων

Lac.: e Nyssa

μηδε αργυρον rell] aut argentum (=η αργυρον) k / omit ℵ

Matthew 10:10

+ μη πηραν εις οδον μηδε δυο χιτωνας μηδε υποδηματα μηδε ραβδους· αξιος γαρ ο εργατης της τροφης αυτου εστι (*Mor* 70.28; PG 31, 840C) [C]

αξιος ο εργατης της τροφης αυτου εστιν (*Mor* 48.7; PG 31, 772D) [C]

της εντολης του Κυριου ενεκεν εργαζεται επειδη· "αξιος ο εργατης της τροφης αυτου" (*RBr* 252; PG 31, 1252B) [C]

τω Κυριω ειποντι· "αξιος ο εργατης της τροφης αυτου" (*RBr* 272; PG 31, 1272A) [C]

του Κυριου ημων Ιησου Χριστου λεγοντος· "αξιος ουχ απλως εκαστος ουδε ως ετυχεν αλλ' ο εργατης της τροφης αυτου εστι" (*RFus* 37.1; PG 31, 1009C) [All]*

μνημονευσατω του Κυριου λεγοντος· "αξιος, ουκ απλως πας αλλ' ο εργατης της τροφης αυτου" (*RBr* 168; PG 31, 1193A) [All]*

---

[85]One would expect to find the same negative conjunction in both places, but manuscripts 565 700 alternate μηδε and μητε the same way.

TEXT: μη πηραν εις οδον μηδε δυο χιτωνας μηδε υποδηματα μηδε ραβδους· αξιος γαρ ο εργατης της τροφης αυτου [εστι][86]

Lac.: e Nyssa

.1) μη ℵ B C D E L W Δ Θ Π Σ Ω f^1 f^{13} 33 565, non a b k] μητε D 700, nec k

.2) ραβδους C E L W Δ Π Σ Ω f^{13} 565 700, virgas k] ραβδον ℵ B D Θ f^1 33 / virgam in manibus vestris (=ραβδον εν ταις χερσιν υμων?) a b

.3) αξιος γαρ ℵ B C E L W Δ Θ Π Σ Ω f^1 f^{13} 33 565 700] αξιος γαρ εστι D, dignus est enim a b, dignus est autem k

.4) της τροφης ℵ B C D E L W Δ Θ Σ Ω f^1 f^{13} 33 700, esca k] του μισθου Π 565, mercedem a b

.5) εστι E W Δ Θ Π Σ Ω 33] omit ℵ B C D L f^1 f^{13} 565 700 a b k

Matthew 10:14

και ος εαν μη δεξηται υμας μηδε ακουση τους λογους υμων, εξερχομενοι της οικιας η της πολεως εκεινης εκτιναξατε τον κονιορτον των ποδων υμων (*Mor* 70.34; PG 31, 844A) [C]

και ος εαν μη δεξηται υμας μηδε ακουση τους λογους υμων, εξερχομενοι της οικιας εκεινης η της πολεως εκτιναξατε τον κονιορτον των ποδων υμων (*Mor* 36.1; PG 31, 756CD) [C]

και ος εαν μη δεξηται υμας μηδε ακουση των λογων υμων, εξερχομενοι της οικιας η της πολεως εκεινης εκτιναξατε τον κονιορτον των ποδων υμων + (*Mor* 72.4; PG 31, 848D) [C]

TEXT: και ος εαν μη δεξηται υμας μηδε ακουση [τους λογους/των λογων][87] υμων, εξερχομενοι της οικιας [εκεινης][88] η της πολεως [εκεινης] εκτιναξατε τον κονιορτον των ποδων υμων

---

[86]The verb is present in most quotations, so I believe it was found as such in Basil's text.

[87]Evidence is equally distributed between these two readings, which makes it difficult to choose one of them.

[88]εκεινης appears in all citations, but in different places, depending on the citation and the different manuscripts of Basil's *Moralia*. Apparently, no Greek manuscript of

Lac.: e Nyssa

.1) ος εαν/αν μη δεξηται ℵ B^c C D E W Δ Θ Π Ω f^1 f^{13} 33 565 700] ος αν μη B*[89] / οσοι αν μη δεξονται L Σ, quicumque non receperint a b (k)

.2) ακουση ℵ B C D E W Δ Θ Π Ω f^1 f^{13} 33 565, audierit (k)] ακουσωσιν L Σ, audierint a b / εισακουση 700 (k)

.3) εξερχομενοι C E W Δ Π Σ Ω f^1 f^{13} 565 700] εξερχομενοι εξω ℵ B D Θ 33, exeuntes ... foras de (a b), profisci extra (k) / εξερχομενοι εκ L (a b k)

.4) της οικιας εκεινης, domo illa b] της οικιας ℵ B C E L W Δ Θ Π Σ Ω f^1 f^{13} 33 565 700, domo a, domum k / omit D

.5) η ℵ B C E W Δ Θ Π Σ Ω f^1 f^{13} 33 565 700, vel a b, aut k] omit D L

.6) πολεως εκεινης B C E L W Δ Θ Π Σ Ω f^1 33 565 700] πολεως D, civitate a b, civitatem k / πολεως η κωμης εκεινης ℵ f^{13}

.7) των ποδων B D E L W Δ Θ Π Σ Ω f^1 f^{13} 565 700] εκ των ποδων ℵ C 33, de pedibus a b, a pedibus k

---

τους λογους rell] των λογων W
της rell] omit ℵ [NA: a b k]

Matthew 10:15

αμην λεγω υμιν ανεκτοτερον εσται γη Σοδομων και Γομορρων εν ημερα κρισεως η τη πολει εκεινη (*Mor* 36.1; PG 31, 756CD) [C]

+ αμην λεγω υμιν ανεκτοτερον εσται γη Σοδομων και Γομορρων εν ημερα κρισεως η τη πολει εκεινη (*Mor* 72.4; PG 31, 848D) [C]

Lac.: e Nyssa

.1) αμην ℵ B C D E W Δ Θ Π Σ Ω f^{13} 33 700, amen a b k] αμην γαρ L 565 / αμην αμην f^1

.2) Γομορρων B E Δ Π f^{13} 33 565 700] Γομορας D L / Γομορων W Ω / γη Γομορρων ℵ / γη Γομορρας C / Γομορρας Θ Σ f^1 [NA: a b k]

Matthew places the demonstrative after οικιας.
[89]This creates a nonsense reading.

.3) εν ημερα ℵ B C E L W Δ Θ Π Σ Ω f^1 f^{13} 33 565 700, in die (a b k)] ενη ημερα D*/ εν τη ημερα D^c (a b k)

γη rell] omit L

Matthew 10:16

ιδου εγω αποστελλω υμας ως προβατα εν μεσω λυκων (*Mor* 80.12; PG 31, 864C) [C][90]

ιδου εγω αποστελλω υμας ως προβατα εν μεσω λυκων· γινεσθε ουν φρονιμοι ως οι οφεις και ακεραιοι ως αι περιστερας + (*Mor* 62.1; PG 31, 797A) [C]

και παλιν ο Κυριος· "γινεσθε φρονιμοι ως οι οφεις" (*HProv* 6; PG 31, 400A) [Ad]*

φρονιμοι εισιν και οι οφεις (*HPs* 48.6; PG 29, 445B) [All][91]

τις εστιν ο φρονιμος ως ο οφις και ακεραιος ως η περιστερα (*RBr* 245; PG 31, 1245B) [L]

TEXT: ιδου εγω αποστελλω υμας ως προβατα εν μεσω λυκων· γινεσθε [ουν][92] φρονιμοι ως οι οφεις και ακεραιοι ως αι περιστεραι

Lac.: e Nyssa^{pt}

.1) εν μεσω/εμμεσω ℵ C D E L W Δ Θ Π Σ Ω f^1 f^{13} 33 565 700, in medio a b] εις μεσον B, in medium k

.2) ως οι ℵ^c B C D E W Δ Θ Π Σ Ω f^1 f^{13} 33 565 Nyssa] ωσει L 700 / ως ο ℵ* [NA: a b k]

.3) ακεραιοι ℵ B C E L W Δ Θ Π Σ Ω f^1 f^{13} 33 565 700 Nyssa] απλουστατοι D, simplices a b k

---

ουν rell] omit k
ως αι rell] ωσει L [NA: a b k]

---

[90]Such a reading appears in manuscript 1342 of Luke. This is not sufficient evidence to classify the quotation as uncertain.

[91]Missing from VatGr 413.

[92]I would be inclined to include ουν. The quotation that omits it is very short and could therefore have been done from memory.

Matthew 10:17

+ προσεχετε δε απο των ανθρωπων· παραδωσουσι γαρ υμας εις συνεδρια και εν ταις συναγωγαις αυτων μαστιγωσουσιν υμας + (*Mor* 62.1; PG 31, 797A) [C]

Lac.: e Nyssa

.1) δε ℵ B C E L W Δ Θ Π Σ Ω f^1 f^{13} 33 565 700] omit D a b k

.2) συνεδρια ℵ B C D E L W Δ Θ Π Σ Ω f^1 f^{13} 33 565 700, consilia k] concilis (=ταις συνεδριαις?) a b

.3) αυτων ℵ B C D E L W Δ Θ Π Σ Ω f^1 f^{13} 33 565 700, suis b k] omit W a

---

προσεχετε rell] adtendite vobis (=προσεχετε εαυτους) a / et adtendite vobis (=και προσεχετε εαυτους) b
παραδωσουσι rell] παραδωσωσι W
υμας rell] omit C*
εν ταις συναγωγαις rell] εις τας συναγωγας D

Matthew 10:18

+ και επι ηγεμονας δε και βασιλεις αχθησεσθε ενεκεν εμου εις μαρτυριον αυτοις και τοις εθνεσιν (*Mor* 62.1; PG 31, 797A) [C]

Lac.: e Nyssa

.1) ηγεμονας δε και βασιλεις αχθησεσθε ℵ B C E W Θ Π Σ Ω f^1 f^{13} 33 565] ηγεμονας και βασιλεις αχθησεσθε L Δ 700 / ηγεμονων σταθησεσθαι D / reges et praesides stabitis (=βασιλεις και ηγεμονων σταθησεσθαι) a b, reges et magistratus stabitis (=βασιλεις και ηγεμονων σταθησεσθαι?) k

Matthew 10:20

κατα το ειρημενον, οτι "ουχ υμεις εστε οι λαλουντες αλλα το πνευμα του πατρος το λαλουν εν υμιν" (*AmphSp* XXVI.61.36) [Ad]*

Lac.: e Nyssa

.1) πατρος D] πατρος υμων ℵ B C E L W Δ Θ Π Σ Ω f^1 f^{13} 33 565 700, patris vestri a b k

----

ουχ] ου γαρ rell

Matthew 10:23

οταν διωκωσιν υμας εν τη πολει ταυτη, φευγετε εις την αλλην (*Mor* 62.3; PG 31, 800B) [C]

οταν διωκωσιν υμας εν τη πολει ταυτη, φευγετε εις την αλλην (*RBr* 244; PG 31, 1245B) [C]

Lac.: e Nyssa

.1) διωκωσιν ℵ B C E L W Π Σ Ω f^1 33 565 700, persequentur a b k] διωκουσιν D Δ Θ f^{13}

.2) την αλλην C D E L Δ Θ Π Σ Ω 565 700] την ετεραν ℵ B W f^1 33 / ετεραν f^{13} [NA: a b k]

οταν] οταν δε rell

Matthew 10:26

το δε περι αορατου ειναι τον λογον μνημονευσωμεν του Κυριου, οτι "ουδεν εστι κρυπτον ο ου γνωσθησεται" (*RBr* 300; PG 31, 1296A) [All]*

TEXT: ουδεν ... εστι ... κρυπτον ο ου γνωσθησεται

Lac.: e Nyssa

ου γνωσθησεται rell] ουκ αποκαλυφθησεται E

Matthew 10:27

ο λεγω υμιν εν τη σκοτια ειπατε εν τω φωτι και ο προς το ους ηκουσατε κηρυξατε επι των δωματων + (*Mor* 70.13; PG 31, 828A) [C]

ο λεγω υμιν εν τη σκοτια ειπατε εν τω φωτι και ο εις το ους ηκουσατε κηρυξατε επι των δωματων + (*Mor* 6.1; PG 31, 712A) [C]

ο λεγω υμιν εν τη σκοτια ειπατε εν τω φωτι και ο προς το ους ηκουσατε

κηρυξατε επι των δωματων (*HypPr*; PG 31, 1509D) [C]
ο προς το ους ηκουσας κηρυξαι επι των δωματων (*RBr* 276; PG 31, 1276BC) [All]*
TEXT: ο λεγω υμιν εν τη σκοτια ειπατε εν τω φωτι και ο [προς/εις][93] το ους ηκουσατε κηρυξατε επι των δωματων

Lac.: e Nyssa
.1) προς 700] εις ℵ B C D E L W Δ Θ Π Σ Ω f^1 f^{13} 33 565, in a b k
.2) κηρυξατε ℵ B C E W Δ Π Σ Ω f^1 f^{13} 33 565 700, praedicate a b k] κηρυσσεται D Θ / κηρυχθησετε L

υμιν rell] ημιν Ω
ηκουσατε][94] ακουετε ℵ B C D E L W Δ Θ Π Σ Ω f^1 f^{13} 33 565 700, auditis a b k

Matthew 10:28

+ και μη φοβεισθε απο των αποκτενοντων το σωμα την δε ψυχην μη δυναμενων αποκτειναι (*Mor* 70.13; PG 31, 828A) [C]
+ και μη φοβεισθε απο των αποκτενοντων το σωμα την δε ψυχην μη δυναμενων αποκτειναι φοβηθητε δε τον δυναμενον και την ψυχην και το σωμα απολεσαι εν γεεννη (*Mor* 6.1; PG 31, 712A) [C]

μη φοβεισθε απο των αποκτενοντων το σωμα την δε ψυχην μη δυναμενων αποκτειναι φοβηθητε δε μαλλον τον δυναμενον και ψυχην και σωμα απολεσαι εν γεεννη + (*Mor* 63.1; PG 31, 801A) [C]

φοβηθητε δε μαλλον τον δυναμενον και ψυχην και το σωμα απολεσαι εν γεεννη (*Mor* 11.1; PG 31, 720B) [C]

TEXT: και μη φοβεισθε απο των αποκτεινοντων το σωμα την δε ψυχην μη δυναμενων αποκτειναι φοβηθητε δε μαλλον τον δυναμενον και [την] ψυχην και [το][95] σωμα απολεσαι εν γεεννη

---

[93]προς has an advantage over εις, as it is found in more quotations that originate from various works.
[94]This reading is also found in manuscripts 1 28 118 157 1424 1582.
[95]I prefer to include both articles for they are present in all but one quotation.

Lac.: 33^(pt) e Nyssa

.1) φοβεισθε ℵ C E L Δ Π f^13 565 700] φοβηθητε B D W Θ Σ Ω f^1 33 / timere eos (=φοβεισθε αυτους) a b / timueritis eos (=πεφοβηκητε αυτους?) k

.2) αποκτειναι ℵ B C D^c E L W Δ Θ Π Σ Ω f^1 f^13 33 565 700] σφαξαι D, occidere a b k

.3) φοβηθητε D E L Δ Θ Π Σ Ω f^1 f^13 33 565 700] φοβεισθε ℵ B C W [NA: a b k]

.4) δε μαλλον ℵ B C D E W Δ Θ Π Σ Ω f^13 33 565 700, sed potius a b, magis autem k] μαλλον L f^1

.5) και^(2) ℵ B C D E L W Δ Π Σ Ω f^1 33 565, et k] omit Θ f^13 700 a b

.6) την^(2) ℵ^c E W Δ Θ f^13 700] omit ℵ* B C D L Π Σ Ω f^1 33 565 [NA: a b k]

.7) το^(2) ℵ E W Δ Θ f^13 33 700] omit B C D L Π Σ Ω f^1 565 [NA: a b k]

.8) εν γεεννη ℵ B C E L W Δ Θ Π Σ Ω f^1 f^13 33 565 700, in gehenna k] εις γεεναν D, in gehennam a b

Matthew 10:29

+ ουχι δυο στρουθια ασσαριου πωλειται; και εν εξ αυτων ου πεσειται επι την γην ανευ του πατρος υμων + (*Mor* 63.1; PG 31, 801A) [C]**
ουχι δυο στρουθια ασσαριου πωλειται; και εν εξ αυτων ου καπολλυται[96] ανευ του θειου θεληματος + (*HPs* 32.3; PG 29, 329C) [Ad]*
ουδε στρουθιον πιπτει ανευ θεληματος του πατρος ημων (*Ep* 6.2.2–3) [All]

Lac.: 33^(pt) e Nyssa

.1) πωλειται ℵ B C D E L W (Δ) Θ Π Σ Ω f^1 f^13 565 700] πωλουνται D, veneunt a, veniunt b k

.2) ανευ του πατρος ℵ B C D E L W Δ Θ Π Σ Ω f^1 f^13 33 565 700, sine patre k] sine voluntate patris (=ανευ της βουλης του πατρος?) a b

---

[96]This word is otherwise unknown in Greek literature. It could be the combination of και απολλυται, or a scribal mistake. There are no variants in the manuscript tradition at that location, so I am inclined to discard it.

ασσαριου rell] του ασσαριου D* [NA: a b k]
επι την γην rell] omit L
υμων rell] vestri qui est in caelis (=υμων του εν τοις ουρανοις?) b

Matthew 10:30

+ υμων δε και αι τριχες της κεφαλης πασαι ηριθμημεναι εισιν + (*Mor* 63.1; PG 31, 801A) [C]
+ αλλα και αι τριχες της κεφαλης (*HPs* 32.3; PG 29, 329C) [Ad]*

Lac.: 33^pt e Nyssa
.1) υμων δε ℵ B C D E L W Δ Θ Π Σ Ω f^1 f^{13} 565 700] αλλα D, sed a b k
.2) κεφαλης ℵ B C E W Δ Θ Π Σ Ω f^1 f^{13} 33 565 700] κεφαλης υμων D L, capitis vestri a b k

πασαι rell] nonne omnes (=ουχι πασαι) k

Matthew 10:31

+ μη ουν φοβηθητε πολλων στρουθιων διαφερετε υμεις (*Mor* 63.1; PG 31, 801A) [C]

Lac.: 33^pt e Nyssa
.1) φοβηθητε C E Δ Θ Π Ω 565 700] φοβεισθε ℵ B D L Σ f^1, timere a b, etuere k / φοβεισθε αυτους W / φοβηθητε αυτους f^{13}

Matthew 10:32

πας ουν οστις ομολογησει εν εμοι εμπροσθεν των ανθρωπων ομολογησω καγω αυτον εμπροσθεν του πατρος μου του εν τοις ουρανοις + (*Mor* 6.1; PG 31, 712A) [C]

Lac.: 33^pt a e Nyssa
.1) καγω αυτον D, et ego eum b] καγω εν αυτω ℵ B C E W Δ Θ Π Σ Ω f^1 f^{13} 33 565 700, et ego ... in ipso k / αυτον καγω L
.2) τοις B C Σ Ω f^{13} 565] omit ℵ D E L W Δ Θ Π f^1 700 [NA: a b k]

εν εμοι rell] me (=εμε) b

Matthew 10:33

+ οστις δ' αν αρνησηται με εμπροσθεν των ανθρωπων αρνησομαι καγω αυτον εμπροσθεν του πατρος μου του εν ουρανοις (*Mor* 6.1; PG 31, 712A) [C][97]

ος αν αρνησηται με εμπροσθεν των ανθρωπων απαρνησομαι αυτον καγω εμπροσθεν του πατρος μου του εν ουρανοις (*HSab* 1; PG 31, 600C) [C]

ουκ ανεγνωτε την φοβεραν απειλην του Κυριου οτι "ος αν αρνησηται με εμπροσθεν των ανθρωπων απαρνησομαι καγω αυτον εμπροσθεν του πατρος μου του εν ουρανοις" (*HGord* 7; PG 31, 505A) [C]

TEXT: [οστις δ'/ος][98] αν αρνησηται με εμπροσθεν των ανθρωπων [απαρνησομαι/αρνησομαι] [καγω αυτον/αυτον καγω][99] εμπροσθεν του πατρος μου του εν ουρανοις

Lac.: 33^pt e Nyssa

.1) ος] οστις δ' αν ℵ D E Δ^c Θ Π Σ Ω f^1 f^{13} 565 700, qui autem a b k / οστις δε B C L / και οστις W

.2) αρνησηται ℵ B D E L W Δ^c Π Σ Ω 700, negaverit (a b k)] απαρνησηται C Θ f^1 f^{13} 565 (a b k)

.3) απαρνησομαι f^1] αρνησομαι ℵ B C D E L W Δ^c Θ Π Σ Ω f^{13} 33 565 700 [NA: a b k]

.4) καγω αυτον ℵ B D W Δ^c Θ Σ f^1 33, et ego eum a b k] αυτον καγω C E L Π Ω f^{13} 565 700

.5) ουρανοις ℵ C D E L W (Δ^c) Θ Σ Π f^1 565 700] τοις ουρανοις B Ω f^{13} [NA: a b k]

omit *in toto* Δ*[100]

---

[97]Missing from Garnier.

[98]I prefer the reading ος, because it is unique and found in two quotations from different works.

[99]I prefer the reading καγω αυτον present in two of the the three quotations.

[100]The verse has been added by the first scribe at the top of the page, before verse

Matthew 10:37

ο φιλων πατερα η μητερα υπερ εμε ουκ εστι μου αξιος και ο φιλων υιον η θυγατερα υπερ εμε ουκ εστι μου αξιος + (*Mor* 2.3; PG 31, 705B) [C]**

του Κυριου ειποντος οτι "ο αγαπων πατερα η μητερα υπερ εμε ουκ εστιν μου αξιος" (*RBr* 183; PG 31, 1205A) [C]

Lac.: e Nyssa

πατερα η μητερα ℵ B C D E L W Δ Θ Π Σ Ω f^1 f^{13} 33 565 700, patrem aut matrem a b] matrem aut patrem (=μητερα η πατερα) k
και ... αξιος rell] omit B* D[101]

Matthew 10:38

+ και ος ου λαμβανει τον σταυρον αυτου και ακολουθει οπισω μου ουκ εστι μου αξιος (*Mor* 2.3; PG 31, 705B) [C]

και ος ου λαμβανει τον σταυρον αυτου και ακολουθει οπισω μου ουκ εστι μου αξιος (*Mor* 62.1; PG 31, 797B) [C]

Lac.: e Nyssa

μου αξιος rell] meus discipulus (=μαθητης μου) k

Matthew 10:40

ο δεχομενος υμας εμε δεχεται και ο εμε δεχομενος δεχεται τον αποστειλαντα με (*Mor* 36.1; PG 31, 756C) [C]**

ο δεχομενος υμας εμε δεχεται (*Mor* 72.3; PG 31, 848C) [C]

Lac.: D^pt e Nyssa

και ο rell] ο δε ℵ*

30, so that the order is v. 33, 30, 31 and 32.

[101] The omission may be explained by homoeoteleuton.

Matthew 10:42

και ος εαν ποτιση ενα των μικρων τουτων ποτηριον ψυχρου μονον εις ονομα μαθητου αμην λεγω υμιν ου μη απολεση τον μισθον αυτου (*Mor* 37.1; PG 31, 757A) [C]**

και εως ποτηριου υδατος ψυχρου τον μισθον ουκ απολλυμεν (*HPs* 32.8; PG 29, 344C) [All]

Lac.: a^{pt} e Nyssa

.1) μικρων ℵ B C E L W Δ Θ Π Σ Ω f^1 f^{13} 33 565 700] ελαχιστων D, minimis b k

.2) ψυχρου μονον ℵ B C E^c L W (Δ) Θ Π Ω f^1 f^{13} 565 700, frigidae tantum k] ψυχρουν μονον Σ 33 / ψυχρου E* / υδατος ψυχρου D / aquae frigidae tantum (=υδατος ψυχρου μονον) b

.3) εις ονομα μαθητου ℵ B C D E^c L W Δ Θ Π Σ Ω f^1 f^{13} 33 565 700, in nomine discipuli k] in nomine meo (=εις ονομα μου) a b / omit E*

.4) ου μη ℵ B C D E L W Δ Θ Π Σ Ω f^1 f^{13} 33 565 700, non k] quia non (=ου μη οτι) a b

.5) απολεση τον μισθον ℵ B C E L W Δ Θ Π Σ Ω f^1 f^{13} 33 565 700] απολη̣ται ο μισθος D, peribit merces eius a b k

MATTHEW CHAPTER ELEVEN

Matthew 11:16

οι εν ταις αγοραις καθημενοι παιδες + (*HPs* 29.7; PG 29, 321B) [All]*
TEXT: εν ταις αγοραις [καθημενοι παιδες][102]

Lac.: e Nyssa

.1) εν ταις αγοραις ℵ B f^1 33] εν αγοραις C E L W Δ Θ Π Σ Ω f^{13} 565 700 / εν τη αγορᾳ D, in foro a b k

---

[102]These word orders and case endings are found in no manuscript of the NT.

Matthew 11:17

+ οι λεγοντες· εθρηνησαμεν υμιν και ουκ εκοψασθε, ηυλησαμεν υμιν και ουκ ωρχησασθε   (*HPs* 29.7; PG 29, 321B) [All]*[103]

Lac.: e Nyssa[pt]

.1) εθρηνησαμεν υμιν και ουκ εκοψασθε   C E L Δ Π Σ Ω f[13] 33 565 700, lamentavimus vobis et non planxistis   a b]   εθρηνησαμεν και ουκ εκοψασθε   ℵ B D f[1] /   εθρηνησαμεν υμιν και ουκ εκλαυσασθαι   W /   εθρηνησαμεν υμιν και ου κοψασθαι   Θ /[104] planximus et lamentati non estis   (=εκοψαμεν και ουκ εθρηνησατε)   k

Matthew 11:20

τοτε ηρξατο ονειδιζειν τας πολεις εν αις εγενοντο αι πλεισται δυναμεις αυτου οτι ου μετενοησαν   +   (*Mor* 1.1; PG 31,700B) [C]

Lac.: e Nyssa

.1) ηρξατο   ℵ B D E Δ Ω 33 700, coepit a b k]   ηρξατο ο Ιησους   C L W Θ Π Σ f[1] f[13] 565

.2) εγενοντο   ℵ B C E L W Δ Θ Π Σ Ω f[1] f[13] 33 565 700, factae sunt   a b]   γεγονεισαν   D, factae fuerant   k

---

αυτου rell]   omit   D

Matthew 11:21

+ ουαι σοι, Χοραζιν, ουαι σοι Βηθσαιδα· οτι ει εν Τυρω και Σιδωνι εγενοντο αι δυναμεις αι γενομεναι εν υμιν, παλαι αν εν σακκω και σποδω καθημεναι μετενοησαν   +   (*Mor* 1.1; PG 31, 700BC) [C]

---

[103]The text of the quotation is very accurate, but the order of both clauses is not found anywhere else. This is why I label the quotation as an *allusion*.

[104]It is possible that there is confusion here with the aorist, second person plural of the verb οραω (i.e., to see) which would be ωψασθαι. Substitutions of "ω" with "o" are indeed fairly common in Θ. The negative form would have been ουκ ωψασθαι, compared with ουκ εκοψασθε found in most manuscripts.

Lac.: e Nyssa

.1) Χοραζιν/Χοραζειν ℵ B C E W Δ Θ Π Σ Ω f^1 f^{13} 33 700] Χοραζαιν D, Coraezain a, Corozain b, Chorozan k / Χοραζζη L / Χοραζει 565

.2) ουαι σοι$^{(2)}$ ℵ B C E L W Δ Θ Π Σ f^1 f^{13} 33 565 700] ουαι σου Ω / και D, et a b k

.3) Βηθσαιδα C L Σ f^1 33, Betsaida a b] Βηθσαιδαν ℵ B E W Δ Θ Π Ω f^{13} 565 700 / Βεθσαειδα D / Bessalda k

.4) αν ℵ B C D E L W Δ Θ Π Σ Ω f^1 f^{13} 33 565 700] forsam (=ταχα?) k / omit a b

.5) καθημεναι/καθημενοι ℵ C Δ f^1 33] omit B D E L W Θ Π Σ Ω f^{13} 565 700 a b k

----

σοι$^{(1)}$ rell] σου Ω

ει rell] omit L

εγενοντο ℵ B C E L W Δ Θ Π Σ Ω f^1 f^{13} 565 700, factae essent a b k] εγεγονεισαν D / εγενηθησαν 33

Matthew 11:22

+ πλην Τυρῳ και Σιδωνι ανεκτοτερον εσται εν ημερᾳ κρισεως η υμιν (*Mor* 1.1; PG 31,700BC) [C]

Lac.: e Nyssa

πλην] πηλν λεγω υμιν ℵ B C D E L W Δ Θ Π Σ Ω f^1 f^{13} 33 565 700, verum tamen dico vobis b, tamen dico vobis k/ amen dico vobis (=αμην λεγω υμιν) a

η rell] ην D

Matthew 11:27

ουδεις οιδε τον υιον ει μη ο πατηρ (*Ep* 236.1.25–26) [C]

οτι ουδεις οιδε τον πατερα ει μη ο υιος (*Eun* I.14.4–5) [Ad]*

ως γαρ ουδεις οιδε τον πατερα ει μη ο υιος (*AmphSp* XVIII.47.7) [Ad]*

TEXT: ουδεις οιδε τον [πατερα/υιον] ει μη ο [υιος/πατηρ][105]

Lac.: e

.1) οιδε Basil (Nyssa)] επιγινωσκει ℵ B (D) E L W Δ Θ Π Σ Ω f^1 f^{13} 33 565 700 (Nyssa) / γινωσκει C [NA: a b k]

Matthew 11:28

δευτε προς με παντες οι κοπιωντες και πεφορτισμενοι, καγω αναπαυσω υμας + (*Mor* 70.10; PG 31, 825A) [C]

δευτε παντες προς με οι κοπιωντες και πεφορτισμενοι, καγω αναπαυσω υμας + (*Mor* 44.1; PG 31, 764C) [C]

Ιησου Χριστου κηρυσσοντος και λεγοντος· "δευτε προς με παντες οι κοπιωντες και πεφορτισμενοι, καγω αναπαυσω υμας" (*RFus* 10.1; PG 31, 944C) [C]

υπ' αυτου του Κυριου προσλαμβανομενος λεγοτος· "δευτε παντες οι κοπιωντες και πεφορτισμενοι, καγω αναπαυσω υμας" (*HBapt* 1; PG 31, 425B) [C]

δευτε παντες οι κοπιωντες και πεφορτισμενοι (*HPs* 45.7; PG 29, 428A) [All]*[106]

πως ουν οι κοπιωντες εν εργοις αγαθοις και πεφορτισμενοι λεγονται (*HPs* 48.5; PG 29, 444A) [All]

TEXT: δευτε προς με παντες[107] οι κοπιοντες και πεφορτισμενοι, καγω αναπαυσω υμας

---

[105]It is not unlikely that Basil knew both readings. More amazing is his constant use of οιδε in three different works without any other variants mentioned in modern editions. Another occurrence of that οιδε is found in Gregory of Nyssa *Ref. Eun.* 28; II, 322, 26–323,5 and *C. Eun.* 3.6.64; II, 209, 5–8. See Brooks, *NT Text of Gregory of Nyssa*, 40. Brooks adds: "Only ff[1] h Ath Bas Cyr Did[pt] Tert support the substitution of οιδε in the first two quotations for επιγινωσκει. Its presence in the text of Athanasius is confirmed by John J. Brogan, *The Text of the Gospels in the Writings of Athanasius* (Ph.D. diss., Duke University; 1997), 98.

[106]Missing from VatGr 413.

[107]There is one occurrence of inverted word order that would read παντες προς με, but most quotations, taken from different works, keep these words in the order seen above.

Lac.: 33^pt e Nyssa

.1) πεφορτισμενοι ℵ B C E L W Δ Θ Π Σ Ω f^1 f^{13} 33 565 700]
πεφορτισμενοι εσται D, onerati estis a b k

Matthew 11:29

+ αρατε τον ζυγον μου εφ' υμας και μαθετε απ' εμου, οτι πραος ειμι και ταπεινος τη καρδια (Mor 70.10; PG 31, 825A) [C]
+ αρατε τον ζυγον μου εφ' υμας και μαθετε απ' εμου, οτι πραος ειμι και ταπεινος τη καρδια, και ευρησετε αναπαυσιν ταις ψυχαις υμων (Mor 44.1; PG 31, 764C) [C]
μαθετε απ' εμου, οτι πραος ειμι και ταπεινος τη καρδια (Mor 34.1; PG 31, 753D) [C]
αρατε τον ζυγον μου εφ' υμας και μαθετε απ' εμου (Mor 80.1; PG 31, 860C) [C]
του λεγοντος· "μαθετε απ' εμου, οτι πραος ειμι και ταπεινος τη καρδια, και ευρησετε αναπαυσιν ταις ψυχαις υμων" (HHum 7; PG 31, 540B) [C]
οις ο Κυριος διαλεγεται· "μαθετε απ' εμου, οτι πραος ειμι και ταπεινος τη καρδια" (HPs 33.2; PG 29, 356C) [C]
διο και ο Κυριος ελεγε· "μαθετε απ' εμου, οτι πραος ειμι και ταπεινος τη καρδια" (HPs 44.6; PG 29, 401B) [C]
"μαθετε" γαρ, φησιν, "απ' εμου, οτι πραος ειμι και ταπεινος τη καρδια" (RFus 43.2; PG 31, 1028C) [C]
της εντολης του Κυριου ειποντος· "μαθετε απ' εμου, οτι πραος ειμι και ταπεινος τη καρδια" (RBr 198; PG 31, 1213B) [C]
μαθητην του Κυριου καθιστησαι του ειποντος· "μαθετε απ' εμου, οτι πραυς ειμι και ταπεινος τη καρδια" (Ep 277.16–17) [C]
πως ουν μαθωμεν την πραοτητα; "μαθετε απ' εμου," φησιν, "οτι πραος ειμι και ταπεινος τη καρδια" (HPs 33.5; PG 29, 361C) [Ad]*
και πανταχου πραυς ων και ταπεινος τη καρδια καθως γεγραπται (RFus 40; PG 31, 1020BC) [All]
TEXT: αρατε τον ζυγον μου εφ' υμας και μαθετε απ' εμου, οτι πραος ειμι και ταπεινος τη καρδια, και ευρησετε αναπαυσιν ταις ψυχαις υμων

Lac.: 33^pt e Nyssa^pt

απ' εμου rell] omit ℵ*
υμων rell] ημων L

Matthew 11:30

ο γαρ ζυγος μου χρηστος και το φορτιον μου ελαφρον εστιν (*Mor* 44.1; PG 31, 764C) [C]**
και υπελθειν αυτου τον χρηστον ζυγον (*RFus* 10.1; PG 31, 944C) [All]*
χρηστος εστιν, ελαφρος εστιν (*HBapt* 1; PG 31, 425C) [All]*
και υπαγαγοντα εαυτον τω χρηστω του Κυριου ζυγω (*Ep* 23.20–21) [All]*

Lac.: 33^pt e Nyssa
.1) χρηστος ℵ B C D W Δ Θ Π Σ Ω f^1 f^{13} 33 565 700, suave a b, bonum k] χριστος E L

μου^(2) rell] omit k

MATTHEW CHAPTER TWELVE

Matthew 12:1

εν εκεινω τω καιρω επορευθη ο Ιησους τοις σαββασιν δια των σποριμων· οι δε μαθηται αυτου επεινασαν και ηρξαντο τιλλειν τους σταχυας και εσθιειν + (*Mor* 26.1; PG 31, 744D) [C][108]

Lac.: 33^pt a^pt e Nyssa
.1) τιλλειν τους σταχυας W 700, e-vellere spicas (a b k)] τιλλειν σταχυας ℵ B C E (L) Δ Θ Π Σ Ω f^1 f^{13} 33 565 (a b k)] του σταχυας τιλλειν D

τοις rell] εν τοις W / omit D* [NA: a b k]
σαββασιν rell] σαββατοις B [NA: a b k]

---

[108]Vv. 12:1–4 are absent from Garnier.

δια των σποριμων rell] per segetem (=δια του σποριμου) k

Matthew 12:2

+ οι δε Φαρισαιοι ιδοντες ειπον αυτω, ιδου οι μαθηται σου ποιουσιν ο ουκ εξεστι ποιειν εν σαββατω + (*Mor* 26.1; PG 31, 744D) [C]

Lac.: 33^pt a^pt e Nyssa

.1) ιδοντες ℵ B E W Π Σ Ω f^1 565 700, cum vidissent k] ιδοντες αυτους C D L Δ (Θ) f^{13} 33, videntes illos b

.2) εν σαββατω ℵ B C D E L W Δ Θ Π Σ Ω f^1 f^{13} 33 565 700] sabbatis (=σαββασιν) a b / omit k

---

εξεστι rell] licet eis (=εξεστι αυτοις) b

Matthew 12:3

+ ο δε ειπεν αυτοις, ουκ ανεγνωτε τι εποιησεν Δαυιδ οτε επεινασεν αυτος και οι μετ' αυτου + (*Mor* 26.1; PG 31, 744D) [C]

Lac.: a^pt e Nyssa

.1) αυτος E L Θ Σ^c, ipse a b] omit ℵ B C D W Δ Π Σ* Ω f^1 f^{13} 33 565 700 k

---

ο δε rell] ο δε Ιησους Θ

μετ' αυτου rell] μετ' αυτω Δ [NA: a b k]

Matthew 12:4

+ πως εισηλθεν εις τον οικον του θεου και τους αρτους της προθεσεως εφαγεν, ους ουκ εξον ην αυτω φαγειν ουδε τοις μετ' αυτου ει μη τοις ιερευσιν μονοις; (*Mor* 26.1; PG 31, 744D) [C]

Lac.: 33^pt e Nyssa

.1) εφαγεν C D E L W Δ Θ Π Σ Ω f^1 f^{13} 33 565 700, manducavit a b k] εφαγον ℵ B

.2) ους ℵ C E L Δ Θ Π Σ Ω f^1 565 700, quos a b] ο B D W f^{13}, quod k /

οις 33
.3) εξον ην ℵ B E L W Δ Θ Π Σ Ω f^1 f^{13} 565 700] ην εξον D / εξεστιν C 33 [NA: a b k]
.4) ει μη ℵ B C D E L W Δ Θ Π Σ Ω f^{13} 565 700] αλλ' η f^1 / neque (=και μη?) a b k
.5) μονοις ℵ B C D E W Θ Π Σ Ω f^{13} 565 700, solis b] μονον L Δ, tantum k / omit f^1 a

----

πως rell] ως W

Matthew 12:11

τις εσται εξ υμων ανθρωπος ος εξει προβατον εν και εαν εμπεση τουτο τοις σαββασιν εις βοθυνον, ουχι κρατησει αυτο και εγερει;   +   (*Mor* 14.2; PG 31, 725C) [C][109]

Lac.: e Nyssa
.1) εσται ℵ B C^c E W Δ Π Σ Ω f^1 700] εστιν D Θ 33 565, est k / omit C* L f^{13} a b
.2) εξ υμων ℵ B C E L W Δ Θ Π Σ Ω f^1 f^{13} 33 565 700, ex vobis a b] εν υμεις D, in vobis k
.3) ανθρωπος ℵ B C D E W Δ Θ Π Σ Ω f^1 f^{13} 33 565 700, homo k] omit L a b
.4) εξει ℵ B C E L W Δ Θ Π Σ Ω f^1 f^{13} 33 565 700] εχει D, habet a b k
.5) εαν ℵ B C E (L) W Δ Θ Π Σ Ω f^1 33 565, si a k] omit D f^{13} 700 b
.6) τουτο ℵ B C E L W Δ Θ Π Σ Ω f^1 f^{13} 33 565 700] omit D a b k

----

ος rell] omit b
εμπεση/ενπεση rell] πεση ℵ* [NA: a b k]
βοθυνον rell] τον βοθυνον L [NA: a b k]
κρατησει αυτο και εγερει/εγειρει/εγειρι B C E L W Δ Θ Π Σ Ω f^1 f^{13} 33 565 (700), non tenebit eam et levabit a b, non teneat eam et excitet k] κρατησας εγερει αυτο ℵ / κρατει αυτο και εγερει D

[109]Vv. 12:11–12 are absent from Garnier.

Matthew 12:12

+ ποσω ουν διαφερει ανθρωπος προβατου. ωστε εξεστι τοις σαββασι καλως ποιειν (*Mor* 14.2; PG 31, 725C) [C]

Lac.: e Nyssa

.1) ουν ℵ B C D E L Δ Π Σ Ω f^1 700, ergo k] ουν μαλλον Θ f^{13} 33 565 / ου W / magis (=μαλλον) a b

.2) διαφερει ℵ B C D E L W Δ Θ Π Σ Ω f^1 f^{13} 33 565 700, differt k] melior (=κρειττον) a b

---

ποσω rell] πως L
προβατου rell] του προβατου D* [NA: a b k]
σαββασι rell] σαββατοις B [NA: a b k]

Matthew 12:14

οι δε Φαρισαιοι συμβουλιον ελαβον κατ' αυτου, εξελθοντες οπως αυτον απολεσωσιν + (*Mor* 62.3; PG 31, 800B) [C]

Lac.: e Nyssa

.1) οι δε Φαρισαιοι συμβουλιον ελαβον κατ' αυτου εξελθοντες E L Π Σ Ω 565 700] εξελθοντες δε οι Φαρισειαιοι συμβουλιον ελαβον κατ' αυτου (ℵ) B (C) f^1 33) / και εξελθοντες οι Φαρεισαιοι συμβουλιον ελαβον κατ' αυτου D / οι δε Φαρισαιοι εξελθοντες συμβουλιον εποιησαν κατ' αυτου L / οι δε Φαρισαιοι συμβουλιον ελαβον κατ' αυτου W Δ / οι δε Φαρισαιοι εξελθοντες συμβουλιον ελαβον κατ' αυτου Θ f^{13} / et exeuntes Pharisaei consilium faciebant adversus eum (=και εξελθοντες οι Φαρισαιοι συμβουλιον εποιησαν κατ' αυτου) a b / et exiebunt Farisaei et consilium acceperunt adversus illum (=και εξηλθον οι Φαρισαιοι και συμβουλιον ελαβον κατ' αυτου) k

Matthew 12:15

+ ο δε Ιησους γνους ανεχωρησεν εκειθεν (*Mor* 62.3; PG 31, 800B) [C]

Lac.: e Nyssa

Matthew 12:18

ιδου ο παις μου ον ηρετισα, ο αγαπητος μου εις ον ηυδοκησεν η ψυχη μου· θησω το πνευμα μου επ' αυτον, και κρισιν τοις εθνεσιν απαγγελει + (*Mor* 70.25; PG 31, 837C) [C]

Lac.: e Nyssa

.1) εις ον ℵ^c C^c E L W Δ Θ Π Σ Ω *f*¹³ 565 700] ον ℵ* B / εν ω C* D *f*¹ (33), in quo a b, in que k

---

ο⁽¹⁾ rell] omit Δ [NA: a b k]
ον⁽¹⁾ rell] εις ον D
αγαπητος rell] dilectissimus (=αγαπητωτερος?) k
απαγγελει rell] ουκ απαγγελει 33

Matthew 12:19

+ ουκ ερισει ουδε κραυγασει, ουδε ακουσει τις εν ταις πλατειαις την φωνην αυτου (*Mor* 70.25; PG 31, 837C) [C]

ουκ ερισει ουδε κραυγασει, ουδε ακουσει τις εν ταις πλατειαις την φωνην αυτου + (*Mor* 70.32; PG 31, 841C) [C]

Lac.: e Nyssa

ακουσει rell] ακουει D
ταις rell] omit 700 [NA: a b k]

Matthew 12:20

καλαμον συντετριμμενον ου κατεαξει και λινον τυφομενον ου σβεσει, εως αν εκβαλη εις νικος την κρισιν + (*Mor* 41.2; PG 31, 761B) [C]

+ καλαμον συντετριμμενον ου κατεαξει και λινον τυφομενον ου σβεσει, εως αν εκβαλη εις νικος την κρισιν (*Mor* 70.32; PG 31, 841C) [C]

τις εστιν ο συντετριμμενος καλαμος η το τυφομενον λινον και πως τις το μεν ου κατεαξει, το δε ου σβεννυσιν (*RBr* 291; PG 31, 1285CD) [L]

TEXT: καλαμον συντετριμμενον ου κατεαξει και λινον τυφομενον ου σβεσει, εως αν εκβαλη εις νικος την κρισιν

Lac.: Σ^pt e Nyssa

.1) εως αν εκβαλη εις νικος την κρισιν ℵ B C D E W Δ Θ Π Σ Ω f^1 f^{13} 33 565, donec eiciat in victoria ad iudicium (a), donec eiciat victoriam ad iudicium (b)] εως εκβαλη εις νικος την κρισιν L 700 / denique exspectabat in contentione ad iudicium (=τελος ηλπιζε προσδοκων την κρισιν?) k

---

καλαμον συντετριμμενον rell] omit D
ου^(1) rell] ου μη W [NA: a b k]
λινον rell] lignum (=ξυλον)[110] k
ου^(2) rell] ου μη D* [NA: a b k]
σβεσει rell] collocavit (=εθη?) k

Matthew 12:21

+ και τω ονοματι αυτου εθνη ελπιουσι (Mor 41.2; PG 31, 761B) [C]

Lac.: e Nyssa

.1) τω ℵ B C E L^c Δ Θ Π Σ Ω f^1 f^{13} 33 565 700] εν τω D L*, in a b k / επι τω W

---

omit in toto 33
ελπιουσι rell] credent (=πιστευουσι) k

Matthew 12:22

τοτε προσηνεχθη αυτω δαιμονιζομενος τυφλος και κωφος, και εθεραπευσεν αυτον, ωστε τον κωφον και τυφλον και λαλειν και βλεπειν + (Mor 35.1; PG 31, 756B) [C]

---

[110]From here it appears that the scribe of manuscript k has a different reading. The discrepancy may have been be caused by the rendering of λινον (wick) by lignum (wood) instead of linum. This error may have forced the scribe to alter the rest of the sentence.

Lac.: e Nyssa

.1) προσηνεχθη αυτω δαιμονιζομενος τυφλος και κωφος ℵ C^c D E L W Δ Θ Π Σ Ω f^1 f^{13} 33 565 700, oblatus est illi daemoniacus caecus et surdus k] προσηνεγκαν αυτω δαιμονιζομενον τυφλον και κωφον B / προσηνεχθη αυτω δαιμονιζομενος κωφος C* / oblatus est ei homo daemonium habens caecus et mutus (=προσηνεχθη αυτω ανθρωπος δαιμονιον εχων τυφλος και κωφον) a b

.2) κωφον και τυφλον και λαλειν L Δ Σ 700] κωφον λαλειν ℵ* B D / κωφον και λαλειν ℵ^c / κωφον και τυφλον λαλειν W Θ f^1 f^{13} / τυφλον και κωφον λαλειν 33 / τυφλον και κωφον και λαλειν C E Π Ω 565 / loqueretur et videret (=λαλη και βλεπη) a / loqueretur et videret et audiret (=λαλη και βλεπη και ακουση) b / surdus loqueretur et videret (=κωφον λαλη και βλεπη) k

---

αυτον rell] αυτους ℵ*

Matthew 12:23

+ και εξισταντο παντες οι οχλοι και ελεγον, μητι ουτος εστιν ο υιος Δαβιδ;
+ (*Mor* 35.1; PG 31, 756B) [C]

Lac.: e Nyssa

και ελεγον rell] λεγοντες Σ
μητι rell] μητι οτι D*
Δαβιδ rell] του Δαβιδ L [NA: a b k]

Matthew 12:24

+ οι δε Φαρισαιοι ακουσαντες ειπον, ουτος ουκ εκβαλλει τα δαιμονια ει μη εν τω Βεελζεβουλ αρχοντι των δαιμονιων + (*Mor* 35.1; PG 31, 756B) [C]

Lac.: e Nyssa

.1) τω ℵ B C D L W Δ Θ Π Σ Ω f^1 f^{13} 565 700] omit E 33 [NA: a b k]

.2) Βεελζεβουλ C D E W Δ Θ Π Σ Ω f^1 f^{13} 33 565 700, Beelzebul a] βεεζεβουλ ℵ B / Βελζεβουλ L, Belzebul b k

----

εκβαλλει rell] εβαλλει Δ [NA: a b k]

Matthew 12:25

+ ιδων δε ο Ιησους τας ενθυμησεις αυτων ειπεν αυτοις (*Mor* 35.1; PG 31, 756B) [C]

πασα βασιλεια μερισθεισα καθ' εαυτης ερημουται και πασα πολις η οικια μερισθεισα καθ' εαυτης ου σταθησεται (*Mor* 60.1; PG 31, 793B) [C]

TEXT: ιδων δε ο Ιησους τας ενθυμησεις αυτων ειπεν αυτοις, πασα βασιλεια μερισθεισα καθ' εαυτης ερημουται και πασα πολις η οικια μερισθεισα καθ' εαυτης ου σταθησεται

Lac.: e Nyssa

.1) ο Ιησους C E L W Δ Θ Π Σ Ω f^1 f^{13} 33 565 700, Iesus a b] omit ℵ B D k

.2) καθ' εαυτης$^{(1)}$ ℵ B C E W Δ Θ Π Σ Ω f^1 f^{13} 565 700] καθ' εαυτην L 33, contra se a b k / εφ' εαυτην D

.3) καθ' εαυτης$^{(2)}$ ℵ B C E L W Θ Π Σ Ω f^1 f^{13} 565 700] καθ' εαυτην 33, contra se a b k / εφ' εαυτην D

.4) σταθησεται ℵ B C D^c E L W Δ Θ Π Σ Ω f^1 33 565 700] στησεται D* f^{13} [NA: a b k]

ερημουται ... εαυτης rell] omit Δ[111]

Matthew 12:28

ει δε εν πνευματι θεου εγω εκβαλλω τα δαιμονια, αρα εφθασεν εφ' υμας η βασιλεια του θεου (*Mor* 35.1; PG 31, 756B) [C]**

και ενεργουντι τας δυναμεις αχωριστως συνην ει γαρ "εγω", φησιν, "εν πνευματι θεου εκβαλλω τα δαιμονια" (*AmphSp* XVI.39.19) [Ad]

---

[111]The omission is likely due to a homoeoteleuton.

Lac.: e

ει δε εν πνευματι θεου εγω εκβαλλω τα δαιμονια rell] ει δε εγω εν πνευματι θεου εγω εκβαλλω τα δαιμονια f^1 / omit 33

Matthew 12:31

δια τουτο λεγω υμιν, πασα αμαρτια και βλασφημια αφεθησεται τοις ανθρωποις, η δε του πνευματος βλασφημια ουκ αφεθησεται τοις ανθρωποις + (*Mor* 35.1; PG 31, 756B) [C]
και δια της του μονογενους μαρτυριας λεγοντος· "πασα αμαρτια και βλασφημια αφεθησεται υμιν τοις ανθρωποις, η δε του πνευματος βλασφημια ουκ αφεθησεται" (*AmphSp* XVIII.46.34; PG 32, 153A) [C]
πασα αμαρτια και βλασφημια αφεθησεται τοις ανθρωποις, η δε εις το πνευμα το αγιον βλασφημια ουκ αφεθησεται + (*Ep* 251.4.18–20) [Ad]
TEXT: δια τουτο λεγω υμιν, πασα αμαρτια και βλασφημια αφεθησεται [υμιν][112] τοις ανθρωποις, η δε του πνευματος βλασφημια ουκ αφεθησεται [τοις ανθρωποις][113]

Lac.: e Nyssa

.1) υμιν B f^1] omit ℵ C D E L W Δ Θ Π Σ Ω f^{13} 33 565 700 a b k
.2) τοις ανθρωποις$^{(2)}$ C D E L W Δ Θ Π Σ Ω f^{13} 33 565 700] omit ℵ B f^1 a k / illi peccatum (=αυτω αμαρτια) b[114]

πασα rell] quoniam omne (=οτι πασα) k
τοις$^{(1)}$ rell] omit Δ [NA: a b k]
η δε του πνευματος βλασφημια rell] qui autem in spiritum sanctum blasphemaverit (=ος δε εν πνευματω αγιω βλασφημσει?) b
ουκ αφεθησεται rell] omit a

---

[112]Basil may have been familiar with two forms of the text.
[113]Idem.
[114]This appears to be a nonsense reading.

Matthew 12:32

+ και ος αν ειπη λογον κατα του υιου ανθρωπου, αφεθησεται αυτω· ος δ' αν ειπη κατα του πνευματος του αγιου, ουκ αφεθησεται αυτω ουτε εν τουτω τω αιωνι ουτε εν τω μελλοντι (*Mor* 35.1; PG 31, 756B) [C]
+ ουτε εν τω νυν αιωνι ουτε εν τω μελλοντι (*Ep* 251.4.20–21) [C]

TEXT: και ος αν ειπη λογον κατα του υιου ανθρωπου, αφεθησεται αυτω· ος δ' αν ειπη κατα του πνευματος του αγιου, ουκ αφεθησεται αυτω ουτε εν [τουτω][115] τω [νυν] αιωνι ουτε εν τω μελλοντι

Lac.: e Nyssa

.1) ουκ ℵ° C D E L W Δ Θ Π Σ Ω f^1 f^{13} 33 565 700] ου μη ℵ* B [NA: a b k]

.2) τουτω τω αιωνι ℵ B C D W Σ f^1 33, hoc saeculo a b k] τω νυν αιωνι E L Ω 700 / τω αιωνι τουτω Δ Θ Π f^{13} 565

ανθρωπου] του ανθρωπου rell
αφεθησεται[(1)] rell] ουκ αφεθησεται B*
πνευματος του αγιου rell] αγιου πνευματος f^{13}
αφεθησεται[(2)] rell] αφεθη B

Matthew 12:33

ποιησατε ουν το δενδρον καλον και τους καρπους[116] αγατους ποιειν (*HPs* 29.3; PG 29, 312C) [All]*

Lac.: e Nyssa

.1) ουν] omit ℵ B C D E L W Δ Θ Π Σ Ω f^1 f^{13} 33 565 700 / aut (=η?) a b k

---

[115]Basil may have been familiar with two forms of text, depending on the text he was copying when he wrote these works. Both readings are well attested in the manuscript tradition of Matthew.

[116]The plural is not found in any manuscript of the NT. Basil may have quoted this passage from memory and may have been influenced by Matt 7:17–18 and Luke 3:8 which have some similarities to this verse, such as the wording καρπους καλους. Notice that no scribe copying Basil's works altered the text.

.2) το ℵ B C E L W Δ Π Σ Ω f^1 f^{13} 33 565 700] τον D Θ [NA: a b k]

Matthew 12:35

ο γαρ αγαθος ανθρωπος εκ του αγαθου θησαυρου της καρδιας αυτου προφερει το αγαθον (*HPs* 44.3; PG 29, 393B) [All]*

Lac.: a^{pt} e Nyssa^{pt}

.1) γαρ, enim b] omit ℵ B C D E L W Δ Θ Π Σ Ω f^{13} 33 700 a k
.2) της καρδιας αυτου L f^1 33] omit ℵ B C D E W Δ Θ Π Σ Ω f^{13} 565 700 a b k
.3) προφερει, proferet a b] εκβαλλει ℵ B C D E L W Δ Θ Π Σ Ω f^1 f^{13} 33 565 700, emittit k
.4) το αγαθον] τα αγαθα ℵ C L Δ Σ f^1 f^{13} 33, bona (a b k) / αγαθα B D E W Θ Π Ω 565 700 (a b k)

ο rell] omit D* [NA: a b k]

Matthew 12:36

λεγω δε υμιν οτι παν ρημα αργον ο εαν λαλησωσιν οι ανθρωποι αποδωσουσιν περι αυτου λογον εν ημερα κρισεως (*Mor* 25.2; PG 31, 744C) [C]

του Κυριου διαβεβαιωσαμενου μεν οτι [Mt 5:18], αποφηναμενου δε, οτι "παν ρημα αργον ο εαν λαλησωσιν οι ανθρωποι αποδωσουσι λογον περι αυτου εν ημερα κρισεως" (*RBr* 4; PG 31, 1084C) [C]

του Κυριου ειποντος, "παν ρημα αργον ο εαν λαλησωσιν οι ανθρωποι αποδωσουσι περι αυτου λογον εν ημερα κρισεως" (*RBr* 220; PG 31, 1228BC) [C]

ει γαρ και αργου λογου ευθυνας υφεξομεν εν ημερα της κρισεως (*Eun* II.2.14) [All]

TEXT: λεγω δε υμιν οτι παν ρημα αργον ο εαν λαλησωσιν οι ανθρωποι αποδωσουσιν περι αυτου λογον εν ημερα κρισεως

Lac.: e Nyssa

.1) εαν C E L W Δ Θ Π Σ Ω f^1 f^{13} 33 565 700] omit ℵ B D a b k

.2) λαλησωσιν C E L W Δ Θ Π Σ Ω f^1 f^{13} 565 700] λαλησουσιν ℵ B 33, locuti fuerint a b k / λαλουσιν D

δε ℵ B C D E L W Δ Θ Π Σ Ω f^{13} 33 565 700, autem a k] amen (=αμην) b / omit f^1
περι αυτου λογον ℵ B C D E W Δ Θ Π Σ Ω f^1 f^{13} 33 565 700, de eo rationem a, eius rationem b] λογον περι αυτον L / pro eo rationem (=προ αυτου λογου) k

Matthew 12:37

εκ των λογων σου δικαιωθηση, και εκ των λογων σου καταδικασθηση (*HPs* 33.9; PG 29, 373CD) [Ad]*
"εκ γαρ των λογων σου", φησι, "δικαιωθηση, και εκ των λογων σου καταδικασθηση" (*HPs* 44.3; PG 29, 393D) [Ad]*
"εκ γαρ των λογων σου δικαιωθηση," φησι, "και εκ των λογων σου καταδικασθηση" (*Ep* 226.4.2–3) [Ad]*
εκ των λογων δικαιοι και εκ των λογων καταδικαζει (*HGord* 7; PG 31, 505A) [All]*
TEXT: εκ γαρ των λογων σου δικαιωθηση, και εκ των λογων σου καταδικασθηση

Lac.: e Nyssa
.1) και ℵ B C E L W Δ Θ Π Σ Ω f^1 f^{13} 33 565 700, et b k] η D, aut a
.2) καταδικασθηση ℵ B C D E W Δ Θ Π Σ Ω f^1 f^{13}] κατακριθηση (L) Ω 33 565 700 [NA: a b k]

εκ γαρ rell] unusquisque enim ex (=εκαστος γαρ εκ) a / unusquisque enim (=εκαστος γαρ) b
δικαιωθηση rell] justificaveris (=δικαιωθησης) k
εκ των λογων σου καταδικασθηση rell] omit a
λογων$^{(2)}$ rell] λογων εργων Θ
σου$^{(2)}$ rell] suis (=αυτου) b / omit ℵ

Matthew 12:41

ανδρες Νινευη αναστησονται εν τη κρισει μετα της γενεας ταυτης και κατακρινουσιν αυτην, οτι μετενοησαν εις το κηρυγμα Ιωνα, και ιδου πλειον Ιωνα ωδε (*Mor* 46.2; PG 31, 765D) [C]

ανδρες Νινευιται αναστησονται εν τη κρισει μετα της γενεας ταυτης + (*Mor* 1.1; PG 31, 700C) [C][117]

TEXT: ανδρες Νινευιται[118] αναστησονται εν τη κρισει μετα της γενεας ταυτης και κατακρινουσιν αυτην, οτι μετενοησαν εις το κηρυγμα Ιωνα, και ιδου πλειον Ιωνα ωδε

Lac.: 33^{pt} e Nyssa

ταυτης rell] αυτης Δ
εις rell] επι L

Matthew 12:42

καθα φησιν ο Κυριος· "βασιλισσα νοτου εγερθησεται εν τη κρισει και κατακρινει την γενεαν ταυτην" (*HPs* 7.5; PG 29, 237C) [Ad]
+ εως και ιδου πλεον Σολομωνος ωδε (*Mor* 1.1; PG 31, 700C) [Ad]*[119]

TEXT: βασιλισσα νοτου εγερθησεται εν τη κρισει ... και κατακρινει [την γενεαν ταυτην] ... και ιδου πλεον Σολομωνος ωδε

Lac.: 33^{pt} e

.1) Σολομωνος ℵ B D^c E L W Θ Π Σ Ω f^1 f^{13} 33 565 700] του Σολομωνος D* / Σολομωντος C Δ [NA: a b k]

Matthew 12:48

ως ο Κυριος εδειξε, και εδιδαξεν οτε απηγγελη αυτω οτι, [Lk 8:20] προς ους επιπληκτικωτερον αποκρινεται ειπων· "τις εστιν η μητηρ μου και

---

[117]12:41–42 are absent from Garnier.
[118]I prefer this reading to Νινευη, which is not found in any Greek manuscript of Matthew.
[119]Missing from VatGr 413.

τινες εισιν οι αδελφοι μου;" (*RBr* 188; PG 31, 1208CD) [C]
"τις εστι", φησιν, "η μητηρ μου και τινες εισιν οι αδελφοι μου"; (*Eun* II.23.39–41) [Ad]*
TEXT: τις εστιν η μητηρ μου και τινες εισιν οι αδελφοι μου;

Lac.: e Nyssa

.1) και ℵ B C E L Δ Π Σ Ω f^1 f^{13} 33 565 700, et b] η D W Θ, aut a k

.2) τινες εισιν ℵ B C D E L Δ Θ Π Ω f^1 f^{13} 33 565 700, qui sunt a] τινες W / omit Σ b k

---

μου$^{(2)}$ rell] omit B*

Matthew 12:50

δια της του Κυριου διδασκαλιας ειποντος· "οστις γαρ αν ποιηση το θελημα του πατρος μου του εν ουρανοις ουτος μου αδελφος και αδελφη και μητηρ εστιν" (*RFus* 34.2; PG 31, 1001BC) [C]

ως ο Κυριος εδειξεν και εδιδαξεν οτε απηγγελη αυτω οτι [Lk 8:20] προς ους επιπληκτικωτερον αποκρινεται, ειπων· [Mt 12:48] "ος γαρ αν ποιηση το θελημα του πατρος μου του εν ουρανοις, ουτος μου αδελφος και αδελφη και μητηρ εστιν" (*RBr* 188; PG 31, 1208CD) [C]

"οστις γαρ αν ποιη", φησιν ο Κυριος, "το θελημα του πατρος μου του εν ουρανοις, ουτος μου αδελφος και αδελφη και μητηρ εστιν" (*RFus* 32.1; PG 31, 996A) [Ad]*

αλλ' η οι ποιουντες το θελημα του πατρος μου του εν ουρανοις (*Eun* II.23.39–41) [All]*

TEXT: [οστις/ος]^{120} γαρ αν ποιηση το θελημα του πατρος μου του εν ουρανοις ουτος μου αδελφος και αδελφη και μητηρ εστιν

.1) οστις ℵ B C D E W Δ Θ Π Σ^c Ω f^1 f^{13} 33 565 700, quicumque a b] ος L Σ*, qui e k Nyssa

---

[120] It is not impossible that Basil knew both readings, but I tend to prefer οστις, found both in a citation and an adaptation.

.2) αν/εαν ℵ B C D E L W Δ Θ Π Σ Ω f^1 f^{13} 33 565 700 Nyssa] omit D a b e k

.3) ποιηση/ποιησει ℵ B E L W Θ Π Σ Ω f^1 f^{13} 33 565, fecerit a b e k] ποιη C Δ 700 / ποιει D

.4) του εν ουρανοις ℵ B C D E L W Δ Θ Π Σ Ω f^1 f^{13} 565 700, qui in caelis est (a b e)] του εν τοις ουρανοις 33 (a b e) Nyssa / omit k

.5) ουτος L Δ Σ 700 Nyssa] αυτος ℵ B C D E W Θ Π Ω f^1 f^{13} 33 565 [NA: a b e k]

.6) αδελφος και αδελφη και μητηρ ℵ B C D E L W Δ Π Σ Ω f^1 33 565, frater et soror et mater est a k Nyssa] και αδελφος και αδελφη και μητηρ Θ f^{13} 700, et frater et soror et mater b / et mater et soror et frater (=και ματηρ και αδελφη και αδελφος) e

-----

μου rell] omit 565

MATTHEW CHAPTER THIRTEEN

Matthew 13:10

και προσελθοντες οι μαθηται ειπον αυτω, δια τι εν παραβολαις λαλεις αυτοις; + (*Mor* 58.4; PG 31, 792A) [C]

Lac.: Nyssa

.1) οι μαθηται ℵ B D E L W Δ Θ Π Σ Ω f^1 f^{13} 33 565 700, discipuli e k] οι μαθηται αυτου C, discipuli eius a b

-----

προσελθοντες rell] προσελθοντες αυτω C / accesserunt (=προσελθον) k / audientes eum (=ακουσαντες αυτον) e

ειπον rell] et aiunt (=και ειπον) k

λαλεις αυτοις rell] αυτοις λαλεις ℵ*

Matthew 13:11

+ ο δε αποκριθεις ειπεν αυτοις, οτι υμιν δεδοται γνωναι τα μυστηρια της βασιλειας των ουρανων, εκεινοις δε ου δεδοται + (*Mor* 58.4; PG 31, 792A) [C]**

υμιν δεδοται γνωναι τα μυστηρια της βασιλειας των ουρανων (*MorPrF* 2; PG 31, 681D) [C]

Lac.: Nyssa

.1) αυτοις B D E L W Δ Θ Π Σ Ω f^1 f^{13} 33 565 700, illis a b e] omit ℵ C k

.2) τα μυστηρια ℵ B C D E L W Δ Θ Π Σ Ω f^1 f^{13} 33 565 700, mysteria b e] mysterium (a), sacramentum (k) (=το μυστηριον) a k

.3) των ουρανων ℵ B C D E L W Δ Θ Π Σ Ω f^1 f^{13} 33 565 700] omit a b e k

---

αποκριθεις rell] respondit et (=αποκρινεται και) k
δε ου rell] omit Θ

Matthew 13:12

+ οστις γαρ εχει δοθησεται αυτω και περισσευθησεται οστις δε ουκ εχει και ο εχει αρθησεται απ' αυτου + (*Mor* 58.4; PG 31, 792A) [C]

Lac.: Nyssa

γαρ rell] γαρ αν Δ
περισσευθησεται rell] περισσευθησεται αυτω 700

Matthew 13:13

+ δια τουτο εν παραβολαις αυτοις λαλω, οτι βλεποντες ου βλεπουσι και ακουοντες ουκ ακουουσιν ουδε συνιουσι + (*Mor* 58.4; PG 31, 792A) [C]**

δια τουτο εν παραβολαις λαλειν τοις οχλοις (*MorPrL* 3; PG 31, 657A) [All]*

Lac.: Nyssa

.1) αυτοις λαλω ℵ B C E W Δ Π Ω 700, illis loquor e] λαλω αυτοις Θ Σ f^1 f^{13} 33 565, loquor illis a b k / λαλει αυτοις D / λαλω L

.2) οτι ℵ B C E L W Δ Π Σ Ω 33 565 700] ινα D Θ f^1 f^{13}, ut a b e k

.3) ου βλεπουσι ℵ B C E L W Δ Π Σ Ω 33 565 700] μη βλεπωσι D Θ f^1 f^{13}, non videant a b e k

.4) ουκ ακουουσιν ℵ B C D E L W Δ Π Σ Ω 33 565 700] μη ακουσωσιν D Θ f^1 (f^{13}), non audiant a e k / audiant (=ακουσωσιν) b

.5) ουδε συνιουσι ℵ B* C D E L W Δ Π Σ Ω 700] ουδε συνιωσιν B^c 33 565 / και μη συνιωσιν μηποτε επιστρεψωσιν D Θ f^1 f^{13}, et non intelligant, ne quando convertantur a b (e) / et non intellegant ne forte convertantur (=και μη συνιωσιν βια επιστρεψωσιν?) k[121]

δια τουτο rell] ideo non (=δια τουτο ουκ) b

Matthew 13:14

+ και αναπληρουται αυτοις η προφητεια Ησαιου (*Mor* 58.4; PG 31, 792A) [C]

Lac.: Nyssa

.1) αναπληρουται ℵ B C E L W Δ (Θ) Π Σ Ω f^{13} 33 565 700] τοτε πληρωθησεται επ' D, tunc replebitur in (e), tunc inplebitur super k / τοτε πληρουται f^1, tunc inpletur a / tunc (=τοτε) b

---

αυτοις rell] omit a

Ησαιου rell] του Ησαιου D / Ισαιου L [NA: a b k]

Matthew 13:17

τουτο εστι το ειρημενον παρα του Κυριου· "οτι πολλοι προφηται και δικαιοι επεθυμησαν ιδειν α βλεπετε και ουκ ειδον" (*HPs* 59.4; PG 29, 468B) [C]

Lac.: Nyssa

.1) ειδον/ειδαν/ιδον ℵ B C E L W Δ Θ Π Σ Ω f^1 f^{13} 33 565 700, viderunt b] ηδυνηθησαν ειδειν D / audierunt (=ηκουσαν) a^{vid} k / omit e

---

[121]No Greek manuscript seems to have this reading.

προφηται και δικαιοι rell] προφηται B*

Matthew 13:19

παντος ακουοντος τον λογον της βασιλειας και μη συνιεντος ερχεται ο πονηρος και αρπαζει το εσπαρμενον εν τη καρδια αυτου ουτος εστιν ο παρα την οδον σπαρεις (*Mor* 9.1; PG 31, 716C) [C]

Lac.: Nyssa

.1) εσπαρμενον ℵ B C E L Δ Θ Π Σ Ω f^1 f^{13} 33 565 700, seminatum est a b e (k)] σπειρομενον D W

ο πονηρος rell] πονηρος Δ [NA: a b e k]
αυτου rell] αυτων D / omit k

Matthew 13:20

ο δε επι τα πετρωδη σπαρεις, ουτος εστιν ο τον λογον ακουων και ευθυς μετα χαρας λαμβανων αυτον + (*Mor* 39.1; PG 31, 760A) [C]

Lac.: Nyssa

.1) επι τα πετρωδη σπαρεις ℵ B C D E L W Δ Θ Π Σ Ω f^1 f^{13} 33 565 700] supra petrosa loca seminatus est (=επι τον πετρωδον τοπον σπαρεις?) b / supra petra [sic] seminatus est (=επι πετραν σπαρεις?) a (e) / in petrosis seminantur (=εν πετρωδαις σπαρεντες?) k

.2) λογον ℵ B C D E L Θ Π Σ Ω f^1 f^{13} 33 565 700, verbum a b e k] λογον μου W Δ

$o^{(1)}$ rell] omit e
ευθυς rell] ευθυς και W omit e

Matthew 13:21

+ ουκ εχει δε ριζαν εν εαυτω αλλα προσκαιρος εστι, γενομενης δε θλιψεως η διωγμου δια τον λογον ευθυς σκανδαλιζεται (*Mor* 39.1; PG 31, 760A) [C]

Lac.: Nyssa

.1) ουκ ℵ B C D E L W Δ Θ Π Σ Ω f^1 f^{13} 33 565 700, non k] sed non (= αλλ' ουκ) a b / et non (=και ουκ) e

.2) δε⁽¹⁾ ℵ B C D E W Δ Θ Π Σ Ω f^1 f^{13} 33 565 700, autem k] omit L a b e

.3) εν εαυτω ℵ B C E L W Δ Π Σ Ω f^1 f^{13} 33 565 700, in se a b e k] εαυτω D Θ

εχει rell] habens (=εχοντος?) e
γενομενης rell] ειτα γενομενης Θ
δε⁽²⁾ rell] omit Θ
σκανδαλιζεται rell] skandalizantur (=σκανδαλιζονται) e

Matthew 13:23

ο δε επι την γην την καλην σπαρεις, ουτος εστιν ο τον λογον ακουων και συνιων, ος δη καρποφορει και ποιει ο μεν εκατον, ο δε εξηκοντα, ο δε τριακοντα (*Mor* 9.1; PG 31, 716C) [C]

δηλον εκ των του Κυριου ρηματων, ποτε μεν ειποντος· "ο δε επι την γην την καλην σπαρεις, ουτος εστιν ο τον λογον ακουων και συνιων, ος δη καρποφορει και ποιει ο μεν εκατον, ο δε εξηκοντα, ο δε τριακοντα" (*RBr* 203; PG 31, 1217A) [C]

TEXT: ο δε επι την γην την καλην σπαρεις, ουτος εστιν ο τον λογον ακουων και συνιων, ος δη καρποφορει και ποιει ο μεν εκατον, ο δε εξηκοντα, ο δε τριακοντα

Lac.: Nyssa

.1) δε ℵ B C D E L W Δ Θ Π Σ Ω f^1 f^{13} 33 565 700 e k] vero (=αληθως) a b

.2) την γην την καλην D E W Θ Π Ω 565] την καλην γην ℵ B C L Δ Σ f^1 f^{13} 33 700 [NA: a b e k]

.3) τον λογον ακουων ℵ B C E L Δ Θ Π Σ f^1 f^{13} 33 565 700] ακουων τον λογον D, audit verbum a b e k / τον λογον μου ακουων W / των λογων ακουων Ω

.4) συνιων C E L W Δ Π Σ Ω f¹ f¹³ 33 565 700] συνιεις[122] ℵ B D Θ [NA: a b e k]

.5) ος δη ℵ B C E L W Θ Π Σ Ω f¹ f¹³ 33 565] ος δη και 700 / ος δε Δ / τοτε D, tunc a b e / et tunc (=και τοτε) k

Matthew 13:25

οις εξ αρχης επεσπειρε ζιζανιοις τη του Θεου εκκλησια (*Eun* I.1.8) [All]

Lac.: Nyssa

Matthew 13:34

εν η φησιν δια τουτο εν παραβολαις λαλειν τοις οχλοις (*MorPrL* 3; PG 31, 657A) [All]

TEXT: εν παραβολαις [...][123] τοις οχλοις

Lac.: Nyssa

Matthew 13:36

και προσηλθον αυτω οι μαθηται αυτου λεγοντες, φρασον ημιν την παραβολην των ζιζανιων του αγρου (*Mor* 9.3; PG 31, 717A) [C]

Lac.: Nyssa

.1) αυτου ℵ B C D E L W Δ Θ Π Σ Ω f¹³ 33 565 700, eius a b] omit f¹ e k

.2) φρασον ℵ^c C D E L W Δ Π Σ Ω f¹ f¹³ 33 565 700] διασαφησον ℵ* B Θ [NA: a b e k]

---

[122]These are the two forms συνιημι can take as a nominative active present participle, masculine singular. One could consider that the change from one form to another is merely a matter of stylistic preference, but should also note how the manuscript evidence is split over that participle. ℵ B D, which are qualified as primary Alexandrian and Western manuscripts, read συνιεις, while manuscripts considered to be secondary Alexandrian and Byzantine read συνιων.

[123]Considering the allusive character of this citation, one wonders whether there is

Matthew 13:43

ινα εκλαμψητε ως ο ηλιος εν τη λαμπροτητι των αγιων   (Hex 37.10–11) [All]

TEXT: εκλαμψ[ητε]¹²⁴ ως ο ηλιος εν τη [...]

Lac.: Nyssa^pt

.1) εκλαμψητε] εκλαμψουσιν ℵ B C E L W Δ Θ Π Σ Ω f¹ 33 565 700 / λαμψουσιν D f¹³ Nyssa [NA: a b e k]

Matthew 13:45

η βασιλεια των ουρανων ομοια γαρ εστι ανδρι εμπορω   (*HProv* 16; PG 31, 420BC) [Ad]

"ομοια γαρ εστιν" φησιν, "η βασιλεια των ουρανων ανθρωπω εμπορω ζητουντι καλους μαργαριτας" + (*RFus* 8.2; PG 31, 937D–940A) [Ad]*

TEXT: ομοια [γαρ]¹²⁵ εστιν η βασιλεια των ουρανων [ανθρωπω/ανδρι]¹²⁶ εμπορω ζητουντι καλους μαργαριτας

Lac.: Nyssa

.1) ανθρωπω ℵ^c C D E L W Δ Θ Π Σ Ω f¹ f¹³ 33 565 700, homini a b e k] omit ℵ* B

.2) καλους μαργαριτας ℵ B C D E L W Δ Θ Π Σ Ω f¹ f¹³ 33 565 700, bonas margaritas e k] bonam margaritam (=καλον μαργαριτην) a b

---

γαρ] omit rell

Matthew 13:46

+ ος ευρων ενα πολυτιμον μαργαριτην απελθων επωλησεν παντα οσα ειχεν

---

a word separating παραβολαις from τοις in Basil's text of Matthew.

¹²⁴The ending of the verb is uncertain. More important is the fact that Basil used the verb εκλαμπω instead of λαμπω, found in several manuscripts of Matthew.

¹²⁵It is likely that the γαρ is a way to insert the quotation in Basil's text here.

¹²⁶I prefer ανθρωπω to ανδρι, as the quotation is longer in the case of ανθρωπω; it is more likely that Basil copied the text of Matthew more carefully.

και ηγορασεν αυτον (*RFus* 8.2; PG 31, 937D-940A) [C]**[127]
ο εμπορος ο ευρων τον πολυτιμον μαργαριτην απελθων επωλησεν εαυτου παντα τα υπαρχοντα και ηγορασεν εκεινον (*Ep* 150.3.18-20) [All]*

Lac.: Nyssa

.1) ος ευρων ενα C E W Δ Π Σ Ω f^{13} 565 700] ευρων δε ενα ℵ B L f^1 33 / ευρων δε D Θ, inventa autem a b / ubi autem invenit (=οταν δε ευρισκει?) e k

.2) επωλησεν D] πεπρακεν ℵ B C E L W Δ Θ Π Σ Ω f^1 f^{13} 33 565 700 / et vendidit (και επωλησεν?) a b (e) k

----

παντα οσα rell] α D / omnia quae (=παντα α?) k
αυτον rell] τον μαργαριτην εκεινον Θ

Matthew 13:54

και ελθων εις την πατριδα αυτου εδιδασκεν αυτους εν τη συναγωγη αυτων, ωστε εκπλησσεσθαι αυτους και λεγειν, ποθεν τουτω η σοφια αυτη και αι δυναμεις; + (*Mor* 61.1; PG 31, 796C) [C]

Lac.: a^pt Nyssa

.1) ελθων ℵ B C D E W Δ Θ Π Σ Ω f^1 f^{13} 33 700, veniens b] ηλθεν L, (venisset) e k

----

πατριδα rell] αντιπατριδα ℵ*
ποθεν τουτω rell] τουτω ποθεν Θ
η σοφια rell] πασα η σοφια D / ταυτα και τις η σοφια W
αυτη rell] omit a
και αι δυναμεις rell, (b e k)] και δυναμεις 700 (b e k) / et virtutem (= δυναμιν) a / omit f^1

---

[127] I chose this quotation as more representative of Basil's text, for its length leads us to believe that Basil copied from a written text instead of relying on his memory.

Matthew 13:55

+ ουχ ουτος εστιν ο του τεκτονος υιος; ουχ η μητηρ αυτου λεγεται Μαριαμ και οι αδελφοι αυτου Ιακωβος και Ιωσης και Σιμων και Ιουδας; + (*Mor* 61.1; PG 31, 796C) [C]**[128]
καθο ου πλουσιου τινος αλλα τεκτονος υιος (*RBr* 262; PG 31, 1260C) [All]

Lac.: e^pt Nyssa

.1) ουχ⁽²⁾ ℵ B C D W Δ Θ Π Σ 33 700, non k] ουχι E L Ω f^1 f^{13} 565, nonne a b / et non (=και ουχ) e

.2) Μαριαμ ℵ B D E L W Δ Θ Π Σ Ω f^1 f^{13} 33 565 700] Μαρια C, Maria a b e k

.3) Ιωσης E L W Δ Π f^{13} 565, Ioses k] Ιωσηφ ℵ^c B C Θ Σ f^1 33 700^c, Ioseph a b / .4) Ιωση 700* / Ιωαννης ℵ* D Ω[129]

Matthew 13:56

+ και αι αδελφαι αυτου ουχι πασαι προς ημας εισι; ποθεν ουν τουτω ταυτα παντα; + (*Mor* 61.1; PG 31, 796C) [C]

Lac.: a^pt e Nyssa

.1) προς ημας ℵ B C D E L W Θ Π Ω f^1 f^{13} 33 565 700, apud nos b k] παρ' ημιν Δ Σ

.2) ταυτα παντα ℵ B C Θ Π Σ Ω f^1 f^{13} 33 565 700] παντα ταυτα D E L W Δ, omnia ista b k

---

αι rell] omit Ω [NA: a b k]

---

[128]Idem.
[129]There is a discrepancy between the collation made by Russell Champlin, *Family E and Its Allies in Matthew* (SD 28; Salt Lake City: University of Utah Press, 1966), 104, the one found in Reuben J. Swanson, *New Testament Greek Manuscripts Variant Readings Arranged in Horizontal Lines against Codex Vaticanus. Volume 1: Matthew* (Sheffield/Pasadena, Calif.: Sheffield Academic Press/William Carey International University Press, 1995), ad. loc, and NA^27 regarding the reading of *E*. I chose to rely on Champlin.

αυτου rell] omit k

Matthew 13:57

+ και εσκανδαλιζοντο εν αυτω. ο δε Ιησους ειπεν αυτοις, ουκ εστι προφητης ατιμος ει μη εν τη πατριδι αυτου και εν τη οικια αυτου + (*Mor* 61.1; PG 31, 796C) [C]

Lac.: a[pt] e[pt] Nyssa

.1) τη πατριδι αυτου E L W Δ Π Σ Ω f^1 565, patria sua b e k] τη πατριδι B D Θ 33 700 / τη ιδια πατριδι ℵ f^{13} / τη ιδια πατριδι αυτου C

εν αυτω rell] επ' αυτω W
Ιησους rell] omit ℵ
και εν τη οικια αυτου rell] et domo sua (=και τη οικια αυτου) k / omit L

Matthew 13:58

+ και ουκ εποιησεν εκει δυναμεις πολλας δια την απιστιαν αυτων (*Mor* 61.1; PG 31, 796BC) [C]

Lac.: Nyssa

.1) και ℵ B C D E L W Δ Θ Π Σ Ω f^1 f^{13} 33 565 700, et e k] et ideo (=και διοτι?) a b

.2) την απιστιαν ℵ B C E L W Δ Θ Π Σ Ω f^1 f^{13} 33 700, incredulitatem a b e] τας απιστιας D, incredulitates k

MATTHEW CHAPTER FOURTEEN

Matthew 14:4

ουκ εξεστι σοι εχειν αυτην (*Ep* 46.1.26) [C]

Lac.: e Nyssa

αυτην rell] eam uxorem (=αυτην γυναικα) k

Matthew 14:25

τεταρτη δε φυλακη της νυκτος ερχεται προς αυτους περιπατων επι της θαλασσης + (*Mor* 8.1; PG 31, 712D) [C]

Lac.: k Nyssa

.1) ερχεται] ηλθεν ℵ B C^c Θ Σ f^1 f^{13} 33 565 700 / απηλθεν C* D E L W Δ Π Ω [NA: a b e][130]

.2) προς αυτους περιπατων ℵ B C* W Δ f^1 33] προς αυτους ο Ιησους περιπατων C^c E L Θ Π Ω f^{13} 565 700, ad eos Iesus ambulans a b e / περιπατων προς αυτους D / ο Ιησους προς αυτους περιπατων Σ

.3) της θαλασσης C D E L Π Σ Ω 565] την θαλασσαν ℵ B W Δ Θ f^1 f^{13} 33 700, supra mare b e [NA: a][131]

τεταρτη rell] τεταρτης D
δε rell] ουν W

Matthew 14:26

+ και ιδοντες αυτον οι μαθηται επι την θαλασσην περιπατουντα εταραχθησαν λεγοντες οτι φαντασμα εστι, και απο του φοβου εκραξαν + (*Mor* 8.1; PG 31, 713A) [C]

Lac.: k Nyssa

.1) και ιδοντες αυτον οι μαθηται C E L W Δ Π Ω 33 565] και ιδοντες αυτον οι μαθηται αυτου Σ / οι δε μαθηται ιδοντες αυτον ℵ^c B D f^{13} / ιδοντες δε αυτον ℵ* Θ 700, videntes autem illum a b (e) / και ιδοντες αυτον f^1

.2) επι την θαλασσην περιπατουντα E L W Δ Π Ω 565, supra mare ambulantem, a b] επι της θαλασσης περιπαντουντα ℵ B C D Σ f^1 33 / περιπατουντα επι της θαλασσης Θ f^{13} 700 / in mari ambulatem (=εν θαλασση περιπατουντα) e

---

[130]In Latin, the form *venit* is both the indicative present third singular and the indicative perfect third singular.

[131]Here manuscript "a" preferred an ablative, a case that does not exist in Greek.

Matthew 14:27

+ ευθεως δε ελαλησεν αυτοις ο Ιησους λεγων, θαρσειτε, εγω ειμι· μη φοβεισθε + (*Mor* 8.1; PG 31, 713A) [C]

Lac.: k Nyssa

.1) ελαλησεν αυτοις ο Ιησους ℵ^c C E L W Δ Θ Π Σ Ω f^1 f^{13} 33 565 700] ελαλησεν ο Ιησους αυτοις B / ελαλησεν αυτοις λεγων ℵ* D / Iesus locutus est illis dicens (=Ιησους ελαλησεν αυτοις λεγων) a b e

Matthew 14:28

+ αποκριθεις δε αυτω ο Πετρος ειπεν Κυριε, ει συ ει, κελευσον με προς σε ελθειν επι τα υδατα + (*Mor* 8.1; PG 31, 713A) [C]

Lac.: k Nyssa

.1) προς σε ελθειν επι τα υδατα E L Π Ω 565] ελθειν προς σε επι τα υδατα ℵ B C D W Δ Θ Σ f^1 f^{13} 33, venire ad te super aquam a b e / ελθειν επι τα υδατα προς σε 700

αυτω ο Πετρος ειπεν ℵ C E L W Θ Π Σ Ω f^1 f^{13} 565 700, ei Petrus dixit (a b) e] ο Πετρος ειπεν αυτω B / αυτω Πετρος ειπεν D (a b) / ο Πετρος ειπεν Δ / ο Πετρος αυτω ειπεν 33 / illi Petrus et dixit (=αυτω ο Πετρος και ειπεν) e

Κυριε, ει συ ει rell] ει συ ει, Κυριε ℵ

με rell] μοι C Δ

Matthew 14:29

+ ο δε ειπεν, ελθε. και καταβας απο του πλοιου ο Πετρος περιεπατησεν επι τα υδατα ελθειν προς τον Ιησουν + (*Mor* 8.1; PG 31, 713A) [C]

Lac.: k Nyssa

.1) ο Πετρος C E L W Δ Θ Π Σ Ω f^1 f^{13} 33 565 700] Πετρος ℵ B D [NA: a b e]

.2) ελθειν ℵ^c C^c D E L W Δ Θ Π Σ Ω f^1 f^{13} 33 565] και ηλθεν B C* 700, et ambulavit e / ελθιν ηλθεν ουν ℵ* / ambulabat (=ηρχετο?) a b

ο δε ειπεν rell] ο δε Ιησους ειπεν Ε
απο rell] εκ 700

Matthew 14:30

+ βλεπων δε τον ανεμον ισχυρον εφοβηθη, και αρξαμενος καταποντιζεσθαι εκραξε λεγων, Κυριε, σωσον με + (*Mor* 8.1; PG 31, 712D) [C]

Lac.: k Nyssa

.1) δε ℵ B C D E L W Δ Θ Π Σ Ω f^1 f^{13} 33 565 700, autem e] vero (= αληθως) a b

.2) ανεμον ισχυρον B^c C D E L Δ Θ Π Σ Ω f^1 f^{13} 565 700, ventum validum a b e] ανεμον ℵ B* 33 / ανεμον ισχυρον σφοδρα W

εφοβηθη rell] εφοβηθη ελθειν W
και rell] et iam (και ηδη?) e
αρξαμενος καταποντιζεσθαι rell] mergeretur (=καταποντισθη) e
με rell] omit f^1

Matthew 14:31

+ ευθεως δε ο Ιησους εκτεινας την χειρα επελαβετο αυτου και λεγει αυτω, ολιγοπιστε, εις τι εδιστασας; (*Mor* 8.1; PG 31, 713A) [C]

Lac.: k Nyssa

ο Ιησους rell, Iesus (a b e)] Ιησους D (a b e) / omit E*
επελεβατο rell] et adprehendit (=και επελεβατο) e

MATTHEW CHAPTER FIFTEEN

Matthew 15:11

ου το εισερχομενον εις το στομα κοινοι τον ανθρωπον, αλλα το εκπορευομενον εκ του στοματος τουτο κοινοι τον ανθρωπον + (*Mor* 33.5; PG 31, 753C) [Ad]*

Lac.: k Nyssa

.1) εκ ℵ B C D E L W Δ Θ Π Σ Ω f^1 f^{13} 565 700] απο 33, de a b e

.2) τουτο κοινοι τον ανθρωπον ℵ B C E L W Δ Θ Π Σ Ω f^{13} 33 565 700, hoc inquinat hominem b] εκεινο κοινωνει τον ανθρωπον D / coinquinat hominem (=κοινοι ανθρωπον) a e / omit f^1

ου το εισερχομενον rell] ου το ερχομενον B / ου παν το εισερχομενον D
στομα rell] στομα τουτο ℵ*
κοινοι rell] κοινωνι D

Matthew 15:12

+ τοτε προσελθοντες οι μαθηται αυτου ειπον αυτω, οιδας οτι οι Φαρισαιοι ακουσαντες τον λογον εσκανδαλισθησαν; + (Mor 33.5; PG 31, 753BC) [C]

ηνικα προσελθοντες οι μαθηται ειπον αυτω, οιδας οτι οι Φαρισαιοι οι ακουσαντες τον λογον εσκανδαλισθησαν; + (RBr 64; PG 31, 1125C) [Ad]*

TEXT: τοτε προσελθοντες οι μαθηται [αυτου][132] ειπον αυτω, οιδας οτι οι Φαρισαιοι [οι] ακουσαντες τον λογον εσκανδαλισθησαν;

Lac.: b^pt k Nyssa

.1) μαθηται ℵ B D Θ f^{13} 700, discipuli e] μαθηται αυτου C E L W Δ Π Σ Ω f^1 33 565, discipuli eius a b

.2) ειπον/ειπαν ℵ C E L W Δ Π Σ Ω 565, dixerunt a b] λεγουσιν B D Θ f^1 f^{13} 33 700 / et dixerunt (=και ειπον) e

---

προσελθοντες rell] accesserunt ad eum (=προσηλθον αυτω) e
αυτω rell] omit e
οι$^{(2)}$] omit rell [NA: a b e]

---

[132]It is likely here that Basil was familiar with different manuscripts of Matthew, for both quotations are long and must therefore have been copied.

Matthew 15:13

+ ο δε αποκριθεις ειπεν πασα φυτεια ην ουκ εφυτευσεν ο πατηρ μου ο ουρανιος εκριζωθησεται + (*Mor* 33.5; PG 31, 753C) [C]**

γεγραπται γαρ οτι "πασα φυτεια ην ουκ εφυτευσεν ο πατηρ μου ο ουρανιος εκριζωθησεται" (*RBr* 102; PG 31, 1153B) [C]

+ προς ους φησι· "πασα φυτεια ην ουκ εφυτευσεν ο πατηρ μου ο ουρανιος εκριζωθησεται" + (*RBr* 64; PG 31, 1125C) [Ad]

Lac: b k Nyssa^pt

.1) ειπεν ℵ B C D E L W Θ Π Ω f^1 f^{13} 33 700, ait a] ειπεν αυτοις Δ Σ 565 / et dixit (=και ειπεν) e

---

αποκριθεις rell] Iesus respondens (=Ιησους αποκριθεις) a

Matthew 15:14

+ αφετε αυτους· τυφλοι εισιν οδηγοι τυφλων· τυφλος δε τυφλον εαν οδηγη, αμφοτεροι εις βοθυνον εμπεσουνται (*RBr* 64; PG 31, 1125CD) [C]

αφετε αυτους· τυφλοι εισιν (*RBr* 102; PG 31, 1153B) [C]

+ αφετε αυτους· τυφλοι εισιν οδηγοι τυφλων· τυφλος δε τυφλον εαν οδηγη, αμφοτεροι εις βοθυνον πεσουνται (*Mor* 33.5; PG 31, 753C) [Ad]

TEXT: αφετε αυτους· τυφλοι εισιν οδηγοι τυφλων· τυφλος δε τυφλον εαν οδηγη, αμφοτεροι εις βοθυνον [εμπεσουνται/πεσουνται][133]

Lac: b k Nyssa

.1) τυφλοι εισιν οδηγοι τυφλων ℵ^c Θ f^1 f^{13} 33 700, caeci sunt duces caecorum a e] τυφλοι εισιν οδηγοι B (D) / οδηγοι εισιν τυφλοι ℵ* / οδηγοιν εισιν τυφλοι τυφλων C E L W Δ Π Σ Ω 565

.2) εαν οδηγη ℵ B C (D) E L W Δ Π Ω f^1 33 565 700, si ... ducatum praestet (a), si ... ducat e] οδιγων σφαλησεται και Θ (f^{13})

.3) εις βοθυνον πεσουνται ℵ B C E Δ Π Ω 33, in foveam cadunt a e] εις βοθυνον εμπεσουνται W Σ 565 / ενπεσουνται εις βοθρον D /

---

[133] It is not unlikely that Basil was familiar with both readings, for both quotations are long enough to assume that he quoted from a written text.

πεσουνται εις βοθυνον L / πεσουνται εις τον βοθυνον Θ f^{13} / ειμπεσονται εις βοθυνον 700 / πεσουνται εις βοθρον f^1

αυτους rell] τους τυφλους D

Matthew 15:15

αποκριθεις δε ο Πετρος ειπεν αυτω, φρασον ημιν την παραβολην ταυτην + (*Mor* 9.1; PG 31, 716B) [Ad]*

Lac.: 33^{pt} b k Nyssa

.1) ο Πετρος ειπεν αυτω ℵ C D E L W Δ Π Σ Ω f^1 565 700, Petrus dixit ei a] ο Πετρος αυτω ειπεν B / αυτω ο Πετρος ειπεν Θ f^{13} / Petrus et dixit illi (=ο Πετρος και ειπεν αυτω) e

.2) την παραβολην ταυτην C D E L W Θ Π Σ Ω 33^{vid} 565, parabolam istam, a, similitudien istam e] την παραβολην ℵ B f^1 700 / την παραβολην αυτην Δ / ταυτην την παραβολην f^{13}

ημιν rell] nobis Domine (=ημιν Κυριε) e

Matthew 15:16

+ ο δε Ιησους ειπεν, ακμην και υμεις ασυνετοι εστε; + (*Mor* 9.1; PG 31, 716B) [C]**

πως εγκαλει τοις μαθηταις ο Κυριος οτι "ακμην και υμεις ασυνετοι εστε" (*RBr* 248; PG 31, 1248C) [L]

Lac.: 33^{pt} b k Nyssa

.1) Ιησους C E L W Δ Θ Π Σ Ω f^1 f^{13} 565 700] omit ℵ B D 33 a e

------

ειπεν rell] ειπεν αυτω Σ

Matthew 15:17

+ ουπω νοειτε οτι παν το εισπορευομενον εις το στομα εις την κοιλιαν χωρει και εις αφεδρωνα εκβαλλεται; + (*Mor* 9.1; PG 31, 716BC) [C]

Lac.: 33 b k Nyssa

.1) ουπω ℵ C E L W Δ Π Σ Ω f^1 700] ου B D Θ f^{13} 33 565, non a e

.2) εισπορευομενον ℵ C D E L W Δ Π Σ Ω f^1 f^{13} 33 565 700] εισερχομενον B Θ [NA: a e]

αφεδρωνα rell] τον αφεδρωονα ℵ [NA: a e]

Matthew 15:18

+ τα δε εκπορευομενα εκ του στοματος εκ της καρδιας εξερχεται, και κοινοι τον ανθρωπον (*Mor* 9.1; PG 31, 716C) [C]

Lac.: 33^{pt} b k Nyssa

.1) εξερχεται B C D E L W* Δ Π Σ Ω f^1 f^{13} 565 700] εξερχονται ℵ^c W^c Θ, exeunt a e / omit ℵ* 33

.2) και κοινοι τον ανθρωπον] κακεινα κοινοι τον ανθρωπον ℵ^c B C D E L Δ Θ Π Σ Ω f^1 f^{13} 565 700, et ea coinquinant hominem a, et illa communicant hominem e / omit ℵ* W 33

Matthew 15:19

εκ γαρ της καρδιας εξερχονται διαλογισμοι πονηροι, φονοι, μοιχειαι, πορνειαι, κλοπαι, ψευδομαρτυριαι, βλασφημιαι + (*Mor* 69.1; PG 31, 808C) [C]**[134]

δεικνυσι σαφως ο Κυριος· "εκ γαρ της καρδιας," φησιν, "εξερχονται διαλογισμοι οι πονηροι" (*RBr* 75; PG 31, 1136A) [Ad]*

Lac.: 33^{pt} b k Nyssa

.1) φονοι, μοιχειαι, πορνειαι ℵ B C D Δ Θ Π Σ Ω f^{13} 565 700, homicidia, adulteria, fornicationes a e] πορνειαι, μοιχειαι, φονοι L W / φονοι, μοιχειαι E / φθονοι, μοιχεαι, πορνειαι f^1

.2) βλασφημιαι ℵ B C E L W Δ Θ Π Σ Ω f^1 f^{13} 33 565 700, blasphemiae a] βλασφημεια D, blasfemia e

---

[134]I prefer this quotation, as it is longer and its manuscript tradition is more stable.

εκ γαρ της καρδιας εξερχονται rell] εξερχονται ℵ / omit W[135]

Matthew 15:20

+ ταυτα εστιν τα κοινουντα τον ανθρωπον (*Mor* 69.1; PG 31, 808C) [C]

Lac.: 33[pt] b k[pt] Nyssa

.1) εστιν ℵ B C E L W Δ Θ Π Σ Ω f^1 f^{13} 33 565 700] εισιν D, sunt a e

----

κοινουντα rell] κοινωνουντα D* [NA: a e]

Matthew 15:22

και ιδου γυνη Χαναναια απο των οριων εκεινων εξελθουσα εκραυγασεν αυτω λεγουσα, ελεησον με κυριε υιε Δαυιδ· η θυγατηρ μου κακως δαιμονιζεται + (*Mor* 70.3; PG 31, 820C) [C]

Lac.: 33[pt] b Nyssa

.1) απο των οριων εκεινων εξελθουσα ℵ B C D E L W Δ Θ Π Ω f^1 f^{13} 33 565 700, a finibus illis exiens e k] εξελθουσα απο των οριων εκεινων Σ, egressa a finibus illis a

.2) εκραυγασεν C E L W Δ Π Ω 565] εκραζεν ℵ[c] B D Θ Σ f^1 700 / εκραξεν ℵ* f^{13} [NA: a e]

.3) αυτω E L W Δ Π Ω 565] οπισω αυτου D / omit ℵ B C Θ Σ f^1 f^{13} 700 a e / ad illum (=προς αυτον) k

.4) υιε ℵ C E L Δ Π Σ Ω f^1 f^{13}, fili a e k] υιος B D W Θ 565 700

λεγουσα rell] omit f^1

κακως rell] δεινως f^1 / sevissime (=?) a

---

[135]The omissions found in manuscripts such as ℵ and W are most likely due to homoeteleuton.

Matthew 15:23

+ ο δε ουκ απεκριθη αυτη λογον. και προσελθοντες οι μαθηται αυτου ηρωτων αυτον λεγοντες, απολυσον αυτην, οτι κραζει οπισθεν ημων + (*Mor* 70.3; PG 31, 820C) [C]

Lac.: Nyssa

.1) ουκ ℵ B C D E L W Δ Θ Π Σ Ω f^1 f^{13} 33 565 700, non e k] Iesus non (=Ιησους ουκ) a b

.2) αυτου ℵ B C D E L W Δ Θ Π Ω f^1 f^{13} 33 565 700, eius a] omit Σ b e k

.3) ηρωτων E L W Δ Θ Π Σ Ω f^1 f^{13} 33 565 700] ηρωτουν ℵ B C D, rogabant a b, obsecraverunt e k

---

αυτον rell] αυτων Ω
αυτην rell] illam Domine (=αυτην Κυριε) e
κραζει rell] sequitur et clamat (=ακολουθει και κραζει) b
οπισθεν rell] εμπροσθεν W

Matthew 15:24

+ ο δε αποκριθεις ειπεν, ουκ απεσταλην ει μη εις τα προβατα τα απολωλοτα οικου Ισραηλ (*Mor* 70.3; PG 31, 820CD) [C]**
του Κυριου λεγοντος, οτι "ουκ απεσταλην ει μη εις τα προβατα τα απολωλοτα οικου Ισραηλ" (*RBr* 101; PG 31, 1153A) [C]
αλλ' εις την του Κυριου υπερ αυτων ενανθρωπησιν του ειποντος· "ουκ απεσταλην ει μη εις τα προβατα τα απολωλοτα οικου Ισραηλ" (*RBr* 190; PG 31, 1209D) [C]
του Κυριου ειποντος, "ουκ απεσταλην ει μη εις τα προβατα τα απολωλοτα οικου Ισραηλ" (*RBr* 302; PG 31, 1296C) [C][136]

Lac.: Nyssa

.1) αποκριθεις ειπεν ℵ B C D E L W Δ Θ Π Σ Ω f^1 f^{13} 33 565 700, respondens ait a b] respondit et dixit (=αποκριθει και ειπεν) e k

---

[136]Absent from HTRin 105.

εις rell] προς Θ [NA: a b e k]
προβατα rell] προβατα ταυτα D
οικου rell] τα οικου Θ
Ισραηλ rell] Εισραηλ D [NA: a b e k]

Matthew 15:26

 του Κυριου αποφηναμενου μεν οτι "ουκ εστιν καλον λαβειν τον αρτον των τεκνων και βαλειν τοις κυναριοις" (*RBr* 100; PG 31, 1152B) [C]

 του Κυριου λεγοντος οτι [Mt 15:24] και "ουκ εστι καλον λαβειν τον αρτον των τεκνων και βαλειν τοις κυναριοις" (*RBr* 101; PG 31, 1153A) [C]

 του Κυριου ειποντος [Mt 15:24] και οτι "ουκ εστι καλον λαβειν τον αρτον των τεκνων και βαλειν τοις κυναριοις" (*RBr* 302; PG 31, 1296C) [C]

Lac.: Nyssa

.1) εστιν καλον ℵ B C E L W Δ Θ Π Σ Ω f^1 f^{13} 33 565 700, est bonum e k] εξεστιν D, licet a b

Matthew 15:27

 του Κυριου αποφηναμενου μεν οτι [Mt 15:26] αποδεξαμενου δε το, "και γαρ τα κυναρια εσθιει απο των ψιχιων των πιπτοντων απο της τραπεζης των κυριων αυτων" (*RBr* 100; PG 31, 1152B) [C]

 ει δε δυνατον γενεσθαι το ειρημενον υπο της επαινουμενης εν πιστει γυναικος, οτι "ναι κυριε, και γαρ τα κυναρια εσθιει απο των ψιχιων των πιπτοντων απο της τραπεζης των κυριων αυτων" (*RBr* 302; PG 31, 1296C) [C]**

Lac.: Nyssa

.1) γαρ ℵ C D E L W Δ Θ Π Σ Ω f^1 f^{13} 33 565 700, enim k] omit B a b e

----

εσθιει rell] εσθιουσιν D [NA: a b e k]
κυριων rell] κυναριων D*

MATTHEW CHAPTER SIXTEEN

Matthew 16:3

και ο κυριος ημιν παραδεδωκεν ειπων, οτι "χειμων εσται στυγναζει γαρ πυρραζων ο ουρανος" (Hex 94.13) [All]*

TEXT: χειμων [εσται] στυγναζει γαρ πυρραζων ο ουρανος

Lac.: k Nyssa

.1) omit *in toto* ℵ B f^{13}

στυγναζει γαρ πυρραζων[137]] πυρραζει γαρ στυγναζων C D E L Δ Θ Π Σ Ω f^1 33 565 700, rubicundum est enim cum tristitia b e / στυγναζων W / rubicundum est (=πυρραζει εστιν) a

ουρανος rell] αηρ D

Matthew 16:17

νοουμεν τον του Ιωνα (*Eun* II.4.14) [All]

Lac.: k Nyssa

Matthew 16:18

τον δια πιστεως υπεροχην εφ' εαυτου την οικοδομην της ελλκλησιας δεξαμενον (*Eun* II.4.17) [All]

Lac.: k Nyssa

Matthew 16:19

ο τας κλεις της βασιλειας των ουρανων πιστευθεις (*MorPrL* 7; PG 31, 672A) [All]*

TEXT: τας κλεις της βασιλειας των ουρανων

Lac.: k Nyssa

---

[137]This reading is also supported by 1071.

.1) κλεις ℵ^c B^c C D E Δ Π Σ Ω f^13 33 565 700] κλειδας ℵ* B* L W Θ f^1
[NA: a b e]

Matthew 16:21

απο τοτε ηρξατο ο Ιησους δεικνυειν τοις μαθηταις αυτου οτι δει αυτον απελθειν εις Ιεροσολυμα και πολλα παθειν απο των πρεσβυτερων και αρχιερεων και γραμματεων και αποκτανθηναι και τη τριτη ημερᾳ αναστηναι + (*Mor* 19.1; PG 31, 733B) [C]

απο τοτε ηρξατο ο Ιησους δεικνυειν τοις μαθηταις αυτου οτι δει αυτον απελθειν εις Ιεροσολυμα και πολλα παθειν απο των πρεσβυτερων και αρχιερεων και γραμματεων και αποκτανθηναι και τη τριτη ημερᾳ εγερθηναι + (*Mor* 33.2; PG 31, 752A) [C]

απο τοτε ηρξατο ο Ιησους δεικνυειν τοις μαθηταις αυτου οτι δει αυτον απελθειν εις Ιεροσολυμα και πολλα παθειν απο των πρεσβυτερων και αρχιερεων και γραμματεων και αποκτανθηναι και τη τριτη ημερᾳ εγερθηναι + (*Mor* 12.1; PG 31, 724A [C][138]

TEXT: απο τοτε ηρξατο ο Ιησους δεικνυειν τοις μαθηταις αυτου οτι δει αυτον απελθειν εις Ιεροσολυμα και πολλα παθειν [απο/υπο] των πρεσβυτερων και αρχιερεων και γραμματεων και αποκτανθηναι και τη τριτη ημερᾳ [εγερθηναι/αναστηναι][139]

Lac.: 33^pt k Nyssa

.1) ο C E L W Δ Θ Π Σ Ω f^1 f^13 565 700] omit ℵ B D [NA: a b e]

.2) Ιησους ℵ^c B^c C D E L W Δ Θ Π Σ Ω f^1 f^13 565 700, Iesus a b e] Ιησους Χριστος ℵ* B*

.3) αυτον απελθειν εις Ιεροσολυμα C E L W Δ Π Σ Ω 565, eum ire Hierosolyma a b] αυτον εις Ιεροσολυμα απελθειν ℵ B D Θ f^1 f^13 700, illum in Hierosolyma ire e

.4) πρεσβυτερων και αρχιερεων και γραμματεων ℵ B C D E L W Π Σ Ω

---

[138]Quotations of Matt 16:21–23 are absent from Garnier.

[139]Basil may have copied these references from different manuscripts of Matthew, even though these citations appear in the same work. One should not exclude the possibility of scribal alterations. In this case, scribes have not been consistent either.

565 700, senioribus et a sacerdotibus et scribis (e)] πρεσβυτερων και γραμματεων και αρχιερεων Δ, senioribus et scribis et principibus sacerdotum b / αρχιερων και γραμματεων και πρεσβυτερων των λαου Θ / αρχιερων και πρεσβυτερων και γραμματεων του λαου f^{13} / πρεσβυτερων και αρχιερων και γραμματεων του λαου f^1 / senioribus et principibus sacerdotum (=πρεσβυτερων και αρχιερων) a

.5) τη τριτη ημερα ℵ B C E L W Δ Θ Π Σ Ω f^1 f^{13} 565 700] μετα τρεις ημερας D, post tertium diem a b e

.6) εγερθηναι ℵ B C E L W Δ Θ Π Ω f^1 f^{13} 33 565 700] αναστηναι D Σ, resurgere a b e

---

δεικνυειν rell] δεικνυναι B [NA: a b e]
πολλα παθειν rell] αποδοκιμασθηναι 700
απο rell] υπο D

Matthew 16:22

+ και προσλαβομενος αυτον ο Πετρος ηρξατο επιτιμαν αυτω λεγων, ιλεως σοι, κυριε· ου μη εσται σοι τουτο + (*Mor* 19.1; PG 31, 733B) [C]
+ και προσλαβομενος αυτον ο Πετρος ηρξατο επιτιμαν αυτω λεγων, ιλεως σοι, κυριε· ου μη εσται σοι τουτο + (*Mor* 33.2; PG 31, 752A) [C]
+ και προσλαβομενος αυτον ο Πετρος ηρξατο επιτιμαν αυτω λεγων, ιλεως σοι, κυριε· ου μη εσται σοι τουτο + (*Mor* 12.1; PG 31, 724A) [C]
ως ο Πετρος τον Κυριον ειπων, "ιλεως σοι, κυριε· ου μη εσται σοι τουτο" + (*RBr* 64; PG 31, 1125A) [C]

Lac.: 33^{pt} k Nyssa

.1) ηρξατο επιτιμαν αυτω λεγων ℵ C E L W Δ Π Σ Ω] ηρξατο αυτω επειτειμαν και λεγειν D] λεγει αυτω επιτειμων B / ηρξατο αυτον επιτιμαν λεγων Θ / ηρξατο αυτω επιτιμαν λεγων f^1 f^{13} 700 / ηρξατο αυτω επιτιμαν αυτω λεγων 565 / coepit increpare et dicere (=ηρξατο επιτιμαν και λεγειν) a b / coepit corripere illum dicens (=ηρξατον επιτιμα αυτον λεγων) e

.2) ιλεως σοι ℵ B C D E L W Δ Θ Π Σ Ω f^1 f^{13} 33 565 700, propitius tibi a e] absit a te, propitius esto b[140]

.3) σοι τουτο ℵ B C E L W Δ Θ Π Σ Ω f^1 f^{13} 33 565 700] τουτο σοι D / istud (=τουτο) a b e

---

Πετρος rell] Πετρος κατ' ιδιαν 565

Matthew 16:23

+ ο δε στραφεις ειπεν τω Πετρω, υπαγε οπισω μου, Σατανα· σκανδαλον μου ει, οτι ου φρονεις τα του θεου αλλα τα των ανθρωπων (*Mor* 19.1; PG 31, 733B) [C]
+ ο δε στραφεις ειπεν τω Πετρω, υπαγε οπισω μου, Σατανα· σκανδαλον μου ει, οτι ου φρονεις τα του θεου αλλα τα των ανθρωπων (*Mor* 33.2; PG 31, 752A) [C]
+ στραφεις δε ο Ιησους ειπεν τω Πετρω, υπαγε οπισω μου, Σατανα· σκανδαλον μου ει, οτι ου φρονεις τα του θεου αλλα τα των ανθρωπων (*Mor* 12.1; PG 31, 724A) [C]
+ ως ο Πετρος τον Κυριον ειπων [Mt 16:22] και ακουσας· υπαγε οπισω μου, Σατανα· σκανδαλον μου ει, οτι ου φρονεις τα του θεου αλλα τα των ανθρωπων (*RBr* 64; PG 31, 1125AB) [C]

TEXT: ο δε στραφεις ειπεν τω Πετρω, υπαγε οπισω μου, Σατανα· σκανδαλον μου ει, οτι ου φρονεις τα του θεου αλλα τα των ανθρωπων

Lac.: k Nyssa

.1) στραφεις ℵ B C E W Δ Ω f^1 33 700] επιστραφεις D L Θ Π Σ f^{13} 565 [NA: a b e]

.2) σκανδαλον μου ει E L W Δ Π Σ Ω f^1] σκανδαλον ει εμου ℵ* B f^{13} 700 / σκανδαλον ει μου ℵ^c C Θ / σκανδαλον ει εμοι D, scandalum es mihi a b (e) / σκανδαλον εμοι ει 565 / omit 33

ειπεν rell] dicit (=λεγει) e
ου φρονεις rell] ουκ εφρωνεσας Θ

---

[140]It may have been difficult to translate the expression ιλεως σοι into Latin, with the result that two expressions were used, *absit a te* and *propitius tibi/esto*, which are juxtaposed in that manuscript.

αλλα τα των ανθρωπων ℵ B C E L W Δ Θ Π Σ Ω f^1 f^{13} 33 565 700, sed quae hominum a b] αλλα του ανθρωπου D / omit e

Matthew 16:27

αποδιδους εκαστω κατα την πραξιν αυτου   (*RBr* 267; PG 31, 1265B) [All]*[141]

και αποδουναι εκαστω κατα την πραξιν αυτου (*Mor*. PrF 4; PG 31, 685B) [All]*

και απολαβῃ εκαστος κατα την πραξιν αυτου   (*AscPr3* 1; PG 31, 892A) [All]*

οταν ελθῃ δουναι ημιν εκαστω κατα την πραξιν αυτου (*Ep* 251.4.29–20) [All]*

αλλα και ηξειν ο Κυριος επαγγελλεται εν τῃ δοξῃ του πατρος (*Eun* I.25.27) [All]

TEXT: εν τῃ δοξῃ του πατρος [...] αποδ[...]^{142} εκαστω κατα την πραξιν αυτου

Lac.: k Nyssa

.1) την πραξιν ℵ^c B C D E L W Δ Θ Π Σ Ω f^{13} 33 565 700, factum e] τα εργα ℵ* f^1, opera a b

MATTHEW CHAPTER SEVENTEEN

Matthew 17:9

"μηδενι γαρ ειπητε," φησι, "το οραμα τουτο εως ου ο υιος του ανθρωπου εκ νεκρων αναστῃ"   (*RBr* 276; PG 31, 1276C) [Ad]*

LAc: k Nyssa

---

[141]This allusion has numerous parallels, such as LXX Ps 61:13; Prov 24:12 and Sir 35:22. Nevertheless, that actual allusion is closer to Matt 16:27 than the other references.

[142]The verb αποδιδωμι is most likely right here, although it is impossible to infer its case ending.

.1) εκ νεκρων αναστη ℵ C E L Δ Θ Π Σ Ω f^1 f^{13} 33 565 700, a mortuis resurgat a b e] εκ νεκρων εγερθη B D / αναστη εκ νεκρων W

γαρ] omit rell
τουτο] omit rell

Matthew 17:21

τουτο γαρ το γενος ουκ εξερχεται ει μη εν προσευχη και νηστεια (Hlieun 1.9; PG 31, 180C) [C]

Lac.: k Nyssa

.1) omit *in toto* ℵ* B Θ 33 e

.2) εξερχεται, eicitur (a b)][143] εκβαλλεται ℵ^c / εκπορευεται C D E L W Δ Π Σ Ω f^1 f^{13} 565 700 (a b)

γαρ] δε rell
το γενος rell] genus daemonii (=το γενος δαιμωνιου) a / genus daemonium (=το γενος δαιμωνιων) b

Matthew 17:24

ελθοντων δε αυτων εις Καπερναουμ προσηλθον οι τα διδραχμα λαμβανοντες τω Πετρω και ειπον, ο διδασκαλος υμων ου τελει τα διδραχμα + (*Mor* 33.4; PG 31, 753A) [C]

Lac.: k Nyssa

.1) ελθοντων δε ℵ B C E L W Δ Θ Π Σ Ω f^1 f^{13} 33 565 700] και ελθοντων D, et cum venissent a b e

.2) Καπερναουμ C E L Δ Θ Π Σ Ω f^1 f^{13}] Καφαρναουμ ℵ B D W 33 700, Capharnaum a b e / Καπαρναουμ 565

.3) τα$^{(2)}$ ℵ^c B C E L Δ Θ Π Σ Ω f^1 f^{13} 33 565 700] το W / omit ℵ* D [NA: a b e]

---

[143] This reading is also found in 118.

τα⁽¹⁾ rell] το W [NA: a b e]
διδραχμα/διδραγμα⁽¹⁾ rell] διδραγματα D
ου τελει rell] ουτε W
τω Πετρω και ειπον rell] και ειπαν τω Πετρω D / et dixerunt (=και ειπον)
a
διδραχμα/διδραγμα rell] didragma vel censum (=τα διδραχμα η κηνσον)
b

Matthew 17:25
+ λεγει, ναι. και οτε εισηλθεν εις την οικιαν προεφθασεν αυτον ο Ιησους λεγων, τι σοι δοκει, Σιμων; οι βασιλεις της γης απο τινων λαμβανουσι τελη η κηνσον απο των υιων αυτων η απο των αλλοτριων; + (*Mor* 33.4; PG 31, 753A) [C]

Lac.: k Nyssa
.1) οτε C E L W Δ Π Σ Ω 565 700] omit ℵ B D Θ f^1 f^{13} 33 a b e
.2) εισηλθεν E L W^c Δ Π Σ Ω 565 700] ελθοντα ℵ^c B f^1 / εισελθοντα ℵ* / ηλθον C / εισελθοντι D, intranti b, cum introisset (e) / εισηλθεν ο Ιησους W* / ελθοντων αυτων 33 / εισελθοντων Θ f^{13}, intrantes a
.3) αυτων ℵ B C D E L W Θ Π Σ Ω f^1 f^{13} 33 565, suis a b e] omit Δ 700
.4) αλλοτριων B C D E L W Δ Θ Π Σ Ω f^1 f^{13} 33 565 700] αλλοτριων ο δε εφη, απο των αλλοτριων ℵ, ab alienis a b e

---

λεγει rell] ait et ille (=λεγει και αυτος) a / et ait (=και λεγει) e
ναι rell] utique non (=ου δητα?)[144] b
της γης rell] των εθνων 700
τινων rell] τινος B

---

[144]*Utique* conveys more the meaning of *certainly* than a plain *yes*. Manuscript b *utique non* could therefore be translated here as *certainly not*.

Matthew 17:26

+ λεγει αυτω ο Πετρος· απο των αλλοτριων λεγει αυτω ο Ιησους· αρα γε ελευθεροι εισιν οι υιοι + (*Mor* 33.4; PG 31, 753AB) [C]**
των του Κυριου προς τον Πετρον ρηματων, ειποντος· "αρα γε ελευθεροι εισιν οι υιοι" + (*RBr* 64; PG 31, 1128A) [C]

Lac.: C^{pt} k Nyssa

.1) λεγει αυτω ο Πετρος C E L W Δ Π Σ Ω f^{13} 565] λεγει αυτω D / ειποντος δε ℵ B Θ f^1 700 / omit 33 a b e

.2) απο των αλλοτριων ℵ B D E W Δ Θ Π Σ Ω f^1 f^{13} 565 700] απο των αλλοτριων ειποντος δε αυτου απο των αλλοτριων C / απο των αλλοτριων ειποντος δε απο των αλλοτριων L / omit 33 a b e

.3) λεγει$^{(2)}$]^{145} εφη ℵ B C D E L W Δ Θ Π Σ Ω f^1 f^{13} 33 565 700, ait e / dixit (=ειπεν) a b

---

οι rell] omit f^{13} [NA: a b e]

Matthew 17:27

+ ινα δε μη σκανδαλισωμεν αυτους πορευθεις εις την θαλασσαν βαλε αγκιστρον και τον αναβαντα πρωτον ιχθυν αρον και ανοιξας το στομα αυτου ευρησεις στατηρα εκεινον λαβων δος αυτοις αντι εμου και σου (*Mor* 33.4; PG 31, 753B) [C]
+ ινα δε μη σκανδαλισωμεν αυτους πορευθεις εις θαλασσαν βαλε αγκιστρον και τον αναβαινοντα πρωτον ιχθυν αρον και ανοιξας το στομα αυτου ευρησεις στατηρα εκεινον λαβων δος αυτοις αντι εμου και σου (*RBr* 64; PG 31, 1128A) [C]

TEXT: ινα δε μη σκανδαλισωμεν αυτους πορευθεις εις [την]^{146} θαλασσαν βαλε αγκιστρον και τον [αναβαντα/αναβαινοντα]^{147} πρωτον ιχθυν αρον και ανοιξας το στομα αυτου ευρησεις στατηρα εκεινον λαβων δος αυτοις αντι εμου και σου

---

[145]This reading is also found in 579.
[146]It appears likely that Basil was familiar with two readings of this passage.
[147]Idem.

Lac.: C 33^pt k Nyssa

.1) την D E f^{13} 565 700] omit ℵ B L W Δ Θ Π Σ Ω f^1 33 [NA: a b e]

.2) αναβαντα ℵ B D E* L Θ Π Σ f^1 33 565 700] αναβαινοντα E^c W Δ Ω f^{13} [NA: a b e]

.3) ευρησεις ℵ B D E L W Δ Θ Π Σ Ω f^1 f^{13} 33 565 700] ευρησεις εκει D, invenies ibi a b / et invenies illum (=και ευρησεις εκει) e

------

δε rell] omit E*

και^(2) rell] omit L

δος rell] et da (=και δος) e

MATTHEW CHAPTER EIGHTEEN

Matthew *18:3*

αμην λεγω υμιν, εαν μη στραφητε και γενησθε ως τα παιδια, ου μη εισελθητε εις την βασιλειαν των ουρανων + (*Mor* 45.1; PG 31, 764D) [C]**

εαν μη στραφητε και γενησθε ως τα παιδια (*RBr* 113; PG 31, 1157B) [L]

εν τινι στραφηναι και γενεσθαι ως τα νηπια (*RBr* 216; PG 31, 1225B) [L]

Lac.: C 33^pt k Nyssa

τα παιδια rell] infans iste (=το παις τουτος) e

Matthew *18:4*

οστις ουν ταπεινωσει εαυτον ως το παιδιον τουτο, ουτος εστιν ο μειζων εν τη βασιλεια των ουρανων (*Mor* 45.2; PG 31, 764D–765A) [C]

Lac.: C 33^pt k Nyssa

.1) εστιν ℵ B D E L W Δ Θ Π Σ Ω f^1 f^{13} 33 565 700, est e] erit (=εσται) a b

------

ουν rell] γαρ W

o rell] omit Δ [NA: a b e]

Matthew 18:6

ος δ' αν σκανδαλιση ενα των μικρων τουτων των πιστευοντων εις εμε, συμφερει αυτω ινα κρεμασθη μυλος ονικος περι τον τραχηλον αυτου και καταποντισθη εν τω πελαγει της θαλασσης + (*Mor* 33.1; PG 31, 749D) [C]

Lac.: C 33[pt] k Nyssa

.1) περι τον τραχηλον ℵ B L Σ] επι τον τραχηλον D 565 / εις τον τραχηλον E W Δ Θ Π Ω f^1 f^{13}, in collum e / εν τω τραχηλω 700, in collo a b

----

μυλος ονικος rell] λιθος μυλικος L

Matthew 18:7

+ ουαι τω ανθρωπω εκεινω δι' ου το σκανδαλον ερχεται (*Mor* 33.1; PG 31, 749D–752A) [C][148]

ουαι τω ανθρωπω εκεινω δι' ου το σκανδαλον ερχεται (*Mor* 72.1; PG 31, 848A) [C]

ουαι τω ανθρωπω εκεινω δι' ου το σκανδαλον ερχεται + (*Mor* 41.1; PG 31, 761A) [C]

Lac.: C k Nyssa[pt]

.1) ουαι τω ανθρωπω εκεινω B E Δ Θ Π Σ Ω f^{13} 33 565 700, vae homini illi a b, vae illi homini e] δε ουαι τω ανθρωπω D* / εκεινω ουαι τω ανθρωπω W / ουαι τω ανθρωπω ℵ D[c] L f^1

.2) το σκανδαλον ℵ B D E L W Δ Π Σ Ω f^1 33, scandalum a b e] τα σκανδαλα f^{13} 565 700 / omit Θ

---

[148]One cannot infer from its omission that Basil's text did not have the first part of the verse, for he may have chosen to omit it.

Matthew 18:8

+ ει δε ο πους σου η η χειρ σου σκανδαλιζει σε, εκκοψον αυτον και βαλε απο σου· καλον σοι εστιν εισελθειν εις την ζωην χωλον η κυλλον η δυο χειρας η δυο ποδας εχοντα βληθηναι εις το πυρ το αιωνιον + (*Mor* 41.1; PG 31, 761A) [C]

Lac.: C k Nyssa

.1) αυτον ℵ B D L Θ f^1 f^{13}, eum a b, illud e] αυτα E W Δ Π Σ Ω 33 565 700

.2) εισελθειν εις την ζωην χωλον η κυλλον D E L Δ Θ Σ Ω f^1 f^{13} 33 565 700] εισελθειν εις την ζωην κυλλον η χωλον ℵ B / εις την ζωην εισελθειν χωλον η κυλλον Π / εις την ζωην χωλον η κυλλον W / in vitam venire debilem vel clodum (=εις την ζωην εισελθειν κυλλον η χωλον) a b / clodum aut mancum venire ad vitam (=χωλον η κυλλον εισελθειν εις την ζωην) e

.3) χειρας η δυο ποδας εχοντα ℵ B E L W Δ Θ Π Σ Ω f^1 f^{13} 33 565 700] ποδας η δυο χειρας εχοντα D, pedes vel duas manus habentem a b, pedes aut dua manus habere e

----

ο πους σου η η χειρ] η χειρ σου η ο πους rell
εκκοψον rell] εξελε ℵ*
καλον σοι εστιν rell] bonum tibi est enim (=καλον γαρ σοι εστιν) e
βληθηναι rell] εισελθειν 700 / et mitti (=και βληθηναι) e
το πυρ το αιωνιον ℵ B D E L W Δ Θ Π Σ Ω f^{13} 33 565 700, ignem aeternum a b] την γεενναν του πυρος f^1 / gehennam aeternam e

Matthew 18:9

+ και ει ο οφθαλμος σου σκανδαλιζει σε, εξελε αυτον και βαλε απο σου (*Mor* 41.1; PG 31, 761A) [C]

και ει ο οφθαλμος σου σκανδαλιζει σε, εξελε αυτον (*Mor* 72.1; PG 31, 848A) [C]

Lac.: C k Nyssa

.1) ο ℵ B D E L W Θ Π Ω f^1 f^{13} 33 565 700] omit Δ Σ [NA: a b e]

και ει rell] το αυτο ει και D

Matthew 18:10

δεικνυσι μεν η του Κυριου παραγγελια ... απαγορευοντος, και λεγοντος· "ορατε μη καταφρονησητε ενος των μικρων τουτων· λεγω γαρ υμιν οτι οι αγγελοι αυτων εν τω ουρανω δια παντος βλεπουσι το προσωπον του πατρος μου του εν ουρανοις" (*RBr* 64; PG 31, 1128B) [C]

κατα το ειρημενον υπο του Κυριου· "ορατε μη καταφρονησητε ενος των μικρων τουτων· λεγω γαρ υμιν οτι οι αγγελοι αυτων εν τω ουρανω δια παντος βλεπουσι το προσωπον του πατρος μου του εν ουρανοις" (*RBr* 306; PG 31, 1301A) [C]

μεμνημενος των του Κυριου λογων ειποντος· "μη καταφρονησητε ενος των ελαχιστων τουτων, οτι οι αγγελοι αυτων δια παντος βλεπουσι το προσωπον του πατρος μου του εν ουρανοις" (*Eun* III.1.49–52) [Ad]*

θρονοι δε και κυριοτητες και αρχαι και εξουσιαι πως αν την μακαριαν διεξηγον ζωην ει μη δια παντος εβλεπον το προσωπον του πατρος του εν ουρανοις (*AmphSp* XVI.38.79; PG 32, 137C) [All]*

οι δε αγγελοι των εν τη εκκλησια μικρων δια παντος βλεπουσι το προσωπον του πατρος ημων του εν τοις ουρανοις (*HPs* 33.11; PG 29, 377B) [All]*

TEXT: ορατε μη καταφρονησητε ενος των μικρων τουτων· λεγω γαρ υμιν οτι οι αγγελοι αυτων εν τω ουρανω δια παντος βλεπουσι το προσωπον του πατρος μου του εν ουρανοις

Lac.: C k Nyssa[pt]

.1) των μικρων/μεικρων τουτων ℵ B E W Δ Θ Π Σ Ω f^1 f^{13} 33 565 700, pusillis istis e] τουτων των μικρων L / τουτων των μεικρων των πιστευοντων εις εμε D, his pusillis qui credunt in me a b

.2) εν τω ουρανω B (33)] εν ουρανοις ℵ D E L W Θ Π Ω f^{13} 565 700, in caelis a b / εν ουρανους Δ / omit Σ f^1 e Nyssa

.3) δια παντος βλεπουσι ℵ B D E L W Δ Θ Π Σ Ω f^1 f^{13} 33 565, semper vident a b Nyssa] βλεπουσι δια παντος 700, vident semper e

.4) ουρανοις ℵ B E L W Θ Π Ω f^1 f^{13} 565 700] τοις ουρανοις D Σ 33

Nyssa / ουρανους Δ [ΝΑ: a b e]

μου rell] υμων 700

Matthew 18:15

εαν δε αμαρτη εις σε αδελφος σου, υπαγε ελεγξον αυτον μεταξυ σου και αυτου μονου. εαν σου ακουσῃ, εκερδησας τον αδελφον σου (*Mor* 72.6; PG 31, 849C) [C]

ως προστεταγμεθα υπο του Κυριου ειποντος· "εαν αμαρτησῃ εις σε ο αδελφος σου, υπαγε ελεγξον αυτον μεταξυ σου και αυτου μονου. εαν σου ακουσῃ, εκερδησας τον αδελφον σου" + (*RBr* 3; PG 31, 1084A) [C]

εν δε τῳ ευαγγελιῳ· "εαν αμαρτησῃ εις σε ο αδελφος σου, υπαγε ελεγξον αυτον μεταξυ σου και αυτου μονου. εαν σου ακουσῃ, εκερδησας τον αδελφον σου" + (*RBr* 47; PG 31, 1113A) [C]

του Κυριου ειποντος, ποτε μεν [Mt 11:25] ποτε δε, "εαν αμαρτησῃ εις σε ο αδελφος σου, υπαγε ελεγξον αυτον μεταξυ σου και αυτου μονου. εαν σου ακουσῃ, εκερδησας τον αδελφον σου" (*RBr* 232; PG 31, 1237B) [C]

το κριμα του Κυριου ειποντος, οτι "αν αμαρτησῃ εις σε ο αδελφος σου, υπαγε ελεγξον αυτον μεταξυ σου και αυτου μονου. εαν σου ακουσῃ, εκερδησας τον αδελφον σου" + (*RBr* 293; PG 31, 1289A) [C]

εαν γαρ αμαρτῃ εις σε ο αδελφος σου, υπαγε ελεγξον αυτον μεταξυ σου και αυτου μονου. εαν σου ακουσῃ, εκερδησας τον αδελφον σου + (*Mor* 52.4; PG 31,777D–780A) [Ad]*

και ημιν νομοθετησαντος οτι, "εαν αμαρτησῃ ο αδελφος σου, υπαγε ελεγξον αυτον. εαν σου ακουσῃ εκερδησας τον αδελφον σου" (*RBr* 178; PG 31, 1201B) [Ad]*

γεγραπται γαρ· "εαν ο αδελφος σου αμαρτῃ, ελεγξον αυτον μεταξυ σου και αυτου" + (*Ep* 288.3–4) [Ad]*

κατα τον τροπον τον παρα του Κυριου παραδοθεντα, ειποντος· "εαν αμαρτῃ ο αδελφος σου, υπαγε ελεγξον αυτον μεταξυ σου και αυτου μονου", και τα εξης (*RFus* 36; PG 31, 1008CD) [C]

κατα την εντολην του Κυριου ειποντος· "εαν αμαρτῃ ο αδελφος σου υπαγε ελεγξον αυτον", και τα εξης (*RFus* 9.2; PG 31, 944A) [C]

και γαρ ο Κυριος ειπων, "εαν σου ακουση επηγαγεν εκερδησας, ου τα χρηματα αλλα τον αδελφον σου" (*RFus* 9.2; PG 31, 944B) [Ad]

TEXT: εαν [δε/γαρ][149] [αμαρτη/αμαρτηση][150] [εις σε][151] ο[152] αδελφος σου υπαγε ελεγξον αυτον μεταξυ σου και αυτου μονου εαν σου ακουση εκερδησας τον αδελφον σου

Lac.: C k Nyssa

.1) omit δε Θ f^{13} 565] δε ℵ B D E L W Δ Π Σ Ω f^1 33 700, quod a b, autem e

.2) αμαρτη W 33] αμαρτηση ℵ B D E L Δ Θ Π Σ Ω f^1 f^{13} 565 700 [NA: a b e]

.3) εις σε D E L W Δ Θ Π Σ Ω f^{13} 33 565 700, in te a b e] omit ℵ B f^1

.4) υπαγε ℵ B D Θ f^{13} 33 700] υπαγε και E L W Δ Π Σ Ω f^1 565, vade et a b e

-----

ελεγξον rell] ελεγξε W [NA: a b e]

μονου rell] solus et (=μονου και) e

Matthew 18:16

εαν δε μη ακουση παραλαβε μετα σου ετι ενα η δυο ινα επι στοματος δυο η τριων μαρτυρων σταθη παν ρημα + (*Mor* 52.4; PG 31, 780A) [C]

+ εαν δε μη ακουση παραλαβε μετα σεαυτου ετι ενα η δυο ινα επι στοματος δυο μαρτυρων η τριων σταθη παν ρημα + (*RBr* 3; PG 31, 1084AB) [C]

+ εαν δε μη ακουση παραλαβε μετα σου ετι ενα η δυο ινα επι στοματος

---

[149]I prefer to omit these two words, for they are absent from most quotations.

[150]Here, I would tend to prefer αμαρτη to αμαρτηση, as the latter is found only in manuscript HTrin 105 of *RBr*. On the other hand, αμαρτη is found without exception in *Mor*, *RFus* and *Ep*.

[151]εις σε is absent from several quotations in different works and manuscripts, so we propose that Basil used manuscripts of the First Gospel that had these words, and other manuscripts that did not have it.

[152]Only one citation omits "o." The omission may be due to a scribal error.

The Text of the First Gospel in Basil 175

 δυο μαρτυρων η τριων σταθησεται παν ρημα + (*RBr* 47; PG 31, 1113AB) [C]

+ εαν δε μη ακουση παραλαβε μετα σου ετι ενα η δυο ινα επι στοματος δυο μαρτυρων και τριων σταθη παν ρημα + (*RBr* 232; PG 31, 1237B) [C]

+ εαν δε μη ακουση παραλαβε μετα σεαυτου ετι ενα η δυο ινα επι στοματος δυο μαρτυρων η τριων σταθη παν ρημα + (*RBr* 293; PG 31, 1289A) [C]

+ εαν σου μη ακουση παραλαβε μετα σεαυτου αλλον + (*Ep* 288.4–5) [Ad]*

προς την των λεγομενων βεβαιωσιν σαφως της γραφης διαγορευουσης επι δυο και τριων μαρτυρων ιστασθαι παν ρημα (*RFus* 33.1; PG 31, 997C) [All][153]

TEXT: εαν δε μη ακουση παραλαβε μετα [σεαυτου/σου] ετι ενα η δυο ινα επι στοματος δυο μαρτυρων [η/και][154] τριων σταθη παν ρημα

Lac.: C k Nyssa

.1) ακουση ℵ B D E W Θ Π Ω f^1 f^{13} 565 700] σου ακουση L Δ 33, te audierit a b / ακουση σου Σ, audierit te e

.2) μετα σεαυτου ετι ενα η δυο ℵ L Θ Π Σ f^1 f^{13} 33, tecum adhuc unum vel duos (b)] μετα σου ετι ενα η δυο D E W Δ Ω 565 700 (b) / ετι ενα η δυο μετα σου B / tecum adhuc et unum vel duos (μετα σεαυτου ετι και ενα η δυο?) a / tecum unum aut duo (=μετα σου η δυο?) e

.3) δυο μαρτυρων η τριων σταθη B E W Π Σ Ω f^1 f^{13}] δυο η τριων μαρτυρων σταθη ℵ Θ 700, duorum vel trium tetium stet a b, duum aut trium testium stabit e / δυο η τριων σταθη D / μαρτυρων δυο η τριων σταθη L / δυο μαρτυρων η τριων σταθησεται Δ 33 565

Matthew 18:17

+ εαν δε παρακουση αυτων ειπε τη εκκλησια εαν δε και της εκκλησιας

---

[153]The Armenian version of *RFus* 33.1 looks more like a citation of this verse here.

[154]και appears in only one quotation, so that η seems more likely to represent Basil's text.

παρακουση εστω σοι ωσπερ ο εθνικος και ο τελωνης (*Mor* 52.4; PG 31, 780A) [C]

+ εαν δε παρακουση αυτων ειπε τη εκκλησια εαν δε και της εκκλησιας παρακουση εστω σοι ωσπερ ο εθνικος και ο τελωνης (*RBr* 3; PG 31, 1084AB) [C]

+ εαν δε παρακουση αυτων ειπε τη εκκλησια εαν δε και της εκκλησιας παρακουση εστω σοι ωσπερ ο εθνικος και ο τελωνης (*RBr* 47; PG 31, 1113B) [C]

+ εαν δε παρακουση αυτων ειπε τη εκκλησια εαν δε και της εκκλησιας παρακουση εστω σοι ωσπερ ο εθνικος και ο τελωνης (*RBr* 232; PG 31, 1237B) [C]

+ εαν δε παρακουση αυτων ειπε τη εκκλησια εαν δε και της εκκλησιας παρακουση εστω σοι ωσπερ ο εθνικος και ο τελωνης (*RBr* 293; PG 31, 1289A) [C]

ως ο Κυριος προσεταξεν ειπων "εαν δε και της εκκλησιας παρακουση εστω σοι ως ο εθνικος και ο τελωνης" (*RBr* 9; PG 31, 1088B) [C]

τα υπο του Κυριου ... ειρημενα "εαν δε και της εκκλησιας παρακουση εστω σοι ωσπερ ο εθνικος και ο τελωνης" (*RBr* 41; PG 31, 1109AB) [C]

εαν και της εκκλησιας ο ελεγθεις παρακουση, εστω σοι ωσπερ ο εθνικος και ο τελωνης (*RBr* 261; PG 31, 1260B) [C]

του Κυριου τον επιμενοντα τω κακω εθνικω και τελωνη συγκρινοντος. "εστω γαρ σοι," φησιν "ο τοιουτος ωσπερ ο εθνικος και ο τελωνης" (*RFus* 36; PG 31, 1009A) [Ad]*

+ εαν δε μηδε ουτως ειπε τη εκκλησια εαν δε και της εκκλησιας παρακουση εστω σοι λοιπον ως ο εθνικος και ο τελωνης (*Ep* 288.5–7) [Ad]*

ως ο εθνικος και ο τελωνης ορασθαι (*Ep* 22.6.28) [All]*

TEXT: εαν δε παρακουση αυτων ειπε τη εκκλησια εαν δε και της εκκλησιας παρακουση εστω σοι [ωσπερ/ως][155] ο εθνικος και ο τελωνης

Lac.: C k Nyssa

---

[155] ωσπερ is more common than ως, but it is not excluded that Basil knew both or quoted loosely sometimes, for ως is found in manuscripts of Matthew.

.1) παρακουση⁽¹⁾ ℵ B D E L W Δ Θ Π Σ Ω f^1 f^{13} 33 565 700] non audierit
(=μη ακουση) a b / contempserit (=καταφρονησηται) e
.2) ειπε B D E W Δ Θ Π Σ Ω f^1 f^{13} 33 565 700] ειπον ℵ L [NA: a b e]
.3) δε και ℵ B D E L W Δ Θ Π Σ Ω f^1 f^{13} 33 565 700] autem (=δε) a b / omit e
.4) παρακουση⁽²⁾ ℵ B D E L W Δ Θ Π Ω f^1 f^{13} 33 565 700] καταφρονησει Σ, contempserit (=καταφρονησηται) e / non audierit (=μη ακουση) a b
.5) ο εθνικος ℵ B D E L Δ Θ Π Σ Ω f^1 f^{13} 565 700] εθνικος W 33 [NA: a b e]

εστω rell] εσται Σ [NA: a b k]
σοι rell] σοι λοιπον f^1 / omit L
και⁽²⁾ rell] aut (=η) e
ο τελωνης rell] ως ο τελωνης D

Matthew 18:18

+ αμην λεγω υμιν οσα αν δησητε επι της γης εσται δεδεμενα εν τω ουρανω και οσα αν λυσητε επι της γης εσται λελυμενα εν τω ουρανω + (Mor 1.2; PG 31, 700C) [C]**

οσα εαν δησητε επι της γης εσται δεδεμενα εν τω ουρανω (RBr 261; PG 31, 1260B) [C]

Lac.: C k Nyssa

.1) εν τω ουρανω⁽¹⁾ E W Δ Π Σ Ω f^1 565 700, in caelo (a b e)] εν ουρανω B Θ f^{13} (a b e) / εν τοις ουρανοις ℵ D^c L 33
.2) εν τω ουρανω⁽²⁾ E W Δ Π Σ Ω f^1 565 700^c, in caelo (a)] εν ουρανω ℵ B Θ f^{13} (a) / εν τοις ουρανοις D L 33 / et in caelo (=και εν [τω] ουρανω) b e

---

αμην rell] αμην γαρ Σ
λεγω υμιν rell] λεγω 700*
οσα rell] ος ℵ*
εσται ... και rell] omit D*156

δεδεμενα rell] δεδεμενον ℵ*
και ... ουρανω rell] omit 700*[157]

Matthew 18:19

+ παλιν αμην λεγω υμιν οτι εαν δυο υμων συμφωνησωσιν επι της γης περι παντος πραγματος ου εαν αιτησωνται γενησεται αυτοις παρα του πατρος μου του εν ουρανοις (*Mor* 1.2; PG 31, 700C) [C]**
γεγραπται γαρ επι των τοιουτων οτι "εαν δυο υμων συμφωνησωσιν επι της γης περι παντος πραγματος ου εαν αιτησωνται γενησεται αυτοις παρα του πατρος μου του εν ουρανοις" (*RBr* 15; PG 31, 1092BC) [C]
δυο υμων εαν συμφωνησωσιν (*RBr* 261; PG 31, 1260A) [All]*
του Κυριου επαγγειλαμενου οτι [Mt 21:22] και παλιν "εαν δυο υμων συμφωνησωσιν επι της γης περι παντος πραγματος ου εαν αιτησωνται γενησεται αυτοις" (*RBr* 261; PG 31, 1256C) [L]

Lac.: C k Nyssa

.1) παλιν αμην Β Ε Π Ω 33 700, iterum amen a b] παλιν δε W Δ / παλιν ℵ D L Σ f^1 / αμην Θ f^{13} 565 / iterum audite (=παλιν ακουετε) e

.2) υμων συμφωνησωσιν E W Δ^c Π Σ Ω f^1 565] συμφωνησουσιν εξ υμων B L / συμφωνησωσιν εξ υμων ℵ D / υμιν συμφωνησουσιν Δ* / εξ υμων συμφωνησωσιν Θ f^{13} 700, ex vobis convenerit b (e) / συμφωνησωσιν 33, convenerit a

---

λεγω υμιν rell] υμιν λεγω W
οτι rell] omit 700
εαν δυο rell] δυο εαν D
πραγματος rell] του πραγματος D* [NA: a b e]
ου rell] ο W [NA: a b e]
αιτησωνται/αιτησονται rell] petieritis (=αιτησεσθε) b e
γενησεται αυτοις rell] αυτοις γενησεται ℵ / δοθησεται αυτοις 33 / continget vobis (=γενησεται υμιν) e

---

[156] This omission is likely due to a homoeoteleuton.
[157] Idem.

ουρανοις rell, caelis (a b e)] ουρανους Δ / τοις ουρανοις Σ (a b e)

Matthew 18:20
    οπου εισιν δυο η τρεις συνηγμενοι εις το εμον ονομα εκει ειμι εν μεσω αυτων (*RFus* 5.3; PG 31, 924B) [C]
    και του μονογενη υιον του Θεου πληρουντα την επαγγελιαν "ου εαν ωσι δυο η τρεις συνηγμενοι εις το εμον ονομα εκει ειμι εν μεσω αυτων" (*RBr* 306; PG 31, 1301A) [Ad]
    "οπου εαν ωσι δυο η τρεις συνηγμενοι," φησιν ο Κυριος, "εις το εμον ονομα εκει ειμι εν μεσω αυτων" (*RFus* 37.4; PG 31, 1013D) [Ad]*
    οπου δυο η τρεις εισιν συνειλεγμενοι επι τω ονοματι του Κυριου εκει εστιν εν μεσω αυτων (*HMart* 8; PG 31, 524A) [All]*
    του Κυριου ειποντος "οπου εαν ωσι δυο η τρεις συνηγμενοι εις το εμον ονομα εκει ειμι εν μεσω αυτων" (*RBr* 225; PG 31, 1232B) [L]
    TEXT: οπου εισιν δυο η τρεις συνηγμενοι εις το εμον ονομα εκει ειμι εν μεσω αυτων

Lac.: C k Nyssa

.1) οπου εισιν] οπου γαρ εισιν ℵ^c Θ f^{13} Σ, ubi enim sunt a b / ου γαρ εισιν ℵ* B D^c E L W Δ Π Ω f^1 33 565 700 / ουκ εισιν γαρ D* / et ubicumque (=και πανταχου?) e

---

η rell] omit ℵ*
εκει rell] παρ' οις ουκ D / omit e

Matthew 18:21
    αει μεν ουν η γραφη τον της αφεσεως τως αμαρτηματων αριθμον εν τοις επτα περιοριζει "ποσακις" γαρ, φησιν "αμαρτησει εις εμε ο αδελφος και αφησω αυτω (ο Πετρος εστι λεγων τω Κυριω); εως επτακις;" + (*Ep* 260.3.6–8) [Ad]*
    τι εστι το, "ποσακις αμαρτησει εις εμε ο αδελφος μου και αφησω αυτω;" (*RBr* 15; PG 31, 1092B) [L]
    TEXT: ποσακις αμαρτησει εις εμε ο αδελφος [μου][158] και αφησω αυτω;

εως επτακις;

Lac.: C k Nyssa

.1) ποσσακις ℵ B D E L W Δ Θ Π Σ Ω f^1 f^{13} 33 565 700] si (=εαν) a b e

.2) εις εμε ο αδελφος L] εις εμε ο αδελφος μου ℵ D E W Δ Π Σ Ω f^1 33 565 700, in me frater meus a b e / ο αδελφος μου εις εμε B Θ f^{13}

.3) και ℵ B D E L W Δ Θ Π Σ Ω f^1 f^{13} 33 565 700] quotiens (=ποσσακις) a b e

---

αυτω rell] αυτον Θ

Matthew 18:22

+ ειτα αποκρισις του Κυριου· ου λεγω σοι εως επτακις, αλλ' εως εβδομηκοντακις επτα (*Ep* 260.3.9–10) [Ad]*

Lac.: C k Nyssa

.1) επτα ℵ B D^c E L W Δ Θ Π Σ Ω f^1 f^{13} 33 565 700] επτακις D*, septies a e / et septies (και επτακις) b

Matthew 18:31

"ιδοντες δε," φησιν, "οι συνδουλοι αυτου διεσαφησαν τω κυριω εαυτων" (*RBr* 42; PG 31, 1109B) [All]*

TEXT: ιδοντες [δε][159] οι συνδουλοι αυτου [...] διεσαφησαν τω κυριω εαυτων

Lac.: k Nyssa

---

[158]If adaptations are more reliable than lemmata, and if longer quotations are more reliable than shorter ones, one would omit μου here. Nevertheless, the word is present in at least two manuscripts of Basil's works, namely Laurent. Med IV–14 and Paris Coislin 237. I would prefer to omit it, because I believe that Basil would have written it if he had had it under his eyes, considering that he copied directly from the text here.

[159]It is impossible to know whether this particle was part of Basil's text or he added it to insert the quotation.

οι συνδουλοι αυτου rell] αυτου οι συνδουλοι B

Matthew 18:34

οργισθεις δε ο κυριος, ανεκαλεσατο την εαυτου εις αυτον χαριν και παρεδωκεν αυτον τοις βασανισταις εως ου αποδω παν το οφειλομενον (*RBr* 42; PG 31, 1109B) [All]*

TEXT: οργισθεις [δε][160] ο κυριος παρεδωκεν αυτον τοις βασανισταις εως ου αποδω παν το οφειλομενον

Lac.: k

.1) κυριος, dominus a] κυριος αυτου ℵ B C D E L W Δ Θ Π Σ Ω f^1 f^{13} 33 565 700, dominus eius b e Nyssa

.2) ου C D E L W Δ Θ Π Σ Ω f^1 f^{13} 33 565 700, (quoadusque) a b e Nyssa] omit ℵ^1 B / σου ℵ*

.3) οφειλομενον ℵ^1 B D Θ f^{13} 700, debitum a b e] οφειλομενον αυτω ℵ*.2 C E L W Δ Π Σ Ω f^1 33 565 Nyssa[161]

παν ℵ B C E L W Δ Θ Π Σ Ω f^1 f^{13} 33 565 700, universum a b, omne e Nyssa] omit D

MATTHEW CHAPTER NINETEEN

Matthew 19:9

λεγω δε υμιν οτι ος αν απολυση την γυναικα αυτου μη επι πορνεια και γαμηση αλλην μοιχαται και ο απολελυμενην γαμησας μοιχαται (*Mor* 73.1; PG 31, 852A) [C]

λεγω δε υμιν οτι ος αν απολυση την γυναικα αυτου μη επι πορνεια και γαμηση αλλην μοιχαται και ο απολελυμενην γαμησας μοιχαται (*Mor* 73.2; PG 31, 852B) [C]

---

[160]Idem.
[161]Since there is only one allusion to this verse, it is difficult to make any statement regarding the presence of αυτω.

Lac.: k Nyssa

.1) οτι ος αν ℵ E L W Δ Θ Π Σ Ω f^1 f^{13} 33 565 700] ος ε-αν B C D / quicumque (=οστις?) a b e

.2) μη επι πορνεια και γαμηση αλλην μοιχαται και ο απολελυμενην γαμησας E Ω 700] μη επι πορνεια και γαμηση αλλην μοιχαται και ο απολελυμενην γαμων Δ (Θ) Π Σ (565) / μη επι πορνεια γαμηση αλλην μοιχαται και ο απολελυμενην γαμων W / μη επι πορνεια και γαμηση αλλην ποιει αυτην μοιχευθηναι και ο αολελυμενην γαμων C* / μη επι πορνεια και γαμηση αλλην ℵ C^c L / παρεκτος λογου πορνειας και γαμηση αλλην μοιχαται και ο απολελυμενην γαμων f^{13} 33 /[162] παρεκτος λογου πορνειας ποιει αυτην μοιχευτηναι και ο απολελυμενην γαμησας B / παρεκτος λογου πορνειας και γαμηση αλλην D, nisi ob causam fornicationis et aliam duxerit a b, prater causam fornicationis et aliam duxerit e / παρεκτος λογου πορνειας ποιει αυτην μοιχευτηναι και ο απολελυμενην γαμων f^1

αυτου rell] υμων W*

Matthew 19:12

εισιν ευνουχοι οιτινες εκ κοιλιας μητρος εγεννηθησαν ουτως, και εισιν ευνουχοι οιτινες ευνουχισθησαν υπο των ανθρωπων, και εισιν ευνουχοι οιτινες ευνουχισαν εαυτους δια την βασιλειαν των ουρανων. ο δυναμενος χωρειν χωρειτω (*Mor* 70.8; PG 31, 824C) [C]**

εισιν ευνουχοι οιτινες ευνουχισαν εαυτους δια την βασιλειαν των ουρανων. ο δυναμενος χωρειν χωρειτω (*Mor* 77.1; PG 31, 857C) [C]

Lac.: k Nyssa

.1) εισιν$^{(1)}$ ℵ*] εισιν γαρ ℵ^c B C D E L W Δ Θ Π Σ Ω f^1 f^{13} 33 565 700, sunt enim a b e

---

[162]This reading and the the two following it could be scribal harmonizations to Matt 5:32.

ευνουχισαν rell] ευνουχισθησαν Δ

Matthew 19:16

και ιδου εις προσελθων ειπεν αυτω, διδασκαλε αγαθε, τι αγαθον ποιησω ινα εχω ζωην αιωνιον; (*Mor* 9.3; PG 31, 717A) [C]

και ιδου εις προσελθων ειπεν αυτω, διδασκαλε αγαθε, τι αγαθον ποιησω ινα εχω ζωην αιωνιον; + (*Mor* 59.1; PG 31, 792C) [Ad]*

Lac.: k Nyssa

.1) ειπεν αυτω C E L W Δ Π Σ Ω f^1 33 565, dixit illi a] αυτω ειπεν ℵ B Θ f^{13} 700 / λεγει αυτω D, ait illi b / dixit (=ειπεν) e

.2) αγαθε C E W Δ Θ Π Σ Ω f^{13} 33 565 700, bone b] omit ℵ B D L f^1 a e

.3) ποιησω ινα εχω ζωην αιωνιον C^c E Δ Π Σ Ω f^1 f^{13} 565 700, faciam ut habeam vitam aeternam a b] ποιησω ινα σχω ζωην αιωνιον B C* D Θ, faciam vitam aeternam consequor e / ποιησας ζωην αιωνιον κληρονομησω ℵ L 33 / ποιησω ινα ζωην εχω αιωνιον W

αγαθον rell] omit Σ

Matthew 19:17

+ ο δε ειπεν αυτω· τι με λεγεις αγαθον ουδεις αγαθος ει μη εις ο θεος (*Mor* 59.1; PG 31, 792C) [Ad]*

Lac.: k Nyssa

.1) ειπεν ℵ B C D L W Δ Θ Π Σ Ω f^1 f^{13} 565 700, dixit e] Ιησους ειπεν E 33, Iesus dixit a b

.2) λεγεις αγαθον C E W Π Σ Ω f^{13} 33 565] ερωτας περι του αγαθου ℵ B L Θ f^1 700, interrogas de bono (a b e) / ερωτας περι αγαθου D (a b e) / αγαθον Δ

.3) ουδεις C E W Δ Π Σ Ω f^{13} 33 565] εις εστιν ℵ B^c D L Θ f^1 700, unus est a b e / εστιν B*

.4) αγαθος C D E W Δ Π Σ Ω f^1 f^{13} 33 565 700] ο αγαθος ℵ B L Θ [NA: a b e]

.5) ει μη εις ο θεος C E W Δ Π Σ Ω f^{13} 33 565] omit ℵ B D L Θ f^1 700 a / Deus (=θεος) b / pater (=πατηρ) e

Matthew 19:18

ου φονευσεις ου μοιχευσεις ου κλεψεις + (HPs 1.4; PG 29, 220A) [Ad]*[163]

Lac.: k Nyssa

ου μοιχευσεις ου κλεψεις rell] omit ℵ*

Matthew 19:19

+ αγαπησεις τον πλησιον σου ως σεαυτον (HPs 1.4; PG 29, 220A) [Ad][164]

Lac.: k Nyssa

Matthew 19:21

μη τοις γεγαμηκοσιν ουκ εγραφη τα ευαγγελια· "ει θελεις τελειος ειναι, πωλησον σου τα υπαρχοντα και δος πτωχοις" (HDiv 63.26–27) [C]

του Κυριου ειποντος, "πωλησον σου τα υπαρχοντα και δος πτωχοις, και εξεις θησαυρον εν ουρανω, και δευρο ακολουθει μοι" (RFus 9.1; PG 31, 941AB) [C]

ει θελεις τελειος ειναι, υπαγε πωλησον σου τα υπαρχοντα και δος πτωχοις (Ep 150.3.15–16) [C]

η υπερογκον ρημα ο διδασκαλος προετεινατο; "πωλησον σου τα υπαρχοντα και δος πτωχοις" (HDiv 41.2) [C]

αλλ' εαν μεν ακουσης, "πωλησον σου τα υπαρχοντα και δος πτωχοις" (HDiv 53.1) [C]

πωλησον σου τα υπαρχοντα και δος πτωχοις (HPs 1.4; PG 29, 220A) [C]

προσταγμα του Κυριου εστιν το, "πωλησον σου τα υπαρχοντα και δος

---

[163]This could also be Exod 20:13–15, but the order of the items is the one found in Matthew.

[164]This could be Lev 19:18, but the context is that of Matthew.

πτωχοις" (*RBr* 101; PG 31, 1153A) [C]
ει θελεις τελειος ειναι, προτερον ειποντος· υπαγε πωλησον σου τα υπαρχοντα και δος πτωχοις, και τοτε επαγαγοντος το δευρο ακολουθει μοι (*RFus* 8.2; PG 31, 937C) [Ad]*
ακουων· "πωλησον τα υπαρχοντα" (*HDiv* 49.24) [C]
TEXT: ει θελεις τελειος ειναι, υπαγε πωλησον σου τα υπαρχοντα και δος πτωχοις, και εξεις θησαυρον εν ουρανω, και δευρο ακολουθει μοι

Lac.: k Nyssa

.1) πτωχοις ℵ C E L W Δ Π Σ Ω f^1 f^{13} 33 565 700] τοις πτωχοις B D Θ [NA: a b e]

.2) ουρανω ℵ E L W Δ Θ Π Σ Ω f^1 f^{13} 33 565 700, caelo a b] ουρανοις B C D, caelis e

---

ειναι rell] γενεσθε ℵ*
πωλησον rell] et vende (=και πωλησον) e
υπαρχοντα rell] omnia (=παντα) b / omnia tua (=παντα σου) e

Matthew 19:27

μνημονευσωμεν της αποκρισεως του Κυριου προς τον Πετρον επι τω τοιουτω αγωνιασαντα και ειποντα· "ιδου ημεις αφηκαμεν παντα και ηκολουθησαμεν σοι· τι αρα εσται ημιν;" (*RBr* 89; PG 31, 1144D) [C]

Lac.: k Nyssa

αφηκαμεν rell] αφεντες Θ

Matthew 19:28

καθεσθησονται επι δωδεκα θρονους και κρινουσι τας δωδεκα φυλας του Ισραηλ (*HPs* 44.12; PG 29, 413B) [All]*
TEXT: καθ[εσθησονται][165] [...] επι δωδεκα θρονους και [κρινουσι][166] τας

---

[165] The only certainty here is that Basil's text had the verb καθιστημι. We cannot say anything about its ending.

δωδεκα φυλας του Ισραηλ

Lac.: k Nyssa

δωδεκα⁽¹⁾ rell] δεκακυο D [NA: a b e]
τας rell] omit D* [NA: a b e]

Matthew 19:29

αποκρινεται δε αυτω ουτως· "πας οστις αφηκεν οικιαν η αδελφους η αδελφας η πατερα η μητερα η γυναικα η τεκνα η αγρους ενεκεν εμου και ενεκεν του ευαγγελιου, εκατονταπλασιονα ληψεται και ζωην αιωνιον κληρονομησει" (RBr 89; PG 31, 1144D-1145A) [All]*

TEXT: πας οστις αφηκεν οικιαν η αδελφους η αδελφας η πατερα η μητερα η γυναικα η τεκνα η αγρους ενεκεν εμου [και ενεκεν του ευαγγελιου],[167] εκατονταπλασιονα ληψεται και ζωην αιωνιον κληρονομησει

Lac.: k

.1) οστις ℵ B C D E* L W Δ Π Θ Σ f^1 f^{13} 33 565 700, quicumque e Nyssa] ος E^c Ω, qui a b

.2) αφηκεν ℵ B C D E L W Δ Θ Π Σ Ω f^1 f^{13} 33 565 700 Nyssa] reliquerit (=αφησεν) a b / dimiserint (=αφησουσιν) e

.3) οικιαν η αδελφους η αδελφας η πατερα η μητερα η γυναικα η τεκνα η αγρους Θ Π 33 565 700] οικιας η αδελφους η αδελφας η πατερα η μητερα η γυναικα η τεκνα η αγρους B Nyssa / αδελφους η αδελφας η πατερα η μητερα η γυναικα η τεκνα η αγρους ℵ* / αδελφους η αδελφας η πατερα η μητερα η γυναικα η τεκνα η αγρους η οικιας ℵ^c C* L / οικιας η αδελφους η αδελφας η μητερα η τεκνα η αγρους D / οικιας η αδελφους η αδελφας η πατερα η μητερα η γυναικα η τεκνα η αγρους C^c (E) W Δ

---

[166]The only certainty is that Basil's text had the verb κρινω. We cannot say anything about its ending.

[167]Since this reading was not found in any manuscript of Matthew, I assume that Basil is quoting from memory and introduces an element from Mark 10:29. Interestingly, Swanson, *NT Greek MSS, Vol. 1, Matthew*, ad. loc mentions the same reading for Clement of Alexandria, *Stromata* IV 15.4.

Σ Ω ƒ¹³ / αδελφους η αδελφας η γονεις η τεκνα η αγρους η οικιας ƒ¹ / domum vel fratres aut sorores aut patrem aut matrem aut filios aut agros (=οικιαν η αδελφους η αδελφας η μητερα η τεκνα η αγρους) a b] domos et agros aut fratres aut sorores aut aut filios aut parentes (=οικιας και αγρους η αδελφους η αδελφας η τεκνα η γονεις?) e
.4) εμου] του εμου ονοματος ℵ Β Θ, nomen meum (a b e) / του ονοματος μου C D E L W Δ Π Σ Ω ƒ¹ ƒ¹³ 33 565 700 (a b e) Nyssa
.5) εκατονταπλασιονα ℵ C D E W Δ Θ Π Ω ƒ¹ ƒ¹³ 33 565 700, centuplum a b e Nyssa] πολλαπλασιονα B L

και rell] et in futuro (=και εν τω μελλοντι?) e

MATTHEW CHAPTER TWENTY

Matthew 20:6

μη περι της ενδεκατης (*HBapt* 5; PG 31, 432C) [All]

Lac.: k Nyssa

Matthew 20:14

ο Κυριος επηγγειλατο τους δια την εντολην αυτου αφιεντας ο τι δηποτε των παροντων· "αρον το σον" (*RBr* 256; PG 31, 1253B) [C]**

που απελθειν προσεταχθη ο ακουσας· "αρον το σον και υπαγε" (*RBr* 255; PG 31, 1253A) [L]

Lac.: 33ᵖᵗ k

.1) αρον ℵ B C D E L W Δ Θ Π Σ Ω ƒ¹ ƒ¹³ 33 565 700, tolle e Nyssa] tolle itaque (=αρον ουτως) a b

Matthew 20:15

εν η φησιν ο Κυριος προς τους λυπηθεντας, οτι τα ισα αυτοις τινες ετιμηθησαν· "ει ο οφθαλμος σου πονηρος εστιν οτι εγω αγαθος ειμι" (*RBr* 171; PG 31, 1193D–1196A) [C]

Lac.: 33^pt k

.1) ει B^c E ƒ^13 700^c] η ℵ B* C D L W Δ Θ Π Σ Ω ƒ^1 33 565 700*, an a b, aut e^168 Nyssa^169

Matthew *20:22*

και παλιν τοις μαθηταις· "δυνασθε πιειν το ποτηριον ο εγω πινω" (*HPs* 115.4; PG 30, 109C) [C]

Lac.: Ω 565^pt a k Nyssa

πιειν το ποτηριον rell] το ποτηριον πιειν D
πινω]^170 μελλω πιειν/πινειν rell

Matthew *20:25*

οιδατε οτι οι αρχοντες των εθνων κατακυριευουσιν αυτων και οι μεγαλοι κατεξουσιαζουσιν αυτων + (*Mor* 27.1; PG 31, 745C) [C]

Lac.: Ω 565 k Nyssa

Matthew *20:26*

+ ουχ ουτως εσται εν υμιν, αλλ᾽ ος εαν θελη εν υμιν γενεσθαι πρωτος εσται υμων διακονος + (*Mor* 27.1; PG 31, 745CD) [C]

Lac.: Ω 565 k Nyssa

.1) ουτως ℵ B D E L W Δ Θ Π Σ ƒ^1 ƒ^13 700, ita a b e] ουτως δε C 33

---

[168]Latin manuscripts a and b understood the "η" as the interrogative particle *an*, while manuscript e understood it as the conjunction *aut*. Otherwise, these are not significant variants, for they may denote a stylistic preference and they may have sounded alike to hearers.

[169]This kind of variant is rarely noticed, for both sounds must have been almost similar. Nevertheless, Latin versions chose to translate it either as the conjunction *if* (a b) or the conjunction *or* (e). That testifies to a different understanding of this word.

[170]This reading is also found in 118 and 1424.

.2) εσται⁽¹⁾ ℵ C Eᶜ L W Δ Θ Π Σ f¹ f¹³ 33 700, erit a b e] εστιν B D / εστω E*
.3) εσται⁽²⁾ ℵ* B C D Eᶜ W Δ Θ Π Σ f¹ f¹³ 33 700] εστω ℵᶜ L [NA: a b e]

αλλ' ... διακονος rell] omit E*
εν υμιν γενεσθαι πρωτος] εν υμιν μεγας γενεσθαι ℵ D Eᶜ W Δ Θ Π Σ f¹ f¹³ 33 700, inter vos maior fieri a b e / μεγας γενεσθαι εν υμιν C / υμων μεγας γενεσθαι L / μεγας εν υμιν γενεσθαι B

Matthew 20:27
+ και ος αν θελη εν υμιν πρωτος ειναι εσται υμων δουλος + (*Mor* 27.1; PG 31, 745D–748A) [C]

Lac.: Ω k Nyssa
.1) αν/εαν ℵ B C D E L W Δ Θ Σ Ω f¹ f¹³ 33 700] omit Π 565 a b e
.2) εν υμιν πρωτος ειναι W, inter vos primus esse a b e] εν υμιν ειναι πρωτος ℵ C D E Δ Θ Π Σ f¹ f¹³ 33 565 700 / ειναι υμων πρωτος B / εν υμιν πρωτος L
.3) εσται ℵ C D L W Δ Θ Π Σ f¹ f¹³ 33 565 700] εστω B E [NA: a b e]

Matthew 20:28
+ ωσπερ ο υιος του ανθρωπου ουκ ηλθε διακονηθηναι αλλα διακονησαι και δουναι την ψυχην αυτου λυτρον αντι πολλων (*Mor* 27.1; PG 31, 748A) [C]
ωσπερ ο υιος του ανθρωπου ουκ ηλθεν διακονηθηναι αλλα διακονησαι (*RBr* 115; PG 31, 1161A) [C]

Lac.: Ω k Nyssa

MATTHEW CHAPTER TWENTY-ONE
Matthew 21:12
και εισηλθεν Ιησους εις το ιερον του Θεου και εξεβαλε παντας τους πωλουντας και αγοραζοντας εν τω ιερω, και τας τραπεζας των κολλυβιστων κατεστρεψε και τας καθεδρας των πωλουντων τας

περιστερας + (*Mor* 30.1; PG 31, 748CD) [C]

Lac.: k Nyssa

.1) Ιησους ℵ B C E W Δ 700, Iesus (a b e)] ο Ιησους D L Θ Π Σ f^1 f^{13} 33 565 (a b e) / omit Ω

.2) του Θεου C D E W Δ Π Σ Ω f^1 565, Dei a e] omit ℵ B L Θ f^{13} 33 700 b

.3) κατεστρεψε και τας καθεδρας των πωλουντων τας περιστερας ℵ B C D E L W Δ Θ Π Σ Ω f^1 f^{13} 33 565 700] et cathedras vendentium columbas evertit (=και τας καθεδρας των πωλουντων τας περιστερας κατεστρεψετε) a b / et columbas evertit et categras [sic? / eorum qui sedebant (=και περιστερας κατεστρεψετε και καθεδρας αυτων καθεμενοντες?) e[171]

Matthew 21:13

+ και λεγει αυτοις, γεγραπται, ο οικος μου οικος προσευχης κληθησεται, υμεις δε εποιησατε αυτον σπηλαιον ληστων (*Mor* 30.1; PG 31, 748D) [C]

Lac.: a[pt] k Nyssa

.1) εποιησατε αυτον E* 700, fecistis eam b, fecistis illam e] αυτον εποιησατε C D E[c] W Δ Π Σ Ω f^{13} 33 565 / αυτον ποιειτε ℵ B L Θ / αυτον πεποιηκατε f^1

γεγραπται rell] γεγραπται οτι Σ
ο rell] omit D [NA: a b e]

Matthew 21:22

του Κυριου επαγγειλαμενου, οτι "παντα οσα αν αιτησητε εν τη προσευχη πιστευοντες λημψεσθε" (*RBr* 261; PG 31, 1256C) [L]

---

[171] It appears that the scribe had some difficulties with this phrase as one considers the word *categras* which appears nowhere in Latin dictionaries.

Lac.: k Nyssa
.1) αν/εαν ℵ B C E L W Δ Θ Π Σ Ω f^1 f^{13} 33 565 700] omit D a b e

Matthew 21:28
"τεκνον" γαρ, φησιν, "υπαγε εις τον αμπελωνα" (*Eun* II.8.17–18) [Ad]*

Lac.: k Nyssa
.1) υπαγε, vade e] υπαγε σημερον εργαζου ℵ B C D E L W Δ Θ Π Σ Ω f^1 f^{13} 33 565 700, vade hodie operari a b
.2) εις τον αμπελωνα D, in vineam a b e] εν τω αμπελωνι ℵ B C E L W Δ Θ Π Σ Ω f^1 f^{13} 33 565 700

MATTHEW CHAPTER TWENTY-TWO

Matthew 22:8
ο μεν γαμος ετοιμος εστιν, οι δε κεκλημενοι ουκ ησαν αξιοι + (*Mor* 70.13; PG 31, 828A) [C]

Lac.: 33^{pt} 565 k Nyssa
.1) εστιν ℵ B C D E L W Θ Π Ω f^1 f^{13} 700, (sunt) (a b e)] omit Δ Σ

Matthew 22:9
+ πορευεσθε ουν επι τας διεξοδους των οδων και οσους αν ευρητε καλεσατε εις τους γαμους (*Mor* 70.13; PG 31, 828A) [C]

Lac.: 33^{pt} 565 k Nyssa
.1) αν/εαν ℵ B C D E L W Δ Θ Π Σ Ω f^1 f^{13} 33 700] omit a b e

Matthew 22:14
πολλοι κλητοι ολιγοι δε εκλεκτοι (*HPs* 32.7; PG 29, 341C) [All]*

Lac.: k Nyssa
.1) κλητοι] γαρ εισιν κλητοι ℵ B C D E W Δ Θ Π Σ Ω f^{13} 565, autem sunt

vocati (a b e) / γαρ εισιν οι κλητοι L f^1 700 (a b e)

.2) εκλεκτοι ℵ B C D E W Δ Θ Π Σ Ω f^{13} 565] οι εκλεκτοι L f^1 700 [NA: a b e]

---

omit *in toto* 33

Matthew 22:38

αυτη εστιν η πρωτη και μεγαλη εντολη (*Mor* 3.1; PG 31, 705C) [C]
αυτη εστιν πρωτη και μεγαλη εντολη + (*RFus* 1; PG 31, 908A) [Ad]*
πρωτη δε και μεγαλη εντολη (*RBr* 163; PG 31, 1188D) [All]*
TEXT: αυτη εστιν [η][172] πρωτη και μεγαλη εντολη

Lac.: C k Nyssa

.1) πρωτη και μεγαλη E Π Ω] η πρωτη και μεγαλη Δ Σ 565 / η μεγαλη και πρωτη ℵ B Θ f^1 f^{13} 33 700, maximum et primum a b e / μεγαλη και πρωτη D (a b e) / η μεγαλη και η πρωτη L / η πρωτη και η μεγαλη W

Matthew 22:40

εν ταυταις ταις δυσιν εντολαις ολος ο νομος και οι προφηται κρεμανται (*RFus* 2.1; PG 31, 908D–909A) [C]

Lac.: C k

.1) και οι προφηται κρεμανται E W Δ Π Ω f^1 f^{13} 565 700 Nyssa] κρεμαται και οι προφηται ℵ B D L Θ Σ 33, pendet et prophetae a b e

---

ολος rell] omit ℵ*

---

[172]I would tend to omit the article, as do the adaptation and the allusion.

MATTHEW CHAPTER TWENTY-THREE

Matthew 23:5

παντα δε τα εργα αυτων ποιουσι προς το θεαθηναι τοις ανθρωποις· πλατυνουσι δε τα φυλακτηρια αυτων και μεγαλυνουσι τα κρασπεδα των ιματιων αυτων + (*Mor* 70.23; PG 31, 836A) [C]**

ποιουσιν προς το θεαθηναι τοις ανθρωποις (*RBr* 247; PG 31, 1248B) [C]

μνημονευομεν του Κυριου ειποντος· "ποιουσιν προς το θεαθηναι τοις ανθρωποις" (*RBr* 179; PG 31, 1201B) [Ad]

οπερ επαιδευθη ο αποστολος παρα του Κυριου ειποντος περι τινων· "ποιουσιν προς το θεαθηναι τοις ανθρωποις" (*RBr* 282; PG 31, 1280C) [Ad]

"ποιουσιν" γαρ, φησιν ο Κυριος, "προς το θεαθηναι τοις ανθρωποις" (*RBr* 298; PG 31, 1293AB) [Ad]

ποιειν την εντολην του Θεου "προς το θεαθηναι τοις ανθρωποις" (*RBr* 223; PG 31, 1229C) [All]

Lac.: C k Nyssa

.1) δε$^{(2)}$ E W Δ Π Σ Ω 33] γαρ ℵ B D L Θ f^1 f^{13} 700, enim a b e / omit 565

.2) των ιματιων αυτων E W Π Σ Ω f^{13} 33 565 700] των ιματιων (L) Δ / omit ℵ B D Θ f^1 a b e

---

πλατυνοσιν rell] πλατυνουν Π / πλατυνοντες 565

Matthew 23:6

+ φιλουσι τε τας πρωτοκλισιας εν τοις δειπνοις και τας πρωτοκαθεδριας[173] εν ταις συναγωγαις + (*Mor* 70.23; PG 31, 836A) [C]

Lac.: C 33^{pt} k Nyssa

.1) τας πρωτοκλισιας ℵ^c L f^1 33^{vid}, primos discubitos a] την πρωτοκλισιαν ℵ* B (D) E W Δ Θ Π Σ Ω f^{13} 565 700, primum recubitum b / locum

---

[173]VatGr 428 used as the base of collation reads προκαθεδριας here. That appears to be a spelling mistake.

recumbendi (=κλισιαν κατακλινειν?) e

τας πρωτοκαθεδριας rell] primam sessionem (=την πρωτοκαθεδριαν) e

Matthew 23:7

+ και τους ασπασμους εν ταις αγοραις και καλεισθαι υπο των ανθρωπων, ραββι, ραββι + (*Mor* 70.23; PG 31, 836A) [C]

Lac.: C k Nyssa

.1) ταις αγοραις ℵ B D E L W Δ Θ Π Σ Ω f^1 f^{13} 33 565 700] foro (=τη αγορᾳ) a b e

.2) ραββι ραββι/ραββει ραββει D E W Π Ω f^{13} 700] ραββι/ραββει ℵ B L Δ Θ Σ f^1 33 565, rabbi a b e

Matthew 23:8

+ υμεις δε μη κληθητε, ραββι· εις γαρ εστιν υμων ο καθηγητης, παντες δε υμεις αδελφοι εστε + (*Mor* 70.23; PG 31, 836AB) [C]

Lac.: C 33^{pt} k

.1) εστιν υμων ο καθηγητης ℵ* D E^c L Θ Π f^1 f^{13} 565, (est ... vobis magister) (e)] εστιν ο καθηγητης υμων W, (est ... magister vester) a b / εστιν υμων ο διδασκαλος ℵ^c B 33 (e) / εστιν υμων ο καθηγητης ο Χριστος E* Δ Σ Ω Nyssa / υμων εστιν ο καθηγητης ο Χριστος 700

υμεις δε μη κληθητε, ραββι ℵ^c B D E L W Δ Π Σ Ω f^1 f^{13} 565 700, vos autem nolite vocari rabbi a b, vos autem ne vocati fueritis rabbi e] υμεις δε μηδενα καλεσηται, ραββει Θ / omit ℵ*

Matthew 23:9

+ και πατερα μη καλεσητε υμων επι της γης, εις γαρ εστιν ο πατηρ υμων ο εν τοις ουρανοις + (*Mor* 70.23; PG 31, 836B) [C]**[174]

---

[174]Preference may be given to that quotation, for its length guarantees that Basil did not quote from memory.

ο γαρ τοι Κυριος ημων Ιησους Χριστος, προς την παντων αρχην και την αληθη των οντων αιτιαν επαναγων ημας· "υμεις δε μη καλεσητε," φησι, "πατερα υμων επι της γης· εις γαρ εστιν πατηρ υμων ο ουρανιος" (*Eun* II.23.18–20) [Ad]*

Lac.: C 33^{pt} k

.1) υμων⁽¹⁾ ℵ B E L W Δ Π Ω f^1 f^{13} 565 700] υμιν D Θ, vobis a b e / omit Nyssa

.2) ο πατηρ υμων D E L W Δ Θ Π Ω f^1 f^{13} 565 700, pater vester a b e] υμων ο πατηρ ℵ B Σ 33 Nyssa

.3) ο εν τοις ουρανοις Ε Π Ω 565 700, qui in caelis est (a b), qui est in caelis (e) Nyssa] ο εν ουρανοις D W Δ Θ Σ f^1 (a b e) / ο ουρανιος ℵ B L f^{13} 33^{vid}

πατερα μη καλεσητε rell] μη καλεσητε πατερα Nyssa

Matthew 23:10

+ μηδε κληθητε καθηγηται, εις γαρ εστιν υμων καθηγητης ο Χριστος καθηγητης (*Mor* 70.23; PG 31, 836B) [C]**
και ωσπερ διδασκαλος αληθινος ο Κυριος ημων κατα το ειρημενον· "υμεις δε μη καλεσατε διδασκαλον υμων επι της γης εις γαρ καθηγητης υμων εστιν ο Χριστος" (*Eun* III.4.22–23) [All]

Lac.: C 33^{pt} k Nyssa

.1) εις γαρ εστιν υμων ο Χριστος καθηγητης] εις γαρ εστιν υμων ο καθηγητης ο Χριστος ℵ Ε Δ Σ Ω / εις γαρ εστιν ο καθηγητης ο Χριστος W Π 565 / οτι καθηγητης υμων εστιν εις ο Χριστος B L / οτι καθηγητης υμων εστιν ο Χριστος Θ f^{13}, quia magister vester est Christus a / οτι καθηγητης υμων εις εστιν ο Χριστος D, quia magister vester Christus b / οτι καθηγητης υμων ο Χριστος f^1 700, quoniam magister est vobis Christus e

Matthew 23:13

ουτε αυτοι εισερχεσθε και τους εισερχομενους ουκ αφιετε εισελθειν

(*MorPrF* 5; PG 31, 688D) [All]*
TEXT: εισερχεσθε [και] τους εισερχομενους [ουκ] αφιετε

Lac.: C 33^pt k Nyssa

omit *in toto* f^1

Matthew 23:23

ουαι υμιν, γραμματεις και Φαρισαιοι υποκριται, οτι αποδεκατουτε το ηδυοσμον και το ανηθον και το κυμινον και αφηκατε τα βαρυτερα του νομου, την κρισιν και τον ελεον και την πιστιν· ταυτα εδει ποιησαι κακεινα μη αφιεναι + (*Mor* 46.3; PG 31, 768A) [C]

Lac.: a^pt b k Nyssa
.1) και το κυμινον ℵ B C D E L W Δ Θ Π Σ Ω f^1 f^{13} 33 565 700] omit a e
.2) τον ελεον C E W Δ Π Σ Ω f^1 f^{13} 700, misericordiam a e] το ελεος ℵ B D L Θ 33 / το ελεον 565
.3) εδει ℵ D E Θ Ω f^1 f^{13} 700] δε εδει B C L W Δ Π Σ 33 565 / autem (=δε) a / omit e

την κρισιν rell] και την κρισιν f^{13}
ποιησαι rell] ποιειν Θ [NA: a b e]

Matthew 23:24

+ οδηγοι τυφλοι, οι διυλιζοντες τον κωνωπα, την δε καμηλον καταπινοντες (*Mor* 46.3; PG 31, 768A) [C]**
σκοπειτε μη τον κωνωπα διυλιζετε (*Ep* 207.4.30–31) [All]
καταδικαζομεθα παρα των διυλιζοντων τους κωνωπας (*Ep* 224.2.26–27) [All]

Lac.: b k Nyssa
.1) οι διυλιζοντες ℵ* C^c D^c E W Δ Θ Π Σ Ω f^1 f^{13} 33 565 700, liquantes (a e)] διυλιζοντες ℵ^c B D* L (a e) / οι διυλιζονται C*

την rell] τον D [NA: a e]

Matthew 23:25

ουαι υμιν, γραμματεις και Φαρισαιοι υποκριται, οτι καθαριζετε το εξωθεν του ποτηριου και της παροψιδος, εσωθεν δε γεμουσιν εξ αρπαγης και ακρασιας + (*Mor* 2.2; PG 31, 705A) [C]

ουαι υμιν, γραμματεις και Φαρισαιοι υποκριται, οτι καθαριζετε το εξωθεν του ποτηριου και της παροψιδος, εσωθεν δε γεμουσιν εξ αρπαγης και ακρασιας + (*Mor* 18.3; PG 31, 732A) [C]

προειπων γαρ οτι καθαριζετε το εξωθεν του ποτηριου και της παροψιδος (*RBr* 271; PG 31, 1269B) [C]

TEXT: ουαι υμιν, γραμματεις και Φαρισαιοι υποκριται, οτι καθαριζετε το εξωθεν του ποτηριου και της παροψιδος, εσωθεν δε γεμουσιν εξ αρπαγης και ακρασιας

Lac.: b k Nyssa

.1) παροψιδος ℵ B C D E L W Δ Θ Σ Ω f^1 f^{13} 33 700, parapsidis a, parapsides e] παροψιδος του πινακος Π 565

.2) εξ ℵ B E L W Δ Θ Π Σ Ω f^1 f^{13} 33 565 700] omit C D a e

.3) ακρασιας ℵ B D L Δ Θ Π f^1 f^{13} 33 565, intemperantia a, incontinentia e] αδικιας C E Ω 700 / ακρασιας αδικειας W / ακαθαρσιας Σ

εξωθεν rell] εξω D [NA: a e]
γεμουσιν rell] pleni estis (=γεμετε) e

Matthew 23:26

+ Φαρισαιε τυφλε, καθαρισον πρωτον το εντος του ποτηριου και της παροψιδος, ινα γενηται και το εκτος αυτων καθαρον (*Mor* 2.2; PG 31, 705A) [C]

+ Φαρισαιε τυφλε, καθαρισον πρωτον το εντος του ποτηριου και της παροψιδος, ινα γενηται και το εκτος αυτου καθαρον (*Mor* 18.3; PG 31, 732A) [C]

TEXT: Φαρισαιε τυφλε, καθαρισον πρωτον το εντος του ποτηριου και της παροψιδος, ινα γενηται και το εκτος [αυτων/αυτου]¹⁷⁵ καθαρον

Lac.: b k Nyssa
.1) εντος ℵ B C D E L W Θ Σ Ω f^1 f^{13} 33 700] εσωθεν Δ Π 565 [NA: a e]
.2) και της παροψιδος ℵ B C E L W Δ Π Σ Ω f^{13} 33 565] omit D Θ f^1 700 a e
.3) αυτων ℵ^c B^c C E^c L W Δ Π Σ Ω 33 565] αυτου ℵ* B* D E* Θ f^1 f^{13} 700, eius a e

---

το εκτος ℵ^c B C E L W Θ Π Σ Ω f^1 f^{13} 33 565 700] το εντος ℵ* / το εξωθεν D / εκτος Δ [NA: a e]

Matthew 23:27

αλλα παρομοιμιαζων ταφῳ κεκονιαμενῳ ος εξωθεν μεν εμφανης ων εσωθεν δε γεμων οστεων νεκρων και πασης ακαθαρσιας (*HPs* 6; PG 29, 448AB) [All]*¹⁷⁶

TEXT: παρομοι[μιαζων] ταφ[ῳ] κεκονιαμεν[ῳ] [ος] εξωθεν μεν [εμφανης ων] εσωθεν δε γεμ[ων] οστεων νεκρων και πασης ακαθαρσιας

Lac.: b^{pt} k Nyssa
.1) παρομοιμιαζων] παρομοιαζετε ℵ C D E L W Δ Θ Π Σ Ω f^{13} 33 565 700, similes estis (a e)] ομοιαζετε B f^1 (b e)
.2) ος] οιτινες ℵ^c B C E L W Δ Θ Π Σ Ω f^1 f^{13} 33 565 700, quae a e / omit ℵ* D
.3) εξωθεν μεν ℵ B C E L W Θ Π Σ Ω f^1 33 565 700, a foris quidem e] μεν εξωθεν f^{13} / εξωθεν D Δ, a foris a

---

γεμων] γεμουσιν ℵ B C E L W Δ Θ Π Σ Ω f^1 f^{13} 33 565 700, parent a, apparent e / γεμει D
πασης ακαθαρσιας ℵ B C D E L W Δ Θ Π Σ Ω f^1 f^{13} 33 565 700, omni

---

[175] The evidence is divided between these two words. The manuscript evidence of Basil's works may give a slight advantage to αυτων.
[176] Missing from VatGr 413.

spurcitia a b] omnies inmunditiae (=παντες ακαθαρσιαι) e

Matthew 23:33

οφεις, γεννηματα εχιδνων (*HIra* 1; PG 31, 354D) [C]

και οπου γε ειρηται, επι ζωου κατηγορουμενου και εις εικονα πονηριας παραληφθεντος εστιν ιδειν. "οφεις" γαρ, φησι, "γεννηματα εχιδνων" (*Eun* II.8.33) [Ad]*

TEXT: οφεις, γεννηματα εχιδνων

Lac.: a^pt k Nyssa

οφεις rell] omit b

Matthew 23:35

κατεφονευθη μεταξυ του ναου και του θυσιαστηριου (*HChr* 5; PG 31, 1468D) [All]*

TEXT: μεταξυ του ναου και του θυσιαστηριου

Lac.: k

μεταξυ rell] in medio (=εν μεσω) e

Matthew 23:37

Ιερουσαλημ Ιερουσαλημ, η αποκτεινουσα τους προφητας και λιθοβολουσα τους απεσταλμενους προς αυτην, ποσακις ηθελησα επισυναγαγειν τα τεκνα σου, ον τροπον ορνις επισυναγει τα νοσσια εαυτης υπο τας πτερυγας, και ουκ ηθελησατε + (*Mor* 30.2; PG 31, 749A) [C]

Ιερουσαλημ Ιερουσαλημ, η αποκτεινουσα τους προφητας και λιθοβολουσα τους απεσταλμενους προς αυτην, ποσακις ηθελησα επισυναγαγειν τα τεκνα σου, ον τροπον ορνις επισυναγει τα νοσσια εαυτης υπο τας πτερυγας, και ουκ ηθελησατε + (*Mor* 70.35; PG 31, 844BC) [C]

Lac.: k Nyssa^pt

.1) αυτην ℵ B C E L W Δ Θ Π Σ Ω f^1 f^{13} 33 565 700] σε D, te a b e

.2) ορνις επισυναγει ℵ B D L Θ f^1 f^{13} 33, gallina congregat a b e] επισυναγει ορνις C E W Δ Π Σ Ω 565 700

.3) εαυτης/αυτης ℵ C D E L W Δ Θ Π Σ Ω f^1 f^{13} 33 565, suos a b e] omit B 700 Nyssa

.4) πτερυγας ℵ B C D E L W Θ Π Σ Ω f^1 f^{13} 33 565 700] πτερυγας αυτης Δ, alis suis a b, alas suas e Nyssa

----

η αποκτεινουσα τους προφητας rell] τους προφητας αποκτενουσα ℵ*

Matthew 23:38
+ ιδου αφιεται υμιν ο οικος υμων ερημος (*Mor* 30.2; PG 31, 749A) [C]
+ ιδου αφιεται υμιν ο οικος υμων ερημος (*Mor* 70.35; PG 31, 844C) [C]

Lac.: a^pt k Nyssa

.1) ερημος ℵ C D E W Δ Θ Π Σ Ω f^1 f^{13} 33 565 700, deserta a b e] omit B L

MATTHEW CHAPTER TWENTY-FOUR

Matthew 24:4
βλεπετε μη τις υμας πλανηση + (*Mor* 40.1; PG 31, 760B) [C]

Lac.: k Nyssa

Matthew 24:5
+ πολλοι γαρ ελευσονται επι τω ονοματι μου λεγοντες, εγω ειμι ο Χριστος, και πολλους πλανησουσιν (*Mor* 40.1; PG 31, 760BC) [C][177]

Lac.: k Nyssa

---

[177] Θ in Mk 13:6 has the same reading as Matt 24:5, but differs in Mk 13:5. Since Basil quotes both verses together (Matt 24:4–5), it is more likely that he is quoting from Matthew than Mark.

λεγοντες rell] λεγοντες οτι C*

Matthew 24:12

του Κυριου ημων προφητεια ειποντος οτι "δια το πληθυνθηναι την ανομιαν ψυγησεται η αγαπη των πολλων" (*Ep* 203.3.34–35) [C]
δια το πληθυνθηναι την ανομιαν ψυγησεται η αγαπη των πολλων (*Ep* 258.1.3–4) [C]
οτι "δια το πληθυνθηναι την ανομιαν εψυγη των πολλων η αγαπη" (*Ep* 91.9–10) [All]*
δια το πληθυνθηναι την ανομιαν ψυγεισης λοιπον τοις πολλοις της αγαπης (*Ep* 114.5–6) [All]*
δια το πληθυνθηναι την ανομιαν ψυξαντας την αγαπην (*Ep* 141.2.24–25) [All]*
δια το πληθυνθηναι την ανομιαν εψυγη των πολλων η αγαπη (*Ep* 172.6–7) [All]*
TEXT: δια το πληθυνθηναι την ανομιαν ψυγησεται η αγαπη των πολλων

Lac.: C k Nyssa
.1) πληθυνθηναι ℵ B E L W Δ Θ Π Σ Ω f^1 f^{13} 33 565 700] πληθυναι D, abundabit b e / abundat (=πληθυνει) a

Matthew 24:23

τοτε εαν τις υμιν ειπη, ιδου ωδε ο Χριστος, η, ωδε, μη πιστευσητε + (*Mor* 68.2; PG 31, 808A) [C]

Lac.: C k Nyssa
.1) υμιν ειπη ℵ B D E W Δ Θ Π Σ Ω f^1 f^{13} 33 565 700, vobis dixerit a b] ειπη υμιν L, dixerit vobis e
.2) η ℵ B D E L W Δ Θ Π Σ Ω f^1 f^{13} 33 565 700, aut a] omit b e

ωδε$^{(2)}$ rell] εκει D
πιστευσητε rell] πιστευετε B* / πιστευητε B^c [NA: a b e]

Matthew 24:24

+ εγερθησονται γαρ ψευδοχριστοι και ψευδοπροφηται και δωσουσι σημεια μεγαλα και τερατα ωστε πλανησαι, ει δυνατον και τους εκλεκτους (*Mor* 68.2; PG 31, 808A) [C]

Lac.: C k Nyssa

.1) ψευδοχριστοι (ℵ) B D E L W Θ Π Σ Ω f^1 f^{13} 33 700, pseudochristi a b e] omit Δ 565

.2) μεγαλα B D E L W^c Δ Θ Π Σ Ω f^1 f^{13} 33 565 700, megala a b e] omit ℵ W*

.3) πλανησαι B E W Δ Π Σ Ω f^{13} 565 700, errent e] πλανηθηναι ℵ D, inducantur a b / πλανασθαι L Θ f^1 33

και rell] omit e

Matthew 24:26

εαν δε ειπωσιν υμιν, ιδου εν τη ερημω εστιν, μη εξελθητε· ιδου εν τοις ταμειοις, μη πιστευσητε + (*Mor* 68.2; PG 31, 808A) [C][178]

Lac.: C k Nyssa

.1) δε, autem a b] ουν ℵ^c B C D E L W Δ Θ Π Σ Ω f^1 f^{13} 33 565 700, ergo e / omit ℵ*

.2) ιδου$^{(2)}$ ℵ B D E L W Δ Θ Π Σ Ω f^1 f^{13} 565 700, ecce a e] η ιδου 33, vel ecce b

---

υμιν rell] omit a

Matthew 24:27

+ ωσπερ γαρ η αστραπη εξερχεται απο ανατολων και φαινεται εως δυσμων, ουτως εσται η παρουσια του υιου του ανθρωπου (*Mor* 68.2; PG 31, 808A) [C][179]

---

[178]Vv. 26–27 are absent from Garnier.
[179]Absent from Garnier.

Lac.: C k Nyssa

.1) φαινεται ℵ B E L W Δ Π Σ Ω f^{13} 33 565] φαινει D Θ f^1 700 [NA: a b e]

.2) η παρουσια ℵ B D L Π Σ f^1 33 565 700, adventus a] και η παρουσια E W Δ Θ Ω f^{13}, et adventus b e

----

η$^{(1)}$ rell] omit 565 [NA: a b e]

αστραπη rell] coruscatio quae (=αστραπη ος?) e

Matthew 24:29

οι αστερες εκ του ουρανου πεσουνται, ο ηλιος σκοτισθησεται η σεληνη ου δωσει το φεγγος αυτης (*HIul* 4; PG 31, 245D–248A) [All]*[180]

Lac.: C k Nyssa

.1) εκ ℵ D] απο B E L W Δ Θ Π Σ Ω f^1 f^{13} 33 565 700, de a b e

----

η σεληνη] και η σεληνη rell

Matthew 24:32

απο δε της συκης μαθετε την παραβολην· οταν ηδη ο κλαδος αυτης γενηται απαλος και τα φυλλα εκφυη, γινωσκετε οτι εγγυς το θερος + (*Mor* 17.1; PG 31, 728D) [C][181]

Lac.: C k Nyssa

.1) το θερος ℵ B E L W Δ Θ Π Σ Ω f^1 f^{13} 565 700] εστιν το θερος D, est aestus a e, est aestas b / το θερος εστιν 33

οταν rell] οταν γαρ Θ] ως γαρ οταν 700

---

[180]Since this word order is found nowhere else, I assume that Basil is quoting loosely.

[181]This quotation is very close to Mark 13:28–29, but is closer to Matthew. Only 1424 in Mark 13:28–29 has the same wording as Matt 24:32. It is therefore more likely that Basil copied from Matthew rather than Mark.

γενηται απαλος rell] omit 565
τα rell] omit ℵ* [NA: a b e]
εγγυς rell] ευθυς W* / iam proximus (=ηδη εγγυς) e

Matthew 24:33

+ ουτω και υμεις, οταν ιδητε παντα ταυτα, γινωσκετε οτι εγγυς εστιν επι θυραις (*Mor* 17.1; PG 31, 728D) [C]

Lac.: C k Nyssa

.1) παντα ταυτα B E L Δ Θ^c Π Ω 565, omnia ista e] ταυτα παντα ℵ D W Σ f^1 f^{13} 700, haec omnia b / παν ταυτα Θ* / ταυτα παντα γινομενα 33, haec omnia fieri a

Matthew 24:36

η μεν ουν του Ματθαιου λεξις ουτως εχει "περι δε της ημερας εκεινης ουδεις οιδεν, ουδε οι αγγελοι των ουρανων ουδε ο υιος, ει μη ο πατηρ μονος" (*Ep* 236.2.5–6) [C]

Lac.: C k Nyssa

.1) εκεινης L] εκεινης και ωρας ℵ B C D E W Δ Π Ω f^{13} 565 700, illa et hora (a), illo et hora (e) / εκεινης και της ωρας Θ f^1 (a e) / εκεινης η της ωρας Σ 33, illa vel hora b

.2) ουδε ο υιος ℵ* B D Θ f^{13}, neque filius a b] neque filius hominis (=ουτε ο υιος του ανθρωπου) e / omit ℵ^c E L W Δ Π Σ Ω f^1 33 565 700

.3) πατηρ ℵ B D L Δ Θ Π Σ f^1 f^{13} 33 565 700, pater a b e] πατηρ μου E W Ω

Matthew 24:42

οτι ουκ οιδαμεν ποια ημερα η ωρα[182] ο Κυριος ημων[183] ερχεται (*AscPr3* 4;

---

[182]One latin manuscript (r^1) and the Vulgate join day (ημερα) and hour (ωρα) in that order. Greek manuscripts have one or the other. One might posit that Basil was aware of both readings and sought to include them, or, more likely, he quoted from memory.

[183]Manuscript 579 reads ημων at this point..

PG 31, 901A) [Ad]*

Lac.: C k Nyssa

.1) ημερα η ωρα] ημερα ℵ B D W Δ Θ Σ f^1 f^{13} 33 / ωρα E L Π Ω 565 700, hora a b / hora aut qua die (=ωρα η ποια ημερα) e

Matthew 24:45

τις αρα εστιν ο πιστος δουλος και φρονιμος ον κατεστησεν ο κυριος επι της οικετειας αυτου του δουναι αυτοις την τροφην εν καιρω; + (*Mor* 70.24; PG 31, 836D) [C]

Lac.: C^{pt} k Nyssa

.1) κατεστησεν B C D E L W Δ Θ Π Ω f^1 f^{13} 33 565 700, constituit a b e] καταστησει ℵ Σ

.2) κυριος ℵ B D L f^1 33, dominus a e] κυριος αυτου E W Δ Π Σ Ω f^{13} 565 700, dominus eius b / κυριος αυτου του Θ

.3) οικετειας B L W Δ Θ Π* Σ f^{13} 33, familiam a b] οικιας ℵ 565 / θεραπειας D E Π^c Ω f^1 700, curam e

.4) δουναι ℵ B C D L Δ Θ Σ f^1 f^{13} 33 700] διδοναι E W Π Ω 565 [NA: a b e]

αρα rell] γαρ D
του rell] omit D [NA: a b e]
αυτοις rell] servis suis (=τοις δουλοις αυτου) e / omit W

Matthew 24:46

+ μακαριος ο δουλος εκεινος ον ελθων ο κυριος αυτου ευρησει ποιουντα ουτως (*Mor* 70.24; PG 31, 836D) [C]**

καθως γεγραπται· "μακαριος" γαρ, φησιν ο Κυριος, "ο δουλος εκεινος ον ελθων ο κυριος αυτου, ευρησει ποιουντα ουτως" (*RBr* 276; PG 31, 1276D–1277A) [Ad]*

Lac.: k Nyssa

.1) ποιουντα ουτως E W Δ Π Σ Ω 565 700] ουτως ποιουντα ℵ B C D L Θ

f^1 f^{13} 33, sic facientem a b, ita facientem e

ελθων rell] omit e

Matthew 24:47

αμην λεγω υμιν οτι επι πασι τοις υπαρχουσιν αυτου καταστησει αυτον + (*Mor* 70.24; PG 31, 836D) [C]

Lac.: k Nyssa

.1) τοις υπαρχουσιν αυτου ℵ B C D E L W Δ Σ Ω f^1 f^{13} 33 700, bona sua a] τοις υπαρχουσιν Θ / αυτου τοις υπαρχουσιν Π 565 / sua (=αυτου) e / omit b

Matthew 24:48

+ εαν δε ειπη ο κακος δουλος εκεινος εν τη καρδια αυτου, χρονιζει ο κυριος μου ερχεσθαι + (*Mor* 70.24; PG 31, 836D) [C]

Lac.: k Nyssa

.1) εκεινος ℵ^c B C D E L W Δ Π Σ Ω f^1 f^{13} 33 565 700, ille a b e] omit ℵ* Θ

.2) ο κυριος μου E W Δ Π Σ Ω f^1 f^{13} 565, dominus meus a b e] μου ο κυριος ℵ B C D L Θ 33 700

.3) ερχεσθαι Σ f^1, venire (a b e)] ελθειν C D E L W Δ Θ Π Ω f^{13} 565 (a b e) / omit ℵ B 33 700

Matthew 24:49

+ και αρξηται τυπτειν τους συνδουλους αυτου εσθιη δε και πινη μετα των μεθυοντων + (*Mor* 70.24; PG 31, 836D) [C]

Lac.: a^{pt} k Nyssa

.1) αυτου/εαυτου ℵ B C D L Θ f^1 f^{13} 33 700, suos a b e] omit E W Δ Π Σ Ω 565

.2) εσθιη ℵ B C D E L Δ (Θ) f^1 f^{13} 33, manducat b e] εσθιειν W Π Σ Ω 565 700 a

.3) πινη ℵ (B) C D E L Δ Θ f^1 f^{13}] πινει 33, bibat b e / πινειν W Π Σ Ω 565 700

αρξηται rell] αρξηται λεγειν E*] omit a
συνδουλους rell] δουλους 700*

Matthew 24:50
+ ηξει ο κυριος του δουλου εκεινου εν ημερα η ου προσδοκα και εν ωρα η ου γινωσκει + (*Mor* 70.24; PG 31, 836D) [C]

Lac.: a e k Nyssa

εν$^{(2)}$ rell] omit b

Matthew 24:51
+ και διχοτομησει αυτον και το μερος αυτου μετα των απιστων[184] θησει· εκει εσται ο κλαυθμος και ο βρυγμος των οδοντων (*Mor* 70.24; PG 31, 836D) [C]

Lac.: a e k Nyssa

.1) μετα των απιστων θησει] μετα των υποκριτων θησει ℵ B C E L W Δ Θ Π Σ Ω f^1 f^{13} 33 565 700 / θησει μετα των υποκριτων D, ponet cum hypocritis b

MATTHEW CHAPTER TWENTY-FIVE

Matthew 25:1
τοτε ομοιωθησεται η βασιλεια των ουρανων δεκα παρθενοις, αιτινες λαβουσαι τας λαμπαδας αυτων εξηλθον εις απαντησιν του νυμφιου και

---

[184]According to Legg, *Evangelium secundum Matthaeum*, ad loc., απιστων is also found in 1012, 1295, and Epiphanius. This is confirmed by Augustinus Merk, ed., *Novum Testamentum graece et latine* (11th ed.; Rome: Pontificio Instituto Biblico, 1992) who adds Iraeneus-Greek.

της νυμφης + (*Mor* 16.1; PG 31, 728B) [C]
τοτε ομοιωθησεται η βασιλεια των ουρανων δεκα παρθενοις, αιτινες λαβουσαι τας λαμπαδας αυτων εξηλθον εις απαντησιν του νυμφιου και της νυμφης + (*Mor* 1.5; PG 31, 704A) [C]

Lac.: 33^{pt} a^{pt} e k Nyssa^{pt}

.1) λαβουσαι B D E Δ Π Σ Ω f^1] λαβουσα ℵ C L W Θ f^{13} 33 565 / ελαβον 700, acceperunt b

.2) εξηλθον ℵ B C D E L W Δ (Θ) Π Σ Ω f^1 f^{13} 33 565] και εξηλθον 700, et venerunt b

.3) απαντησιν B^c D E L W Δ Θ Π Ω f^{13} 33 565 700] υπαντησιν ℵ B* C Σ f^1 [NA: a b]

.4) του νυμφιου και της νυμφης D Θ Σ f^1, sponso et sponsae a b] του νυμφιου ℵ B E L W Δ Π Ω f^{13} 33 565 700 / τω νυμφιω C

ομοιωθησεται rell] ωμοιωθη W

Matthew 25:2

+ πεντε δε εξ αυτων ησαν φρονιμοι και αι πεντε μωραι + (*Mor* 16.1; PG 31, 728B) [C]

+ πεντε δε ησαν εξ αυτων φρονιμοι και αι πεντε μωραι + (*Mor* 1.5; PG 31, 704A) [C]

TEXT: πεντε δε [ησαν εξ αυτων/εξ αυτων ησαν][185] φρονιμοι και αι πεντε μωραι

Lac.: 33^{pt} a e k Nyssa

.1) ησαν εξ αυτων E W Π Ω f^{13} 33 565] εξ αυτων ησαν ℵ B C D L Δ Θ Σ f^1 700, ex eis erant b

.2) φρονιμοι και αι πεντε μωραι E (Δ) Ω f^{13}] φρονιμοι και πεντε μωραι W Π 565 700 / μωραι και πεντε φρονιμοι ℵ B C D L Θ Σ f^1 33^{vid}, fatuae et quinque prudentes b

---

[185]Both readings are likely representative of Basil's text. It is not impossible,

Matthew 25:3
+ αιτινες μωραι λαβουσαι τας λαμπαδας αυτων ουκ ελαβον μεθ᾽ εαυτων ελαιον + (*Mor* 16.1; PG 31, 728B) [C]
+ αιτινες μωραι λαβουσαι τας λαμπαδας αυτων ουκ ελαβον μεθ᾽ εαυτων ελαιον + (*Mor* 1.5; PG 31, 704A) [C]

Lac.: a e k Nyssa

.1) αιτινες μωραι λαβουσαι E W Δ Π Ω f^{13} 565] αι γαρ μωραι λαβουσαι ℵ B C L Σ 33 / αι ουν μωραι λαβουσαι D / λαβουσαι δε αι μωραι Θ f^1 / αιτινες λαβουσαι 700 / sed quinque fatuae acceptis (=αλλα πεντε μωραι λαβουσαι) b

.2) αυτων B C D E W Δ Π Σ Ω f^1 f^{13} 33 565, suis b] omit ℵ L Θ 700

ελαιον ℵ B C E L W Δ Θ Π Σ Ω f^1 f^{13} 33 565 700, oleum b] ελαιον εν τοις αγγειοις αυτων D

Matthew 25:4
+ αι δε φρονιμοι ελαβον ελαιον εν τοις αγγειοις αυτων μετα των λαμπαδων αυτων (*Mor* 16.1; PG 31, 728B) [C]
+ αι δε φρονιμοι ελαβον ελαιον εν τοις αγγειοις μετα των λαμπαδων αυτων + (*Mor* 1.5; PG 31, 704A) [C]

TEXT: αι δε φρονιμοι ελαβον ελαιον εν τοις αγγειοις [αυτων][186] μετα των λαμπαδων αυτων

Lac.: 33^{pt} a e k Nyssa

.1) αυτων$^{(1)}$ C E W Δ Π Σ Ω f^{13} 565, suis b] omit ℵ B D L Θ f^1 700

ελαβον rell] ελαβον μεθ᾽ αυτων Σ
μετα των λαμπαδων αυτων/εαυτων rell] μετα των λαμπαδων C / omit

---

either, that Basil knew of a different word order.

[186]Even though some manuscripts of Matthew omit αυτων here, one must consider the possibility that the omission is due to a homoeoteleuton made either by Basil or a scribe copying the work. The word αυτων is indeed repeated at the end of the sentence.

E*187

Matthew 25:5

+ χρονιζοντος δε του νυμφιου ενυσταξαν πασαι και εκαθευδον + (*Mor* 1.5; PG 31, 704A) [C]

Lac.: 33^pt a e k Nyssa

Matthew 25:6

+ μεσης δε νυκτος κραυγη γεγονεν, ιδου ο νυμφιος ερχεται, εξερχεσθε εις απαντησιν αυτου + (*Mor* 1.5; PG 31, 704A) [C]

Lac.: 33^pt a e k Nyssa

.1) ερχεται B C^c E W Δ Θ Π Σ Ω f^1 f^{13} 565, venit b] omit ℵ B C* (D) L 700

.2) εξερχεσθε ℵ B C D E L W Δ Π Ω f^{13} 565 700] εγειρεσθε Θ f^1, servite b / εξελθατε Σ

.3) απαντησιν ℵ B D E L W Δ Π Ω f^1 f^{13} 565 700] συναστησιν C / υπαντησιν Θ Σ [NA: b]

.4) αυτου D E L W Δ Θ Π Σ Ω f^1 f^{13} 565] αυτω C, ei b / omit ℵ B 700

γεγονεν rell] εγενετο B [NA: b]

Matthew 25:7

+ τοτε ηγερθησαν πασαι αι παρθενοι εκειναι και εκοσμησαν τας λαμπαδας αυτων + (*Mor* 1.5; PG 31, 704AB) [C]

Lac.: 33^pt a e k Nyssa

εκειναι rell] omit D
εκοσμησαν rell] acceperunt (=ελαβον) b

---

[187]The omission could be explained as homoeoteleuton.

Matthew 25:8

+ αι δε μωραι ταις φρονιμοις ειπον, δοτε ημιν εκ του ελαιου υμων, οτι αι λαμπαδες ημων σβεννυνται + (*Mor* 1.5; PG 31, 704B) [C]

Lac.: 33^(pt) a e k Nyssa

.1) ημων ℵ B C^c D E W Δ Θ Π Σ Ω f^1 f^{13} 33 565 700, nostrae b] υμων C* L

αι^((2)) rell] omit Δ [NA: b]

Matthew 25:9

+ απεκριθησαν δε αι φρονιμοι λεγουσαι, μηποτε ου μη αρκεση ημιν και υμιν· πορευεσθε δε μαλλον προς τους πωλουντας και αγορασατε εαυταις + (*Mor* 1.5; PG 31, 704B) [C]

Lac.: a e k Nyssa

.1) μηποτε ου μη B C D W Δ Π Σ Ω f^1] μηποτε ουκ ℵ E L f^{13} 33 565 700 / ου μηποτε ουκ Θ [NA: b]

.2) ημιν και υμιν B C D E L W Δ Θ Π Σ Ω f^1 f^{13} 33 565, nobis et vobis b] υμιν και ημιν ℵ 700

.3) δε^((2)) C L W Θ Π f^1 f^{13} 33 565 700] omit ℵ B D E Δ Σ Ω b

Matthew 25:10

+ απερχομενων δε αυτων αγορασαι ηλθεν ο νυμφιος, και αι ετοιμοι εισηλθον μετ' αυτου εις τους γαμους και εκλεισθη η θυρα + (*Mor* 1.5; PG 31, 704B) [C]

Lac.: a e k Nyssa

.1) απερχομενων δε αυτων ℵ B C E L W Δ Π Σ Ω f^1 f^{13} 33 565 700] εως υπαγουσιν D, dum eunt b / απερχομενων δε Θ

.2) αι ℵ B C D E W Δ Θ Π Σ Ω f^1 33 565 700] omit L f^{13} [NA: b]

Matthew 25:11

+ υστερον δε ερχονται και αι λοιπαι παρθενοι λεγουσαι, κυριε κυριε,

ανοιξον ημιν + (*Mor* 1.5; PG 31, 704B) [C]
υστερον δε ερχονται και αι λοιπαι παρθενοι λεγουσαι, κυριε κυριε, ανοιξον ημιν (*Mor* 16.1; PG 31, 728B) [C]

Lac.: a e k Nyssa

.1) ερχονται ℵ B C E L Δ Θ Π Σ Ω f^1 f^{13} 33 565 700] ηλθον D W, veniunt b

---

δε rell] omit b
λοιπαι rell] λυπαι Ω[188]
παρθενοι rell] omit 700

Matthew 25:12

+ ο δε αποκριθεις ειπεν, αμην λεγω υμιν, ουκ οιδα υμας (*Mor* 1.5; PG 31, 704B) [C]
ο δε αποκριθεις ειπεν, λεγω υμιν, ουκ οιδα υμας (*Mor* 16.1; PG 31, 728B) [C]
TEXT: ο δε αποκριθεις ειπεν, [αμην][189] λεγω υμιν, ουκ οιδα υμας

Lac.: a e k Nyssa

αμην λεγω υμιν rell] omit f^1

Matthew 25:14

ωσπερ γαρ ανθρωπος αποδημων εκαλεσε τους ιδιους δουλους και παρεδωκεν αυτοις τα υπαρχοντα αυτου + (*Mor* 58.4; PG 31, 792B) [C]

Lac.: a e k Nyssa

---

[188]This variant is a nonsense reading. Nevertheless, it is close to the verb λυπεω (to grieve) and the adjective λυπρος (distressed).

[189]I prefer to include αμην, since it is present in the longest quotation, which guarantees that Basil is quoting from the written text and not from memory.

.1) γαρ ℵ B C E L Δ Θ Π Σ Ω f^1 f^{13} 33 565 700, enim b] omit D W

.2) ιδιους δουλους ℵ B C D E L W Θ Π Σ Ω f^1 f^{13} 33 565 700] δουλους ιδιους Δ, servos suos b

---

αποδημων rell] peregre afuturus (=αποδημων μελλων?) b

Matthew 25:15

+ και ω μεν εδωκεν πεντε ταλαντα ω δε δυο ω δε εν εκαστω κατα την ιδιαν δυναμιν και απεδημησεν ευθεως + (*Mor* 58.4; PG 31, 792B) [C]**

ω μεν εδωκεν πεντε ταλαντα ω δε δυο ω δε εν (*RBr* 203; PG 31, 1217A) [C]

Lac.: a e k Nyssa

.1) εν ℵ B C E L W Δ Θ Π Σ Ω f^1 f^{13} 33 700, uni b] ενα D 565

εκαστω ... δυναμιν rell] omit 700
ιδιαν δυναμιν rell] δυναμιν αυτου D

Matthew 25:16

+ πορευθεις δε ο τα πεντε ταλαντα λαβων ειργασατο εν αυτοις και εποιησεν αλλα πεντε ταλαντα + (*Mor* 58.4; PG 31, 792B) [C]

Lac.: a^{pt} e k Nyssa

.1) πορευθεις δε ℵ^c C D E L W Δ Π Σ Ω f^{13} 33 565] δε πορευθεις Θ f^1 700 / πορευθεις ℵ* B / continuo abiit (=ευθεως πορευσεται?) a b

.2) ειργασατο ℵ B C D E L W Δ Θ Π Σ Ω f^1 f^{13} 33 565 700] et operatus est (=και ειργασατο) a b

.3) εν ℵ B C D E L W Δ Π Σ Ω f^{13} 33 565 700, in a b] επ Θ f^1

.4) εποιησεν ℵ* E W Δ Π Ω 565 700] εκερδησεν ℵ^c B C D L Θ Σ f^1 f^{13} 33 / omit a b

.5) αλλα πεντε ταλαντα ℵ C D E W Δ Π Σ Ω f^1 f^{13} 565 700] αλλα πεντε B L Θ 33, alia quinque a b

Matthew 25:17

+ ωσαυτως και ο τα δυο εκερδησεν αλλα δυο + (*Mor* 58.4; PG 31, 792B) [C]

Lac.: e k Nyssa

.1) ωσαυτως ℵ B C E L W Δ Π Σ Ω f^1 f^{13} 33 565 700] ομοιως D, similiter a b

.2) και ℵ^c B C^c D E W Δ Π Σ Ω f^1 f^{13} 565 700] omit ℵ* C* L Θ 33 a b

.3) τα δυο ℵ B C E L W Δ Θ Π Σ Ω f^1 f^{13} 33 565 700] τα δυο ταλαντα λαβων και αυτος D / duo acceperat/accepit (=τα δυο λαβων) a b

.4) εκερδησεν ℵ B C* L 33] εκερδησεν και αυτος C^c E W Δ Θ Π Σ Ω f^1 f^{13} 565 700 / και αυτος εκερδησεν D / lucratus in eis (=εκερδησεν εν αυτοις) a b

Matthew 25:18

+ ο δε το εν λαβων απελθων ωρυξεν εν τη γη και εκρυψε το αργυριον του κυριου αυτου + (*Mor* 58.4; PG 31, 792B) [C][190]

Lac.: e k Nyssa

.1) εν ℵ B C D E L W Δ Θ Π Σ Ω f^1 f^{13} 33 565 700] unum talentum (=εν ταλαντον) a b

.2) απελθων ℵ B C E L W Δ Θ Π Σ Ω f^1 f^{13} 33 565 700] omit D a b

.3) εν τη γη C^c D E W Δ Θ Π Σ Ω f^1 f^{13} 565, in terram (a b)] γην ℵ B L 33 / την γην C* 700

.4) εκρυψεν ℵ B C D L 33 700] απεκρυψεν E W Δ Θ Π Σ Ω f^1 f^{13} 565 [NA: a b]

αργυριον του rell] omit Σ*

Matthew 25:19

+ μετα δε χρονον πολυν ερχεται ο κυριος των δουλων εκεινων και συναιρει μετ' αυτων λογον + (*Mor* 58.4; PG 31, 792B) [C]

---

[190]Vv. 18–28 are absent from Garnier.

Lac.: e k Nyssa

.1) χρονον πολυν ℵ^c Ε Δ Π Σ Ω 565] πολυν χρονον ℵ* B C D L Θ f^1 f^{13} 33 700, multum tempue (a b) / χρονον τινα W

.2) μετ' αυτων λογον Ε W Δ Ω f^{13} 565] λογον μετ' αυτων ℵ B C D L Θ Π Σ f^1 33 700, rationem cum eis a b

Matthew 25:20

+ και προσελθων ο τα πεντε ταλαντα λαβων προσηνεγκεν αλλα πεντε ταλαντα λεγων, κυριε, πεντε ταλαντα μοι παρεδωκας· ιδε αλλα πεντε ταλαντα εκερδησα επ' αυτοις + (*Mor* 58.4; PG 31, 792B) [C]

Lac.: e k Nyssa

.1) πεντε ταλαντα^(2) ℵ B C D E L Θ Π Σ Ω f^1 f^{13} 33 565 700, quinque talenta a] πεντε W Δ / quinque super talenta (=πεντε μαλλον ταλαντα?) b

.2) παρεδωκας ℵ B C D E L W Δ Θ Π Σ Ω f^{13} 33 565 700, tradidisti a] δεδωκας f^1, (dedisti) b

.3) πεντε ταλαντα^(4) ℵ B C^c D E W Δ Θ Π Σ Ω f^1 f^{13} 33 565 700] πεντε C* L, quinque a b

.4) εκερδησα ℵ B C E L W Δ Π Σ Ω f^1 f^{13} 33 565] επεκερδησα D Θ 700, superlucratus sum a b

.5) επ' αυτοις C W Δ Π Σ Ω f^1 f^{13} 565] εν αυτοις Ε / omit ℵ B D L Θ 33 700 a b

----

πεντε ταλαντα^(1) rell] πεντε ℵ

Matthew 25:21

+ εφη δε αυτῳ ο κυριος αυτου, ευ, δουλε αγαθε και πιστε, επι ολιγα ης πιστος, επι πολλων σε καταστησω· εισελθε εις την χαραν του κυριου σου + (*Mor* 58.4; PG 31, 792B) [C]**

ευ, δουλε αγαθε και πιστε, επι ολιγα ης πιστος, επι πολλων σε καταστησω· εισελθε εις την χαραν του κυριου σου (*Mor* 18.4; PG 31, 732B) [C][191]

Lac.: e k Nyssa

.1) δε W Δ Π Ω f^1 f^{13} 565] omit ℵ B C D E L Θ Σ 33 700 a b

.2) επι$^{(1)}$ ℵ B C (D) E L W Δ Θ Π Σ Ω f^1 f^{13} 33 565 700] quia super (=οτι επι) a b

-----

ολιγα rell] ολιγοις Σ [NA: a b][192]

Matthew 25:22

+ προσελθων δε και ο τα δυο ταλαντα λαβων ειπε, κυριε, δυο ταλαντα μοι παρεδωκας· ιδε αλλα δυο εκερδησα επ' αυτοις + (*Mor* 58.4; PG 31, 792B) [C]

Lac.: e k Nyssa

.1) δε ℵ^c C D E L W Δ Θ Π Σ Ω f^1 f^{13} 33 565 700, autem b] omit ℵ* B

.2) και ℵ B C D E L W Δ Θ Π Σ Ω f^{13} 33 565 700] omit f^1 b

.3) λαβων ℵ D E Ω 565 700, acceperat (b)] omit B C L W Δ Θ Π Σ f^1 f^{13} 33

.4) δυο$^{(2)}$, duo b] δυο ταλαντα ℵ B C D E L W Δ Θ Π Σ Ω f^1 f^{13} 33 565 700

.5) εκερδησα ℵ B C E L W Δ Π Σ Ω f^1 f^{13} 33 565 700, lucratus sum b] επεκερδησα D Θ

.6) επ' αυτοις C E W Δ Π Σ Ω f^1 f^{13} 565] omit ℵ B D L Θ 33 700 b

-----

omit *in toto* a

προσελθων rell] παρελθων f^1

ειπε rell] et ait (=και ειπε) b

κυριε rell] omit ℵ

---

[191] I arbitrarily place this quotation here, but it could be Matt 25:23 as well, since this part of both verses is similar.

[192] The expression επι ολιγα-ολιγοις is translated in Latin by *super pauca*. The preposition is usually followed by an accusative.

Matthew 25:23

+ εφη αυτω ο κυριος αυτου, ευ, δουλε αγαθε και πιστε, επι ολιγα ης πιστος, επι πολλων σε καταστησω· εισελθε εις την χαραν του κυριου σου + (*Mor* 58.4; PG 31, 792B) [C]

Lac.: e k Nyssa

omit *in toto* a
επι⁽¹⁾ rell] quia super (=οτι επι) b
ης πιστος rell] πιστος ης B

Matthew 25:24

+ προσελθων δε και ο το εν ταλαντον ειληφως ειπε, κυριε, εγνων σε οτι σκληρος ει ανθρωπος, θεριζων οπου ουκ εσπειρας και συναγων οθεν ου διεσκορπισας + (*Mor* 58.4; PG 31, 792B) [C]

Lac.: e k Nyssa

.1) και ℵ B C E L W Δ Θ Π Σ Ω f^1 f^{13} 33 565 700] omit D a b
.2) σε ℵ B C E L W Δ Π Σ Ω f^1 f^{13} 33 565 700] omit D Θ a b
.3) σκληρος ει ανθρωπος B C D E^c L W Δ Θ Π Σ Ω f^{13} 33 565 700, homo durus es a] ανθρωπος E* / ανθρωπος αυστηρος ει ℵ, homo austeris es b / αυστηρος ει ανθρωπος f^1
.4) οθεν ℵ B C E L Δ Θ Π Σ Ω f^1 f^{13} 33 565 700] οπου D W [NA: a b]

εν rell] ενα Δ*
οπου rell] οθεν f^1 [NA: a b]
ου διεσκορπισας rell] ουκ εσκορπισας W [NA: a b]

Matthew 25:25

+ και φοβηθεις απελθων εκρυψα το ταλαντον σου εν τη γη· ιδε εχεις το σον + (*Mor* 58.4; PG 31, 792B) [C]

Lac.: e k Nyssa

.1) εκρυψα ℵ B C E L W Δ Θ Π Σ Ω f^1 f^{13} 33 565 700] και εκρυψα D, et abscondi a b

Matthew 25:26

+ αποκριθεις δε ο κυριος αυτου ειπεν αυτω, πονηρε δουλε και οκνηρε, ηδεις οτι θεριζω οπου ουκ εσπειρα και συναγων οθεν ου διεσκορπισα;
+ (*Mor* 58.4; PG 31, 792B) [C]

και ο κυριος δε την οκνηριαν τη πονηρια συνηψεν, ειπων· "πονηρε δουλε και οκνηρε" (*RFus* 37.2; PG 31, 1012B) [C]

εκ των του Κυριου ρηματων φανερον, ειποντος· "πονηρε δουλε και οκνηρε" (*RBr* 69; PG 31, 1132B) [C]

δουλε πονηρε και οκνηρε (*HProv* 16; PG 31, 420C) [Ad]

TEXT: αποκριθεις δε ο κυριος αυτου ειπεν αυτω, πονηρε δουλε και οκνηρε, ηδεις οτι θεριζω οπου ουκ εσπειρα και συναγων οθεν ου διεσκορπισα;

Lac.: e k Nyssa

.1) συναγων Θ Σ f^{13}] συναγω ℵ B C D E L W Δ Π Ω f^1 33 565 700, congrego a b

---

αποκριθεις δε ℵ B C D E L W Δ Π Σ Ω f^1 f^{13} 33 565, respondens autem a b] αποκριθεις Θ / και αποκριθεις 700

οτι θεριζω rell] οτι εγω ανθρωπος αυστηρος ειμει θεριζω W

Matthew 25:27

+ εδει ουν σε βαλειν το αργυριον μου τοις τραπεζιταις, και ελθων εγω εκομισαμην αν το εμον συν τοκω + (*Mor* 58.4; PG 31, 792B) [C]**

τις εστιν η τραπεζα εφ' ην εδει σε φησιν ο κυριος βαλειν το αργυριον (*RBr* 254; PG 31, 1252C) [L]

Lac.: e k Nyssa

.1) ουν σε D E W Δ Π Σ Ω f^1 f^{13} 565, ergo te a b] σε ουν ℵ B C L Θ 33 700

.2) το αργυριον ℵ^c C D E L Δ Π Σ Ω f^1 f^{13} 33 565, pecuniam a b / τα αργυρια ℵ* B W Θ 700

.3) τοκω ℵ B C D E L Θ Π Σ f^1 f^{13} 33 565 700] τω τοκω W Δ Ω [NA: a b]

μου rell] omit b
εγω εκομισαμην αν rell] αν εγω εκομισαμην L [NA: a b]
συν rell] omit a

Matthew 25:28

+ αρατε ουν απ' αυτου το ταλαντον και δοτε τω εχοντι τα δεκα ταλαντα + (*Mor* 58.4; PG 31, 792B) [C]

Lac.: e k Nyssa

δεκα rell] πεντε D

Matthew 25:29

+ τω γαρ εχοντι παντι δοθησεται και περισσευθησεται, απο δε του μη εχοντος και ο εχει αρθησεται απ' αυτου + (*Mor* 58.4; PG 31, 792B) [C]
τω γαρ εχοντι παντι δοθησεται και περισσευθησεται, απο δε του μη εχοντος και ο εχει αρθησεται απ' αυτου (*Mor* 18:4; PG 31, 732B) [C]
τω εχοντι παντι δοθησεται (*HPs* 28.8; PG 29, 305A) [Ad]*
TEXT: τω γαρ εχοντι παντι δοθησεται και περισσευθησεται, απο δε του μη εχοντος και ο εχει αρθησεται απ' αυτου

Lac.: e k Nyssa

.1) παντι ℵ B C E L Δ Θ Π Σ Ω f^1 f^{13} 33 565 700, omni a b] omit D W
.2) περισσευθησεται ℵ B C E L W Δ Θ Π Σ Ω f^1 f^{13} 33 565 700] περισσευσεται D, abundabit b / omit a
.3) απο δε του C E W Δ Π Σ Ω f^{13} 565 700] του δε ℵ B D L Θ f^1 33, autem qui a b
.4) εχει ℵ B C D E W Θ Π Σ Ω f^1 f^{13} 565 700, habet a b] δοκει εχειν L Δ 33

και$^{(1)}$ rell] omit a

Matthew 25:30

+ και τον αχρειον δουλον εκβαλλετε εις το σκοτος το εξωτερον· εκει εσται ο κλαυθμος και ο βρυγμος των οδοντων (*Mor* 58.4; PG 31, 792B) [C]

Lac.: C^pt e k Nyssa

.1) οδοντων ℵ B D E L W Δ Θ Π Σ Ω* f¹ 33 565 700, dentium a b] οδοντων ταυτα λεγων εφωνει ο εχων ωτα Ω^c f¹³

εκβαλλετε/εκβαλετε rell] βαλεται εξω D / εκβαλετε εξω 700 [NA: a b]

Matthew 25:31

οταν ελθη ο υιος του Θεου εν τη δοξη αυτου μετα των αγγελων αυτου¹⁹³ (*Ep* 46.5.25–26) [All]*

Lac.: C e k Nyssa

.1) μετα των αγγελων αυτου] και παντες οι αγιοι αγγελοι μετ' αυτου E W Δ Π^c Σ Ω f¹³ 700 / και παντες οι αγγελοι μετ' αυτου ℵ B D L Θ Π* Ω f¹ 33 565, et omnes angeli cum eo a b

----

Θεου] ανθρωπου ℵ B C D E L W Δ Θ Π Σ Ω f¹ f¹³ 33 565 700, hominis a b

Matthew 25:32

ωσπερ ο ποιμην διακρινει τους αρνας απο των εριφων (*HPs* 44.9; PG 29, 408C) [All]*

Lac.: C e k Nyssa

.1) διακρινει τους αρνας] αφοριζει τα προβατα ℵ B D E L W Δ Θ Π Σ Ω f¹ f¹³ 33 565 700, segregat oves a b

.2) απο των εριφων ℵ B C D E L W Δ Θ Π Σ Ω f¹ f¹³ 33 565 700, ab haedis a b] απ' αλληλων 700

Matthew 25:34

δευτε οι ευλογημενοι του πατρος μου, κληρονομησατε την ητοιμασμενην υμιν βασιλειαν απο καταβολης κοσμου + (*Mor* 48.6; PG 31, 772B) [C]

δευτε οι ευλογημενοι του πατρος μου, κληρονομησατε την ητοιμασμενην υμιν βασιλειαν απο καταβολης κοσμου + (*Mor* 69.2; PG 31, 812CD) [C]

δευτε οι ευλογημενοι του πατρος μου, κληρονομησατε την ητοιμασμενην υμιν βασιλειαν απο καταβολης κοσμου + (*RFus* 37.1; PG 31, 1012A) [C]

"δευτε" γαρ, φησιν, "οι ευλογημενοι του πατρος μου, κληρονομησατε την ητοιμασμενην υμιν βασιλειαν απο καταβολης κοσμου" (*RFus* 34.2; PG 31, 1001A) [Ad]

εν τη ημερᾳ της κρισεως το ρημα εκεινο· "δευτε οι ευλογημενοι του πατρος μου, κληρονομησατε την ητοιμασμενην βασιλειαν υμιν απο καταβολης κοσμου" + (*HDest* 37.5–6) [Ad]

σον δε εστι κτημα η ητοιμασμενη βασιλεια των ουρανων (HLac 5; PG 31, 1445C) [All]

TEXT: δευτε οι ευλογημενοι του πατρος μου, κληρονομησατε την ητοιμασμενην υμιν βασιλειαν απο καταβολης κοσμου

Lac.: C e k Nyssa

Matthew 25:35

+ επεινασα γαρ και εδωκατε μοι φαγειν, εδιψησα και εποτισατε με, ξενος ημην και συνηγαγετε με + (*Mor* 48.6; PG 31, 772B) [C]

+ επεινασα γαρ και εδωκατε μοι φαγειν, εδιψησα και εποτισατε με, ξενος ημην και συνηγαγετε με + (*Mor* 69.2; PG 31, 812D) [C]

+ επεινασα γαρ και εδωκατε μοι φαγειν, εδιψησα και εποτισατε με + (*HDest* 37.7) [C]

---

[193]Interestingly, the Greek manuscript tradition of Matthew has και παντες οι αγγελοι μετ' αυτου here. Basil writes μετα των αγγελων αυτου, so that the angels are now explicitly subordinated to the Son of man/God. The manner in which Basil alludes to this verse therefore points explicitly toward the divinity of Jesus who is made "Son of God" and who has angels under his jurisdiction.

επεινασα γαρ και εδωκατε μοι φαγειν και τα εξης (*RFus* 3.1; PG 31, 917B) [C]

+ επεινασα γαρ και εδωκατε μοι φαγειν (*RFus* 37.1; PG 31, 1012A) [C]
ινα την εντολην του Κυριου πληρωση, του ειποντος· "επεινασα και εδωκατε μοι φαγειν" και τα εξης (*RFus* 42.1; PG 31, 1025A) [C]

"επεινασα και εδωκατε μοι φαγειν" και τα εξης (*HPs* 1.14.6; PG 29, 264BC) [Ad]

TEXT: επεινασα γαρ και εδωκατε μοι φαγειν, εδιψησα και εποτισατε με, ξενος ημην και συνηγαγετε με

Lac.: C a^pt e k Nyssa^pt

.1) εδιψησα ℵ B D E L Θ Π Σ Ω f^1 f^{13} 33 565 700, sitivi b]   και εδιψησα W Δ

συνηγαγετε rell] περιεβαλατε Δ*[194]

Matthew 25:36

+ γυμνος και περιεβαλετε με, ησθενησα και επεσκεψασθε με εν φυλακη ημην και ηλθετε προς με (*Mor* 48.6; PG 31, 772BC) [C]

+ γυμνος και περιεβαλετε με, ησθενησα και επεσκεψασθε με εν φυλακη ημην και ηλθετε προς με (*Mor* 69.2; PG 31, 812D) [C]

+ γυμνος ημην και περιεβαλετε με (*HDest* 37.7–8) [Ad]

TEXT: γυμνος και περιεβαλετε με, ησθενησα και επεσκεψασθε με εν φυλακη ημην και ηλθετε προς με

Lac.: C a^pt e k Nyssa

.1) ηλθετε Π Ω f^1 565 700] ηλθατε ℵ B D E L W Δ Θ Σ f^{13} 33 [NA: a b]

Matthew 25:40

αμην λεγω υμιν εφ' οσον εποιησατε ενι τουτων των αδελφων μου των ελαχιστων, εμοι εποιησατε (*Mor* 48.6; PG 31, 772C) [C]

---

[194]The correction was made by the original scribe.

παρα του Κυριου ληψεται, λεγοντος· "εφ' οσον εποιησατε ενι τουτων των αδελφων μου των ελαχιστων, εμοι εποιησατε" (*RFus* 42.1; PG 31, 1025A) [C][195]

εφ' οσον εποιησατε ενι τουτων των ελαχιστων, εμοι εποιησατε (*RFus* 3.1; PG 31, 917B) [C]

εφ' οσον εποιησατε ενι τουτων των αδελφων μου των ελαχιστων, εμοι εποιησατε (*RFus* 34.2; PG 31, 1001A) [C]

ως αυτω τω Κυριω προσφεροντες την υπηρεσιαν, τω ειποντι· "εφ' οσον εποιησατε ενι τουτων των αδελφων μου των ελαχιστων, εμοι εποιησατε" (*RBr* 160; PG 31, 1188A) [C]

ο μνημονευων του Κυριου ειποντος, "εφ' οσον εποιησατε ενι τουτων των αδελφων μου των ελαχιστων, εμοι εποιησατε" (*RBr* 284; 1281C) [C]

TEXT: εφ' οσον εποιησατε ενι τουτων [των αδελφων][196] μου των ελαχιστων, εμοι εποιησατε

Lac.: C e k

.1) των αδελφων μου ℵ B^c D E L W Δ Θ Π Ω f^1 f^{13} 33 565 700, fratrum meorum a b] των μικρων των αδελφων μου Σ / omit B* Nyssa

Matthew 25:41

πορευεσθε απ' εμου οι κατηραμενοι εις το πυρ το αιωνιον το ητοιμασμενον τω διαβολω και τοις αγγελοις αυτου + (*Mor* 69.1; PG 31, 808C) [C]

πορευεσθε απ' εμου οι κατηραμενοι εις το πυρ το αιωνιον το ητοιμασμενον τω διαβολω και τοις αγγελοις αυτου (*RFus* 34.2; PG 31, 1001B) [C]

εκ των του Κυριου ρηματων, ειποντος· "πορευεσθε απ' εμου οι κατηραμενοι εις το πυρ το αιωνιον το ητοιμασμενον τω διαβολω και τοις αγγελοις αυτου" + (*RBr* 150; PG 31, 1181B) [C]

πορευεσθε απ' εμου οι κατηραμενοι εις το πυρ το αιωνιον το ητοιμασμενον τω διαβολω και τοις αγγελοις αυτου + (*MorPrL* 8; PG 31, 673C) [C]

---

[195]There are several lacunae in HTrin 105 at that location.

[196]I am inclined to include this clause for two reasons: first it is found in all quotations but one, and second it is present in most manuscripts of *Regulae fusius tractatae ad locum*.

εις το πυρ το αιωνιον το ητοιμασμενον τω διαβολω και τοις αγγελοις αυτου (*RBr* 267; PG 31, 1264C) [C]

πορευεσθε απ' εμου οι κατηραμενοι εις το σκοτος το εξωτερον[197] το ητοιμασμενον τω διαβολω και τοις αγγελοις αυτου + (*HDest* 37.9–11) [Ad]*

το πυρ το ητοιμασμενον εις κολασιν τω διαβολω και τοις αγγελοις αυτου (*HPs* 28.6; PG 29, 297B) [All]*

TEXT: πορευεσθε απ' εμου οι κατηραμενοι εις το πυρ το αιωνιον το ητοιμασμενον τω διαβολω και τοις αγγελοις αυτου

Lac.: C e k Nyssa^pt

.1) οι D E W Δ Θ Π Σ Ω f^1 f^{13} 565 700 Nyssa] omit ℵ B L 33 [NA: a b]

.2) το ητοιμασμενον ℵ B E L W Δ Θ Π Σ Ω f^{13} 33 565 700] ο ητοιμασεν ο πατηρ μου D f^1, quem paravit pater meus a b

---

πορευεσθε rell] υπαγετε ℵ [NA: a b]
κατηραμενοι rell] κεκατηραμενοι Σ [NA: a b]

Matthew 25:42

+ επεινασα γαρ και ουκ εδωκατε μοι φαγειν, εδιψησα και ουκ εποτισατε με + (*Mor* 69.1; PG 31, 808C) [C]

+ επεινασα γαρ και ουκ εδωκατε μοι φαγειν, εδιψησα και ουκ εποτισατε με (*RBr* 150; PG 31, 1181B) [C]

ωσπερ επιλαθομενοι του ειποντος· "επεινασα και ουκ εδωκατε μοι φαγειν" (*RBr* 181; PG 31, 1204B) [C]

+ επεινασα γαρ και ουκ εδωκατε μοι φαγειν, εδιψησα και ουκ εποτισατε με + (*HDest* 37.11–12) [C]

+ "επεινασα γαρ," φησι, "και ουκ εδωκατε μοι φαγειν, εδιψησα και ουκ εποτισατε με" + (*MorPrL* 8; PG 31, 673C) [Ad]*

TEXT: επεινασα γαρ και ουκ εδωκατε μοι φαγειν, εδιψησα και ουκ εποτισατε με

---

[197]The expression το σκοτος το εξωτερον is not found in any manuscript of Matthew at that location.

Lac.: C e k Nyssa

.1) εδιψησα ℵ B^c D E W Δ Θ Π Σ Ω f¹ f¹³ 33 565 700, sitivi a b] και εδιψησα B* L

ουκ εδωκατε rell] εδωκατε B*

Matthew 25:43

\+ ξενος ημην και ου συνηγαγετε με, γυμνος και ου περιεβαλετε με, ασθενης και εν φυλακη και ουκ επεσκεψασθε με (*Mor* 69.1; PG 31, 808C) [C]

ξενος ημην και ου συνηγαγετε με, γυμνος και ου περιεβαλετε με, ασθενης και εν φυλακη και ουκ επεσκεψασθε με (*MorPrL* 8; PG 31, 673C) [C]

\+ γυμνος ημην και ου περιεβαλετε με (*HDest* 37.12) [Ad]*

TEXT: ξενος ημην και ου συνηγαγετε με, γυμνος και ου περιεβαλετε με, ασθενης και εν φυλακη και ουκ επεσκεψασθε με

Lac.: C e k Nyssa

.1) με⁽²⁾ B D E L W Δ Θ Π Σ Ω f¹ f¹³ 33 565 700, me a] omit ℵ b

---

γυμνος και ου περιεβαλετε ℵ^c B D E L W Δ Π Σ Ω f¹ f¹³ 33 565 700, nudus et non operuistis a b] και γυμνος και ου περιεβαλετε Θ / omit ℵ*

εν φυλακη rell] ουκ εν φυλακη Δ*[198]

Matthew 25:46

του δε Κυριου ποτε μεν αποφηναμενου, οτι "απελευσονται ουτοι εις κολασιν αιωνιον οι δε δικαιοι εις ζωην αιωνιον" (*RBr* 267; PG 31, 1264C) [C]

απελευσονται ουτοι εις κολασιν αιωνιον οι δε δικαιοι εις ζωην αιωνιον (*RBr* 267; PG 31, 1265A) [C]

---

[198] The correction was made by the original scribe.

οτε οι μεν δικαιοι προσληφθησονται εις ζωην αιωνιον και βασιλειαν ουρανων οι δε αμαρτωλοι κατακριθησονται εις κολασιν αιωνιον (*MorPrF* 4; PG 31, 685B) [All]*

οι μεν εις κολασιν αιωνιον οι δε εις ζωην αιωνιον (*AscPr3* 1; PG 31, 892A) [All]*

μειζων της αιωνιου κολασεως ο γελως της αβουλιας (*HDest* 31.12–13) [All]

και αιωνιου κολασεως ρηματα (*Ep* 46.5.9) [All]

TEXT: απελευσονται ουτοι εις κολασιν αιωνιον οι δε δικαιοι εις ζωην αιωνιον

Lac.: C 33^pt e k Nyssa

.1) κολασιν ℵ B D E L W Δ Θ Π Σ Ω f^1 f^{13} 33 565 700] ignem (=πυρ) a b

MATTHEW CHAPTER TWENTY-SIX

Matthew 26:6

του δε Ιησου γενομενου εν Βηθανια εν οικια Σιμωνος του λεπρου (*Mor* 37.1; PG 31, 757B) [C]

Lac.: C e k Nyssa

.1) βηθανια ℵ B D L W Δ Θ Π Σ f^1 f^{13} 33 565 700] βιθανια E Ω [NA: a b]

.2) λεπρου ℵ B D^c E L W Δ Θ Π Σ Ω f^1 f^{13} 33 565 700] λεπρωσου D*, leprosi a b

Matthew 26:7

προσηλθεν αυτω γυνη αλαβαστρον μυρου εχουσα βαρυτιμου και κατεχεεν επι την κεφαλην αυτου ανακειμενου + (*Mor* 37.1; PG 31, 757B) [C]

Lac.: C e k Nyssa

.1) αλαβαστρον μυρου εχουσα βαρυτιμου E W Δ Σ Ω f^1] εχουσα αλαβαστρον μυρου βαρυτιμου B f^{13} 700, habens alabastrum unguenti pretiosi (a b) / εχουσα αλαβαστρον μυρου πολυτιμου ℵ D L Θ 33 (a b)

/ αλαβαστρον μυρου εχουσα πολυτιμου Π 565

.2) την κεφαλην E L W Δ Π Σ Ω 33 565, caput a b] της κεφαλης ℵ B D Θ f^1 f^{13} 700

και rell] omit a

Matthew 26:8

+ ιδοντες δε οι μαθηται αυτου ηγανακτησαν λεγοντες, εις τι η απωλεια αυτη του μυρου; + (*Mor* 37.1; PG 31, 757B) [C]

Lac.: C e k Nyssa

.1) αυτου E W Δ Π Σ Ω f^1 565] omit ℵ B D L Θ f^{13} 33 700 a b

.2) του μυρου Σ, unguenti a] omit ℵ B D E L W Δ Θ Π Ω f^1 f^{13} 33 565 700 / huius unguenti (=του μυρου τουτου?) b

Matthew 26:9

+ ηδυνατο γαρ τουτο πραθηναι πολλου και δοθηναι πτωχοις + (*Mor* 37.1; PG 31, 757B) [C]

Lac.: C e k Nyssa

.1) τουτο ℵ B D E* L W Δ Π Σ f^1 565, istud a b] τουτο το μυρον E^c Ω f^{13} 33 700 / omit Θ

.2) πτωχοις ℵ B L Θ f^1 f^{13} 33 565] τοις πτωχοις D E W Δ Π Σ Ω 700 [NA: a b]

Matthew 26:10

+ γνους δε ο Ιησους ειπεν αυτοις, τι κοπους παρεχετε τη γυναικι; εργον γαρ καλον ειργασατο εις εμε (*Mor* 37.1; PG 31, 757B) [C]

Lac.: C a^{pt} e k Nyssa

.1) γαρ ℵ B D E L W Δ Θ Π Σ Ω f^{13} 33 565 700, enim b] omit f^1 a

---

o rell] omit D [NA: a b]

τη γυναικι rell] huic mulieri (τη γυναικι ταυτη/εκεινη?) b

Matthew 26:20

οψιας δε γενομενης ανεκειτο μετα των δωδεκα μαθητων + (*Mor* 8.3; PG 31, 76A) [C]

Lac.: C e k Nyssa

.1) μαθητων ℵ L W Δ Θ Π Σ 33] discipulis suis (=μαθηταις αυτου) a b / omit B D E Ω f^1 f^{13} 565 700

Matthew 26:21

+ και εσθιοντων αυτων ειπεν αμην λεγω υμιν οτι εις εξ υμων παραδωσει με + (*Mor* 8.3; PG 31, 716A) [C]**
εις εξ υμων παραδωσει με + (*RBr* 301; PG 31, 1296B) [Ad][199]

Lac.: C e k Nyssa

.1) ειπεν B D E L W Δ Θ Π Σ Ω f^1 f^{13} 33 565 700] λεγι ℵ / dixit illis/eis (=ειπεν αυτοις) a b

---

και εσθιοντων rell] εσθιοντων δε Θ

Matthew 26:22

και λυπουμενοι σφοδρα ηρξαντο λεγειν αυτω εκαστος αυτων, μητι εγω ειμι, κυριε; + (*Mor* 8.3; PG 31, 716A) [C]**
+ μητι εγω ειμι, κυριε; (*RBr* 301; PG 31, 1296B) [Ad]

Lac.: C^{pt} e k Nyssa

.1) αυτω ℵ B E L W Δ Π Σ Ω f^1 33 565] omit D Θ f^{13} 700 a b
.2) εκαστος αυτων E W Δ Π Σ Ω f^1 565 700] εις εκαστος ℵ B C L 33, singuli a b / εις εκαστος αυτων D Θ f^{13}

Matthew 26:26

εσθιοντων δε αυτων λαβων ο Ιησους τον αρτον και ευχαριστησας εκλασε και εδιδου τοις μαθηταις (*Mor* 21.4; PG 31, 741A) [C]

---

[199]Vv. 21–22 are missing from HTrin 105.

Lac.: a^pt e k Nyssa

.1) εσθιοντων δε αυτων λαβων ο Ιησους ℵ B C E L W Π Σ Ω f^1 33 565 700] αυτων δε εσθιοντων ο Ιησους λαβων D / εσθιοντων δε αυτων λαβων Δ / αυτων δε εσθιοντων λαβων ο Ιησους Θ f^{13}, ipsis autem cenantibus accepit Iesus a b

.2) τον E W Δ Π Σ Ω f^{13} 565] omit ℵ B C D L Θ f^1 33 700 [NA: a b]

.3) ευχαριστησας E W Δ Π Σ Ω f^1 f^{13} 565] ευλογησας ℵ B C D L Θ 33 700, cum benedixisset a, benedixit b

.4) εδιδου ℵ* C E W Δ Π Σ Ω 565, dedit b] δους ℵ^c B D L Θ f^1 f^{13} 33 700

και^(1) rell] omit W
εκλασε rell] ac fregit (=εκλασε τε?) b

Matthew 26:33

αποκριθεις δε ο Πετρος ειπεν αυτω, ει παντες σκανδαλισθησονται εν σοι, εγω ουδεποτε σκανδαλισθησομαι + (*Mor* 8.3; PG 31, 713D–716A) [C]

Lac.: e k Nyssa

.1) αυτω ℵ B C D E L W Δ Θ Π Σ Ω f^1 f^{13} 33 565, illi a] omit 700 b

.2) ει B C D E L Δ Θ Σ Ω f^1 f^{13} 33 565 700, si a b] omit ℵ* / ει και ℵ^c W Π

.3) εγω ℵ B C* D L W Δ Θ Π Σ Ω f^1 f^{13}, ego a b] εγω δε C^c E 33 565 700

Matthew 26:34

+ εφη αυτω ο Ιησους, αμην λεγω σοι εν ταυτη τη νυκτι πριν αλεκτορα φωνησαι τρις απαρνηση με (*Mor* 8.3; PG 31, 716A) [C]

Lac.: e k Nyssa

.1) εν ℵ B C E L W Δ Θ Π Σ Ω f^1 f^{13} 33 565 700] omit D a b

.2) απαρνεσει/απαρνεση με B C D E L W Δ Θ Π Σ Ω f^1 f^{13} 565 700] με απαρνεση ℵ 33, me abnegabis a, me negabis b

σοι]²⁰⁰ σοι οτι rell

αλεκτορα φωνησαι rell] η αλεκτοροφωνιας L / αλεκτοροφωνιας f¹²⁰¹

Matthew 26:39

του Κυριου ημων Ιησου Χριστου ειποντος εν προσευχη· "Πατερ, ει δυνατον, παρελθατω απ' εμου το ποτηριον τουτο" (*RBr* 261; PG 31, 1256D) [C]

εδιδαξεν ο σωτηρ εν τοις ευαγγελιοις. "Πατερ, ει δυνατον, παρελθετω το ποτηριον τουτο" (*HPs* 115.4; PG 30, 109C) [Ad]*

TEXT: Πατερ, ει δυνατον, παρελθατω [απ' εμου]²⁰² το ποτηριον τουτο

Lac.: e k Nyssa^pt

.1) Πατερ L Δ Σ f¹, pater a] Πατηρ μου ℵ B C D E W Θ Π Ω f¹³ 33 565 700, pater meus b

.2) δυνατον Nyssa] δυνατον εστιν ℵ B C D E L W Δ Θ Π Σ Ω f¹ f¹³ 33 565 700, possibile est b / potest fieri (=δυνατον εγενετο?) a

Matthew 26:42

γενηθητω γαρ το θελημα σου (*HPs* 44.5; PG 29, 401A) [Ad]

TEXT: γενηθητω [γαρ]²⁰³ το θελημα σου

Lac.: e k Nyssa

---

²⁰⁰This reading is also found in S.

²⁰¹In a short article, Günther Zuntz argued for the genuineness of the reading αλεκτροφωνιας, found in Matt 26:34,75, arguing that it also appears, with a lacuna, (αλεκτοροφφ[ωνιας) in 𝔓³⁷ and in 𝔓⁴⁵ (also with a lacuna: αλεκτοροφωνια[σ). He supported his claim with Matthean usage in Matt 9:20 which has αιμαρρουσα instead of ουσα εν ρυσει αιματος in Mark 5:25) and Matt 27:29 which has γονυπετησαντες instead of τιθεντες τα γονατα in Mark 15:19). See "A Note on Matthew xxvi.34 and xxvi.75," *JTS* 50 (1949): 182–83.

²⁰²I would include these words; they seem to appear in all manuscripts of Matthew. Their omission could be explained by the wish to smoothly insert this short quotation within Basil's *Regulae brevius tractatae*.

²⁰³The γαρ was likely added here to insert the quotation into its context.

Matthew 26:50

τοτε προσελθοντες επεβαλον τας χειρας επι τον Ιησουν και εκρατησαν αυτον + (*Mor* 49.3; PG 31, 773D) [C]

Lac.: a^pt e k Nyssa

προσελθοντες rell] accesserunt et (=προλσελθοντες και) b
και εκρατησαν rell] κρατησαν Δ

Matthew 26:51

+ και ιδου εις των μετα Ιησου εκτεινας την χειρα επεσπασε την μαχαιραν αυτου και παταξας τον δουλον του αρχιερεως αφειλεν αυτου το ωτιον + (*Mor* 49.3; PG 31, 773D) [C]

Lac.: a^pt e k Nyssa

.1) παταξας ℵ B C E L W Δ Θ Π Σ Ω f^1 f^{13} 33 565 700] επεταξεν D, percussit a b
.2) αφειλεν ℵ B C E L W Δ Θ Π Σ Ω f^1 f^{13} 33 565 700] και αφειλεν D, et amputavit a b

----

μετα Ιησου rell] μετα του Ιησου L / μετ' αυτου B

Matthew 26:52

+ λεγει δε αυτω ο Ιησους, αποστρεψον την μαχαιραν εις τον τοπον αυτης οτι παντες οι λαβοντες μαχαιραν εν μαχαιρᾳ απολουνται (*Mor* 49.3; PG 31, 776A) [C]

λεγει τω Πετρῳ,[204] "αποστρεψον την μαχαιραν σου εις τον τοπον αυτης· παντες γαρ οι λαβοντες μαχαιραν εν μαχαιρᾳ απολουνται" (*RBr* 251; PG 31, 1249C) [C]

"πας" γαρ, φησιν, "ο λαβων μαχαιραν εν μαχαιρᾳ αποθανειται" (*Ep* 217.55.1–2) [All]

---

[204]Here, Basil may have assumed from John 18:10–11 that Peter was the one who drew the sword.

TEXT: λεγει δε αυτω ο Ιησους, αποστρεψον την μαχαιραν [σου][205] εις τον τοπον αυτης· [οτι] παντες [γαρ] οι λαβοντες μαχαιραν εν μαχαιρα απολουνται

Lac.: e k Nyssa

.1) αυτω ℵ B C D E L Δ Θ Π Σ f^1 f^{13} 33 565 700, illi a b] αυτοις W Ω
.2) την μαχαιραν Θ Π 33 565 700] την μαχαιραν σου ℵ B D L f^1 f^{13}, gladium tuum a b / σου την μαχαιραν C E W Δ Σ Ω
.3) παντες, omnes a] παντες γαρ ℵ B C D E L W Δ Θ Π Σ Ω f^1 f^{13} 33 565 700, omnes enim b
.4) μαχαιρα B^c C^c D E L W Δ Π Ω f^1 f^{13} 565 700] μαχαιρη ℵ B* C* Θ Σ 33 [NA: a b]
.5) απολουνται ℵ B C D E L Θ Π Σ f^1 33 700, peribunt a b] αποθανουνται W Δ Ω f^{13} 565

λεγει δε] τοτε λεγει rell
τον τοπον rell] την θηκην 700
οτι] omit rell

Matthew 26:53

του Κυριου ειποντος τοις μαθηταις· "η δοκειτε οτι ου δυναμαι παρακαλεσαι τον πατερα μου, και παραστησει μοι ωδε πλειους η δωδεκα λεγεωνας αγγελων;" (*Eun* III.1.68–70) [Ad]*

TEXT: η [δοκειτε][206] οτι ου δυναμαι παρακαλεσαι τον πατερα μου, και παραστησει μοι ωδε πλειους η δωδεκα λεγεωνας αγγελων;

Lac.: a^{pt} e k Nyssa

.1) η ℵ B C D E L W Δ Θ Π Σ Ω f^1 f^{13} 33 565 700] aut non (η ου) a b

---

[205]I would omit σου here, as it is absent from the longest quotation, where it is certain that Basil quoted from the written text. In addition, the word is absent from two manuscripts of Basil's *Regulae brevius tractatae*.

[206]This may be a perfect case of adaptation. Since Basil introduces the verse by writing that it was a word from the Lord to his disciples, one would expect the verb beginning the quotation to be plural.

.2) δοκειτε] δοκεις ℵ B D E L W Δ Θ Π Σ Ω f^{13} 33 565, putas a^{vid} b / δοκει σοι C f^1 700

.3) οτι ℵ B C D E L W Δ Θ Π Σ Ω f^1 f^{13} 33 565 700] omit a b

.4) δυναμαι ℵ B* L 33] δυναμαι αρτι B^c C D E W Δ Θ Π Σ Ω f^1 f^{13} 565 700 / posse me modo (=δυναμαι μοι αρτι?) b

.5) ωδε Θ f^1] αρτι ℵ^c B L 33 / ωδε αρτι ℵ* / omit C D E W Δ Π Σ Ω f^{13} 565 700 a b

.6) πλειους ℵ^c C E L W Δ (Θ) Π Σ Ω f^1 f^{13} 33 565 700] πλειω ℵ* B D, plus a b

.7) η δωδεκα C E W Δ Π Σ Ω f^1 f^{13} 33 565, quam duodecim a] δωδεκα ℵ B D L Θ 700 / XII milia (=δωδεκα χιλιαδες) b

.8) λεγεωνας/λεγιωνας αγγελων B D^c E W Ω f^1, legiones angelorum a b] λεγεωνων/λεγιονων αγγελων ℵ^c C L Θ Σ f^{13} 33 700 / λεγεωνων/λεγιονων αγγελους ℵ* Δ Π 565 / λεγειωνης αγγελων D*

Matthew 26:75

και εμνησθη ο Πετρος του ρηματος Ιησου ειρηκοτος αυτω οτι πριν αλεκτορα φωνησαι τρις απαρνηση με· και εξελθων εξω εκλαυσε πικρως (*Mor* 1.3; PG 31, 701B) [C]

Lac.: a^{pt} b^{pt} e k Nyssa

.1) Ιησου ℵ B C* D E Δ Θ Π Σ Ω 565 700] του Ιησου C^c L W Π f^1 f^{13} 33 [NA: a b]

.2) ειρηκοτος ℵ B C D E L W Δ Θ Π Σ Ω f^1 f^{13} 33 565 700] quod dixerat (=η ειρηκοτος?) a b

.3) αυτω C E W Δ Θ Π Σ Ω f^1 f^{13} 565 700, ei b] omit ℵ B D L 33

.4) οτι ℵ B C E L W Δ Θ Π Σ Ω f^1 f^{13} 33 565 700] omit D b

---

αλεκτορα φωνησαι ℵ B C D E L W Δ Θ Π Σ Ω f^{13} 33 565 700, gallus cantet b] αλεκτοραφωνιας f^1[207]

---

[207]Günther Zuntz argued for the originality of the reading αλεκτοραφωνιας, also found in Matt 26:34 in L f^1 and Origen. See "A Note on Matthew," 182–183.

MATTHEW CHAPTER TWENTY-SEVEN

Matthew 27:24

ημεις αθωοι απο του αιματος τουτου (*Ep* 240.3.13) [All]*

TEXT: αθῳ[οι][208] [...] απο του αιματος τουτου

Lac.: C e k Nyssa

.1) αιματος τουτου B D Θ, sangunie huius a b] αιματος του δικαιου τουτου ℵ E L W Π Σ Ω f^1 f^{13} 33 565 700 / αιματος τουτου του [or του τουτου / δικαιου Δ

Matthew 27:46

περι δε την ενατην ωραν ανεβοησεν ο Ιησους φωνη μεγαλη λεγων, ηλι ηλι λειμα σαβαχθανι; τουτεστι θεε μου θεε μου, ινα τι με εγκατελειπες (*Mor* 65.1; PG 31, 804B) [C]

Lac.: C e k Nyssa[pt]

.1) ανεβοησεν ℵ D E Δ Θ Π Ω f^1 f^{13} 33 565] εβοησεν B L W Σ 33 700 [NA: a b]

.2) ηλι ηλι λειμα σαβαχτθανι Ω] ηλι ηλι λιμα σαβαχθανει Π f^{13} 565 700 / ελωει ελωει λεμα σαβακτανει B / ελωι ελωι λεμα σαβαχθανει ℵ / ηλει ηλει λαμα ζαφθανει D*, (heli heli lama/lema zaphtani/zaptani) a b / ηλει ηλει λαμα σαφθανει D^c / ηλει ηλει λειμα σαβαχθανι E / αηλι αηλι λεμα σαβαχθανι L / ηλι ηλι μα σαβαχθανει W / ηλει ηλει λιμα σαβαχθανει Δ Σ / ηλει ηλει λαμα σαβαχθανει Θ f^1 / ελωι ελωι λεμα σαβαχθανι 33

δε rell] omit b

ο rell] omit D [NA: a b]

Matthew 27:54

μεμνημαι του πρωτου εκατονταρχου [...] ωμολογησε και ουκ ηρνησατο οτι "αληθως θεου υιος ην" (*HGord* 7; PG 31, 504C) [C]

---

[208]The plural is explained by the context of the quotation.

Lac.: e k Nyssa

.1) θεου υιος ην E L W Δ Θ Π Σ Ω f^1 f^{13} 33 565 700] υιος θεου ην ℵ^c B D / υιος ην του Θεου ℵ* / Θεου υιος εστιν C / filius dei erat (=υιος θεου ην?) a b

MATTHEW CHAPTER TWENTY-EIGHT

Matthew 28:19

πορευθεντες μαθητευσατε παντα τα εθνη, βαπτιζοντες αυτους εις το ονομα του πατρος και του υιου και του αγιου πνευματος (*Mor* 20.1; PG 31, 736D) [C]

πορευθεντες μαθητευσατε παντα τα εθνη, βαπτιζοντες αυτους εις το ονομα του πατρος και του υιου και του αγιου πνευματος + (*Mor* 12.3; PG 31, 724C) [C]

πορευθεντες μαθητευσατε παντα τα εθνη, βαπτιζοντες αυτους εις το ονομα του πατρος και του υιου και του αγιου πνευματος + (*Mor* 70.6; PG 31, 821D) [C]

εξ αυτης του Κυριου της φωνης παρελαβομεν ειποντος· "πορευθεντες μαθητευσατε παντα τα εθνη, βαπτιζοντες εις το ονομα του πατρος και του υιου και του αγιου πνευματος" (*Ep* 125.3.47–49) [C]

πορευθεντες μαθητευσατε παντα τα εθνη, βαπτιζοντες αυτους εις το ονομα του πατρος και του υιου και του αγιου πνευματος + (*MorPrF* 4; PG 31, 688A) [C]

και δια το ειρησθαι· "μαθητευσατε παντα τα εθνη, βαπτιζοντες αυτους εις το ονομα του πατρος και του υιου και του αγιου πνευματος" (*Ep* 210.3.30–32) [C]

πορευθεντες μαθητευσατε παντα τα εθνη (*Mor* 80.12; PG 31, 864C) [C]

"πορευθεντες," φησιν ο Κυριος, "μαθητευσατε παντα τα εθνη" + (*AscPr3* 2; PG 31, 893B) [Ad]*

ει γε μη μελλοιμεν σοφωτεροι ειναι των διδαγματων του σωτηρος, ειποντος· "πορευθεντες βαπτιζετε εις το ονομα του πατρος" (*Eun* I.5.73–74) [Ad]*

αυτου του Κυριου εν τη παραδοσει του σωτηριου βαπτισματος

παραδεδωκοτος την ταξιν, εν οις ειπε· "πορευθεντες βαπτιζετε εις το ονομα του πατρος και του υιου και του αγιου πνευματος" (*Eun* III.2.14–16) [Ad]*

τουτο δε σαφως μαχεται τη παραδοσει του σωτηριου βαπτισματος. "πορευθεντες," φησι "βαπτιζετε εις το ονομα πατρος και υιου και αγιου πνευματος" (*Eun* III.5.29–30) [Ad]*

δε η παρα του Κυριου καταλειφθεισα φωνη επιλεγεται· "πορευθεντες" γαρ, φησι, "βαπτιζεται εις το ονομα του πατρος και του υιου και του αγιου πνευματος" (*HPs* 28.3; PG 29, 289D) [Ad]*

ει δε ειρηται· "πορευθεντες βαπτιζετε εις το ονομα του πατρος και του υιου και του αγιου πνευματος" (*Ep* 210.4.17–18) [Ad]*

ει γαρ ο μεν Κυριος σαφως εν τη παραδοσει του σωτηριου βαπτισματος προσεταξε τοις μαθηταις βαπτιζειν παντα τα εθνη εις ονομα πατρος και υιου και αγιου πνευματος (*AmphSp* X.24.7–8) [All]*

βαπτιζειν εις ονομα πατρος και υιου και αγιου πνευματος (*HTrin* 3; PG 31, 1492B) [All]*

παρα του Κυριου ειποντος· "πορευθεντε· βαπτιζετε εις το ονομα του πατρος και του υιου και του αγιου πνευματος" (*Ep* 52.4.3–5) [All]*

βαπτιζομεθα εις το ονομα του πατρος και του υιου και του αγιου πνευματος (*Ep* 226.3.31–32) [All]*

TEXT: πορευθεντες μαθητευσατε παντα τα εθνη, βαπτιζοντες αυτους εις το ονομα του πατρος και του υιου και του αγιου πνευματος

Lac.: C L k

.1) πορευθεντες ℵ E Ω 700 Nyssa] πορευθεντες ουν B W Δ Θ Π Σ f^1 f^{13} 33 565, ite ergo e] πορευεσθαι νυν D, euntes nunc a b

.2) βαπτιζοντες ℵ E W Δ Θ Π Σ Ω f^1 f^{13} 33 565 700 Nyssa] βαπτισαντες B D [NA: a b e]

του$^{(1)}$ rell] omit Δ [NA: a b e]
του$^{(2)}$ rell] omit D [NA: a b e]

Matthew 28:20

+ διδασκοντες αυτους τηρειν παντα οσα ενετειλαμην υμιν (*Mor* 12.3; PG

31, 724C) [C]
+ διδασκοντες αυτους τηρειν παντα οσα ενετειλαμην υμιν (*Mor* 70.6; PG 31, 821D) [C]
+ διδασκοντες αυτους τηρειν παντα οσα ενετειλαμην υμιν (*MorPrF* 4; PG 31, 688A) [C]
υπο του Κυριου λεχθεν το, "και ιδου εγω μεθ' υμων ειμι πασας τας ημερας εως της συντελειας του αιωνος" (*HChr* 5; PG 31, 1468C) [C]
+ διδασκοντες αυτους ουχι τα μεν τηρειν των δε αμελειν αλλα τηρειν παντα οσα ενετειλαμην υμιν (*AscPr3* 2; PG 31, 893B) [Ad]
TEXT: διδασκοντες αυτους τηρειν παντα οσα ενετειλαμην υμιν· και ιδου εγω μεθ' υμων ειμι πασας τας ημερας εως της συντελειας του αιωνος

Lac.: C L k Nyssa^{pt}

.1) μεθ' υμων ειμι B E W Δ Θ Π Σ Ω f^1 f^{13} 33 565 700, vobiscum sum a b e Nyssa] ειμι μεθ' υμων ℵ D

CHAPTER 4

DATA ANALYSIS

It is now necessary to put Basil's text of Matthew in relation to manuscripts of the First Gospel to see how it positions itself in regard to the various traditions. For this purpose, I use two methods, namely a method of quantitative analysis developed by Colwell and Tune, and a method of profile analysis designed by Bart D. Ehrman.

QUANTITATIVE ANALYSIS

The method of quantitative analysis developed by Colwell and Tune first rates the degree of agreement between a manuscript whose textual character is unknown and a sample of manuscripts representing various textual trends.[1] Second, it helps to ascertain groupings of the selected manuscripts of the sample according to their textual affinities. Third, it allows for the evaluation of textual affinities between the manuscript, whose textual character is unknown, and the groupings of manuscripts of the sample.

---

[1] For a description of the method of quantitative analysis, see Ernest C. Colwell, "Method in Locating a Newly-Discovered Manuscript within the Manuscript Tradition of the Greek New Testament," in *Studia Evangelica [Vol. I] Papers Presented to the International Congress on "The Four Gospels in 1957" Held at Christ Church, Oxford, 1957* (ed. Kurt Aland et al.; TU 73; Berlin: Akademie Verlag, 1959); idem, with the collaboration of Ernest W. Tune, "The Quantitative Relationships between MS Text-types," in *Biblical and Patristic Studies in Memory of Robert Pierce Casey* (ed. J. N. Birdsall and R. W. Thomson; Freiburg im Breisgau: Herder, 1963), 25–32. Both articles have been republished in Ernest C. Colwell, *Studies in Methodology in Textual Criticism of the New Testament* (NTTS 9; Leiden: Brill, 1969), 26–44, 56–62.

Quantitative analysis consists in collating a manuscript, whose textual affinities are unknown, against a sample of manuscripts thought to represent a broad spectrum of textual trends. The selected manuscripts are also collated against each other. First, one identifies genetically significant variation units in the manuscript whose textual character is unknown.[2] Second, one records agreements and disagreements of each manuscript of the sample with these variation units. According to Colwell and Tune, a group of manuscripts could only be considered as a text type if their mutual rate of agreement is over 70%, and there is a 10% gap from manuscripts of other text types.[3] Experience has nevertheless shown that such an ideal statistic is rarely found in quantitative analysis. That is why W. L. Richards has suggested to let each grouping of manuscripts set its own level of agreement.[4] Ehrman has simply proposed to lower Colwell and Tune's standards to a rate of 65% of agreement between members of a same group, with a 6–8% gap with other groups, when dealing with patristic quotations.[5]

Colwell and Tune's method of quantitative analysis allows for an easy evaluation of the textual affinities between manuscripts. Nevertheless, the expression of results as sharp percentages can give an impression of false accuracy. One notices that the method of quantitative analysis does not consider the possibility of error due to the use of samples. In fact, the evaluation of textual affinities can rarely be done by collating all variation units present in the manuscripts. There are two reasons: first, a large number of manuscripts and all data obtained from patristic citations are lacunose, so that a portion of their

---

[2] A "genetically significant variant" is a variant that provides information regarding genetic relationships among manuscripts. It is therefore found in at least two manuscripts. Scribal errors, which result in nonsense readings, are usually not considered unless they are widely spread. Similarly, scribal tendencies due to stylistic preferences (e.g., nu-movable, itacisms, abbreviations) are discarded. W. L. Richards, *The Classification of the Greek Manuscripts of the Johannine Epistles* (SBLDS 35; Missoula, Mont.: Scholars Press, 1977) has established that the latter type of variants were of no profit for establishing the relationships among manuscripts.

[3] Colwell and Tune, "Quantitative Relationships," 29.

[4] Richards, *Classification of the Greek Manuscripts*, 43–68.

[5] Bart D. Ehrman, *Didymus the Blind and the Text of the Gospels* (SBLNTGF 1; Atlanta: Scholars Press, 1986), 202.

Data Analysis

text is unrecoverable;[6] and second, a collation of all variation units is time consuming, making it necessary to proceed from samples. The problem with samples is to evaluate their probability of representing the whole population. For instance, if ten variants are chosen to compare two manuscripts, and these manuscripts agree on six of these ten variants, one can conclude that these two manuscripts may have a 60% rate of agreement. Now, if one hundred variants are chosen in these two manuscripts, and these manuscripts agree on sixty of these one hundred variants, there is still a 60% rate of agreement, but the latter is more likely to represent the result that would be obtained from the computation of all possible variants. That is why statistical results obtained from samples are usually accompanied by an error correction due to the use of samples. As a rule of thumb, the larger the sample, the smaller the error correction due to the sample. So far, scholars using quantitative analysis have neglected calculating this error correction. This oversight does not make their results void, but leads to a false impression of accuracy. The standard formula used to estimate the error due to the use of samples is:

$$\sigma p = \sqrt{\frac{p(100-p)}{n-1}} \times z$$

σp is the unbiased estimate of the standard deviation of the percentage distribution. To obtain σp, the first step consists in applying the first part of the formula, that is:

$$\sqrt{\frac{p(100-p)}{n-1}}$$

where p is the percentage, and n is the size of the sample. For instance, one has a sample (n) of 684 variants on which one compares two manuscripts. Both manuscripts agree on 571 of these 684 variants, for an 83.5% (p) rate of agreement (i.e., 571/684 X 100). To estimate the standard deviation of the distribution of the percentages (σp), one applies the formula as follows:

---

[6]This is the case with patristic quotations.

$$\sigma p = \sqrt{\frac{83.5\,(100-83.5)}{684-1}} = \sqrt{\frac{83.5\,(16.5)}{683}} = 1.42$$

Once the estimate of the standard deviation (σp) is obtained, one still has to obtain the error correction, and choose a confidence interval for the results. The most common confidence intervals are 90%, 95% and 99%. I chose 95% as a confidence interval for this quantitative analysis. This means that there is a 95% certainty that a 83.5% rate of agreement between two manuscripts, with a ±5% error correction, indicates that the real result—that is, if I computed all possible variants between these two manuscripts—should lay somewhere between 78.5% (i.e., 83.5% − 5%) and 88.5% (i.e., 83.5% + 5%). To each confidence interval corresponds a number in a *chart of the proportions of area under standard normal curve* (z-scores).[7] For a 95% confidence interval, the number is 1.96 (z). Now, to obtain the error correction, I multiply σp (here 1.42) by z (here 1.96) to obtain the error correction with a 95% confidence level. In the present case:

σp X z = 1.42 X 1.96 = 2.8%

The error correction with a 95% confidence level is therefore ±2.8%.

RESULTS OF THE QUANTITATIVE ANALYSIS

Table 1 shows the results of the quantitative analysis. The rate of agreement of each manuscript with each other is illustrated. This rate of agreement is stated as a percentage. I included the error correction for each percentage in the chart.

---

[7] If the size of the sample (*n*) is small, meaning inferior to 30, the number corresponding to a 95% confidence level will be obtained from another chart than the chart of proportions of area under standard normal curve (z-scores). It will be necessary to consult a *Student distribution* chart (distribution of *t*). Such charts are found in most statistics handbooks. For instance, Ronald A. Fisher, *Statistical Methods for Research Workers* (14th ed.; New York: Hafner, 1973), 176. Additional explanations on the way to calculate the error correction can be found in Donald H. Sanders and François Allard, *Les statistiques. Une approche nouvelle* (2nd ed.; Montréal: McGraw-Hill,

This error correction is separated from the percentage by a slash. I compared the selected manuscripts on the basis of 705 genetically significant variants. Some more lacunose manuscripts (e.g., e k), were compared on the basis of a lesser number of variants. In these cases, the error correction is accordingly higher.

1992), 213–42, esp. 239–41.

Table 1
Proportional Relationships (%) of All Witnesses
to One Another in Matthew
(level of confidence: 95%)

MSS	Basil	ℵ	ℵᶜ	B	C	D
Basil	nil	63.4/3.6	61.0/11.0	62.8/3.6	74.4/3.8	50.0/4.1
ℵ	63.4/3.6	nil	nil	81.4/2.9	71.3/4.0	54.2/4.1
ℵᶜ	61.0/11.0	nil	nil	53.2/11.2	63.5/13.2	54.7/12.3
B	62.8/3.6	81.4/2.9	53.2/11.2	nil	69.3/4.0	54.3/4.0
C	74.4/3.8	71.3/4.0	63.5/13.2	69.3/4.0	nil	53.6/4.7
D	50.0/4.1	54.2/4.1	54.7/12.3	54.3/4.0	53.6/4.7	nil
E	83.5/2.8	61.9/3.6	61.5/10.9	62.8/3.6	78.3/3.6	51.2/4.0
L	71.2/3.5	63.4/3.7	69.7/10.4	64.4/3.7	74.2/3.9	49.9/4.1
W	76.0/3.2	63.2/3.6	57.5/11.4	63.3/3.7	74.9/3.8	49.7/4.1
Δ	79.9/3.0	61.7/3.7	61.5/10.9	61.8/3.7	78.6/3.6	49.1/4.1
Θ	66.2/3.7	64.9/3.7	56.9/11.5	66.8/3.6	68.1/4.3	56.9/4.1
Π	82.6/2.8	62.3/3.6	62.0/10.8	63.6/3.6	80.2/3.5	50.5/4.0
Σ	77.5/3.1	63.5/3.6	60.3/10.9	64.2/3.6	80.2/3.5	48.8/4.0
Ω	82.3/2.9	60.7/3.7	60.3/10.9	62.4/3.6	78.8/3.6	50.1/4.0
f^1	72.2/3.4	72.1/3.4	59.7/11.0	71.9/3.4	74.9/3.8	54.2/4.0
f^{13}	73.0/3.3	66.2/3.6	65.8/10.5	66.0/3.6	72.2/3.9	53.3/4.0
33	68.8/3.6	73.7/3.4	66.7/11.0	72.5/3.5	77.8/3.8	51.9/4.2
565	78.6/3.1	59.8/3.7	61.8/11.0	61.2/3.7	78.1/3.6	49.7/4.1
700	73.7/3.3	66.3/3.6	61.0/11.0	68.0/3.5	73.4/3.9	51.4/4.0
a	34.9/4.1	37.1/4.1	45.2/12.5	34.1/4.0	36.3/4.8	57.7/4.6
b	33.7/4.0	37.2/4.1	40.4/12.8	34.5/4.0	36.0/4.7	55.9/4.5
e	43.7/7.4	40.9/7.4	55.6/23.6	47.1/7.5	46.9/8.7	60.8/7.4
k	43.0/5.8	47.7/5.8	45.5/21.3	46.3/5.9	46.5/6.7	71.4/5.9
Nyssa	59.3/13.2	52.7/13.3	0.0/0.0	48.2/13.2	64.0/19.2	43.8/14.2
MSS	Basil	ℵ	ℵᶜ	B	C	D

MSS	E	L	W	Δ	Θ	Π
Basil	83.5/2.8	71.2/3.5	76.0/3.2	79.9/3.0	66.2/3.7	82.5/2.8
ℵ	61.9/3.6	64.3/3.7	63.2/3.6	61.7/3.7	64.9/3.7	62.3/3.6
ℵᶜ	61.5/10.9	69.7/10.4	57.5/11.4	61.5/10.9	56.9/11.5	62.0/10.8
B	62.8/3.6	64.4/3.7	63.3/3.7	61.8/3.7	66.8/3.6	63.6/3.6
C	78.3/3.6	74.2/3.9	74.9/3.8	78.6/3.6	68.1/4.3	80.2/3.5
D	51.2/4.0	49.9/4.1	49.7/4.1	49.1/4.1	56.9/4.2	50.5/4.0
E	nil	75.5/3.3	83.1/2.8	87.0/2.5	69.8/3.6	91.4/2.1
L	75.5/3.3	nil	68.9/3.6	74.1/3.4	69.4/3.6	76.7/3.2
W	83.1/2.8	68.9/3.6	nil	84.3/2.8	68.0/3.6	84.8/2.7
Δ	87.0/2.5	74.1/3.4	84.3/2.8	nil	69.7/3.6	87.2/2.5
Θ	69.8/3.6	69.4/3.7	68.0/3.6	69.7/3.6	nil	72.2/3.4
Π	91.4/2.1	76.7/3.2	84.8/2.7	87.2/2.5	72.2/3.4	nil
Σ	84.8/2.7	71.9/3.5	79.9/3.0	83.7/2.8	70.3/3.5	84.5/2.7
Ω	91.4/2.1	73.9/3.3	84.5/2.7	87.3/2.5	68.9/3.6	92.5/2.0
f^1	70.7/3.4	69.8/3.5	70.6/3.5	71.7/3.4	71.3/3.5	73.8/3.3
f^{13}	77.0/3.2	68.8/3.5	73.0/3.4	75.2/3.3	78.0/3.2	78.0/3.1
33	70.0/3.6	74.3/3.4	69.5/3.6	69.7/3.6	71.5/3.6	72.1/3.5
565	87.8/2.4	74.6/3.3	80.5/3.0	84.3/2.7	71.4/3.5	93.4/1.9
700	81.3/2.9	72.2/3.4	74.4/3.3	76.3/3.2	74.6/3.4	80.9/2.9
a	33.8/4.0	37.3/4.2	32.1/4.0	31.9/4.0	37.9/4.3	33.8/4.0
b	34.5/4.0	35.1/4.1	32.7/4.0	32.6/3.9	38.1/4.2	33.8/4.0
e	41.4/7.3	44.6/7.6	38.9/7.4	41.3/7.4	52.9/7.5	42.0/7.4
k	44.1/5.8	41.9/5.9	43.8/5.8	44.8/5.9	40.9/5.9	44.5/5.8
Nyssa	60.7/12.9	59.6/13.5	57.9/12.9	63.6/12.8	48.2/13.2	56.1/13.0
MSS	E	L	W	Δ	Θ	Π

MSS	Σ	Ω	f^1	f^{13}	33	565
Basil	77.5/3.1	82.3/2.9	72.2/3.4	73.0/3.3	68.8/3.6	78.6/3.1
ℵ	63.5/3.6	60.7/3.7	72.1/3.4	66.2/3.6	73.7/3.4	59.8/3.7
ℵc	60.3/10.9	60.3/10.9	59.7/11.0	65.8/10.5	66.7/11.0	61.8/11.0
B	64.2/3.6	62.4/3.6	71.9/3.4	66.0/3.6	72.5/3.5	61.2/3.7
C	80.2/3.5	78.8/3.6	74.9/3.8	72.2/3.9	77.8/3.8	78.1/3.6
D	48.8/4.0	50.1/4.0	54.2/4.1	53.3/4.0	51.9/4.2	49.7/4.1
E	84.8/2.7	91.4/2.1	70.7/3.4	77.0/3.2	70.0/3.6	87.8/2.4
L	71.9/3.4	73.9/3.3	69.8/3.5	68.8/3.5	74.3/3.4	74.6/3.3
W	79.9/3.0	84.5/2.7	70.6/3.4	73.0/3.4	69.5/3.6	80.5/3.0
Δ	83.7/2.8	87.3/2.5	71.7/3.4	75.2/3.3	69.7/3.6	84.3/2.7
Θ	70.3/3.5	68.9/3.6	71.3/3.5	78.0/3.2	71.5/3.6	71.4/3.5
Π	84.5/2.7	92.5/2.0	73.8/3.3	78.0/3.1	72.1/3.5	93.4/1.9
Σ	nil	82.9/2.8	74.4/3.3	73.5/3.3	72.8/3.5	81.2/2.9
Ω	82.9/2.8	nil	71.4/3.4	76.6/3.2	69.3/3.6	89.7/2.3
f^1	74.4/3.3	71.4/3.4	nil	72.7/3.4	75.8/3.3	71.9/3.4
f^{13}	73.5/3.3	76.6/3.2	72.7/3.4	nil	71.5/3.5	78.4/3.1
33	72.8/3.5	69.3/3.6	75.8/3.3	71.5/3.5	nil	71.8/3.5
565	81.2/2.9	89.7/2.3	71.9/3.4	78.4/3.1	71.8/3.5	nil
700	74.3/3.3	79.9/3.0	71.7/3.4	75.6/3.3	69.7/3.6	79.8/3.0
a	29.1/4.0	33.3/4.0	39.7/4.2	35.9/4.1	37.9/4.7	33.5/4.1
b	33.6/4.0	33.1/4.0	37.7/4.1	36.9/4.1	37.7/4.6	33.6/4.0
e	42.7/7.4	40.8/7.4	53.3/7.6	46.5/7.5	45.3/7.8	38.6/7.4
k	42.9/5.8	45.2/5.8	47.5/5.9	45.5/5.9	43.3/5.9	45.0/5.8
Nyssa	66.1/12.5	61.4/12.8	58.9/13.0	56.1/13.0	60.8/13.5	56.1/13.0
MSS	Σ	Ω	f^1	f^{13}	33	565

Data Analysis

MSS	700	a	b	e	k	Nyssa
Basil	73.7/3.3	34.9/4.1	33.7/4.0	43.7/7.4	43.0/5.8	59.3/13.2
ℵ	66.3/3.6	37.1/4.1	37.2/4.1	40.9/7.4	47.7/5.8	52.7/13.3
ℵ^c	61.0/11.0	45.2/12.5	40.4/12.8	55.6/23.6	45.5/21.3	0.0/0.0
B	68.0/3.5	34.1/4.0	34.5/4.0	47.1/7.5	46.3/5.8	48.2/13.2
C	73.4/3.9	36.3/4.8	36.0/4.8	46.9/8.7	46.5/6.7	64.0/19.2
D	51.4/4.0	57.7/4.6	55.9/4.5	60.8/7.4	71.4/5.9	43.8/14.2
E	81.3/2.9	33.8/4.0	34.5/4.0	41.4/7.3	44.1/5.8	60.7/12.9
L	72.2/3.4	37.3/4.2	35.1/4.1	44.6/7.6	41.9/5.9	59.6/13.5
W	74.4/3.3	32.1/4.0	32.7/4.0	38.9/7.4	43.8/5.8	57.9/12.9
Δ	76.3/3.2	31.9/4.0	32.6/3.9	41.3/7.4	44.8/5.9	63.6/12.8
Θ	74.6/3.4	37.9/4.3	38.1/4.2	52.9/7.5	40.9/5.9	48.2/13.2
Π	80.9/2.9	33.8/4.0	33.8/4.0	42.0/7.4	44.5/5.8	56.1/13.0
Σ	74.3/3.3	29.1/4.0	33.6/4.0	42.7/7.4	42.9/5.8	66.1/12.5
Ω	79.9/3.0	33.3/4.0	33.1/4.0	40.8/7.4	45.2/5.8	61.4/12.8
f^1	71.7/3.4	39.7/4.2	37.7/4.1	53.3/7.6	47.5/5.9	58.9/13.0
f^{13}	75.6/3.3	35.9/4.1	36.9/4.1	46.5/7.5	45.5/5.9	56.1/13.0
33	69.7/3.6	37.9/4.7	37.7/4.6	45.3/7.8	43.3/5.9	60.8/13.5
565	79.8/3.0	33.5/4.1	33.6/4.0	38.6/7.4	45.0/5.8	56.1/13.0
700	nil	34.3/4.1	36.0/4.1	47.1/7.5	44.2/5.8	55.4/13.1
a	34..4/4.1	nil	90.3/2.6	69.9/7.0	56.5/7.1	33.3/14.4
b	36.0/4.1	90.3/2.6	nil	69.6/7.4	60.0/5.9	26.1/12.8
e	47.1/7/5	69.9/7.0	69.6/7.4	nil	82.4/13.0	55.6/23.6
k	44.2/5.8	56.5/7.1	60.0/5.9	82.4/13.0	nil	41.7/20.1
Nyssa	55.4/13.1	33.3/14.4	26.1/12.8	55.6/23.6	41.7/20.1	nil
MSS	700	a	b	e	k	Nyssa

Table 2
Witnesses Ranked according to Proportional Agreement with Basil in Matthew
(level of confidence: 95%)

Rank	MSS	total ag.	total var.	% ag.	error corr. ±
1	E	571	684	83.5%	2.8%
2	Π	571	692	82.5%	2.8%
3	Ω	564	685	82.3%	2.9%
4	Δ	539	675	79.9%	3.0%
5	565	534	679	78.6%	3.1%
6	Σ	531	685	77.5%	3.1%
7	W	510	671	76.0%	3.2%
8	C	369	496	74.4%	3.8%
9	700	502	681	73.7%	3.3%
10	f^{13}	496	679	73.0%	3.3%
11	f^1	491	680	72.2%	3.4%
12	L	465	653	71.2%	3.5%
13	33	442	642	68.8%	3.6%
14	Θ	420	634	66.2%	3.7%
15	ℵ	426	672	63.4%	3.6%
16	B	428	681	62.8%	3.6%
17	ℵ^c	47	77	61.0%	11.0%
18	Nyssa	32	54	59.3%	13.2%
19	D	292	584	50.0%	4.1%
20	e	76	174	43.7%	7.4%
21	k	122	284	43.0%	5.8%
22	a	186	533	34.9%	4.1%
23	b	184	546	33.7%	4.0%

The textual affinities of Basil with the selected manuscripts become more recognizable as one consults Table 2, where every manuscript is listed according to its rate of agreement with Basil's text in Matthew. Basil appears to have the closest affinities with the Byzantine manuscripts.[8] Only C, a Secondary Alexandrian witness often lacunose in Matthew, makes an intrusion among the Byzantine witnesses occupying the first positions. Caesarean manuscripts (f^{13} Θ) occupy the middle positions, respectively 10th and 14th, framing the Secondary Alexandrian witnesses (f^1 L 33), respectively 11th, 12th and 13th. Primary Alexandrian manuscripts (א B) follow (15th and 16th), before the Western witnesses (D e k a b) found in the last positions (respectively 19th, 20, 21st, 22nd and 23rd).[9] The most surprising feature of this chart is probably the rank occupied by Gregory of Nyssa (18 of 23). One could have expected a greater affinity between Gregory's quotations of the First Gospel and Basil's, since Basil's brother was obviously his contemporary and lived in the same region. One will nevertheless notice that Basil's and Gregory's works do not have many verses of Matthew in common, with the result that the comparison was done with only 54 variants, so that the error correction is ±13.2%. Yet, even though the real rate of agreement was higher, it could not be above 72.5% (59.3% + 13.2%), which is not so high when compared to Basil's rates of agreement with most Byzantine manuscripts in Matthew.

---

[8]In order to detect block mixture, I made distinct statistical computations for Matt 1–4; 5–6; 7–9;10–12; 13–17; 18–20; 21–24; 25–26; 27–28. In no place significant variation in the level of agreement indicated the possibility of block mixture.

[9]Harold H. Oliver obtained comparable results in his dissertation on the text of the four Gospels in Basil's *Moralia*. He compared forty-eight Greek manuscripts to Basil's quotations of Matthew in the *Moralia*. I could find all Greek manuscripts I used in Oliver's charts. From his analysis, the order of the witnesses would have been: (1) Ω 86.1%; (2) E 84.8%; (3) Π 84.3%; (4) 565 82.6%; (5) Δ 80.8%; (6) Σ 80.7%; (7) W 78.9%; (8) 700 77.9%; (9) f^1 76.2%; (10) C 76.1%; (11) 33 75.5%; (12) f^{13} 75.4%; (13) L 74.9%; (14) Θ 73.8%; (15) א 65.7%; (16) B 65.7%; (17) D 59.8%. See Harold Hunter Oliver, *The Text of the Four Gospels as Quoted in the Moralia of Basil the Great* (Ph.D. diss., Emory University; 1961), 435–38.

Table 3
Proportional Relationships of Witnesses with Basil
Arranged by Textual Group in Matthew

PRIMARY ALEXANDRIAN

Witnesses	Agreements	Variants	Percentage	Error Corr. ±
ℵ	426	672	63.4%	3.6%
B	428	681	62.8%	3.6%
Total	854	1353	63.1%	

SECONDARY ALEXANDRIAN

Witnesses	Agreements	Variants	Percentage	Error Corr. ±
C	369	496	74.4%	3.8%
L	465	653	71.2%	3.5%
33	442	642	68.8%	3.6%
f^1	491	680	72.2%	3.4%
Total	1767	2471	71.5%	
ℵ^c	47	77	61.0%	11.0%
Total (with ℵ^c)	1814	2548	**71.2%**	
Total Alexandrian	*2668*	*3901*	***68.4%***	

CAESAREAN

Witnesses	Agreements	Variants	Percentage	Error Corr. ±
Θ	420	634	66.2%	3.7%
f^{13}	496	679	73.0%	3.3%
Total	916	1313	**69.8%**	

BYZANTINE

Witnesses	Agreements	Variants	Percentage	Error Corr. ±
E	571	684	83.5%	2.8%
W	510	671	76.0%	3.2%
Δ	539	675	79.9%	3.0%
Π	571	692	82.5%	2.8%
Σ	531	685	77.5%	3.1%
Ω	564	685	82.3%	2.9%

Data Analysis

565	534	679	78.6%	3.1%
700	502	681	73.7%	3.3%
Total	**4322**	**5452**	**79.3%**	

WESTERN

Witnesses	Agreements	Variants	Percentage	Error Corr. ±
D	292	584	50.0%	4.1%
a	186	533	34.9%	4.1%
b	184	546	33.7%	4.0%
e	76	174	43.7%	7.4%
k	122	284	43.0%	5.8%
Total	**860**	**2121**	**40.5%**	

From the results of the quantitative analysis shown in Table 1, it is possible to organize the selected witnesses in five textual groups: Primary Alexandrian, Secondary Alexandrian, Caesarean, Byzantine, and Western (see Table 3). Most of these textual groups are commonly found in handbooks of New Testament textual criticism under these or other designations.[10] These textual groups are the result of comparisons of NT

---

[10]See, for instance, B. F. Westcott and F. J. A. Hort, *Introduction to the New Testament in the Original Greek* (reprinted from the edition by Harper & Brothers, New York, 1882; Peabody, Mass.: Hendrickson, 1988), 108–109,169–170. Westcott and Hort have four textual groups: Neutral, Alexandrian, Western and Syrian. Nowadays, the Neutral textual group is most frequently integrated into the Alexandrian group. Likewise, the Syrian group most often corresponds to the Byzantine group. Sir Frederic G. Kenyon, *Handbook to the Textual Criticism of the New Testament* (2nd ed.; London: MacMillan, 1926), 59–60 designed another system of letters to designate groups. The α–group had codex *Alexandrinus* (A) as its chief representative, the β–group had codex *Vaticanus* (B) as its chief representative and the δ–group had codex *Bezae* (D) as its chief representative. Previously, Hermann von Soden, *Die Schriften des Neuen Testaments in ihrer ältesten erreichbaren Textgestalt* (Göttingen: Vandenhoeck und Ruprecht, 1911-13) had divided the manuscripts of the New Testament into three main textual groups: H, for the Alexandrian scholar Hesychius thought to be responsible for the recension that led to the creation of this textual group, K for Koinè, and I for Jerusalem, thought to be the place of origin of this recension. Groups H and K roughly corresponded to the actual Alexandrian, Byzantine while group I includes manuscripts such as D Θ 565, and 700 which textual trends greatly differs from each other. Group I is in fact divided in seventeen sub-groups to acknowledge that diversity.

manuscripts made since the 18th century. I nevertheless adopt a suggestion made by Ehrman in his 1985 dissertation, to divide Alexandrian witnesses into two categories: Primary Alexandrian and Secondary Alexandrian based on the degree to which Alexandrian witnesses
preserve a pure form of the text that circulated in Alexandria.[11] The results of my quantitative analysis (see Table 1) justify this classification of C L 33 f^1 as Secondary Alexandrian witnesses. Indeed, these manuscripts show a higher rate of agreements with ℵ and B, as well as among each other.[12]

The presence of f^1 in this group may be surprising, since it has indeed often been considered as a (pre-)Caesarean witness.[13] Nevertheless, in my quantitative analysis, f^1 has a higher rate of agreement with C (75.0% err.: ±3.8%) and 33 (75.8% err. ±3.3%)—considered as Secondary Alexandrian manuscripts — than with any other manuscript. In addition, its rate of agreement with ℵ and B is fairly high (respectively 72.2% err. 3.4% and 72.3% err. 3.4%). Moreover, one notices that previous decisions to classify f^1 as a (Pre-) Caesarean witness often lack a susbstantive basis. In fact, there has never been any exhaustive study of f^1 in Matthew in its relations to other manuscripts. Attention has been almost exclusively

---

[11]See Ehrman, *Didymus*, 265–66. Ehrman's suggestion was also put into application in subsequent works on patristic quotations such as James A. Brooks, *The New Testament Text of Gregory of Nyssa* (SBLNTGF 2; Atlanta: Scholars Press, 1991); Darrell D. Hannah, *The Text of 1 Corinthians in The Writings of Origen* (SBLNTGF 4; Atlanta, GA: Scholars Press, 1997); Roderick L. Mullen, *The New Testament Text of Cyril of Jerusalem* (SBLNTGF 7; Atlanta: Scholars Press, 1997); and John J. Brogan, *The Text of the Gospels in the Writings of Athanasius* (Ph.D. diss., Duke University; 1997).

[12]I confess that L is a weak member of this group and that it could almost be at home within the Byzantine group. It would nonetheless become such a weak member of this group that its status could be questioned. This is why I thought it more appropriate to classify it as a Secondary Alexandrian witness.

[13]Thus, Brogan, *The Gospels in Athanasius*, 85; Brooks, *NT of Gregory of Nyssa*, 61; Ehrman, *Didymus*, 36; Bruce M. Metzger, *A Textual Commentary on the Greek New Testament. A Companion Volume to the United Bible Societies Greek New Testament (Third Edition)* (London: United Bible Societies, 1971), xxix. It should be noticed though that the category of Caesarean text type does not appear anymore in the corresponding pages of the second edition (1994) of Metzger's *Textual Commentary*.

Data Analysis

devoted to the f^1 text of Mark.[14] Lake confesses the difficulty of assigning f^1 to any group of manuscripts:

> "There is no reason for supposing that *fam*^{1} forms in these Gospels [Mt, Lk, Jn] part of a larger family containing *fam*^{13} 22 28 565 700. There are, it is true, a considerable number of readings where the text of *fam*^{1} agrees with one or more of these manuscripts; but I do not think that the amount is sufficient to justify any deduction.
>
> We have, therefore, in *fam*^{1} a text which as a whole stands alone. It has many points in common with the text of אB, some points in common with the Old Latin text, a considerable number of readings which cannot be classified, and only a few which are shared by the Old Syriac."[15]

It appears that Roderic L. Mullen may have been tempted to classify f^1 as a Secondary Alexandrian if one considers his discussion of the problem. Thus, "The highly eclectic Family 1 appears to have nearly equal agreements with Alexandrian and Byzantine text-types in Matthew and John, and may be something of a mid-way point between them without representing a fully developed text-type."[16] He nonetheless decided to classify f^1 as a Byzantine manuscript.[17] It is somewhat surprising to consider that no one has dared to classify f^1 as a Secondary Alexandrian witness yet. For instance, one will remark that Brogan was partially consistent with his results, since he associated f^1 with Θ and f^{13}. If he found that f^1 had a 78.7% rate of agreement with Θ, its rate of agreement with f^{13} was only 71.1%. He did not seem to con-

---

[14]E.g., Kirsopp Lake, *Codex 1 of the Gospels and Its Allies* (ed. Kirsopp Lake; Text & Studies 7.3; Cambridge: Cambridge University press, 1902); Kirsopp Lake and Robert Blake, "The Text of the Gospels and the Koridethi Codex," *HTR* 16 (1923): 267–86; Kirsopp Lake et al., "The Caesarean Text of the Gospel of Mark," *HTR* 21 (1928): 207–404; Edward F. Hills, "The Inter-Relationship of the Caesarean Manuscripts," *JBL* 68 (1949): 154–55.

[15]Kirsopp Lake, *Codex 1*, lv.

[16]Mullen, *NT Text of Cyril of Jerusalem*, 51.

[17]Since Mullen does not provide a chart that compares his manuscripts to each other, I cannot say whether he was consistent with the results of his quantitative analysis.

sider the 73.7% of agreement with ℵ, the 75% rate of agreement with B, the 78.9% rate of agreement with C, and the 75.7% of agreement with 33, not to mention the 85% rate of agreement with Ω, and the 85.8% rate of agreement with 700.[18] In my opinion, Brogan's results point toward the listing of f^1 with Secondary Alexandrian manuscripts, for the agreement with this group of manuscripts appears more consistent than the agreement with the Θ/f^{13} or the Byzantine groups. Similarly, Brooks placed f^1 within the pre-Caesarean group which gathers here f^1 f^{13} 28.[19] Looking at the results of Brooks' quantitative analysis, it would appear more questionable to classify f^1 as a Secondary Alexandrian witness, for rates of agreement with ℵ B C L 33 are respectively 74%, 73%, 80%, 70%, and 73%, compared with the 76% and 70% rates of agreement with f^{13} and 28.[20] Finally, Ehrman had placed f^1 along with Θ and f^{13} to form a "Caesarean" group. Still, the f^1 rates of agreement with these two manuscripts are only 69.7% and 63.2%. That cannot compare with the rates of agreement obtained with manuscripts such as 33 (73.0%), C (71.5%), Π (73.6%), and Ω (72.8%). From the results of the quantitative analysis, f^1 should have been listed here as either Byzantine or Secondary Alexandrian witness, but there were not enough reasons to classify it as a Caesarean witness.[21] One observes that previous studies classifying f^1 as a Caesarean or Byzantine witness often worked with relatively small samples. For instance, a 75% result based on a sample of 76 variants (e.g., Brogan) needs a 9.8% error correction at a 95% level of confidence. Similarly, a 75% result based on a sample of 163 variants (e.g., Ehrman) requires a 5.8% error correction at the same level of confidence. My decision to classify f^1 as a Secondary Alexandrian witness was made from the computation of a larger sample (potentially 705 variants), which makes the error correction proportionally smaller (usually between 3.2% and 4.3%) than previous quantitative analyses. That is why I feel confident in placing f^1 among the Secondary Alexandrian witnesses.

Compared to the other textual groups, Western witnesses have a lower rate of mutual agreement. Yet, the fact that they often agree among each

---

[18]Brogan, *The Gospels in Athanasius*, 188.
[19]Brooks, *NT of Gregory of Nyssa*, 61.
[20]ibid., 58–61.
[21]Ehrman, *Didymus*, 194, 198.

other against all other witnesses justifies placing D a b e k into a single group.

Once the witnesses have been arranged according to textual groups, one can see Basil's greater rate of agreement with the group of Byzantine witnesses (78.6%). Still, there is much discrepancy in the rate of agreement between Basil and the individual manuscripts in this group. Indeed, there is a 10% gap between Basil's rate of agreement with E (83.5%) and 700 (73.7%). Despite this 10% gap, Basil's rate of agreement with each witness of the Byzantine group can be considered as fairly high. In addition, a look at Table 1 makes the relationships that exist between the witnesses of the Byzantine group obvious, so that the unity of the group is not at stake. The agreement with the group of Secondary Alexandrian witnesses is also considerable (71.2%), as is the agreement with the group of Caesarean witnesses (69.8%). In comparison, the rate of agreement with Primary Alexandrian manuscripts is low (63.4%), and the rate of agreement with the Western witnesses is the lowest of all five groups (40.5%). The fact that the rates of agreement of Basil with Western manuscripts are calculated from comparatively smaller samples is not likely to cause much distortion of the results, which would remain low even though the actual rates of agreement of individual manuscripts were at the upper end of the error correction spectrum. Basil's text of Matthew appears therefore remote from the Western text type and close to the Byzantine text type.

PROFILE ANALYSIS

The quantitative method enables one to determine the affinities between Basil's text of the Gospels and independent manuscripts. It also allows one to combine manuscripts into textual groups and see how Basil fares with each of these textual groups. Nevertheless, a more refined tool is needed to measure the agreement between Basil's text and readings typical of each textual tradition. For instance, if Basil's text was believed to display a Byzantine text-type, one would expect it to exhibit typical Byzantine readings. Ehrman's comprehensive group profile method provides a means to determine more precisely the congruence of Basil's text with textual traditions.[22] It consists in a triple profile of the biblical quotations of an early Christian writer compared with typical readings of different groups of biblical manuscripts.

The first profile, called *inter-group profile* will compare Basil's readings in Matthew with readings specific to each textual tradition. For that, three sets of readings are outlined: *distinctive readings*, i.e., those supported *only* by members of one group and shared by *most* (i.e., more than half) group members, and not found in any witness belonging to another group;[23] *exclusive readings*, i.e., readings supported *only* by members of one group and shared by a *few* (i.e., a minimum of two) group members;[24] and *primary readings*, which are supported by at least two members of a group, and have greater support from that group than from members of another group.[25] Greater group support may be defined as follows:[26]

1. *Uniform Primary Readings*—defined as readings, which are shared by all group members, but that are neither supported uniformly by another group, nor predominantly by more than one other group, nor by more than two other groups when one of them supports the reading predominantly. (For *uniform* and *predominant* readings see the *intra-group profile* below.)

2. *Predominant Primary Readings*—defined as readings supported by over 60% of all witnesses of one group, but supported neither uniformly nor predominantly by any other group.

3. *Primary Readings*—defined as readings supported by a greater number of group witnesses than non-group witnesses.

The association of Basil's text with a particular group is conditional to its display of agreements with these categories of readings.

---

[22] A description of the comprehensive group profile method is found in Ehrman, *Didymus*, 225–61; "The Use of Group Profiles for the Classification of New Testament Documentary Evidence," *JBL* 106 (1987): 471–86; "Methodological Developments in the Analysis and Classification of New Testament Documentary Evidence," *NovT* 29 (1987): 44–45.

[23] Caesarean distinctive readings will be defined as readings shared by all Caesarean witnesses, i.e., Θ and f^{13}. Western distinctive readings must count D among their witnesses.

[24] That excludes readings found to be *distinctive*.

[25] That excludes readings found to be *distinctive* or *exclusive*.

[26] I borrow this formulation from Brogan. See Brogan, *The Gospels in Athanasius*, 231.

The first profile in the method gives some clues about the congruence of Basil's text with textual traditions, but its results are based on few data, unequally divided among the textual traditions. In addition, it is likely that the failure of Basil's text to display distinctive or exclusive readings of a textual tradition is counterbalanced by the fact that it shares a large number of primary readings. A second step, named *intra-group profile* is necessary to ascertain the degrees of consanguinity and divergence from the other members of a textual tradition in a more accurate way. For that purpose, two new sets of readings are designed: *uniform readings*, i.e., readings supported by *all* members of a group irrespective of their presence in other groups, and *predominant readings*, which are supported by two-thirds of the members of a group regardless of their presence in other groups. The second profile enlarges significantly the number of readings that serve for comparison, but it has the disadvantage of increasing the affinities between Basil's text and practically all textual traditions. A third step is therefore required to find a middle term between the results of the two previous steps. It consists in determining the agreements of Basil's text with uniform and predominant readings of those sample-group manuscripts, which are also distinctive, exclusive, or primary. This greatly reduces the number of readings which serve as a basis of comparison, but helps neutralize the potential excess of the two previous steps.

RESULTS OF THE PROFILE ANALYSIS

Inter-group Profile
Table 4
Basil's Attestation of Inter-group Readings in Matthew

Group	Distinctive	Exclusive	Primary	Totals
Alexandrian	3/9 (33.3%)	6/48 (12.5%)	21/111 (18.9%)	30/168 (17.9%)
Caesarean	0/5 (0%)	nil	3/16 (18.8%)	3/21 (14.3%)
Byzantine	2/5 (40%)	2/31 (6.5%)	110/166 (66.3%)	114/202 (56.4%)
Western	1/66 (1.5%)	2/135 (1.5%)	6/83 (7.2%)	9/284 (3.2%)

258   The Text of Matthew in Basil of Caesarea

The totals of the first profile shown in Table 4 manifest Basil's affinities with the Byzantine text type (56.4%) for his text of the First Gospel and lack of affinities with the Western text type (3.2%). Although the rate of Alexandrian readings (12.5%)[27] is superior to the rate of Byzantine readings (6.5%)[28] in the exclusive readings category, the high rate of Byzantine primary readings (66.3%)[29] and distinctive readings (40%)[30] of Basil's text of Matthew leads to a superior percentage of affinity with the Byzantine textual group. For the first profile, the value of these results is nevertheless mitigated by the fact that they

---

[27]Basil does not preserve the exclusive Alexandrian readings found in Matt 1:20.3; 3:7.1; 3:14.1; 3:16.4; 3:16.5; 4:1.1; 5:4.1; 5:41.1; 5:44.1; 6:4.1; 6:8.1; 6:12.1; 6:34.2; 9:18.2; 10:28.4; 10:33.1; 12:4.1; 12:4.3; 12:18.1; 12:24.2; 12:32.1; 13:45.1; 14:30.2; 15:18.1; 16:21.2; 17:25.2; 18:8.2; 18:15.3; 18:17.2; 18:19.2; 18:34.2; 19:16.3; 19:29.3; 19:29.5; 20:26.1; 20:26.3; 23:8.1; 23:10.1; 23:38.1; 25:8.1; 25:16.1; 25:22.1. Basil preserves the exclusive Alexandrian readings found in Matt 6:26.1; 9:14.2; 12:31.1; 12:35.2; 18:10.2; 25:42.1.

[28]Basil does not preserve the exclusive Byzantine readings found in Matt 3:11.3; 5:31.1; 6:7.1; 10:8.1; 10:15.2; 12:14.1; 13:20.2; 13:56.1; 15:13.1; 15:14.3; 17:25.3; 18:9.1; 18:19.1; 22:8.1; 22:38.1; 23:8.1; 23:25.1; 23:26.1; 24:24.1; 24:36.3; 24:47.1; 25:2.2; 25:20.1; 25:27.3; 25:35.1; 26:6.1; 26:7.1; 26:52.1; 27:46.2. Basil preserves the exclusive Byzantine readings found in Matt 19:9.2 and 22:38.1.

[29]Basil does not preserve the primary Byzantine readings found in Matt 1:9.1; 2:1.3; 3:10.1; 3:11.2; 4:1.1; 4:4.2; 5:37.1; 5:42.2; 5:48.1; 5:48.2; 6:10.1; 6:25.3; 6:34.2; 7:4.2; 7:27.3; 9:18.2; 9:36.3; 10:18.1; 10:32.2; 10:33.4; 12:22.2; 12:32.2; 12:35.4; 12:37.2; 13:55.1; 14:25.1; 15:12.1; 15:14.1; 15:22.4; 17:27.2; 18:7.2; 18:8.1; 18:16.2; 18:16.3; 19:9.2; 19:29.3; 21:13.1; 23:9.3; 23:25.3; 23:27.1; 24:36.2; 24:42.1; 24:45.2; 24:49.2; 25:1.4; 25:9.1; 25:31.1; 26:9.2; 26:20.1; 26:33.2; 26:33.3; 26:52.2; 26:52.5; 26:53.8; 27:24.1; 27:46.2. Basil preserves the primary Byzantine readings found in Matt 1:25.3; 1:25.4; 1:25.5; 2:9.1; 3:16.1; 3:16.2; 3:16.7; 3:17.4; 4:1.1; 4:3.3; 4:9.1; 4:23.1; 5:9.1; 5:11.2; 5:31.1; 5:32.3; 5:47.1; 5:47.3; 6:4.2; 6:4.3; 6:28.1; 6:32.2; 7:21.1; 7:24.2; 9:13.1; 9:18.2; 9:18.4; 10:8.1; 10:10.2; 10:10.5; 10:14.3; 10:15.2; 10:23.2; 10:28.1; 10:31.1; 10:32.2; 11:17.1; 12:2.2; 12:11.1; 12:14.1; 12:22.2; 12:50.5; 13:13.1; 13:23.2; 13:46.1; 13:55.2; 14:25.3; 14:26.1; 14:26.4; 14:28.1; 15:12.1; 15:22.2; 15:22.3; 16:19.1; 16:21.3; 16:23.2; 17:25.1; 17:25.2; 17:26.1; 17:27.1; 18:16.3; 18:18.1; 18:18.2; 18:19.1; 18:19.2; 19:16.2; 19:17.2; 19:17.3; 19:17.4; 19:17.5; 19:29.3; 21:12.1; 22:40.1; 23:5.1; 23:5.2; 23:7.2; 23:23.3; 23:26.3; 24:24.3; 24:33.1; 25:1.1; 25:2.1; 25:2.2; 25:3.1; 25:4.1; 25:9.1; 25:16.4; 25:16.5; 25:17.2; 25:19.1; 25:19.2; 25:20.5; 25:21.1; 25:22.3; 25:22.6; 25:29.3; 25:31.1; 25:36.1; 26:7.1; 26:8.1; 26:20.1; 26:22.2; 26:26.2; 26:26.3; 26:26.4; 26:52.2; 26:52.4; 26:53.7; 26:75.1; 28:19.1.

[30]Basil does not preserve the distinctive Byzantine readings found in 24:45.4 and 24:49.1; 24:49.3. Basil preserves the distinctive Byzantine readings found in 23:9.3 and 24:46.1.

rest on small samples, so that the rates of agreement could likely be accidental. Likewise, the superiority of the exclusive Alexandrian readings over the Byzantine ones is not decisive, since a small variation in the number of agreements makes much difference in the percentages. Comparatively, the results of the primary readings for the Alexandrian (21/111 = 18.9%)[31] and Byzantine (110/166 = 66.3%) text types have more credit, for they are calculated from larger samples. The limited agreement of Basil's text with Caesarean variants (3/21 = 14.3%) is not conclusive either because of the small size of the samples.[32] The same can be said of the low rate of agreement with the distinctive Alexandrian readings.[33] On the other hand, the important samples studied show Basil to be very remote from the Western text type considering the inter-group profile.[34] Consequently, the first profile of inter-group readings shows

---

[31]Basil does not the preserve the primary Alexandrian readings found in Matt 1:9.2; 1:25.3; 1:25.4; 1:25.5; 2:9.1; 3:16.1; 3:16.2; 3:17.4; 4:3.2; 4:3.3; 4:9.2; 5:11.3; 5:30.2; 5:39.1; 5:44.2; 6:1.2; 6:1.4; 6:4.3; 7:5.1; 7:16.1; 7:21.1; 7:24.3; 7:27.3; 9:11.1; 9:12.1; 9:13.1; 10:8.1; 10:10.2; 10:14.3; 10:23.2; 10:28.3; 10:28.6; 12:22.2; 12:31.2; 12:35.4; 13:11.1; 13:23.2; 12:23.4; 13:36.2; 13:55.3; 13:57.1; 14:26.2; 14:29.1; 14:29.2; 15:15.2; 15:18.2; 16:3.1; 16:19.1; 16:21.1; 16:23.2; 17:21.1; 17:26.1; 18:7.1; 18:18.1; 18:18.2; 18:19.1; 19:9.1; 19:9.2; 19:17.2; 19:17.4; 19:17.5; 21:13.1; 22:14.1; 22:14.2; 23:9.2; 23:9.3; 23:23.2; 24:24.3; 24:48.2; 24:48.3; 25:1.3; 25:2.1; 25:2.2; 25:3.1; 25:3.2; 25:4.1; 25:6.1; 25:6.4; 25:16.4; 25:17.2; 25:22.6; 25:27.1; 25:29.4; 26:7.1; 26:22.2; 26:26.2; 26:52.4; 26:53.7; 26:75.1; 26:75.2. Basil preserves the primary Alexandrian readings found in Matt 3:8.1; 3:10.1; 3:11.2; 4:4.2; 4:5.1; 5:22.2; 5:48.1; 5:48.2; 6:16.1; 6:22.3; 6:25.3; 7:4.2; 9:12.1; 9:36.3; 11:21.3; 11:21.5; 14:25.2; 18:6.1; 23:6.1; 24:27.2; 25:18.4.

[32]Basil does not preserve the distinctive Caesarean readings found in Matt 7:23.2; 12:14.1; 15:14.2; 15:14.3; 15:15.1. Basil does not preserve the primary Caesarean readings in Matt 7:23.3; 10:23.1; 10:33.2; 12:12.1; 12:22.2; 12:50.6; 14:26.1; 17:25.2; 18:18.1; 18:19.1; 18:21.2; 23:10.1; 26:22.2. Basil preserves the primary Caesarean readings found in Matt 7:27.1, 18:15.1 and 25:26.1.

[33]Basil does not preserve the distinctive Alexandrian readings found in Matt 5:13.3; 5.13.4; 13:46.1; 25:18.3; 25:41.1; 26:53.5, but preserves those found in Matt 11:16.1, 25:17.4, and 26:53.4. Basil does not preserve the distinctive Byzantine readings found in Matt 24:45.4, 24:49.1; 24:49.3; but has those found in Matt 23:9.3 and 24:46.1.

[34]Basil does not preserve the distinctive Western readings found in Matt 1:25.1; 2:9.2; 3:16.6; 3:16.8; 3:17.2; 4:3.1; 4:3.3; 4:4.1; 4:4.4; 4:6.5; 5:11.4; 5:11.5; 5:12.1; 5:24.1; 5:32.1; 5:41.2; 5:44.1; 5:46.1; 6:10.2; 6:14.2; 6:15.2; 6:19.1; 9:15.1; 9:38.1; 10:5.1; 10:5.3; 10:10.3; 10:14.6; 10:16.3; 10:17.1; 10:28.2; 10:29.1; 10:30.1; 10:42.1; 10:42.5; 11:16.1; 11:21.2; 11:28.1; 12:11.4; 12:11.6; 12:50.2; 13:23.3; 13:23.5; 15:20.1; 15:26.1; 16:21.5; 16:23.2; 17:24.1; 17:27.3; 18:8.3; 18:10.2; 18:22.1; 19:9.2; 21:22.1; 23:37.1; 24:12.1; 24:32.1; 25:17.3; 25:24.1; 25:25.1; 26:6.2; 26:34.1; 26:51.1; 26:51.2;

Basil's text of Matthew to be mainly Byzantine, as did the quantitative analysis.

Intra-group Profile

Table 5

Basil's Attestation of Intra-group Readings in Matthew

Group	Uniform	Predominant	Total
Alexandrian	222/255 (87.1%)	189/283 (66.8%)	411/538 (76.4%)
Caesarean	360/476 (75.6%)	nil	360/476 (75.6%)
Byzantine	308/344 (89.5%)	238/298 (79.9%)	546/642 (85%)
Western	46/120 (38.3%)	73/212 (34.4%)	119/332 (35.8%)

27:46.2. Basil preserves the distinctive Western reading found in Matt 21:28.2.

Basil does not preserve the exclusive Western readings found in Matt 1:20.1; 2:1.1; 2:1.2; 3:4.1; 3:9.1; 3:10.2; 3:17.3; 4:6.4; 4:10.1; 4:17.1; 5:7.1; 5:8.1; 5:11.1; 5:11.2; 5:11.3; 5:14.1; 5:22.1; 5:24.1; 5:29.1; 5:29.2; 5:32.4; 5:37.3; 5:41.1; 5:42.1; 5:42.4; 6:1.3; 6:4.1; 6:18.1(bis); 6:19.2; 6:19.3; 6:20.2; 6:22.1; 6:25.2; 6:27.2; 6:29.1; 6:30.1; 6:32.1; 6:34.1; 7:14.1; 7:23.1; 7:24.2; 7:25.1; 7:25.2; 7:25.3; 7:26.3; 7:27.1; 7:27.2; 9:17.2; 9:17.3; 9:17.4; 9:18.3; 10:5.2; 10:6.1; 10:8.1; 10:10.2; 10:17.2; 10:28.2; 10:28.8; 10:29.1; 10:42.3; 10:42.4; 11:20.2; 11:21.4; 12:2.2; 12:4.4; 12:11.2; 12:12.1; 12:12.2; 12:14.1; 12:22.1; 12:33.1; 12:37.1; 13:11.2; 13:11.3; 13:17.1; 13:20.1; 13:21.1; 13:23.1; 13:45.2; 13:46.1; 13:46.2; 13:58.1; 13:58.2; 14:27.1; 14:29.2; 14:30.1; 15:11.2; 15:19.2; 15:23.1; 15:24.1; 16:22.1; 16:22.2; 17:25.2; 17:26.3; 18:4.1; 18:8.2; 18:17.1; 18:17.3; 18:17.4; 18:18.2; 18:21.1; 18:21.3; 19:9.1; 19:16.1; 19:29.2; 19:29.3; 20:14.1; 21:12.3; 22:9.1; 23:7.1; 23:10.1; 23:23.1; 24:23.2; 24:51.1; 25:10.1; 25:16.1; 25:16.2; 25:16.4; 25:17.1; 25:17.3; 25:17.4; 25:18.1; 25:18.2; 25:29.2; 25:46.1; 26:21.1; 26:53.1; 26:53.3; 26:75.2; 26:75.4; 27:54.1; 28:19.1. Basil preserves the exclusive Western readings found in Matt 10:32.1 and 12:35.3.

Basil does not preserve the primary Western readings found in Matt 1:20.4; 1:25.2; 3:15.1; 3:15.2; 3:17.1; 4:2.1; 4:4.3; 4:6.1; 4:6.2; 5:30.1; 5:32.5; 5:38.1; 5:39.2; 5:39.3; 5:42.3; 6;14.3; 6;15.1; 6:21.2; 6:22.2; 6:25.1; 6:25.3; 6:25.4; 6:26.2; 6:26.3; 6:27.1; 6:32.3; 7:6.2; 7:8.1; 7:13.1; 7:21.2; 9:10.1; 9:14.2; 9:15.2; 9:15.3; 9:18.5; 10:10.1; 10:14.1; 10:14.2; 10:30.2; 12:11.1; 12:11.5; 12:18.1; 12:21.1; 12:24.2; 12:25.2; 12:25.3; 12:36.1; 12:48.1; 12:50.1; 13:21.2; 13:36.1; 13:46.1; 13:54.1; 13:55.2; 14:26; 15:11.1; 15:18.1; 15:23.2; 15:23.3; 15:27.1; 16:21.6; 17:25.4; 17:26.1; 17:26.2; 18:6.1; 19:17.1; 20:27.1; 23:5.2; 23:9.1; 23:25.2; 23:26.2; 23:27.4; 24:24.3; 25:11.1; 25:24.2; 25:41.2; 26:53.6. Basil preserves the primary Western readings found in Matt 5:32.2; 7:3.1; 7:6.1; 20:27.2; 25:1.4; 27:24.1.

Data Analysis 261

The second profile of intra-group readings displayed in Table 5 also indicates Basil's affinities with the Byzantine text type (85%) and the lack of affinity with the Western text type (35.8%). One notices, apart from the little agreement of Basil with uniform Western (38.3%)[35] and predominant Western readings (34.4%),[36] a high rate of agreement with the Alexandrian (76.4%),

---

[35]Basil does not preserve the uniform Western readings found in Matt 4:2.1; 4:3.1; 4:4.1; 4:4.3; 4:6.5; 4:9.1; 5:11.4; 5:11.5; 5:12.1; 5:13.2; 5:31.1; 5:32.1; 5:38.1; 5:39.3; 5:41.2; 5:42.3; 5:46.1; 6:10.2; 6:15.1; 6:15.2; 6:19.1; 9:15.1; 9:18.4; 9:36.1; 9:38.1; 10:5.1; 10:5.3; 10:10.3; 10:10.5; 10:14.6; 10:16.3; 10:17.1; 10:27.1; 10:28.2; 10:29.1; 10:30.1; 10:30.2; 10:31.1; 10:42.5; 11:16.1; 11:21.1; 11:21.2; 11:28.1; 12:11.4; 12:11.6; 12:18.1; 12:21.1; 12:31.1; 12:35.2; 12:36.1; 12:50.2; 13:13.2; 13:13.3; 13:23.3; 14:28.1; 15:23.3; 16:21.5; 16:21.6; 16:23.2; 17:24.1; 17:24.2; 7:25.1; 18:8.3; 19:9.2; 19:12.1; 19:17.3; 20:15.1; 21:22.1; 22:40.1; 23:5.1; 23:5.2; 23:9.1; 23:37.1; 24:32.1.

Basil preserves uniform Western readings found in Matt 3:7.1; 4:6.3; 4:9.2; 5:4.1; 5:13.4; 5:18.1; 5:32.2; 5:37.1; 5:44.3; 5:45.1; 6:1.1; 6:8.1; 9:16.1; 9:16.2; 10:15.1; 10:28.4; 10:33.4; 11:20.1; 11:30.1; 12:4.1; 12:32.2; 13:20.2; 13:45.1; 14:30.2; 16:3.1; 16:21.2; 17:25.3; 18:7.2; 18:8.1; 18:15.3; 18:34.2; 18:34.3; 19:29.5; 20:26.1; 21:28.2; 22:8.1; 23:9.2; 23:37.2; 23:37.3; 23:38.1; 24:24.1; 24:24.2; 24:36.3; 24:45.1; 24:48.1; 24:49.1.

[36]Basil does not preserve the predominant Western readings found in Matt 1:18.1; 1:20.4; 1:25.1; 2:9.2; 3:16.6; 3:16.8; 3:17.2; 4:3.1; 4:3.3; 4:4.1; 4:6.5; 4:10.2; 5:9.1; 5:11.1; 5:24.1; 5:39.2; 5:42.3; 5:44.1; 5:47.1; 5:47.3; 6:1.2; 6:4.2; 6:14.2; 6:14.3; 6:15.1; 6:21.2; 6:22.2; 6:22.3; 6:25.1; 6:25.3; 6:27.2; 6:28.1; 6:30.1; 6:32.1; 6:32.2; 6:32.3; 7:6.2; 7:8.1; 7:13.1; 7:15.1; 7:25.1; 7:25.2; 7:26.1; 7:26.2; 7:27.1; 7:27.3; 7:27.4; 9:10.1; 9:15.3; 9:17.2; 9:19.1; 10:14.7; 10:18.1; 10:20.1; 10:28.2; 10:28.8; 10:42.1; 12:4.4; 12:25.2; 12:25.3; 12:33.1; 12:35.2; 12:36.2; 12:48.1; 13:11.3; 13:13.1; 13:13.4; 13:13.5; 13:21.2; 13:23.5; 13:46.1; 13:46.2; 13:55.2; 13:56.2; 14:25.2; 14:26.1; 14:27.1; 15:11.1; 15:16.1; 15:17.1; 15:18.2; 15:20.1; 15:23.2; 15:26.1; 15:27.1; 16:22.3; 17:25.4; 17:26.1; 17:26.2; 17:27.3; 18:10.1; 18:10.2; 18:15.1; 18:15.4; 18:21.1; 18:21.2; 18:21.3; 18:22.1; 18:34.1; 19:9.1; 19:16.2; 20:27.1; 21:28.1; 22:9.1; 23:7.1; 23:7.2; 23:25.2; 23:26.2; 23:26.3; 23:37.4; 24:12.1; 24:24.3; 24:29.1; 25:17.1; 25:18.2; 25:19.2; 25:20.4; 25:20.5; 25:21.1; 25:24.1; 25:24.2; 25:25.1; 25:26.1; 25:29.3; 25:31.1; 25:41.2; 26:6.2; 26:8.1; 26:22.1; 26:26.3; 26:34.1; 26:51.1; 26:51.2; 26:52.2; 26:53.2; 26:53.5; 26:53.6; 27:46.2; 28:19.1.

Basil preserves predominant Western readings found in Matt 1:20.3; 2:1.3; 5:44.2; 5:44.3 5:47.2; 6:14.1; 6:18.2; 6:21.1; 6:24.1; 7:3.1; 7:5.1; 7:6.1; 7:23.3; 7:24.1; 7:24.3; 7:25.1; 7:25.2; 7:26.4; 9:12.1; 10:14.5; 10:16.1; 10:17.3; 10:23.1; 12:20.1; 12:50.1; 12:50.3; 12:50.6; 13:11.1; 13:11.2; 13:19.1; 13:21.3; 13:45.2; 13:56.1; 13:57.1; 13:58.1; 13:58.2; 15:14.2; 15:15.2; 15:19.1; 15:22.1; 15:22.4; 15:23.1; 15:24.1; 17:9.1; 17:21.1; 18:7.1; 18:10.3; 20:26.1; 20:26.2; 20:27.2; 21:12.2; 23:25.1; 24:23.1; 24:26.2; 24:36.2; 24:45.1; 24:48.1; 24:48.2; 24:49.1; 24:49.2; 25:1.4; 25:27.1; 25:27.2; 25:29.4; 25:30.1; 25:40.1; 26:9.1; 26:33.2; 26:33.3; 26:52.1; 26:52.5; 27:24.1; 28:20.1.

262   The Text of Matthew in Basil of Caesarea

Caesarean (75.6%), and Byzantine (85%) witnesses. This is especially stunning in the case of the uniform readings where Basil's agreement with uniform Alexandrian readings (87.1%)[37] and uniform Byzantine readings (89.5%)[38] is

---

[37]Basil does not preserve the uniform Alexandrian readings found in Matt 1:20.1; 1:20.2; 5:32.2; 9:17.2; 10:14.4; 10:20.1; 10:27.1; 12:1.1; 12:33.1; 12:35.1; 12:35.3; 13:23.2; 13:46.2; 17:26.3; 17:27.1; 18:20.1; 18:22.1; 20:15.1; 21:28.1; 21:28.2; 23:7.2; 24:46.1; 24:51.1; 25:2.2; 25:19.1; 25:29.2; 25:22.4; 25:26.1; 25:31.1; 26:8.2; 26:26.2; 26:39.2; 26:52.3.

Basil preserves the uniform Alexandrian readings found in Matt 1:25.1; 2:1.2; 2:9.2; 3:4.4; 3:9.1; 3:10.2; 3:11.3; 3:16.6; 3:17.1; 3:17.2; 3:17.3; 4:3.1; 4:4.1; 4:4.2; 4:4.4; 4:6.2; 4:6.4; 4:6.5; 4:10.1; 4:17.1; 5:7.1; 5:8.1; 5:11.1; 5:11.4; 5:12.1; 5:13.1; 5:14.1; 5:18.1; 5:24.1; 5:29.1; 5:32.1; 5:32.4; 5:37.3; 5:38.1; 5:41.2; 5:42.1; 5:42.3; 5:42.4; 5:45.1; 5:46.1; 5:48.1; 5:48.2; 6:1.3; 6:7.1; 6:10.2; 6:14.2; 6:15.2; 6:18.1; 6:19.1; 6:19.2; 6:19.3; 6:20.1; 6:20.2; 6:22.1; 6:25.1; 6:25.2; 6:26.2; 6:26.3; 6:27.1; 6:27.2; 6:34.1; 7:8.1; 7:23.1; 7:23.2; 7:25.1; 7:25.2; 7:25.3; 7:26.1; 7:26.2; 7:26.3; 7:27.1; 7:27.2; 9:15.1; 9:15.3; 9:16.1; 9:17.3; 9:18.3; 9:18.5; 9:38.1; 10:5.1; 10:5.2; 10:5.3; 10:6.1; 10:10.1; 10:10.3; 10:10.4; 10:16.3; 10:23.1; 10:28.2; 10:28.5; 10:28.8; 10:29.1; 10:29.2; 10:30.1; 10:42.1; 10:42.3; 10:42.4; 10:45.5; 11:20.2; 11:21.2; 11:21.4; 11:28.1; 12:2.2; 12:11.2; 12:11.4; 12:11.5; 12:11.6; 12:12.2; 12:25.4; 12:33.2; 12:37.1; 12:48.1; 12:48.2; 12:50.2; 12:50.6; 13:11.2; 13:11.3; 13:17.1; 13:20.1; 13:20.2; 13:21.1; 13:21.3; 13:23.1; 13:23.3; 13:23.5; 13:45.2; 13:56.1; 13:58.1; 13:58.2; 14:30.1; 15:14.2; 15:19.2; 15:20.1; 15:22.1; 15:23.1; 15:23.2; 15:24.1; 16:21.5; 16:21.6; 16:22.2; 17:24.1; 17:25.3; 17:27.2; 17:27.3; 18:4.1; 18:7.2; 18:8.3; 18:9.1; 18:10.3; 18:17.1; 18:17.3; 18:17.4; 18:21.1; 18:21.3; 18:22.1; 19:29.1; 19:29.2; 20:14.1; 20:27.1; 21:12.3; 21:22.1; 22:8.1; 22:9.1; 23:7.1; 23:9.1; 23:23.1; 23:25.1; 23:26.1; 23:27.3; 23:37.1; 23:37.4; 24:12.1; 24:23.2; 24:24.1; 24:27.2; 24:36.3; 24:45.1; 24:45.4; 24:47.1; 24:49.1; 24:42.2; 24:49.4; 25:1.2; 25:10.1; 25:11.1; 25:14.1; 25:14.2; 25:15.1; 25:16.2; 25:17.1; 25:17.3; 25:18.1; 25:18.2; 25:20.1; 25:20.2; 25:20.4; 25:22.5; 25:24.1; 25:24.2; 25:24.4; 25:25.1; 25:27.3; 25:29.1; 25:29.2; 25:30.1; 25:35.1; 25:46.1; 26:6.1; 26:6.2; 26:9.2; 26:22.1; 26:26.1; 26:33.1; 26:34.1; 26:51.1; 26:51.2; 26:52.1; 26:52.5; 26:53.1; 26:53.3; 26:75.2; 26:75.4.

[38]Basil does not preserve the uniform Byzantine readings found in Matt 3:8.1; 3:11.1; 4:5.1; 5:22.3; 5:47.2; 6:21.1; 6:21.2; 8:26.1; 9:12.2; 9:14.2; 9:18.1; 9:36.2; 10:14.4; 10:33.3; 11:16.1; 12:35.1; 13:35.2; 13:35.3; 13:46.2; 18:8.1; 19:12.1; 21:28.1; 21:28.2; 23:6.1; 23:37.2; 24:26.1; 24:29.1; 24:36.1; 24:36.3; 24:45.2; 25:17.4; 25:22.4; 26:39.2; 26:52.3; 26:53.4; 26:53.5.

Basil preserves the uniform Byzantine readings found in Matt 1:9.1; 1:20.1; 1:20.3; 1:20.4; 1:25.1; 1:25.2; 1:25.3; 1:25.4; 1:25.5; 2:1.1; 2:2.2; 2:9.1; 2:9.2; 3:4.1; 3:7.1; 3:9.1; 3:10.2; 3:14.1; 3:15.1; 3:15.2; 3:16.1; 3:16.3; 3:16.4; 3:16.5; 3:16.6; 3:16.7; 3:16.8; 3:17.2; 3:17.3; 4:2.1; 4:3.1; 4:3.3; 4:4.1; 4:4.3; 4:6.2; 4:6.4; 4:6.5; 4:9.1; 4:10.1; 4:17.1; 4:23.1; 5:4.1; 5:7.1; 5:8.1; 5:9.1; 5:11.1; 5:11.3; 5:11.4; 5:11.5; 5:12.1; 5:13.3; 5:13.4; 5:14.1; 5:21.1; 5:24.1; 5:29.1; 5:29.2; 5:30.1; 5:32.1; 5:32.4; 5:32.5; 5:37.2; 5:37.3; 5:38.1; 5:40.1; 5:41.2; 5:42.1; 5:42.4; 5:44.1; 5:44.2; 5:44.3; 5:46.2; 5:47.1; 6:1.2; 6:1.3; 6:1.4; 6:4.2; 6:4.3; 6:8.1; 6:10.2; 6:14.1; 6:14.2; 6:15.1; 6:15.2; 6:18.1; 6:18.2; 6:19.1; 6:19.2; 6:19.3; 6:20.1; 6:20.2; 6:22.1; 6:22.2; 6:25.1; 6:25.2; 6:25.4;

Data Analysis 263

nearly equal. The high rate of agreement between Basil and uniform Alexandrian, Caesarean, and Byzantine readings is generated by a frequent situation that occurs in the computation of uniform readings. Indeed, it is frequent to have Alexandrian, Caesarean, and Byzantine witnesses agreeing together against all or several Western witnesses.[39] This phenomenon may give the impression of a igh rate of agreement between Basil and uniform Alexandrian, Caesarean and Byzantine manuscripts, but should be explained by the large number of peculiar readings found only in Western witnesses. This phenomenon is less common in the case of predominant readings, with the effect that there is a greater difference between the percentage of Basil's agreement with predominant Alexandrian readings

---

6:27.2; 6:28.1; 6:29.1; 6:32.2; 6:32.3; 6:34.1; 7:6.2; 7:14.1; 7:23.1; 7:23.2; 7:23.3; 7:25.1; 7:25.2; 7:25.3; 7:26.1; 7:26.2; 7:26.3; 7:27.1; 7:27.2; 9:12.1; 9:13.1; 9:14.1; 9:15.2; 9:16.2; 9:17.3; 9:18.3; 9:18.4; 9:19.1; 9:38.1; 10:5.1; 10:5.2; 10:5.3; 10:6.1; 10:10.2; 10:10.3; 10:14.3; 10:14.5; 10:14.6; 10:14.7; 10:16.1; 10:16.3; 10:27.2; 10:28.2; 10:28.4; 10:28.8; 10:29.1; 10:29.2; 10:30.1; 10:30.2; 10:42.1; 10:42.4; 1042.5; 11:20.2; 11:21.4; 11:28.1; 12:2.2; 12:4.1; 12:4.3; 12:4.4; 12:11.2; 12:11.3; 12:11.4; 12:11.6; 12:12.2; 12:18.1; 12:22.1; 12:24.2; 12:25.1; 12:25.2; 12:25.3; 12:25.4; 12:31.2; 12:32.1; 12:33.2; 12:36.1; 12:36.2; 12:37.1; 12:50.2; 12:50.4; 13:10.1; 13:11.1; 13:11.2; 13:11.3; 13:13.2; 13:13.3; 13:13.4; 13:14.1; 13:17.1; 13:20.1; 13:21.1; 13:21.2; 13:21.3; 13:23.1; 13:23.4; 13:36.1; 13:36.2; 13:45.1; 13:45.2; 13:46.1; 13:54.1; 13:55.2; 13:58.1; 13:58.2; 14:27.1; 14:29.1; 14:30.1; 15:11.1; 15:11.2; 15:14.2; 15:15.1; 15:16.1; 15:17.2; 15:18.1; 15:19.2; 15:20.1; 15:23.1; 15:23.3; 15:24.1; 15:27.1; 16:3.1; 16:21.1; 16:21.2; 16:21.5; 16:22.2; 16:27.1; 17:21.1; 17:24.1; 17:25.1; 17:25.4; 17:26.2; 17:27.3; 18:4.1; 18:8.3; 18:10.1; 18:15.3; 18:17.1; 18:17.2; 18:17.3; 18:18.1; 18:18.2; 18:21.1; 18:21.3; 18:22.1; 19:9.1; 19:16.2; 19:17.4; 19:21.1; 19:21.2; 19:29.2; 19:29.5; 20:14.1; 20:26.1; 20:26.3; 21:12.3; 21:22.1; 22:9.1; 23:7.1; 23:9.1; 23:23.1; 23:24.1; 23:25.2; 23:37.1; 23:38.1; 24:12.1; 24:23.1; 24:23.2; 24:26.2; 24:32.1; 24:46.1; 24:51.1; 25:8.1; 25:10.1; 25:10.2; 25:16.1; 25:16.2; 25:16.3; 25:16.5; 25:17.1; 25:17.2; 25:17.3; 25:18.1; 25:18.2; 25:20.2; 25:20.3; 25:22.1; 25:22.2; 25:22.3; 25:24.1; 25:24.2; 25:29.2; 25:29.3; 25:41.1; 25:41.2; 25:42.1; 25:43.1; 25:46.1; 26:6.2; 26:10.1; 26:21.1; 26:34.1; 26:24.2; 26:51.1; 26:52.2; 26:52.4; 26:53.3; 26:53.6; 26:75.2; 26:75.3; 26:75.4; 27:54.1; 28:19.2; 28:20.1.

[39]One could have expected a higher percentage of agreement between Basil and uniform Caesarean readings (74.5%), for this group contains only two witnesses (i.e. Θ f^{13}) which makes it more likely to find two manuscripts supporting the same variant than eight manuscripts in the case of Byzantine witnesses or six manuscripts in the case of Alexandrian witnesses. This lower percentage of agreement might indicate the low affinity of Basil's text of Matthew with the Caesarean text type.

Basil does not preserve the uniform Caesarean readings found in Matt 1:20.1; 4:5.1; 5:11.2; 5:11.3; 5:18.1; 5:22.1; 5:29.3; 5:32.2; 5:32.3; 5:41.1; 5:45.2; 6:4.2; 6:16.1; 6:21.1; 6:21.2; 6:22.3; 6:26.1; 7:3.1; 7:6.1; 7:23.2; 7:23.3; 7:24.2; 7:26.1; 7:26.2; 9:12.2;

(66.8%)[40] and predominant Byzantine readings (79.9%).[41]

9:14.2; 9:18.1; 9:36.2; 10:23.1; 10:27.1; 10:28.5; 10:32.1; 10:33.1; 10:33.2; 10:33.3; 11:16.1; 11:20.1; 11:21.3; 11:21.5; 12:1.1; 12:2.1; 12:14.1; 12:22.2; 12:31.1; 12:32.2; 12:33.1; 12:35.1; 12:35.2; 12:35.3; 12:50.5; 12:50.6; 13:13.1; 13:13.2; 13:13.3; 13:13.4; 13:13.5; 13:46.2; 14:25.2; 14:25.3; 14:26.2; 14:28.1; 15:12.2; 15:14.2; 15:14.3; 15:15.1; 15:17.1; 16:21.3; 16:23.1; 17:25.1; 18:6.1; 18:10.2; 18:15.2; 18:18.1; 18:18.2; 18:19.1; 18:19.2; 18:20.1; 18:21.2; 19:12.1; 19:16.1; 20:27.2; 21:12.1; 21:12.2; 21:28.1; 21:28.2; 22:38.1; 23:5.1; 23:6.1; 23:10.1; 23:26.3; 24:26.1; 24:27.2; 24:29.1; 24:46.1; 24:48.3; 25:1.1; 25:16.4; 25:17.4; 25:18.4; 25:19.1; 25:22.3; 25:22.4; 25:36.1; 26:7.2; 26:8.1; 26:8.2; 26:22.1; 26:22.2; 26:26.1; 26:39.1; 26:39.2; 26:52.3; 26:53.2; 26:53.4; 26:53.8; 28:19.1.

Basil preserves the uniform Caesarean readings found in Matt 1:20.3: 1:20.4; 4:4.1; 4:6.1; 4:9.2; 4:17.1; 5:4.1; 5:7.1; 5:8.1; 5:11.3; 5:11.4; 5:11.5; 5:12.1; 5:13.1; 5:13.2; 5:13.3; 5:13.4; 5:14.1; 5:20.1; 5:21.1; 5:21.2; 5:24.1; 5:28.2; 5:29.1; 5:29.2; 5:30.1; 5:30.2; 5:32.1; 5:32.2; 5:32.3; 5:37.1; 5:37.3; 5:39.1; 5:39.2; 5:39.3; 5:40.1; 5:41.2; 5:42.1; 5:42.3; 5:42.4; 5:44.1; 5:44.2; 5:46.1; 6:1.2; 6:1.3; 6:1.4; 6:4.1; 6:7.1; 6:8.1; 6:10.1; 6:10.2; 6:10.3; 6:14.1; 6:14.2; 6:15.1; 6:15.2; 6:18.1; 6:18.2; 6:19.1; 6:19.2; 6:19.3; 6:20.1; 6:20.2; 6:20.3; 6:22.1; 6:22.2; 6:24.1; 6:25.2; 6:25.4; 6:26.3; 6:27.1; 6:27.2; 6:29.1; 6:30.1; 6:32.1; 6:32.3; 6:34.1; 7:5.1; 7:6.2; 7:8.1; 7:15.1; 7:16.1; 7:23.1; 7:24.1; 7:25.1; 7:25.2; 7:25.3; 7:26.3; 7:27.1; 7:27.2; 7:27.4; 9:10.1; 9:10.2; 9:11.1; 9:11.2; 9:12.1; 9:13.2; 9:14.1; 9:15.1; 9:15.3; 9:15.4; 9:15.5; 9:16.2; 9:17.1; 9:17.2; 9:17.3; 9:17.4; 9:18.3; 9:18.5; 9:19.1; 9:38.1; 10:5.1; 10:5.2; 10:5.3; 10:6.1; 10:10.1; 10:10.3; 10:10.4; 10:14.1; 10:14.2; 10:14.5; 10:14.7; 10:15.1; 10:15.3; 10:16.1; 10:16.2; 10:16.3; 10:18.1; 10:28.2; 10:28.3; 10:28.4; 10:28.6; 10:28.7; 10:28.8; 10:29.1; 10:29.2; 10:30.1; 10:30.2; 10:33.1; 10:42.1; 10:42.2; 10:42.3; 10:42.4; 10:42.5; 11:20.2; 11:21.1; 11:21.2; 11:21.4; 11:28.1; 11:30.1; 12:2.2; 12:4.1; 12:4.3; 12:4.4; 12:4.5; 12:11.2; 12:11.3; 12:11.4; 12:11.6; 12:12.2; 12:18.1; 12:20.1; 12:21.1; 12:22.1; 12:24.1; 12:24.2; 12:25.1; 12:25.2; 12:25.3; 12:31.2; 12:32.1; 12:36.1; 12:36.2; 12:37.1; 12:37.2; 12:42.1; 12:48.2; 12:50.1; 12:50.2; 12:50.3; 12:50.4; 13:10.1; 13:11.1; 13:11.2; 13:11.3; 13:14.1; 13:17.1; 13:20.1; 13:20.2; 13:21.1; 13:21.2; 13:23.1; 13:23.3; 13:23.5; 13:36.1; 13:45.1; 13:45.2; 13:54.1; 13:55.2; 13:56.1; 13:56.2; 13:58.1; 13:58.2; 14:25.1; 14:27.1; 14:29.1; 14:30.1; 14:30.2; 15:11.1; 15:11.2; 15:12.1; 15:14.1; 15:16.1; 15:19.1; 15:19.2; 15:20.1; 15:22.1; 15:23.1; 15:23.2; 15:23.3; 15:24.1; 15:27.1; 16:21.1; 16:21.2; 16:21.5; 16:21.6; 16:22.2; 16:27.1; 17:9.1; 17:24.1; 17:24.2; 17:24.3; 17:25.3; 17:25.4; 17:26.2; 17:27.3; 18:4.1; 18:7.1; 18:8.1; 18:8.2; 18:8.3; 18:9.1; 18:10.1; 18:10.2; 18:10.3; 18:10.4; 18:15.1; 18:15.3; 18:15.4; 18:16.1; 18:16.2; 18:17.1; 18:17.2; 18:17.3; 18:17.4; 18:17.5; 18:21.1; 18:21.3; 18:22.1; 18:34.2; 18:34.3; 19:9.1; 19:16.2; 19:17.1; 19:21.2; 19:29.1; 19:29.2; 19:29.5; 20:14.1; 20:26.1; 20:26.2; 10:26.3; 20:27.1; 20:27.3; 21:12.3; 21:22.1; 22:8.1; 22:9.1; 22:14.2; 23:7.1; 23:8.1; 23:9.2; 23:23.1; 23:23.3; 23:24.1; 23:25.1; 23:25.2; 23:25.3; 23:26.1; 23:37.1; 23:27.1; 23:27.2; 23:27.3; 23:27.4; 23:38.1; 24:12.1; 24:23.1; 24:23.2; 24:24.1; 24:24.2; 24:26.2; 24:32.1; 24:36.2; 24:36.3; 24:45.1; 24:45.3; 24:45.4; 24:49.1; 24:49.2; 24:49.3; 25:1.2; 25:1.3; 25:6.1; 25:6.4; 25:8.1; 25:9.2; 25:9.3; 25:11.1; 25:14.1; 25:14.2; 25:15.1; 25:16.2; 25:17.1; 25:17.3; 25:18.1; 25:18.2; 25:18.3; 25:20.1; 25:20.2; 25:20.3; 25:22.1; 25:22.2; 25:24.1; 25:24.3; 25:24.4; 25:26.1; 25:27.3; 25:29.1;

25:29.3; 25:29.4; 25:35.2; 25:40.1; 25:41.1; 25:41.2; 25:42.1; 25:43.1; 25:46.1; 26:6.1; 26:6.2; 26:9.2; 26:10.1; 26:21.1; 26:33.1; 26:33.2; 26:33.3; 26:34.1; 26:34.2; 26:51.1; 26:51.2; 26:52.1; 26:52.5; 26:53.1; 26:53.3; 26:53.6; 26:75.2; 26:75.3; 26:75.4; 27:46.1; 27:54.1; 28:19.2; 28:20.1.

[40]Basil does not preserve the predominant Alexandrian readings found in Matt 1:18.1; 1:25.3; 1:25.4; 1:25.5; 2:9.1; 3:8.1; 4:3.2; 4:3.3; 4:9.1; 4:9.2; 5:13.3; 5:13.4; 5:29.3; 5:30.2; 5:31.1; 5:32.2; 5:47.3; 6:1.1; 6:4.2; 6:4.3; 6:26.1; 6:32.1; 6:32.2; 7:3.1; 7:6.1; 7:21.1; 7:24.2; 7:24.3; 7:27.1; 8:26.1; 9:11.1; 9:13.1; 9:14.2; 9:18.1; 9:36.2; 10:8.1; 10:10.2; 10:10.5; 10:23.2; 10:28.6; 10:31.1; 10:32.1; 10:33.3; 12:3.1; 12:14.1; 12:31.1; 12:50.5; 13:46.1; 13:55.3; 14:25.3; 14:26.2; 14:28.1; 15:12.1; 15:22.3; 16:19.1; 17:25.1; 18:15.2; 18:34.3; 19:16.2; 19:17.2; 20:27.2; 21:12.1; 22:40.1; 23:5.1; 23:9.3; 23:23.2; 23:23.3; 24:29.1; 24:48.2; 25:1.1; 25:1.3; 25:1.4; 25:2.1; 25:4.1; 25:6.1; 25:16.4; 25:17.2; 25:18.3; 25:20.5; 25:21.1; 25:22.3; 25:22.6; 25:27.1; 25:29.3; 25:36.1; 25:41.1; 26:8.1; 26:22.2; 26:26.3; 26:26.4; 26:39.1; 26:52.2; 26:52.4; 27:24.1.

Basil preserves the predominant Alexandrian readings found in Matt 1:9.1; 1:9.2; 1:20.3; 1:25.2; 2:1.3; 3:7.1; 3:10.1; 3:11.2; 3:14.1; 3:15.1; 3:15.2; 3:16.3; 3:16.4; 3:16.7; 3:16.8; 4:2.1; 4:4.3; 4:5.4; 4:6.3; 4:10.2; 5:4.1; 5:11.5; 5:13.1; 5:29.2; 5:30.1; 5:32.5; 5:37.1; 5:37.2; 5:40.1; 5:44.3; 5:47.2; 6:8.1; 6:14.1; 6:14.3; 6:18.2; 6:22.2; 6:24.1; 6:25.4; 6:29.1; 6:30.1; 6:32.3; 7:4.1; 7:4.2; 7:6.2; 7:13.1; 7:14.1; 7:15.1; 7:21.2; 7:23.3; 7:24.1; 7:25.4; 9:10.1; 9:10.2; 9:11.2; 9:12.1; 9:13.2; 9:14.1; 9:15.2; 9:15.4; 9:15.5; 9:16.2; 9:17.1; 9:17.4; 9:36.1; 9:36.3; 10:14.1; 10:14.2; 10:14.5; 10:14.6; 10:15.1; 10:16.1; 10:16.2; 10:18.1; 10:28.4; 10:30.2; 10:33.5; 10:42.2; 11:16.1; 11:21.1; 11:30.1; 12:4.1; 12:4.2; 12:4.3; 12:4.4; 12:11.3; 12:12.1; 12:20.1; 12:21.1; 12:22.1; 12:24.1; 12:25.1; 12:25.2; 12:25.3; 12:32.1; 12:32.2; 12:37.2; 12:42.1; 12:50.1; 12:50.3; 12:50.4; 13:10.1; 13:11.1; 13:13.2; 13:13.3; 13:13.4; 13:13.5; 13:21.2; 13:23.4; 13:36.1; 13:26.2; 13:45.1; 13:54.1; 13:55.2; 13:56.2; 14:25.1; 14:25.2; 14:27.1; 14:29.1; 15:11.1; 15:11.2; 15:14.3; 15:15.1; 15:17.1; 15:17.2; 15:18.1; 15:22.2; 15:22.4; 15:27.1; 16:3.1; 16:21.4; 16:23.1; 16:27.1; 17:9.1; 17:24.3; 17:25.4; 18:10.1; 18:10.4; 18:16.1; 18:17.5; 18:34.2; 19:9.1; 19:16.1; 19:17.1; 19:21.1; 19:21.2; 19:29.5; 20:26.1; 20:26.2; 20:26.3; 20:27.3; 23:25.2; 23:25.3; 23:26.2; 23:37.2; 23:37.3; 23:38.1; 24:23.1; 24:24.2; 24:26.2; 24:27.1; 24:32.1; 24:45.1; 24:48.1; 24:49.3; 25:3.2; 25:6.2; 25:6.3; 25:8.1; 25:9.2; 25:10.2; 25:16.3; 25:17.4; 25:18.4; 25:20.2; 25:22.1; 25:22.2; 25:24.3; 25:27.2; 25:29.4; 25:40.1; 25:41.2; 25:43.1; 26:10.1; 26:21.1; 26:33.2; 26:33.3; 26:34.2; 26:53.4; 26:53.6.

[41]Basil does not preserve the predominant Byzantine readings found in Matt 1:20.2; 2:1.3; 3:10.1; 3:11.2; 4:4.2; 5:22.2; 5:29.3; 5:32.2; 5:42.2; 5:48.1; 5:48.2; 6:16.1; 6:22.3; 6:25.3; 6:32.1; 7:3.1; 7:4.1; 7:6.1; 7:27.4; 9:36.3; 10:32.2; 10:33.4; 11:21.3; 11:21.5; 12:1.1; 12:3.1; 12:35.4; 12:50.5; 14:25.1; 14:25.2; 15:12.1; 15:14.1; 17:27.1; 18:6.1; 18:10.2; 18:15.1; 18:15.2; 18:15.4; 18:16.2; 18:34.3; 20:15.1; 20:27.2; 21:13.1; 24:36.1; 24:42.1; 24:45.2; 24:45.4; 24:48.3; 24:49.1; 24:49.2; 24:49.3; 25:1.4; 25:18.4; 25:26.1; 26:8.2; 26:9.2; 26:39.1; 26:52.2; 27:24.7; 28:19.1.

Basil preserves the predominant Byzantine readings found in Matt 1:9.1; 1:9.2; 2:1.1; 3:11.3; 3:16.1; 3:16.2; 3:17.1; 3:17.4; 4:1.1; 4:3.2; 4:4.2; 4:6.1; 4:6.3; 4:9.2; 4:10.2; 5:11.2; 5:13.1; 5:13.2; 5:18.1; 5:20.1; 5:28.1; 5:30.2; 5:31.1; 5:32.3; 5:37.1;

Combination Inter- and Intra-group profile
Table 6
**Basil's Support of Uniform and Predominant Readings
That Are Also Distinctive, Exclusive or Primary in Matthew**

Group	Uniform	Predominant	Total
Alexandrian	9/15 (60%)	12/56 (21.4%)	21/71 (29.6%)
Caesarean	18/65 (27.7%)	nil	18/65 (27.7%)
Byzantine	39/45 (86.7%)	68/91 (74.7%)	107/136 (78.7%)
Western	4/59 (6.8%)	6/97 (6.2%)	10/156 (6.4%)

The totals of the third profile (see Table 6) confirm tendencies already observed with the two previous profiles concerning the affinities of Basil's text of Matthew with the Byzantine textual group (78.7%), and its lack of affinities with the Western textual group (6.4%). The first profile (see Table 4), espe-

---

5:39.1; 5:39.2 5:39.3; 5:42.3; 5:45.1; 5:45.2; 5:47.3; 6:1.1; 6:4.1; 6:4.2; 6:7.1; 6:10.2; 6:14.3; 6:20.3; 6:24.1; 6:26.2; 6:26.3; 6:27.1; 6:30.1; 7:4.1; 7:5.1; 7:8.2; 7:15.1; 7:21.1; 7:21.2; 7:24.1; 7:24.2; 7:24.3; 7:25.4; 7:26.4; 9:10.1; 9:10.2; 9:11.1; 9:11.2; 9:13.1; 9:15.1; 9:15.3; 9:15.4; 9:15.5; 9:16.1; 9:17.1; 9:17.4; 9:18.5; 9:36.1; 10:5.1; 10:10.1; 10:10.4; 10:10.5; 10:14.1; 10:14.2; 10:15.1; 10:15.2; 10:16.2; 10:17.3; 10:18.1; 10:23.1; 10:23.2; 10:28.1; 10:28.3; 10:28.5; 10:31.1; 10:33.5; 10:42.2; 10:42.3; 11:17.1; 11:21.1; 11:21.2; 11:30.1; 12:2.1; 12:4.2; 12:4.5; 12:11.1; 12:11.5; 12:12.1; 12:14.1; 12:20.1; 12:21.1; 12:24.1; 12:37.2; 12:42.1; 12:48.1; 12:48.2; 12:50.1; 12:50.3; 12:50.6; 13:13.1; 13:13.5; 13:19.1; 13:20.2; 13:23.2; 12:23.3; 13:23.5; 13:55.1; 13:55.3; 13:56.1; 13:5.2; 13:57.1; 14:25.3; 14:26.1; 14:26.2; 14:29.2; 14:30.2; 15:12.2; 15:13.1; 15:15.2; 15:17.1; 15:19.1; 15:22.1; 15:22.2; 15:22.3; 15:22.4; 15:23.2; 16:19.1; 16:21.3; 16:21.6; 16:22.1; 16:23.1; 16:23.2; 17:9.1; 17:24.2; 17:24.3; 17:25.2; 17:25.3; 17:26.1; 17:27.2; 18:7.1; 18:7.2; 18:8; 18:10.3; 18:10.4; 18:16.1; 18:16.3; 18:17.4; 18:17.5; 18:19.2; 19:16.1; 19:16.3; 19:17.1; 19:17.2; 19:17.3; 19:17.5; 19:29.1; 20:26.2; 20:27.1; 20:27.3; 21:12.2; 22:8.1; 22:14.2; 22:40.1; 23:5.1; 23:5.2; 23:7.2; 23:9.2; 23:9.3; 23:23.2; 23:25.1; 23:26.1; 23:26.2; 23:26.3; 23:27.3; 23:37.3; 23:27.4; 24:24.1; 24:24.2; 24:27.2; 24:33.1; 24:36.3; 24:45.1; 24:47.1; 24:48.2; 25:1.1; 25:1.2; 25:1.3; 25:2.1; 25:3.1; 25:3.2; 25:4.1; 25:6.1; 25:1.2; 25:1.3; 25:1.4; 25:9.1; 25:9.2; 25:14.1; 25:14.2; 25:15.1; 25:16.1; 25:16.4; 25:18.3; 25:19.1; 25:19.2; 25:20.1; 25:20.4; 25:20.5; 25:21.1; 25:22.6; 25:24.3; 25:24.4; 25:27.1; 25:27.2; 25:27.3; 25:29.1; 25:29.4; 25:35.1; 25:40.1; 26:6.1; 26:7.1: 26:7.2; 26:8.1; 26:9.1; 26:22.1; 26:26.1; 26:26.2; 26:26.3; 26:26.4; 26:33.1; 26:33.2; 26:33.3; 26:52.1; 26:52.4; 26:53.2; 26:75.1; 27:46.1.

cially the distinctive readings, had the disadvantage of being established from a small amount of data, which left room for accidental agreements or disagreements.[42] The second profile, although it was established from a large amount of data, increased the rate of agreement among all textual groups, except for the Western witnesses. Indeed, Alexandrian, Caesarean, and Byzantine textual groups often stood together against particular Western readings. This third profile still has the disadvantage of being established only from a small amount of data. Nonetheless, results are obtained from large enough samples, except those obtained in the computation of uniform Alexandrian readings,[43] of which the small sample could create some distortion. In addition, this third profile exhibits significant gaps between results from each textual group, and so dissipates any ambiguity regarding Basil's textual affinities in Matthew. There are indeed unequivocal differences between the percentages obtained for the uniform readings that are also distinctive, exclusive, or primary. Large gaps separate results obtained for the uniform Alexandrian readings (60%) from the Caesarean (27.7%),[44] Byzantine (86.7%),[45] and Western (6.8%) readings.[46] There are also

---

[42]Such is not the case with Western distinctive readings calculated from larger samples. See Table 4.

[43]Basil does not preserve the uniform Alexandrian readings that are also distinctive, exclusive, or primary, found in Matt 1:20.2; 10:28.6; 13:23.2; 17:27.1; 25:2.2; 26:26.2. Basil preserves the uniform Alexandrian readings that are also distinctive, exclusive, or primary, found in Matt 4:4.2; 5:46.1; 5:48.1; 5:48.2; 24:27.2; 24:45.2; 25:20.4; 26:22.1; 26:26.1.

[44]Basil does not preserve the uniform Caesarean readings that are also distinctive, exclusive or primary in Matt 5:11.2; 5:18.1; 5:45.2; 6:16.1; 7:23.2; 7:23.3; 7:24.2; 7:26.1; 7:26.2; 10:23.1; 10:33.2; 11:20.1; 11:21.3; 12:2.1; 12:12.1; 12:14.1; 12:22.2; 12:32.2; 12:50.6; 13:13.1; 13:13.4; 13:13.5; 14:26.2; 15:12.2; 15:14.2; 15:14.3; 15:15.1; 16:21.3; 16:23.1; 17:25.2; 18:18.1; 18:18.2; 18:19.1; 18:19.2; 18:21.2; 19:16.1; 21:12.2; 23:10.1; 24:27.2; 25:1.1; 25:18.4; 25:22.3; 26:7.2; 26:22.1; 26:22.2; 26:26.1; 26:53.3. Basil preserves the uniform Caesarean raedings that are also distinctive, exclusive or primary in Matt 5:30.2; 5:39.1; 5:39.3; 6:10.3; 6:32.1; 7:27.4; 10:28.6; 10:28.7; 15:12.1; 17:24.2; 18:15.1; 23:8.1; 23:23.3; 24:36.2; 24:45.3; 25:9.3; 25:26.1; 26:9.2.

[45]Basil does not preserve the uniform Byzantine readings that are also distinctive, exclusive or primary found in Matt 3:11.1; 7:27.3; 8:26.1; 18:8.1; 24:36.2; 24:45.2. Basil preserves the uniform Byzantine readings that are also distinctive, exclusive or primary found in Matt 1:9.2; 1:25.3; 1:25.4; 1:25.5; 2:9.1; 3:15.1; 3:16.3; 3:16.5; 4:2.1; 4:4.3; 4:9.1; 4:23.1; 5:9.1; 5:47.1; 6:4.3; 6:28.1; 6:32.2; 7:16.1; 9:13.1; 9:18.4; 10:10.2; 10:14.3; 13:13.2; 13:13.3; 13:13.4; 13:23.4; 13:46.1; 17:25.1; 18:18.1; 18:18.2; 19:17.4; 24:24.3; 24:46.1; 25:16.4; 25:16.5; 25:17.2; 25:29.3; 26:22.1; 26:22.2.

unambiguous differences among the percentages obtained for predominant readings that are also distinctive, exclusive and primary. Even if the figures are lower, Basil's text of Matthew still shows more affinities with the Byzantine textual group (74.7%)[47] than the Alexandrian (21.4%)[48] and Western (6.2%) textual groups[49] for the predominant readings.

---

[46]Basil does not preserve the uniform Western readings that are also distinctive, exclusive or primary found in Matt 4:2.1; 4:3.1; 4:4.3; 4:4.4; 4:6.5; 5:11.4; 5:11.5; 5:12.1; 5:13.2; 5:32.1; 5:38.1; 5:39.3; 5:41.2; 5:42.3; 5:46.1; 6:10.2; 9:15.1; 9:18.4; 9:38.1; 10:5.1; 10:5.3; 10:10.3; 10:14.6; 10:16.3; 10:17.1; 10:28.2; 10:29.1; 10:30.1; 10:30.2; 10:31.1; 10:42.5; 11:16.1; 11:21.1; 11:21.2; 11:28.1; 12:11.4; 12:11.6; 12:18.1; 12:21.1; 12:36.1; 12:50.2; 13:23.3; 15:23.3; 16:21.5; 16:21.6; 16:23.2; 17:24.1; 17:24.2; 18:8.3; 19:9.2; 19:17.2; 21:22.1; 23:5.2; 23:37.1; 24:32.1. Basil preserves the uniform Western readings that are also distinctive, exclusive or primary found in Matt 4:3.2; 5:32.2; 11:20.1; 21:28.2.

[47]Basil does not preserve the predominant Byzantine readings that are also distinctive, exclusive or primary found in Matt 2:1.3; 3:10.1; 3:11.2; 4:4.2; 5:48.1; 5:48.2; 6:25.3; 7:4.2; 9:36.3; 10:32.2; 10:33.4; 12:35.4; 14:25.1; 15:14.1; 19:29.3; 21:13.1; 24:42.1; 24:45.4; 24:49.1; 24:49.2; 24:49.5; 26:9.2; 26:52.2. Basil preserves the predominant Byzantine readings that are also distinctive, exclusive or primary found in Matt 3:16.1; 3:16.2; 3:17.4; 4:3.3; 5:31.1; 5:32.3; 5:47.1; 5:47.3; 6:4.2; 7:21.1; 7:24.2; 10:10.5; 10:15.2; 10:23.2; 10:28.1; 10:31.1; 11:17.1; 12:2.1; 12:11.1; 12:14.1; 13:13.1; 13:23.2; 13:55.3; 14:25.3; 14:26.1; 14:26.6; 15:12.2; 15:22.2; 15:22.3; 16:19.1; 16:21.3; 16:22.1; 16:23.2; 17:25.2; 17:26.1; 18:16.3; 18:19.2; 19:16.3; 19:17.2; 19:17.3; 19:17.5; 22:40.1; 23:5.1; 23:5.2; 23:7.2; 23:23.2; 23:26.3; 24:33.1; 25:1.1; 25:2.1; 25:3.1; 25:4.1; 25:9.1; 25:16.4; 25:19.1; 25:19.2; 25:20.5; 25:21.1; 25:22.6; 26:7.1; 26:7.2 26:8.1; 26:26.2; 26:26.3; 26:26.4; 26:52.4; 26:53.7; 26:75.1.

[48]Basil does not preserve the predominant Alexandrian readings that are also distinctive, exclusive or primary found in Matt 1:25.3; 1:25.4; 1:25.5; 2:9.1; 4:3.2; 4:3.3; 4:9.2; 5:13.3; 5:13.4; 5:30.2; 6;1.4; 6:4.3; 7:21.1; 7:24.2; 9:11.1; 9:13.1; 10:8.1; 10:10.2; 10:23.2; 10:28.6; 10:28.7; 13:46.1; 13:55.3; 14:26.2; 16:19.1; 18:19.1; 19:17.2; 19:17.5; 23:9.2; 23:9.3; 23:23.2; 24:48.2; 25:1.3; 25:2.1; 25:3.1; 25:4.1; 25:6.2; 25:17.2; 25:18.3; 25:22.6; 25:27.1; 26:22.2; 26:52.4; 26:75.3. Basil preserves the predominant Alexandrian readings that are also distinctive, exclusive or primary found in Matt 3:10.1; 3:11.2; 4:5.1; 7:4.2; 9:36.3; 11:16.1; 11:21.3; 11:21.5; 14:25.2; 25:17.4; 25:18.4; 26:53.4.

[49]Basil does not the preserve predominant Western readings that are also distinctive, exclusive and primary found in Matt 1:20.7; 2:9.2; 3:16.6; 3:16.8; 3:17.2; 4:3.1; 4:4.1; 4:6.5; 5:11.1; 5:24.1; 5:39.2; 5:42.1; 5:44.1; 6:14.2; 6:14.3; 6:15.1; 6:22.2; 6:25.1; 6:25.3; 6:27.2; 6:30.1; 6:32.3; 7:6.2; 7:8.1; 7:13.1; 7:15.1; 7:25.1; 7:25.2; 7:27.1; 7:27.2; 9:10.1; 9:15.3; 9:17.2; 9:19.1; 10:14.1; 10:14.7; 10:28.8; 10:42.1; 12:4.4; 12:25.2; 12:25.3; 12:33.1; 12:36.2; 12:48.1; 13:11.3; 13:21.2; 13:23.5; 13:46.1; 13:46.2; 13:55.2; 13:56.2; 14:26.1; 14:27.1; 15:11.1; 15:16.1; 15:20.1; 15:23.2; 15:26.1; 15:27.1; 16:22.3;

Data Analysis 269

SUMMARY

The quantitative analysis has shown that Basil's text of Matthew is in greater agreement with the Byzantine textual group (78.6%) than with any other textual group. There was an almost equal agreement with the Caesarean (69.8%) and Alexandrian (68.4%) textual groups. The quantitative analysis also showed the lack of affinity between Basil's text of Matthew and the Western textual group.

The profile analysis has confirmed results from the quantitative analysis. In each of the three profiles, Basil's text of Matthew has greater affinity with the Byzantine textual group than with any other. As in the quantitative analysis, Basil's text of Matthew is almost in equal agreement with the Caesarean and Alexandrian textual groups. Finally, Basil's text of Matthew does not exhibit affinities with the Western textual group in any of the three profiles.

17:25.2; 17:25.4; 17:26.1; 17:26.2; 17:27.3; 18:10.1; 18:21.1; 18:22.1; 19:9.1; 20:27.1; 22:9.1; 23:7.1; 23:25.2; 23:26.2; 23:27.1; 23:27.4; 24:12.1; 25:17.1; 25:18.2; 25:20.4; 25:24.1; 25:24.2; 25:25.1; 25:41.1; 26:6.2; 26:34.1; 26:51.1; 26:51.2; 26:53.1; 27:46.6; 28:19.1. Basil preserves the predominant Western readings that are also distinctive, exclusive and primary found in Matt 6:21.1; 7:2.3; 7:6.1; 20:27.2; 25:1.4; 27:24.1.

CHAPTER 5

PECULIARITIES OF BASIL'S QUOTATIONS OF THE GOSPEL OF MATTHEW

The results of this study of Basil's quotations of Matthew are highly significant for New Testament textual criticism. Indeed, no manuscript of Matthew dating from the beginning of the fourth century or earlier and exhibiting the Byzantine type of text has been uncovered until now. So far, Basil of Caesarea represents the earliest witness to this type of text for the First Gospel. The study of Basil's quotations of Matthew could therefore provide valuable information regarding the character of the early Byzantine text type. This chapter will address issues such as Basil's way of quoting the First Gospel and the character of the early Byzantine text type of Matthew found in Basil's writings.

BASIL'S WAY OF QUOTING THE FIRST GOSPEL

Prior to examining Basil's way of quoting the First Gospel, it might be suitable to clear our minds on a question inherited from the previous chapter. Indeed, in spite of the small number of variants used to compare Basil's and Gregory of Nyssa's text of Matthew, it may seem curious that the rate of agreement between the texts of the two brothers is so low, that is, 59.3%. Even if one used the 13.2% margin of error to posit that the real rate of agreement between their texts was around 73%, this still does not compare with the much higher rates of agreement between Basil's text of Matthew and codices E Π Ω Δ.[1]

---

[1] In addition, as one looks at the textual agreements of both brothers, one realizes that they also represent agreements with most of the manuscripts against a few of them,

Since the brothers lived during the same period and in the same region, one would expect their texts of the First Gospel to agree more. To explain this discrepancy, one could argue that Basil used several different copies of the New Testament from which to draw biblical references as he was touring Cappadocian monasteries. Still, would these manuscripts have been so different from the ones he had at hand in Caesarea? Another explanation would be to posit that the biblical quotations made by one or both brothers were corrupted by scribes who copied their works. Hort made a strong warning concerning the possible harmonization of patristic NT quotations by scribes copying their works in the centuries that followed,

"Wherever a transcriber of a patristic treatise was copying a quotation differing from the text to which he was accustomed, he had virtually two originals before him, one present to his eyes, the other to his mind; and, if the difference struck him, he was not unlikely to treat the written exemplar as having blundered. But since the text familiar to nearly all transcribers after the earlier ages, to say nothing of editors, was assuredly the Syrian text, this doubleness of original could arise only where the true patristic reading was non-Syrian."[2]

However, reconciling patristic biblical quotations is a considerable task. It is not difficult if a church father quotes abundantly from a single biblical book; then the scribe may simply open a copy of his or her Bible and edit the biblical quotations accordingly. Or if the scribe is dealing with verses that have passed into liturgy, he or she may edit from memory.[3] However, neither Basil nor

---

typically the Western witnesses or ℵ + B). In a few instances, the text of Basil and of Gregory agree with a few manuscriptss against the rest of them (e.g., 5:48.1; 12:50.5; 22:40.1; 23:9.3; 26:39.2; 28:19.1), but one cannot detect any textual thread in these agreements.

[2]B. F. Westcott and F. J. A. Hort, *Introduction to the New Testament in the Original Greek* (reprinted from the edition by Harper & Brothers, New York, 1882; Peabody, Mass.: Hendrickson, 1988), 202–03. This warning was repeated by Streeter. See Burnett Hillman Streeter, *The Four Gospels. A Study of Origins* (London: Macmillan, 1924), 46–47.

[3]On female scribes see Kim Haines-Eitzen, "'Girls Trained in Beautiful Writing': Female Scribes in Roman Antiquity and Early Christianity," *JECS* 6 (1998): 629–46.

Gregory wrote commentaries of biblical books. They usually quote from here and there in the New Testament or even from the Old Testament. Besides, Basil quite often did not identify the exact origin of his quotations. It could be from a Gospel, a NT letter, or the First Testament. A large proportion of quotations were mere allusions that retained only four or five words of a verse in a loose order. One wonders whether scribes would have bothered editing these allusions, which would have required flipping through the pages of a Bible to identify their exact origin, unless of course, scribes happened to have a fantastic memory for scriptures. However, one can wonder to what extent scribes were able to memorize the New Testament *verbatim*. One should account for this "scribal memory" in regard to passages that passed into liturgy or which were often read in the liturgical cycle. But one should be careful not to grant it more importance than it deserves. William Harris mentions that the emphasis put on the importance of the scriptures by early Christians led them to create fables about exploits in their memorization of biblical texts. True or untrue, these stories were told because they represented exceptional accomplishments. No one would have cared to tell them if the memorization of scripture had been common.[4] To summarize, the scribes who transmitted the writings of Basil of Caesarea and Gregory of Nyssa may have reconciled the biblical quotations with their own copies of the NT to some extent, but this possibility should not be overestimated.[5]

---

[4] See William V. Harris, *Ancient Literacy* (Cambridge, Mass: Harvard University Press, 1989), 301. Examples of these fables are found in De Lacy O'Leary, ed., *The Arabic Life of St. Pisenthius according to the Text of the Two Manuscripts Paris Bib. Nat. Arabe 4785 and Arabe 4794* (Tome 22, fasc. 3; Patrologia Orientalis; Paris: Firmin-Didot, 1930), 330 and Augustine, *Doctr. chr.*, prol. 4, reporting Anthony's knowledge of scriptures though being illiterate.

[5] On this question, see M. Jack Suggs, "The Use of Patristic Evidence in the Search for a Primitive New Testament Text," *NTS* 4 (1957): 140. According to Suggs, no real instance of such harmonizations had been found so far, except perhaps in versions. Even medieval commentaries left biblical citations untouched. Gustave Bardy, "Éditions et Rééditions d'Ouvrages Patristiques," *RBén* 47 (1935): 377 mentions an exception to Suggs' claim: A commentary on Revelation by Victorin de Poetovio (†304) has been found in four different forms. One of them replaced numerous biblical quotations with new ones from the Vulgate. It should be mentioned, though, that the reviser was Jerome.

There may be a simpler explanation for the low rate of agreement between Basil's quotations of Matthew and Gregory's. In both cases, we are dealing with patristic quotations. Practically, this means that both Basil and Gregory did not restrict themselves to *verbatim* quotations of Matthew's Gospel. Sometimes they adapted the quotations to fit them into the development of their own text. At times they just alluded loosely to a verse. The presence of loose quotations reduces the rate of agreement between biblical manuscripts and the writings of a church father. Similarly, the presence of loose quotations proportionally reduces the rate of agreement between the biblical quotations of two church fathers, even though they lived in the same region and during the same period. This appears to be the best explanation for the low rate of agreement between Basil's and Gregory's quotations of Matthew.

Once the question of the low rate of agreement between Basil's and Gregory of Nyssa's quotations of the First Gospel has been elucidated, it is appropriate to consider the formulae Basil uses to introduce his quotations of Matthew. The main reason to consider these introductory words is to see whether their presence—particularly those mentioning the Lord and using a verb such as λέγειν (e.g., λεγων, λεγοντος, ειποντι, ειποντος, ειπων, etc.)— announces that Basil is going to quote Matthew carefully, i.e., if he is going to pay attention to the very words of the text.[6] One may notice that the quotations found in the *Moralia* are never introduced by such formulae. The *Moralia* are practically an anthology of biblical passages put side by side, often without comment. On the other hand, Basil uses introductory formulae in most of his other works, especially in the *Regulae braeviae tractatae*, in which questions asked by monks of Basil and the answers he provided are reproduced.

I have classified these introductory formulae into nine categories according to the words they use, and indicated whether they introduce citations [C], adaptations [Ad], allusions [All], or lemmata [L]. I also have indicated in what work they are found. This classification may help to see what emphasis Basil wants to put into a quotation. As one can see from the data listed below, most of the

---

[6]I nevertheless do not pretend to study the status of the First Gospel for Basil, nor the manner in which he understands this Gospel. This is beyond the scope of this dissertation.

time, introductory formulae announce that Basil is going to quote *verbatim* Matthew's Gospel. Nonetheless, exceptions in practically every category point out that one should not put too much trust in these formulae: an allusion or an adaptation may follow.

1. Sayings of the Lord
   a) Explicit
   - τουτους και ο Κυριος μακαριζει λεγων, 5:3 [C] *HPs* 2X
   - τω Κυριω ειποντι· 5:11 [C] *RBr*; 10:10 [C] *RBr*
   - του Κυριου ειποντος· 5:11 [C] *RBr*; 5:16 [C] *RBr* 3X; 5:29 [All] *RBr*; 6:17 [L] *RBr*; 7:22 [C] *RBr*; 10:37 [C] *RBr*; (15:24 [C] *RBr*); 15:24 [C] *RBr*; 17:26 [C] *RBr*; (18:10 [Ad] *Eun*); 18:20 [L] *RBr*; 19:21 [C] *RFus*; 23:5 [Ad] *RBr*; 24:12 [C] *Ep*; 25:40 [C] *RBr*; 26:53 [Ad] *Eun*; 28:19 [All] *Ep*
   - ο Κυριος εδηλωσεν ειπων· 5:14 [C] *RBr*
   - του Κυριου λεγοντος 5:22 [All] *HIra*; 6:25 [C] *RBr*; 7:5 [C] *RBr*; 7:21 [C] *AscPr3*; 10:10 [All] *RBr*; 15:24 [C] *RBr*; 18:10 [C] *RBr*
   - υπο του Κυριου ειρημενον· 5:23 [C] *RBr*; 5:29 [C] *RBr*
   - ει γαρ ο Κυριος ειπεν, 5:32 [All] *Ep*
   - ινα η συμφονον τω παρα του Κυριου ειρημενω, τω, 5:37 [C] *HPs* 1
   - ο Κυριος... ειπων· 6:8 [C] *RBr*; 18:15 [Ad] *RFus*
   - κατα τον του Κυριου λογον, 6:16 [All] *Hlieun* 2
   - ο Κυριος απεφηνατο ειπων· 6:24 [Ad] *RFus*
   - του Κυριου ημων Ιησου Χριστου λεγοντος· 10:10 [All] *RFus*
   - το δε περι αορατου ειναι τον λογον μνημονευσωμεν του Κυριου, οτι 10:26 [All] *RBr*
   - Ιησου Χριστου κηρυσσοντος και λεγοντος· 11:28 [C] *RFus*
   - υπ' αυτου του Κυριου προσλαμβανομενος λεγοτος· 11:28 [C] *HBapt* 1
   - του λεγοντος· 11:29 [C] *HHum*
   - ο Κυριος ελεγε· 11:29 [C] *HPs* 44
   - οις ο Κυριος διαλεγεται· 11:29 [C] *HPs* 33
   - μαθητην του Κυριου καθιστησαι του ειποντος· 11:29 [C] *Ep*
   - καθα φησιν ο Κυριος· 12:42 [Ad] *HPs* 7
   - τουτο εστι το ειρημενον παρα του Κυριου· 13:17 [C] *HPs* 59
   - δηλον εκ των του Κυριου ρηματων, ποτε μεν ειποντος· 13:23 [C] *RBr*

- του Κυριου αποφηναμενου μεν οτι 15:26 [C] *RBr*
- και ο κυριος ημιν παραδεδωκεν ειπων, οτι 16:3 [All] *Hex*
- κατα το ειρημενον υπο του Κυριου· 18:10 [C] *RBr*
- τα υπο του Κυριου ... ειρημενα 18:17 [C] *RBr*
- εν η φησιν ο Κυριος... 20:15 [C] *RBr*
- του Κυριου επαγγειλαμενου, οτι 21:22 [L] *RBr*
- παρα του Κυριου ληψεται, λεγοντος· 25:40 [C] *RFus*
- ως αυτω τω Κυριω προσφεροντες την υπηρεσιαν, τω ειποντι· 25:40 [C] *RBr*
- εκ των του Κυριου ρηματων, ειποντος· 25:41 [C] *RBr*
- του δε Κυριου ποτε μεν αποφηναμενου, οτι 25:46 [C] *RBr*
- του Κυριου ημων Ιησου Χριστου ειποντος εν προσευχη· 26:30 [C] *RBr*
- εξ αυτης του Κυριου της φωνης παρελαβομεν ειποντος· 28:19 [C] *Ep*
- αυτου του Κυριου ... ειπε· 28:19 [Ad] *Eun*
- η παρα του Κυριου καταλειφθεισα φωνη επιλεγεται· 28:19 [Ad] *HPs*
- υπο του Κυριου λεχθεν το, 28:20 [C] *HChr*

b) the Lord without explicit verb
- ο δε Κυριος ημων Ιησους Χριστος εν τω Πνευματι τω αγιω· 3:11 [Ad] *AmphSp*
- και κατα τον μακαρισμον του Κυριου, 5:5 [Ad] *HProv*
- και ο Κυριος· 6:16 [Ad] Hlieun 1; 10:16 [Ad] *HProv*

c) Impersonal
- ει προς τους ιερεις ειρηται το, 5:23 [L] *RBr*
- ο της θεοσεβειας λογος δι' ων φησιν· 5:40 [C] *RFus*
- κατα το ειρημενον, οτι 10:20 [Ad] *AmphSp*
- ει δε ειρηται· 28:19 [Ad] *Ep*
- και δια το ειρησθαι· 28:19 [C] *Ep*

2. Sayings and teachings
- οπερ διδασκων αυτος ο Κυριος, λεγει· 5:14 [C] *RBr*
- ως ο Κυριος εδιδαξεν ειπων· 6:1 [C] *RBr*
- ο καταδεξαμενος την του Κυριου διδασκαλιαν ειποντος· 6:33 [Ad] *RBr*
- δια της του Κυριου διδασκαλιας ειποντος· 12:50 [C] *RFus*
- κατα τον τροπον τον παρα του Κυριου παραδοθεντα, ειποντος· 18:15 [C] *RFus*

3. Sayings and commands
   - κατ' εντολην του Κυριου ημων Ιησου Χριστου ειποντος· 5:16 [C] *RFus*
   - τουτο δε σαφως εναντιουται τω προσταγματι του Κυριου ειποντος· 5:23 [C] *RFus*
   - δια το προσταγμα του Κυριου ειποντος· 5:34 [C] *Ep*; 5:40 [C] *RBr*
   - ο Κυριος απηγορευσεν ειπων· 5:47 [C] *RBr*
   - της εντολης του Κυριου ειποντος· 11:29 [C] *RBr*
   - το κριμα του Κυριου ειποντος, οτι 18:15 [C] *RBr*
   - κατα την εντολην του Κυριου ειποντος· 18:15 [C] *RFus*
   - ως προστεταγμεθα υπο του Κυριου ειποντος· 18:15 [C] *RBr*
   - η υπερογκον ρημα ο διδασκαλος προετεινατο; 19:21 [C] *HDiv*
   - ωσπερ διδασκαλος αληθινος ο Κυριος ημων κατα το ειρημενον· 23:10 [All] *Eun*
4. Commands
   - του Κυριου προστασσοντος, 5:41 [L] *RBr*
   - του Κυριου παραγγελλοντος· 6:31 [L] *RBr*
   - επειδη προσταγμα εστι του Κυριου· 6:34 [L] *RBr*
   - της εντολης του Κυριου ενεκεν εργαζεται επειδη· 10:10 [C] *RBr*
   - και ημιν νομοθετησαντος οτι, 18:15 [Ad] *RBr*
   - ο Κυριος προσεταξεν ειπων 18:17 [C] *RBr*
   - προσταγμα του Κυριου εστιν το, 19:21 [C] *RBr*
   - ο Κυριος επηγγειλατο τους δια την εντολην αυτου... 20:14 [C] *RBr*
   - ποιειν την εντολην του Θεου 23:5 [All] *RBr*
5. Sayings and writings
   - ωσπερ γαρ εν τω ευαγγελιω ο Κυριος προτερον ειπων· 5:21 [C] *RBr*
6. Teachings
   - εδιδαξεν ο σωτηρ εν τοις ευαγγελιοις. 26:39 [Ad] *HPs*
7. Writings
   - κατα την ευαγγελικην προρρησιν, 5:18 [C] *HFam*
   - δια δε των αγιων ευαγγελιων, 5:28 [C] *Ep*
   - γεγραπται γαρ· 5:30 [Ad] *RBr*; 15:13 [C] *RBr*; 18:15 [Ad] *Ep*; 18:19 [C] *RBr*
   - κατα το γεγραμμενον οτι, 8:17 [C] *RBr*
   - εν δε τω ευαγγελιω· 18:15 [C] *RBr*
   - προς την των λεγομενων βεβαιωσιν σαφως της γραφης 18:16 [All] *RFus*

- ουκ εγραφη τα ευαγγελια· 19:21 [C] *HDiv*
- καθως γεγραπται· 24:46 [Ad] *RBr*

8. References to the work of the evangelist
    - ο μεν Ματθαιος της κατα σαρκα γενεσεως εξηγητης γεγονεν ως αυτος φησι· 1:1 [C] *Eun*.
    - οπερ επαιδευθη ο αποστολος παρα του Κυριου ειποντος περι τινων· 23:5 [Ad] *RBr*
    - η μεν ουν του Ματθαιου λεξις ουτως εχει 24:36 [C] *Ep*

9. Miscellaneous
    - απ' ου ηκουσε του προφητου λεγοντος· 1:23 [C] *HChr*
    - Ιωαννου μεν λεγοντος· 3:3 [Ad] *HMal*
    - του Κυριου διαβεβαιωσαμενου μεν, οτι 5:18 [C] *RBr*
    - ποιουντες το ειρημενον, οτι 7:6 [C] *RFus*
    - πως ουν μαθωμεν την πραοτητα; 11:29 [Ad] *HPs* 33
    - πως εγκαλει τοις μαθηταις ο Κυριος οτι 15:16 [L] *RBr*
    - δεικνυσι σαφως ο Κυριος· 15:19 [Ad] *RBr*
    - του Κυριου τον επιμενοντα τω κακω εθνικω και τελωνη συγκρινοντος. 18:17 [Ad] *RFus*
    - ο γαρ τοι Κυριος ημων Ιησους Χριστος, προς την παντων αρχην και την αληθη των οντων αιτιαν επαναγων ημας· 23:9 [Ad] *Eun*

Basil's adaptations often consist in interpolating the verb φησιν in order to make a pause in the citation. I list all occurrences of this word in the quotations he makes of the First Gospel and indicate in what works they were found. This could be an influence of his rhetorical training and be regarded as a stylistic characteristic of Basil's biblical quotations, though not an exclusive nor a strong one. In contrast, this type of clause is practically absent from Gregory of Nyssa's quotations.[7]

φησι(ν): 1:25 [Ad] *HChr*; 2:1 [Ad] *HChr*; 3:11 [Ad] *AmphSp*; 5:11 [Ad] *AmphSp*; 5:12 [Ad] *HIul*; 6:21 [Ad] *HDiv*; 11:29 [Ad] *HPs* 33; 12:28

---

[7] A look at the *Thesaurus Linguae Graecae* indicates that "φησιν clauses" are also fairly common in the writings of Eusebius of Caesarea and Theodoret of Cyrus, both in their current text and biblical quotations. They are also found from time to time in Origen's writings.

[Ad] *AmphSp*; 12:37 [Ad] *HPs* 44; 11:29 [Ad] *Ep*; 12:40 [Ad] *Eun*; 13:45 [Ad] *RFus*; 15:19 [Ad] *RBr*; 17:9 [Ad] *RBr*; 18:17 [Ad] *RFus*; 18:31 [All] *RBr*; 23:9 [Ad] *Eun*; 25:42 [Ad] *MorPrL*; 28:19 [Ad] *Eun*

γαρ, φησι(ν): 4:1 [Ad] *AmphSp*; 5:5 [Ad] *HProv*; 5:5 [Ad] *HProv*; 5:7 [Ad] *AscPr3*; 6:21 [Ad] *RFus*; 11:29 [Ad] *RFus*; 18:21 [Ad] *Ep*; 21:28 [Ad] *Eun*; 23:33 [Ad] *Eun*; 25:34 [Ad] *RFus*; 26:52 [All] *Ep*; 28:19 [Ad] *HPs*

φησι(ν) ο Κυριος: 6:24 [Ad] *MorPrL*; 12:50 [Ad] *RFus*; 18:20 [Ad] *RFus*; 28:19 [Ad] *AscPr3*

γαρ, φησι(ν) ο Κυριος: 23:5 [Ad] *RBr*; 24:46 [Ad] *RBr*

THE BYZANTINE CHARACTER OF BASIL'S TEXT OF MATTHEW

Origin of the Byzantine Text Type

Most manuscripts that can be assigned to the Byzantine textual group date from the fifth century and later.[8] In addition, the place where these manuscripts were found, as well as their paleographical features, do not tell us much about the time and place of origin of the Byzantine text type. As a result, it is difficult to locate the appearance and development of this text type in time and space. To explain the origin of the Byzantine text type, Westcott and Hort propose that a revision of the text of the Bible was made at the beginning of the fourth century.[9] This revision was motivated by the large numbers of Greek texts cir-

---

[8]Codex Washingtoniensis (W), which is usually dated from the fifth century, might be one of the earliest manuscripts to exhibit a Byzantine text type in Matthew. Codex Alexandrinus (A) is termed by Bruce Metzger as "the oldest example of the Byzantine type of text" in the Gospels. See *The Text of the New Testament. Its Transmission, Corruption, and Restoration* (3rd ed.; New York/Oxford: Oxford University Press, 1992), 47, but it is so lacunose in Matthew—1:1–25:6—that it is hazardous to qualify its text type in any way for the First Gospel.

[9]See Westcott and Hort, *Introduction to the NT*, 135–43. According to Metzger, both Johann Salomo Semler and Johann Leonhard Hug had already proposed a similar theory at the end of the eighteenth century and the beginning of the nineteenth century in Johann Salomo Semler, *Hermeneutische Vorbereitung* (2 volumes; Halle: C. H. Hemmerde, 1765) and Johann Leonhard Hug, *Einleitung in die Schriften Des Neuen Testa-*

culating and creating confusion among the churches. Such a situation called for a need for standardization. They allude to Lucian of Antioch as the possible leading authority behind the process of this first revision.[10] Von Soden also granted to Lucian the fatherhood of a revision of the New Testament that would produce his *K* type text.[11] On the basis of Jerome's citation previously mentioned, and from other clues, Streeter is more categorical than Westcott and Hort and more generous with explanations as he identifies Lucian as the initiator of the Byzantine text type: "It is practically certain that what I have spoken of as 'the Byzantine text' of the New Testament goes back to this revision by Lucian of Antioch to which Jerome alludes."[12] Other text critics do not

---

ments (Stuttgart: J. C. Gotta, 1808), 22. See Metzger, *Text of the NT*, 123.

[10] See Westcott and Hort, *Introduction to the NT*, 138. Westcott and Hort's identification of Lucian as a reviser comes from a remark made by Jerome in his preface of the four Gospels dedicated to Pope Damasus: "Praetermitto eos codices quos a Luciano et Hesychio nuncupatos paucorum hominum adserit perversa contentio, quibus utique nec in Veteri instrumento post septuaginta interpretes emendare quid licuit nec in Novo profuit emendasse, cum multarum gentium linguis Scriptura ante translata doceat falsa esse quae addita sunt." ["I pass over these manuscripts which are associated with the names of Lucian and Hesychius, the authority of which is perversely maintained by a few disputation persons. It is obvious that these writers could not emend anything in the Old Testament after the labours of the Seventy; and it was useless to correct the New, for versions of Scripture already exist in the languages of many nations which show that their additions are false."] The text of the citation is found in Bonifatius Fischer, et al., *Biblia sacra iuxta vulgatam versionem* (Tome II; Stuttgart: Württembergische Bibleanstalt, 1969), 1515. I based the English translation on the one found in Bruce M. Metzger, "Lucian and the Lucianic Recension of the Greek Bible," *NTS* 8 (1962): 191, republished in Bruce M. Metzger, *Chapters in the History of New Testament Textual Criticism* (NTTS 4; Grand Rapids, Mich.: Eerdmans, 1963), 1–42.

[11] Hermann Freiherr von Soden, *Griechisches Neues Testament. Text mit kurzem Apparat* (Göttingen: Vandenhoeck & Ruprecht, 1913), xiii-xiv.

[12] See Streeter, *Four Gospels*, 112. Streeter develops on this question in pp. 112–117. Still, Metzger in "Lucian and the Lucianic Recension" comments on Lucian's recension of the Bible and its characteristics, but does not affirm anything regarding the coincidence of this recension with the "birth" of the Byzantine text type. Previously, Kirsopp and Silva Lake had written: "There is, however, no proof that Lucian ever made a recension of the New Testament, still less that this recension is represented by the mass of late mss." See, Kirsopp Lake and Silva Lake, "The Byzantine Text of the Gospels," in *Mémorial Lagrange* (ed. L.-H. Vincent; Paris: Gabalda, 1940), 252; Gustave Bardy, *Recherches sur saint Lucien d'Antioche et son école* (Études de Théologie Historique; Paris: Beauchesne, 1936), 178–80. Finally, Günther Zuntz reached a similar

identify a specific moment for the origin of the Byzantine text type and prefer to assume that a revision occurred over an extended period of time.[13] Finally, Sturz argues that the Byzantine text type existed from an early age (second century) independently from the other text types. His suggestion is based on the fact that "distinctive Byzantine readings" are found in early papyri.[14] In addition, Maurice Robinson has recently pleaded that the Byzantine text type is closer to the "original" text than any other text type. Byzantine variant readings would therefore represent the most ancient text.[15]

I tend to agree with Kenyon, Vaganay, and Zuntz on the long-term development of the Byzantine text type and the difficulty of assigning a specific moment to its birth. Contrary to Sturz, I believe that the Byzantine text type is essentially the result of long process during which editors were mainly selecting variant readings from diverse manuscripts they had at hand. This editorial process aimed toward a greater standardization, which was never totally achieved, for some late manuscripts reproduce variants found in early manuscripts.[16]

---

conclusion in *Lukian von Antiochien und der Text der Evangelien* (ed. Barbara Aland and Klaus Wachtel; Heidelberg: Winter, 1995).

[13]See, for instance, Sir Frederic G. Kenyon, *Handbook to the Textual Criticism of the New Testament* (2nd ed.; London: MacMillan, 1926), 325. Similarly, Vaganay mentions Lucian's recension, but suggests that it was altered as soon as it came into circulation, for patristic citations from the fourth century display a great variety of readings. See Léon Vaganay, *Initiation à la Critique Textuelle Néotestamentaire* (Bibliothèque Catholique Des Sciences Religieuses 14; Paris: Bloud & Gay, 1934), 107. See also Zuntz, *Lukian von Antiochien*, 39–55. Klaus Wachtel reaches the same conclusion concerning the Catholic Epistles in Klaus Wachtel, *Der Byzantinische Text der Katholischen Briefe. Eine Untersuchung Zur Entstehung der Koine Des Neuen Testaments* (ANTF 24; Berlin: De Gruyter, 1995), 180–86. Gregory suggested five successive classes of text: Original Text, Re-Wrought Text, Polished Text, Syrian Revisions, Official Text. He situated the appearance of the Official Text in the first half of the fourth century. See Caspar René Gregory, *Canon and Text of the New Testament.* (Edinburgh: T & T Clark, 1907), 479–501.

[14]See Harry A. Sturz, *The Byzantine Text-Type & New Testament Textual Criticism* (Nashville: Thomas Nelson, 1984), 55–230.

[15]See Maurice A. Robinson, "The Case for Byzantine Priority," No pages. Cited 12 September 2003, *TC* 6 (2001), Http://purl.org/TC.

[16]E.g., f^1 33 892. Kurt Aland and Barbara Aland comment on this persistence of early variants: "once a variant or a new reading enters the tradition it refuses to disappear, persisting (if only in a few manuscripts) and perpetuating itself throught the

Sturz's argument on the old age and independence of the Byzantine text type marshalled from the fact that "distinctive Byzantine readings" are found in early papyri remains unconvincing to me. Indeed, the presence in papyri of readings mostly found in manuscripts assigned to the Byzantine textual group is not sufficient to persuade of the early existence of the Byzantine text type.[17] So far, no early papyrus has proved to display a Byzantine text type, that is a certain pattern of readings found in most manuscripts, which belong to that text type. The "distinctive Byzantine readings" identified by Sturz could indicate that Byzantine manuscripts have sometimes preserved very ancient readings, but fail to convince that the Byzantine text type is not essentially recensional and appeared later than the others.[18]

Since no manuscript dating from the beginning of the fourth century or earlier and exhibiting this type of text has been discovered so far, the quotations of Matthew located in Basil's works can be of some help for investigating the matter of the origin of the Byzantine text type: we know when and where Basil lived.[19] The identification of the text of Matthew he quotes can therefore provide us with details about the beginnings and development of the Byzantine text

---

centuries. One of the most striking traits of the New Testament textual tradition is its tenacity." See *The Text of the New Testament* (2nd ed.; transl. by Errol F. Rhodes; Grand Rapids, Mich./Leiden: Eerdmans/Brill, 1989), 56.

[17]See Sturz, *Byzantine Text-Type*, 145–59. Looking at the "distinctive Byzantine readings" provided by Sturz, one notices that they quite often involve omissions of words such as articles and conjunctions, change of word order, spelling, etc. These types of variants are not highly significant, for they can often be seen as accidental. In addition, one may question the "distinctiveness" of certain Byzantine readings. Thus, Θ is alternatively considered as a Byzantine witness and a non-Byzantine witness in Mark. For instance, it is listed as a Byzantine witness in Mark 5:42, a non-Byzantine witness in Mark 6:2, and a Byzantine witness again in Mark 7:35.

[18]Maurice A. Robinson, "Case for Byzantine Priority," ¶68 posits that transmissional evidence points toward the "originality" of Byzantine variant readings. Nevertheless, the article does not provide evidence of this position.

[19]Codex W may be an exception. Henry A. Sanders suggested to date this manuscript to the late fourth century–early fifth century. See Henry A. Sanders, *The New Testament Manuscripts in the Freer Collection* (University of Michigan Studies, Humanistic Series 9; New York: MacMillan, 1918), 139. NA[27] has nevertheless retained the latter date. If codex W could be dated to the late fourth century, the several non-Byzantine and singular readings it displays would witness to the mixture of text that existed during the fourth century.

type, at least for the First Gospel.[20] Since Basil lived in Cappadocia during the mid-fourth-century (ca. 330–379), and since his text of Matthew is akin to the Byzantine text type, we can infer that some form of this text type was already in circulation at this time and in this place.[21]

Still, I prefer to posit a high fluidity of the text of Matthew's Gospel in Cappadocia during the mid-fourth-century. Thus, one notices that Basil preserves a significant quantity of non-Byzantine readings in his citations of Matthew (listed below).[22] That might indicate that the standard Byzantine text

---

[20]Researches about the Byzantine text-type have shown that this text type should not be perceived as a monolith, for it has evolved through the ages and never displayed a unique text. On this matter, see Hermann von Soden, *Die Schriften Des Neuen Testaments in Ihrer Ältesten Erreichbaren Textgestalt* (tome 1 vol. 1; Göttingen: Vandenhoeck und Ruprecht, 1913), 712–892; Ernest C. Colwell, "The Complex Character of the Late Byzantine Text of the Gospels," *JBL* 54 (1935): 211–21; Günther Zuntz, "The Byzantine Text in New Testament Criticism," *JTS* 43 (1942): 26–28; T. J. Ralston, "The 'Majority Text' and Byzantine Origins," *NTS* 38 (1992): 122–37 and Frederik Wisse, *The Profile Method for Classifying and Evaluating Manuscript Evidence* (SD 44; Grand Rapids, Mich.: Eerdmans, 1982), 21–22. Von Soden attempted to organize Byzantine manuscripts into various sub-groups such as K^a, K^1, K^x, K^r. These sub-groups have been tested in subsequent researches. Some of them have proved to be valid, such as K^r in Mark tested by David O. Voss in "Is von Soden's Kr a Distinct Type of Text?" *JBL* 57 (1938): 311–18. Previously, Lake, Blake and New did not succeed in discerning these various sub-groups from the collations they had made in Mark 11. See Kirsopp Lake et al., "The Caesarean Text of the Gospel of Mark," *HTR* 21 (1928): 338–57. Finally, Wisse found the K^x category,—"x" standing for "mixed"—to be the "common denominator of the Byzantine 'text'" in Luke's Gospel. This category gathers manuscript which defy classification into the previous categories, displaying readings belonging to all other categories and even a larger number of non-Byzantine variants. See Wisse, *Profile Method*, 42–43.

[21]In a study of Chrysostom's text of Matthew, Claude D. Dicks wrote: "We may have in Chrysostom the first step toward the more lucid K [Von Soden's Koine] text-type. His text was not yet K but was on the way of becoming K." See *From Nicea to Chalcedon. A Guide to the Literature and Its Background* (Philadelphia: Fortress, 1983), 375. Chrysostom lived from ca. 344–354 to 407, and was therefore contemporary to Basil (330 – ca. 379). Nevertheless, Basil began and finished writing a few years before Chrysostom, so the former can be seen as the earliest attested witness of a form of Byzantine text type.

[22]In addition, if Basil's text of Matthew is mainly Byzantine, quantitative analysis and profile analysis have shown that it does not agree with the group of Byzantine manuscripts altogether (see Chapter 4, tables 3, 4, 5 and 6).

was still in development at that time. This fluidity is mentioned by Hort as a phenomenon taking place everywhere during the fourth century prior to the standardization of the Byzantine text.²³

Table 7
Preservation of Uncommon Non-Byzantine Variants²⁴

3:8 καρπους αξιους along with L 33 a instead of καρπον αξιον (2 instances: 2 C)

5:22 ενοχος along with ℵ B Ω instead of ενοχος εικη (5 instances: 2 C; 3 All)

5:42 δος along with ℵ B D W f^{13} instead of διδου (1 instance: C; against: 1 instance: C)

6:16 ως along with ℵ B D Δ f^1 instead of ωσπερ (1 instance: All)

6:21 σου along with ℵ B f^1 a b k instead of υμων (2 instances: Ad)

6:26 τας αποθηκας along with ℵ^c L instead of αποθηκας (1 instance: C)

7:3 δοκον την εν τω σω οφθαλμω along with ℵ* Σ a b k instead of εν τω σω οφθαλμω δοκον (1 instance: C; against: 1 instance: C)

7:4 εκ along with ℵ B Σ f^1 f^{13} instead of απο (1 instance: C)

7:6 μαργαριτας along with Athanasius instead of μαργαριτας υμων (2 instances: All and L)

8:26 τω ανεμω along with ℵ* f^1 f^{13} a b instead of τοις ανεμοις (3 instances: All)

9:14 νηστευομεν along with ℵ* B instead of νηστευομεν πυκνα (ℵ¹ a b) and νηστευομεν πολλα (1 instance: C)

9:18 λαλουντος along with f^1 instead of λαλουντος αυτων (1 instance: C)

9:36 εσκυλμενοι along with 33 instead of εσκυλμενοι και

---

²³See Westcott and Hort, *Introduction to the NT in Original Greek*, 139–40. See also Vaganay, *Critique Textuelle*, 107 who makes the same point.

²⁴I indicate between brackets at the end of each variant how many times it is found in Basil's works (e.g. 2 instances) and the nature of these instances, that is citation [C], adaptation [Ad], allusion [All] or lemma [L]. I also highlighted in boldface type variants which seem unlikely to be accidental and which consequently can be considered as more significant.

Peculiarities of Basil's Quotations   285

	εριμμ/ερριμ/ρερι/ερρη/ερη/μενοι and εκεκλυμενοι και ερρι/ερρημενοι (1 instance: C)
10:20	πατρος along with D instead of πατρος υμων (1 instance: C)
10:32	καγω αυτον along with D and b instead of καγω εν αυτω and αυτον καγω (1 intance: C)
10:33	ος along with Didymus instead of οστις δ'αν, οστις δε, και οστις (2 instances: C; against: 1 instance: C)
11:16	εν ταις αγοραις along with ℵ B f^1 33 instead of εν αγοραις (Byz and Caes) and εν τη αγορα (Western) (1 instance: All)
11:21	καθημεναι/καθεμενοι along with ℵ C Δ f^1 33 instead of omission (1 instance: C)
12:31	υμιν along with B f^1 instead of omission (1 instance: C)
12:35	**τησ καρδιας αυτου along with L *f*1 33 instead of omission (1 instance: All)**
12:35	προφερει along with a b instead of εκβαλλει (1 instance: All)
13:46	επωλησεν along with D instead of πεπρακεν (2 instances: C and All)
18:6	περι τον τραχηλον along with ℵ B L Σ Didymus instead of επι τον τραχηλον D 565] εις τον τραχηλον E W Δ Θ Π Ω f^1 f^{13} e, εν τω τραχηλω 700 a b (1 instance: C)
18:10	εν τω ουρανω along with B (33) instead of εν ουρανοις, εν ουρανους Δ and omission (2 instances: 2 C against 1 omission: Ad)
18:34	κυριος along with a instead of κυριος αυτου (1 instance: All)
21:28	υπαγε along with a instead of υπαγε σημερον εργαζου (1 instance: Ad)
21:28	εις τον αμπελωνα along with D a b e instead of εν τω αμπελωνι (1 instance: Ad)
24:36	εκεινης along with L instead of εκεινης και ωρας, εκεινης και της ωρας and εκεινης η της ωρας (1 instance: C)
24:36	**ουδε ο υιος along with ℵ* B D Θ *f*13 a b Didymus instead of neque filius hominis (e) and omission (1 instance: C)**
24:45	κυριος along with ℵ B D L f^1 33 a e instead of κυριος αυτου and κυριος αυτου του (1 instance: C)
25:1	**του νυμφιου και της νυμφης along with D Θ Σ *f*1 a b instead of του νυμφιου (2 instances: C)**
25:22	δυο along with b instead of δυο ταλαντα (1 instance: C) alteration

26:53   δυναμαι along with ℵ B* L 33 instead of δυναμαι αρτι (1 instance: Ad)
26:53   ωδε along with Θ f^1 instead of αρτι, ωδε αρτι and omission (1 instance: Ad)
27:24   αιματος τουτου along with B D Θ a b instead of αιματος του δικαιου τουτου, αιματος τουτου του δικαιου (1 instance: All)

Typology of Byzantine Readings Supported by Basil and the Trends of the Early Byzantine Text Type

Does the Byzantine text type represent an evolution from other text types such as Alexandrian, Western, and Caesarean that would proceed by stylistic improvements, attempts to clarify obscure phrases and conflations of readings or does it represent an independent text type that came into existence during the mid-second-century? We saw above that various answers have been given to these questions. For Gregory, Kenyon and Lagrange, it is essentially a secondary text. For Sturz, it may represent a distinct tradition contemporary with other text types. For Westcott & Hort and Vaganay, it is essentially secondary, but might contain original readings.

In order to perceive better the character of the Byzantine text type in its relation to other text types, I have classified each Byzantine reading supported by Basil according to a nomenclature used by Günther Zuntz that distinguishes the following categories of variants: word order, omissions, interpolations, grammatical changes. Zuntz makes a useful distinction between longer and shorter omissions, longer and shorter interpolations. He also distinguishes several categories of grammatical changes such as addition or omission of the auxiliary, addition or omission of connecting particles (e.g., δε, ουν, γαρ, η, μεν, οτι, και).[25] I have added other types of grammatical change that regard the case (e.g., κεφαλην, κεφαλης), the gender (e.g., ελεος, ελεον) and the number (ραβδους, ραβδον). Finally, I have included categories of word alteration (e.g., αλλην, ετεραν), of form alteration (e.g., εστη, εσταθη), of conflation, and of

---

[25]Günther Zuntz, *The Text of the Epistles. A Disquisition Upon the* Corpus Paulinum (Oxford: Oxford University Press, 1953), 160–65.

harmonization to a more familiar formula in the NT or in the liturgy. Some readings combine several categories of variants, and therefore could not be simply classified into a single category. This nomenclature could help to identify specific trends in the early Byzantine text type attested by Basil's text of Matthew.

Working exclusively from internal criteria, I have attempted to identify the most ancient reading in each case and provided an explanation of my choices.[26] Ideally, such an investigation should be done from a large number of distinctive and exclusive readings. [27] Unfortunately, only a few such variants survive (Matt 19:9; 23:9; 22:38; 24:46). Therefore, I had to include primary readings, primarily supported by Byzantine manuscripts, but that can be supported by manuscripts which represent other text types as well. Since most of the data are primary readings, and I consider only variants present in a relatively small sample of twenty-one manuscripts of the First Gospel, the conclusion of this investigation should not be considered as definitive, but as tentative.

1. *Matthew 1:25*[28]
A. τον υιον αυτης τον πρωτοτοκον C D E W Δ Π Σ Ω 565 700
B. τον υιον τον πρωτοτοκον L
C.# υιον ℵ B f^1 f^{13} 33 b k

Harmonization

The phrase τον υιον αυτης τον πρωτοτοκον exactly reproduces Luke 2:7, so it is most likely an harmonization to this verse.[29] Variant B likely depends on variant A. It may have accidentally omitted αὐτῆς, or deleted it as unnecessary or to downplay that Jesus is Mary's son. Therefore, variant C likely represents the most ancient reading.

---

[26]In this particular context, I put aside external criteria in order to give an equal voice to each reading.
[27]For a definition of these terms, see p. 288.
[28]The Byzantine reading supported by Basil is always listed first. The number sign (#) indicates a reading printed in NA[27]/UBS[4].
[29]On this variant, see *TCGNT* 2nd ed., 8.

2. Matthew 2:9

A. εστη E L W Δ Π Σ Ω f^{13} 565 700
B.# εσταθη ℵ B C D f^1 33 [NA: a b k]

Form alteration

Variant A has the second aorist form of ἵστημι, generally used when the verb is intransitive, while variant B has the first aorist form of ἵστημι, generally used when the verb is transitive.[30] As the verb is intransitive here, the second aorist (variant A) was to be expected. It is therefore easier to imagine a correction from the first aorist (variant B) to the second aorist (variant A) than the opposite. In addition, one should not dismiss an error arising from faulty hearing in the present case, as both words sound almost similar.[31] To summarize, variant B likely represents the most ancient reading.

3. Matthew 3:16

A. και βαπτισθεις C^c E L W Π Σ Ω f^1 565 700, et baptizato a b
B.# βαπτισθεις δε ℵ B C* f^{13}
C. omit Δ

Grammatical change: change of a connecting particle

Both Matt 3:14 and 3:15 are introduced with the particle δέ with an adversative sense. In contrast, δέ found in variant B would have a copulative sense. For this reason, it could likely be changed into καί (variant A) to avoid the adversative meaning possibly suggested by its use in the two previous verses. Its omission in variant C may have been a means to indicate that a new development began with 3:16 without much relation with the preceding verses. To summarize, variant B likely represents the most ancient reading.

4. Matthew 3:16

A. ανεβη ευθυς C E L Δ Π Σ Ω f^{13} 565
B.# ευθυς ανεβη ℵ B W f^1 700, confestim ascendit a b

Word order

---

[30]On this, see BAGD 3rd ed. and LSJ [online edition] (accessed 10 April 2000); available from http://www.perseus.tufts.edu/cg-bin/leindex?entry=fe/rw; Internet.

[31]On this type of error, see Metzger, *Text of the NT*, 190–92.

Variant A may be explained as a stylistic improvement. In Greek, the adverb is generally found after the verb. Nevertheless, Matthew had the habit of placing the adverb after imperatives and before indicatives.[32] By reversing the word order, a scribe would have made the phrase sound more common. Furthermore, in the parallel passage Mark 1:10, εὐθύς was connected to ἀναβαίνων. In Matt 3:16, it is connected to ἀνέβη. Indeed, Matthew changed the participle ἀναβαίνων found in Mark into an aorist (ἀνέβη) which makes the sentence look odd, for it mentions Jesus' hastiness to emerge from water instead of the almost simultaneous emergence from water and the opening of heavens as it is the case with Mark. The reversing of words has the effect of highlighting ἀνέβη, which could go unnoticed behind εὐθύς. Besides, the verb ἀναβαίνω is used with the same meaning in Matt 5:1, the beginning of the Sermon on the Mount, and in Matt 20:17 to describe Jesus' going toward Jerusalem, two other important moments in the Matthean narrative, along with Jesus' baptism. To summarize, variant B likely represents the most ancient reading.

5. *Matthew 3:16*
A. το πνευμα του θεου C E L W Δ Π Σ Ω f^1 f^{13} 565 700
B. πνευμα θεου ℵ B [NA: a b]
Short interpolation
There is ambivalence in the NT regarding the use of the article with πνεῦμα, since it can be perceived in many circumstances as a monadic name.[33]

---

[32]See BDF §474.2-3; MHT, vol. 3, 227–228. Petzer nevertheless cautions against making text critical decisions based on an author's alleged style, since the author uses sources written according to a different style. See Jacobus H. Petzer, "Author's Style and the Textual Criticism of the New Testament," *Neot* 24 (1990): 185–97.

[33]On this matter, see BDF §257; MHT, vol. 3, 175–176; A. T. Robertson, *A Grammar of the Greek New Testament in the Light of Historical Research* (3rd ed.; Nashville, Tenn.: Broadman, 1934), 795; Daniel B. Wallace, *Greek Grammar Beyond the Basics. An Exegetical Syntax of the New Testament* (Grand Rapids, Mich.: Zondervan, 1996), 248. Attempts to discriminate anarthrous and articular usage of πνεῦμα according to their different meanings are not convincing because of the many exceptions to these rules. For such attempts, see Alfred M. Perry, "Translating the Greek Article," *JBL* 68 (1949): 329–34, according to whom the omission of the article is important theologically and T. F. Middleton, *The Doctrine of the Greek Article Applied to the*

Variant B may represent an harmonization to LXX usage, but variant A may have added the article as corresponding to the stylistic preference of a copyist unfamiliar with LXX usage. To summarize, either variant A or B could represent the more ancient reading.

6. *Matthew 4:1*
A.# ο Ιησους ανηχθη ℵ C^c D E W Π Σ Ω f^1 f^{13} 565, Iesus ductus est (a b)
B. Ιησους ανηχθη B Δ 700 (a b)
C. ανηχθη δε ο Ιησους C* L
Word order; short interpolation

Although proper names are generally anarthrous in NT Greek, Ἰησοῦς is usually found with an article in the synoptic Gospels except when an appositional phrase is associated to Ἰησοῦς, which is not the case here.[34] Consequently, the scribal tendency was to add the article instead of omitting it. No manuscript shows a tendency towards anarthrous Ἰησοῦς in Matthew, except perhaps D, but the tendency is not well affirmed and the article is found in a few cases (e.g., Matt 16:21; 26:10; 27:46).[35] Variant B (anarthrous Ἰησοῦς) consequently appears to represent the most ancient reading. Variant A would have been secondary, and variant C could be explained as a stylistic improvement of variant A

7. *Matthew 4:3*
A. προσελθων αυτω ο πειραζων ειπεν C E L Δ Π Σ Ω 565
B.# προσελθων ο πειραζων ειπεν αυτω ℵ B W f^1 f^{13} 33 700

Criticism and Illustration of the New Testament (With prefatory observations and notes by Hugh James Rose; London: Rivington, 1841), 486–88. Altough uncommon in the NT, the uses of the expression πνεῦμα θεοῦ exhibit this ambivalence in the use of the article. For instance, Rom 8:9 (anarthrous); 1 Co 2:11 (articular, but symmetric to the expression τὸ πνεῦμα τοῦ ἀνθρώπου); 1 Co 3:16 (articular); 1 Co 7:40 (anarthrous); 1 Jn 4:2 (articular). The LXX prefers the anarthrous πνεῦμα θεοῦ (See Gen 1:2; 41:38; Num 23:7; 24:2; Judg Alexandrinus 6:34; 1 Sam 6:9, 20, 23; 10:10; 2 Chr 24:20; Is 11:2; Dan Theodotion 4:8, 9, 18; 5:11, 14. For other instances of monadic names, see variant readings nos. 20; 32; 51; 53; 54, and 69.

[34]See BDF §260.

[35]It is remarkable that there is sometimes an agreement of the manuscript tradition in regard with the rare anarthrous Ἰησοῦς in the First Gospel (e.g., 20:30; 21:1,12).

C. προσηλθεν αυτω ο πειραζων και ειπεν αυτω D, et dixit illi a b
D. accessit ad ille qui temptat et dixit (=προσηλθεν αυτω ο πειραζων και ειπεν) k

Word order

With the formula καὶ εἶπεν αὐτῷ also found in some manuscripts of Matt 4:9 (e.g., ℵ^c W 157) and in 4:6 (e.g., ℵ B C D f^{13} 33 157 788), variant C may be an attempt to accentuate the parallelism in the formulation of the dialog between the tempter and Jesus.[36] It may also represent a conflation of variants A and B. Nevertheless, it creates redundancy, for αὐτῷ is already present after προσῆλθεν. The adoption of the formula καὶ εἶπεν αὐτῷ also causes the change of the participle aorist προσελθών into the indicative aorist προσῆλθεν in order to obtain a paratactical construction. With variant D, one may have wished to correct the redundancy of the personal pronoun αὐτῷ (variant C) by omitting its second occurrence. Variants A and B are equally likely, for both constructions are syntactically correct and common in the NT. An alteration may have occurred during the process of copying due to a scribe's faulty memory.[37] To summarize, either variant A or B could represent the oldest reading. Variants C and D are the results of later editions.

8. *Matthew 4:9*

A. λεγει E L W Δ Θ Π Σ Ω f^1 565 700
B.# ειπεν ℵ B C D f^{13} 33, dixit a b k

Word alteration[38]

According to Kilpatrick, historic present was used mainly by non-literary writers in Hellenistic Greek.[39] Although Matthew is not as fond of historic present as John or Mark, historic present is common in the First Gospel for a

---

[36]This formula is also found in the Lukan parallel (Luke 4:6,9).

[37]There is indeed a delay between the moment a scribe hears or reads a phrase and the moment the phrase is written down. The scribe could partially forget or alter the very words of the phrase during this delay.

[38]For similar cases, see variant readings nos. 44 and 50 below.

[39]See G. D. Kilpatrick, "The Historic Present in the Gospels and Acts," *ZNW* 68 (1977): 258 reprinted in J. K. Elliott, ed., *The Principles and Practice of New Testament Textual Criticism. Collected Essays of G. D. Kilpatrick* (BETL 96; Leuven: Leuven University Press/Peeters, 1990), 169–76.

verb such as λέγω.⁴⁰ Variant A could therefore be the older reading corrected into an aorist (variant B). Yet, variant A harmonizes well with the context. Matt 4:8 indeed tells the story at the historic present and another verb of "saying" is found in verse 10 (λέγει) with a historic present, so that variant A could represent a harmonization to its immediate context. Since the aorist is disruptive in the context, variant B likely represents the more ancient reading.

9. *Matthew 4:23*
A. ολην την Γαλιλαιαν ο Ιησους E W Δ Π Σ Ω f^{13} 565 700
B.# εν ολη τη Γαλειλαια B
C. ο Ιησους εν τη Γαλιλαια ℵ*
D. ο Ιησους ολην την Γαλιλαιαν ℵ^c D f^1 33, Iesus totam Galileam a b
E. ο Ιησους εν ολη τη Γαλιλαια C*
F. εν ολη τη Γαλιλαια ο Ιησους C^c
G. totam Galilae (=ολην την Γαλιλαιαν?) k

Word order; interpolation; grammatical change: case

Variants A, C, D, E, and F have ὁ Ἰησοῦς in different positions.⁴¹ This mention of Jesus is probably an insertion to indicate the subject of the new pericope. Indeed, its conscious omission would be less likely than its insertion. The frontal position of ὁ Ἰησοῦς (i.e., variants C, D, and E) may serve to emphasize this element. It may have moved to the back of the clause later on (i.e., variants A and F), either because of a scribal error caused by a deficient memory or because of stylistic preferences. The accusative clause ὅλην τὴν Γαλιλαίαν would have seemed more natural after the verb περιῆγεν than the dative ἐν ὅλῃ τῇ Γαλιλαίᾳ⁴² so, variants A, D, and G probably attest to a stylistic correction. The most ancient reading therefore appears to be variant B. This reading could have first evolved into the insertion of the subject ὁ Ἰησοῦς (variant C, E and F) and afterwards towards replacing the dative ἐν ὅλῃ τῇ

---

⁴⁰On the use of the historic present in Matthew, Mark and John, see John C. Hawkins, *Horae Synopticae, Contribution to the Study of the Synoptic Problem* (Oxford: The Clarendon Press, 1899), 113–19 and MHT, vol. 4, 20.

⁴¹On this variant, see *TCGNT* 1st ed., 12.

⁴²Thus, all Greek manuscripts appear to have the accusative after περιάγω in Matt 9:35; 23:15; Mark 6:6.

Γαλιλαία for an accusative object. It is difficult to make a definitive judgment regarding variant G which is close to variant B as it omits the subject "Jesus," but nevertheless has the accusative *totam Galilae* instead of an ablative. The accusative may have seemed more natural after the verb *circuibat* as it is in Matt 9:35 and 23:15 where this verb is also employed.

10. *Matthew 5:9*
A.# αυτοι B E W Δ Θ Π Σ Ω f^1 565 700, ipsi k
B. omit ℵ C D f^{13} 33 a b

Short omission[43]

The personal pronoun αὐτοί, found in all sayings from Matt 5:4–8 could have been inadvertently dropped as the scribe's eye skipped over to the next word, i.e. υἱοί, that has the same ending as αὐτοί (i.e., *homoeoteleuton*).[44] Kilpatrick makes a plea for the originality of the personal pronoun αὐτός when found in a variant for two reasons. "First, the suffixed pronouns of Semitic idiom are much more common than the pronouns are in Classical Greek. Secondly, Hellenistic Greek, less terse and more explicit than Classical Greek, makes more use of the pronouns than the older language does. If the pronouns are original in the text, then the return to Attic brevity would encourage scribes rigorously to cut down on the generous use of the pronouns that their texts displayed."[45] Thus, variant A could likely represent the more ancient reading.

11. *Matthew 5:11*
A.# ονειδισωσιν υμας και διωξωσιν B C E Π Ω f^1 565 700, vos maledicent et persequentur a b
B. ονειδισωσιν υμας και διωξουσιν ℵ W Δ (Θ) Σ f^{13}
C. διωξουσιν υμας και ονιδισουσιν D, persecuti vos fuerint et maledixerint k

---

[43]For similar cases, see variant readings nos. 16; 31; 35; 46; 50; 67; 78 and 99.

[44]For a description of most types of unintentional changes occuring in manuscript transmission, see Metzger, *Text of the NT*, 186–95.

[45]G. D. Kilpatrick, "Atticism and the Text of the Greek New Testament," in *The Principles and Practic of New Testament Textual Criticism. Collected Essays of G. D. Kilpatrick* (ed. J. K. Elliott; BETL 96; Leuven: Leuven University Press/Uitgeverij Peeters, 1990), 30–31, previously published in J. Blinzler et al., *Neutestamentliche Aufsätze: Festschift für Prof. Josef Schmid zum 70. Geburtstag* (Regensburg: F. Pustet,

D. διώξωσιν υμας και ονιδισωσιν 33
Word order; form alteration

The most difficult reading is variant B which has both a subjunctive aorist (ὀνειδίσωσιν) and an indicative future (διώξουσιν), especially since the verb that follows (i.e., εἴπωσιν) is a subjunctive aorist. Still, the manuscript tradition is firm about the subjunctive aorist εἴπωσιν, so it would seem odd to have verbs at the indicative future and subjunctive present at a same level in a same sentence and governed by the same particle (i.e., ὅταν). This is the case with variants B and C. In addition, Matthew always uses the subjunctive with ὅταν so that an indicative future is unexpected. Variants B and C may consequently have arisen from faulty hearing. The different word order does not imply any special emphasis or crescendo, so it is likely due to a scribe's faulty memory. Variant A seems therefore most likely to represent the most ancient reading. Variant B may have introduced a first corruption with the indicative future διώξωσιν. Variant C could have been a second step in having both verbs at the indicative future. Variant D may depend on variant A, inadvertantly switching the two verbs.

12. *Matthew 5:31*
A. δε οτι E W Δ Θ Σ Ω
B.# δε ℵ^c B D L f^1 f^{13} 33 700, autem a b k
C. οτι Π 565
D. omit ℵ*
Grammatical change: addition of a connecting particle; conflation?

1963), 125–37. A similar remark is also found in G. D. Kilpatrick, "Literary Fashions and the Transmission of Texts in the Graeco-Roman World," in *The Principles and Practice of New Testament Textual Criticism. Collected Essays of G. D. Kilpatrick* (ed. J. K. Elliott; BETL 96; Leuven: Leuven University Press/Peeters, 1990), 72, previously published as Center for Hermeneutical Studies in Hellenistic and Modern Culture and G. D. Kilpatrick, *Literary Fashions and the Transmission of Texts in the Graeco-Roman World* (Protocol of the Colloquies of the Center 19; Berkeley, Calif.: The Center, 1976), 1–8. See also MHT, vol. 3, 40. Robertson, *Grammar*, 682–83 also mentions the abundance of pronouns in NT Greek in comparison with Attic Greek, but downplays Semitic influence to explain this phenomena which is common in koine Greek and modern Greek.

ὅτι, present in variants A and C, is common after verbs of perception to introduce both direct and indirect speech.[46] δέ, present in variants A and B, would have a connective role here, although Matt 5:31–32 does not have topical connection with what precedes. This lack of connection may have caused its deletion (i.e., variant D) or its replacement with ὅτι (i.e., variant C), which would have the advantage of making the beginning of Matt 5:31 (ἐρρήθη ὅτι) more similar to the previous developments in Matt 5:21,27, which begin with ἠκούσατε ὅτι ἐρρήθη. Variant A could therefore be a conflation of variants B and C. To summarize, variant B is possibly the most ancient reading, for it was more likely to cause context problems than the other readings.

13. *Matthew 5:32*
A. μοιχᾶσθαι E L Δ Π Σ Ω 565 700
B.# μοιχευθῆναι ℵ B D W Θ f^1 f^{13} 33 [NA: a b k]

Form alteration

Variant A has the infinitive present middle of μοιχάω, always used as middle/passive, and means "to be caused to commit adultery."[47] Variant B has the infinitive aorist passive of μοιχεύω, which means "to commit adultery."[48] Both verbs are semantically closely related, but one will notice that μοιχεύω is used in Matt 5:27–30 and μοιχάω is used in Matt 5:32b. Davies & Allison provide a plausible explanation for preferring variant B here.[49] Indeed, μοιχευθῆναι provides a link with the previous verses (5:27–30). Variant A may have neglected this link by harmonizing Matt 5:32a (μοιχᾶσθαι) to Matt 5:32b (μοιχᾶται). To summarize, transcriptional probability points toward variant B as likely to represent the more ancient reading.

---

[46]On this matter, see Stanley E. Porter, *Idioms of the Greek New Testament* (2nd ed.; Biblical Language: Greek 2; Sheffield: JSOT Press, 1994), 63–64 and BDF §397(3 and 5). Another instance of this would be John 7:42: οὐχ ἡ γραφὴ **εἶπεν ὅτι** ἐκ τοῦ σπέρματος Δαυὶδ καὶ ἀπὸ Βηθλέεμ τῆς κώμης ὅπου ἦν Δαυὶδ ἔρχεται ὁ Χριστός.

[47]See BAGD.

[48]ibid.

[49]See William D. Davies and Dale C. Allison, *The Gospel according to Saint Matthew* (ICC 26, Vol. 1; Edinburgh: T & T Clark, 1988), 529.

14. Matthew 5:47

A. φίλους E L W Δ Θ Π Σ Ω 33 565 700
B.# αδελφους א B D f^1 f^{13}, fratres a b

Word alteration

Matt 5:47 parallels the behavior of the members of the community to that of the Gentiles regarding greetings. According to variant B, members of the community should not greet only their brethren (ἀδελφούς), as do the Gentiles. Yet, the Gentiles are not likely to all be members of communities or associations, and they usually greet their friends (variant A) as well as the members of their association or their male siblings (variant B). The Matthean terminology of ἀδελφούς (e.g., Matt 5:22,23,24; 7:3,4,5) therefore does not fit well into the context, and was likely changed thereafter for the more general φιλούς (variant A) that would better allude to Gentile customs. Variant B therefore likely represents the more ancient reading.

15. Matthew 5:47

A. ουτως E L Δ Θ Π (Ω) 565
B.# το αυτο א B D W Σ f^1 f^{13} 33 700, hoc a b

Word alteration[50]

One may notice that the expression τὸ αὐτό is less common in the NT than the adverb οὕτως, so that transcriptional probability would tend to alter τὸ αὐτό to οὕτως rather than the opposite.[51] In addition, Matt 5:46b and Matt 5:47b have a parallel structure.

Matt 5:46b: οὐχὶ καὶ οἱ τελῶναι τὸ αὐτὸ ποιοῦσιν;

Matt 5:47b: οὐχὶ καὶ οἱ ἐθνικοί/τελῶναι τὸ αὐτὸ ποιοῦσιν;

Variant A (οὕτως) deletes part of this parallelism of which Matthew is fond.[52] For these reasons, variant B likely represents the more ancient reading.

---

[50] The same variant occurs in Matt 5:46, but οὕτως is supported by much fewer manuscripts (D 33).

[51] τὸ αὐτό is found in Luke 6:33; Rom 12:46; 15:5; 1 Cor 1:10; 12:25; 2 Cor 13:11; Ph 2:2, 18; 4:2 while οὕτως is found about 200 times in the NT.

[52] Compare, for instance, the Lukan parallel (Luke 6:32–33) which does not have this symmetry. On Matthew's parallel formulations, see William D. Davies and Dale C. Allison, *The Gospel according to Saint Matthew*, vol. 1, 86–93.

16. *Matthew 6:4*
A. αυτος αποδωσει σοι D E W Δ Π (Σ) Ω f^1 565
B. αποδωσει σοι αυτος 700
C.# αποδωσει σοι ℵ B L Θ f^{13} 33, reddet tibi a b k
Word order; short interpolation[53]

The personal pronoun αὐτός may have been added "to heighten the impressiveness of the saying", so variant C would represent the most ancient reading.[54] Indeed, if the pronoun had been found in the front position thus creating a marked order (i.e., variant A), its deletion (i.e., variant C) would be unlikely. Yet, one could have moved αὐτός to a back position (i.e., variant B), which is more natural. If variant B represents the most ancient reading, moving the pronoun that existed in an unmarked order to the front position (i.e., variant A) would be possible. Its deletion (i.e., variant C) would also be possible for the sake of brevity. To summarize, either variant B or C could represent the oldest reading.

17. *Matthew 6:4*
A. εν τω φανερω E L W Δ Θ Π Σ Ω 565 700, in palam a, in pala b
B.# omit ℵ B D f^1 f^{13} 33 k
Interpolation

Variant A could be an addition to emphasize the antithetical parallelism with the previous phrase ending with ἐν τῷ κρυπτῷ. Augustine comments that the addition was common in Latin manuscripts, but not Greek, so that the addition could have occurred later on in the manuscript tradition.[55] In addition, the verse insists on the Father's recognition rather than on its public character.[56] Consequently, variant B likely represents the most ancient reading.

18. *Matthew 6:28*
A. αυξανει ου κοπια ουδε νηθει E L W Δ Π Σ Ω f^{13} 565 700

---

[53]For comparable cases, see variant readings nos. 10; 35; 46; 50; 67; 78 and 99.
[54]Thus *TCGNT* 2nd ed., 12.
[55]See Augustine, *Serm. Dom.* 2.2.9.
[56]On this variant, see *TCGNT* 2nd ed., 12.

B.# αυξανουσιν ου κοπιουσιν ουδε νηθουσι (א^c) B (f^1) 33, crescunt non laborant neque neunt a b, crescunt non laborant neque veniunt k
C. ου ξενουσιν ουδε νηθουσιν ουδε κοπιωσιν א*
D. αυξανουσιν ου νηθουσιν ουδε κοπιωσιν Θ

Grammatical change: number; harmonization

The neuter plural implied subject of this clause (i.e., τὰ κρίνα) may justify the singular verb of variant A in contrast to the plural verbs used in the other variant readings. In addition, most manuscripts use the singular in the parallel passage (i.e., Luke 12:27) so that variant A could represent a stylistic correction or a harmonization to Luke 12:27.

Variant C has οὐ ξένουσιν, which has to be read οὐ ξαίνουσιν from the verb ξαίνω (i.e., to card, to comb wool) to make sense. Considering that Matt 6:26 dismisses three tasks for the birds, namely sowing (σπείρουσιν), harvesting (θερίζουσιν), and gathering in barns (συνάγουσιν εἰς [τὰς] ἀποθήκας), one could expect a three-task parallelism for the lilies of the field. Instead, we have only two elements, namely toiling and spinning. In most manuscripts, the parallel passage in Luke 12:24–27 dismisses only two tasks for the birds, namely sowing and harvesting, so that parallelism is respected with the two tasks dismissed for the lilies. On the other hand, all manuscripts have αὐξάνω in Luke 12:27 instead of οὐ ξαίνω. The οὐδέ ... οὐδέ found in variant C is a consequence of the presence of an initial οὐ. In that aspect, this scheme of negations is paralleled in Matt 6:26: οὐ ... οὐδέ ... οὐδέ. The different word order found in variant C is logical, for it associates both terms related to wool, carding being the first operation and spinning being the next.

Despite the fact that parallelism between Matt 26:26 and Matt 26:28 is a good argument to adopt the reading οὐ ξένουσιν, I believe that it should be considered as a scribal blunder since, a) one has to make a conjecture to make sense of these words, and b) the parallel passage in Luke 12:27 bears no trace of it.[57] The reading κοπιῶσιν found in variants C and D instead of κοπιοῦσιν is

---

[57]On this variant reading, see Theodore C. Skeat, "The Lilies of the Field," *ZNW* 37 (1938): 211–14; Peter Katz, "ΠΩΣ ΑΥΞΑΝΟΥΣΙΝ," *JTS* n.s. 5 (1954): 207–09; T. F. Glasson, "Carding and Spinning: Oxyrhynchus Papyrus No. 655," *JTS* n.s. 13 (1962): 331–32; Klaus Brunner, "Textkritisches zu Mt 6,28," *ZKT* 100 (1978): 251–56, and more recently James M. Robinson and Christopher Heil, "Zeug-

a stylistic correction. Normally, contracted verbs in -αω assimilate α to the longer vowel, here ου, to make ω, thus κοπιῶσιν instead of κοπιοῦσιν.

Variant D is obviously modeled on variant C for the word order and adopts the αὐξάνουσιν reading found in variant B. Westcott and Hort suggested that κοπιοῦσιν occurred as an accidental assimilation to the previous αὐξανούσιν.[58] To summarize, either variant B or C may be the oldest reading. Variant D is modeled after them, and variant A is a stylistic improvement on variant B.

19. *Matthew 6:32*
A. επιζητει E L W Δ Θ* Π Σ Ω 565 700
B.# επιζητουσιν ℵ B Θ^c f¹ f¹³ 33, inquirunt a b, quaerunt k
Grammatical change: number[59]

Variant A could be explained as an atticizing stylistic improvement. The subject of the verb being neuter plural (i.e, τὰ ἔθνη), it can be assimilated to a collective whole.[60] Nevertheless, the more frequent usage of the plural with τὰ ἔθνη in the NT could incite scribes to change a singular verb to a plural. Thus, both variants are equally likely to represent the more ancient reading.

20. *Matthew 7:21*
A. ουρανοις E L W Π Σ Ω f¹³ 565 700

---

nisse Eines Schriftlichen, Griechischen Vorkanonischen Textes: Mt 6:28b Sinaiticus, P. Oxy. 655 I,1–17 (EvTh 36) und Q 12,27," *ZNW* 89 (1998): 30–44; James M. Robinson, "The Pre-Q Text of the (Ravens and) Lilies: Q 12:22–31 and P. Oxy. 665 (Gos. Thom. 36)," in *Text und Geschichte: Facetten theologischen Arbeitens aus dem Frendes- und Schülerkreis. Dieter Lührmann zum 60. Gerburtstag* (eds. Stefan Maser and Egbert Schlarb; Marburger Theologische Studien 50; Marburg: N. G. Elwert, 1999), 143–80 "A Written Greek Sayings Cluster Older Than Q: A Vestige," *HTR* 92 (1999): 61–77 who posit that the scribal blunder should be traced to Q. For a reaction to Robinson's suggestion, see Jens Schroeter, "Vorsynoptische Überlieferung auf P. Oxy. 655? Kritische Bermerkungen zur einer erneuerten These," *ZNW* 90 (1999): 265–72.

[58]Westcott and Hort, *Introduction to the NT in Original Greek*, 166.
[59]Similar variants are found in Matt 25:32; Luke 12:30; Ac 11:1; 2 Tim 4:17 and Rev 11:18.
[60]On this syntactical peculiarity see Porter, *Idioms*, 73–74 and Wallace, *Greek Grammar*, 399–400. BDF §133 nevertheless mentions that the plural was common with neuters designating persons such as ἔθνη. It is indeed the case in Matt 12:21; Ac 13:48; Rom 2:14; 15:12, 27; Rev 15:4; 18:3, 23; 21:24.

B.# τοις ουρανοις ℵ B C (Δ) Θ f^1 33 [NA: a b k]
Short omission[61]

As a monadic noun, οὐρανός is frequently anarthrous, especially after a preposition.[62] Nevertheless, there is no firm rule on this matter as the variety in manuscript tradition shows. I would tend to give a slight preference to variant B, since there is unanimity of the manuscript tradition of Matthew only in the case of articular ουρανοῖς (with ἐν).[63] This unanimity might indicate a Matthean preference for articular ουρανοῖς with ἐν and a scribal tendency to delete the article.[64]

21. *Matthew 7:24*
A. ομοιωσω αυτον C E L W Δ Π Σ Ω 565, simulabo illum k
B.# ομοιωθησεται ℵ B Θ f^1 f^{13} 33 700
C. similis est (=ομοιος εστιν) a b
Short interpolation; form alteration

Both 7:24–25 and 7:26–27 are framed according to a parallel structure. Variant B has the advantage of keeping the parallelism with Matt 7:26b: καὶ μὴ ποιῶν αὐτοὺς **ὁμοιωθήσεται** ἀνδρὶ μωρῷ, while variant A alters this parallelism to have an emphatic indicative future verb. Variant C may be a harmonization to the Lukan parallel (Luke 6:48,49). For this reason, variant B likely represents the most ancient reading.

22. *Matthew 9:13*
A. ελεον C^c E L W Δ Π Σ Ω f^{13} 565 700
B.# ελεος ℵ B C* D Θ f^1 33 [NA: a b k]
Grammatical change: gender[65]

---

[61]For similar cases, see variant readings nos. 5; 32; 51; 53; 54 and 69.

[62]On this, see BDF §253(3): "οὐρανός (-οί) is frequently anarthrous after prepositions (the MSS vary)."

[63]See Matt 5:12, 16; 6:9; 16:19. Compare with Matt 5:45; 6:1; 7:11, 21; 10:32, 33; 12:50; 16:17; 18:10, 14, 19; 19:21.

[64]There is nevertheless no tendency in Byzantine manuscripts to prefer the articular construction i.e., ἐν τοῖς ουρανοῖς.

[65]For a similar case, see variant reading no. 70.

ἔλεος is mostly neuter in the LXX, NT and later Greek, but almost always masculine in Attic Greek.[66] Variant A could therefore be a stylistic correction to conform the word to its daily usage. Other occurrences, in Matt 12:7; 23:23, are similarly corrected by the same manuscripts. Amazingly, occurrences of the word in Luke are left neuter.[67] Consequently, variant B likely represents the more ancient reading.

23. *Matthew 9:18*
A.# οτι B C E L W Δ Θ Π Σ Ω 565 700
B. omit ℵ D f^1 f^{13} 33 a b k
Grammatical change: omission of a connecting particle

λέγων is used more than 150 times in the NT to introduce direct speech, as is the case here. In only 8 of these instances it is followed with ὅτι.[68] In other words, the scribal tendency would have been to delete ὅτι rather than to add it whenever it was found after λέγων to introduce direct speech. For this reason variant A probably represents the more ancient reading.

24. *Matthew 10:8*
A. λεπρους καθαριζετε, δαιμονια εκβαλλετε   C^c E L (Θ) Π Ω 700
B.# νεκρους εγειρετε, λεπρους καθαριζετε, δαιμονια εκβαλλετε   ℵ B C* Σ f^1 f^{13} 33 565, mortuos suscitate, leprosos mundate, daemonia eicite a b
C. νεκρους εγειρατε, λεπρους καθαρεισατε, και δαιμονια εκβαλετε   D, mortuos excitate, lebrosos emundate et daemonia expellite   k
D. λεπρους καθαριζετε, δαιμονια εκβαλλετε, νεκρους εγειρετε   W Δ
Word order; omission

The similarity of each clause ending (i.e., "ετε") may have caused the

---

[66]See BAGD. For neutral occurrences, see Gen 19:19; 24:12; Ps 16:7; Luke 1:50, 58, 72; 10:37; 2 Tim 1:16, 18; Heb 4:16; 1 Pet 1:3; Jude 21; Plb. 1.88.2. For masculine occurrences, see Jas 2:13; Homer, *Il.* 24.44; Plato, *Resp.* 6c6c; 4.111; Euripides, *Iph. aul.* 491; Polybius 33.11.3; Agatharches 83; Philodemus, *Rhet.* 65.S. See also variant reading no. 70 below.

[67]E.g., Luke 1:50, 58, 72; 10:37.

[68]E.g., Mark 1:15 [variants], 40 [variants]; 5:23 [variants]; 16:6 [variants]; Luke 8:49; 19:42 [variants]; John 1:32; 1 John 2:4 [variants].

omission of νεκρούς εγείρετε in variant A.⁶⁹ In addition, as Gundry mentions, the omission of νεκρούς εγείρετε would disrupt the arrangement of injunctions in couplets.⁷⁰ Another explanation for an omission could be that raising dead people was perceived as being very difficult to accomplish. The different order of clauses in variants B and D can be attributed to the confusion created by the similar ending of each clause. One can also explain it by a desire to create a certain order, for instance, from the easiest to the most difficult as might be the case with variant D. The interpolation of καί in variant C could be a stylistic improvement to indicate the end of the series. For these reasons, variant B likely represents the most ancient reading.

25. *Matthew 10:10*
A. ραβδους C E L W Δ Π Σ Ω f^{13} 565 700, virgas k
B.# ραβδον ℵ B D Θ f^1 33
C. virgam in manibus vestris (=ραβδον εν ταις χερσιν υμων?) a b
Grammatical change: number

Variant A could likely be a harmonization to the previous plural χιτῶνας and ὑποδήματα.⁷¹ Yet, one could perceive variant A as being the most ancient, and variant B as being a logical correction, since one would expect each person to normally carry only one staff. In addition, variant B may be a harmonization to the parallel passage i.e., Luke 9:3 (Mark 6:8). Variant C is obviously an expansion of variant B, indicating how the staff is carried. To summarize, either variant A or B could represent the oldest reading.

26. *Matthew 10:10*
A. εστι E W Δ Θ Π Σ Ω 33
B.# omit ℵ B C D L f^1 f^{13} 565 700 a b k
Grammatical change: addition of an auxiliary

---

⁶⁹So *TCGNT* 2nd ed., 22.

⁷⁰See Robert Horton Gundry, *Matthew: A Commentary on His Handbook for a Mixed Church under Persecution* (Grand Rapids, Mich.: Eerdmans, 1994), 185.

⁷¹Thus Donald A. Hagner, *Matthew 1–13* (WBC 33A; Dallas: Word Books, 1993), 268.

Grammars of the Greek NT mention that omission of ἐστίν frequently occurs in proverbs, which may be the case here.[72] Greek language appears to have evolved to a limitation of nominal phrases (i.e., absence of a copula) to poetry, stylistic expressions, and set formulae.[73] If this were the case, variant A could be a late addition, and variant B would therefore represent the more ancient reading.

27. Matthew 10:14

A. εξερχομενοι C E W Δ Π Σ Ω f^1 f^{13} 565 700
B.# εξερχομενοι εξω ℵ B D Θ 33, exeuntes ... foras de (a b), profisci extra (k)
C. εξερχομενοι εκ L (a b k)

Grammatical change: omission of a preposition

Variant B has the adverb ἔξω used as a preposition with the genitive. This use of ἔξω is frequent in the NT.[74] Variant C has the far more common preposition ἐκ instead of the less common ἔξω. In addition, the repetition of the preposition ἐκ after a compound verb was unexceptional.[75] Robertson explains the frequency of this type of repetition by the fact that prepositions were very common in Greek, and by a desire to emphasize the movement to which they allude.[76] One might explain the omission of the preposition in variant A by a scribe's eye going directly from ἐξερχόμενοι to τῆς, thus skipping ἔξω, which has two letters in common with the participle. The deletion of ἔξω or ἐκ as unnecessary would be unusual, since repetitions of these prepositions after com-

---

[72]See BDF §127.1 and MHT, vol. 3, 294–295, 309, which shows with some details that Matthew is relatively fond of these omissions. A. E. Harvey, "'The Workman is Worthy of His Hire.' Fortunes of a Proverb in the Early Church," *NovT* 24 (1982): 209–21 indeed convincingly argues that the saying became a sort of proverb in the early Church. The saying is repeated in almost similar words in 1 Tim 5:18 with an omission of ἐστίν and in Luke 10:7 where some manuscripts omit ἐστίν. It is also present in Didache 13:1-2.

[73]See MHT, vol. 3, 294.

[74]E.g., Mark 5:10; Acts 4:15; 14:19; 21:30; Hb 13:11, 12, 13; repetition of ἔξω after a εκ- compound verb: Matt 21:17, 39; Mk 8:23: 11:19; 12:8; Lk 4:29; 20:15; Acts 7:58; 16:13.

[75]E.g., Matt 2:6; 13:52; 15:11; John 15:19; Acts 12:7; 19:16; 26:17; Rom 11:24. See also MHT, vol. IV, 39.

[76]Robertson, *Grammar*, 559.

pound verbs are frequent and rarely corrected in NT Greek manuscripts. To summarize, transcriptional probabilities make variant B likely to represent the most ancient reading.

28. *Matthew 10:15*
A.# Γομορρων Β Ε Δ Π f^{13} 33 565 700
B. Γομορας D L
C. Γομορων W Ω
D. γη Γομορρων ℵ
E. γη Γομορρας C
F. Γομορρας Θ Σ f^1 [NA: a b k]
Short omission; form alteration

Variant F is the common form in the LXX that reproduces the Hebrew עֲמֹרָה, and is considered a feminine (i.e. ἡ Γόμορρα, ας).[77] Variant B also reproduces this form, but with a single "ρ". Variant A has another form that perceives עֲמֹרָה as a neuter plural (i.e., τὰ Γόμορρα, ων), and is likely an adaptation to the preceding Σοδόμων, perceived as a neuter plural.[78] As does variant B, variant C reproduces this form with a single "ρ". Variants D and E each have a different form of *Gomorrah*, but also repeat the "γῆ" before Σόδομα. The form Γομορρας is the more common (cf. LXX) and would therefore be expected. Consequently, variants B, E, and F could bear the trace of a revision. In particular, variant E could be a revision of variant D for it keeps "γῆ", but changes the ending. Variants A, C, and D could have kept the most ancient ending. Regarding the presence of γῆ, it was more likely deleted as an unecessary repetition than added. Variant D could therefore represent the most ancient reading, variants A and C being editorial corrections.

29. *Matthew 10:23*
A. την αλλην C D E L Δ Θ Π Σ Ω 565 700
B.# την ετεραν ℵ B W f^1 33
C. ετεραν f^{13} [NA: a b k]

[77]See BAGD.
[78]See BDF §57 and BAGD.

Word alteration

According to Elliott, atticizing scribes were likely to replace ἕτερος by ἄλλος especially if ἕτερος was used in a non-classical way.[79] According to the classical usage, ἄλλος was used to designate *other* whenever there are several possibilities; ἕτερος was used whenever there are two possibilities. Even in classical usage, ἕτερος could be used instead of ἄλλος, but with a sense of difference. In this case, it would be anarthrous.[80] In the present case, variant B would likely be the most ancient. Variants A and C would represent two types of atticizing corrections.

30. *Matthew 10:28*
A.# φοβεισθε ℵ C E L Δ Π f^{13} 565 700
B. φοβηθητε B D W Θ Σ Ω f^1 33
C. timere eos (=φοβεισθε αυτους) a b
D. timueritis eos (=πεφοβηκητε αυτους?) k

Form alteration

As one looks at the structure of Matt 10:26–31, one notices that the passage is framed by two negative injunctions (10:26: μὴ οὖν φοβηθῆτε αὐτούς/10:31: μὴ οὖν φοβεῖσθε/φοβηθῆτε [αὐτούς]). In addition, the center of the passage (i.e., Matt 10:28) is organized as a double injunction framed by μὴ φοβεῖσθε/φοβηθῆτε ... φοβεῖσθε/φοβηθῆτε δὲ μᾶλλον. One would expect some parallelism in these injunctions. The problem is to determine their structure.

	A	B	C
10:26[81]	φοβηθῆτε	φοβηθῆτε	φοβηθῆτε
10:28a	φοβεῖσθε	φοβεῖσθε	φοβηθῆτε
10:28b	φοβεῖσθε	φοβηθῆτε	φοβεῖσθε
10:31	φοβηθῆτε	φοβεῖσθε	φοβεῖσθε

---

[79]See J. K. Elliott, "The Use of ἕτερος in the New Testament," in *Essays and Studies in New Testament Textual Criticism* (Estudios de Filología Neotestamentaria 3; Cordoba (Spain): Almendro, 1992), 121–23, esp. 121.

[80]On this, see Herbert W. Smyth, *Greek Grammar* (Revised by G. M. Lessing; Cambridge, Mass.: Harvard University Press, 1956), §1271.

[81]All manuscripts appear to have φοβηθῆτε in Matt 10:26. There is variation for all three other occurrences of φοβέομαι.

Structure A is found in no manuscript and therefore appears unlikely. Structure B is found in L Δ. Structure C is found in B W. In addition, W may have retained the primitive αὐτούς in Matt 10:31 (μὴ οὖν φοβεῖσθε αυτούς) that parallels μὴ οὖν φοβηθῆτε αὐτούς in Matt 10:26. If a scribe did not perceive this structure, he or she would predictably switch the modes of the verb φοβέομαι from subjunctive to aorist and vice-versa. In addition, a scribe could harmonize the verbs φοβέομαι with the modes found in Luke 12:4–7. That is probably what happened in variant A that may have harmonized φοβέομαι with the imperative present found in the same verse. Both Latin variants (C and D) have *eos*, for they transform the clause ἀπὸ τῶν ἀποκτεννόντων τὸ σῶμα into a relative clause (i.e., *qui occidunt corpus*) that needs an antecedent (i.e., *eos*). These variants are therefore a Latin syntactical adaptation rather than a translation from Greek. Still, variant C has the imperative present while variant D has the subjunctive imperfect, which would reproduce the subjunctive aorist φοβηθῆτε. Variant D would therefore be modeled on variant B and variant C, on variant A. To summarize, variant B likely represents the most ancient reading, and is carried on in variant D with some alteration of the verb tense. Variants A and C bear the trace of an editorial revision.

31. *Matthew 10:31*
A. φοβηθητε C E Δ Θ Π Ω 565 700
B.# φοβεισθε ℵ B D L Σ f^1, timere a b, metuere k
C. φοβεισθε αυτους W
D. φοβηθητε αυτους f^{13}
Form alteration[82]

Either variant B or C could reproduce the oldest reading. Variant B would have deleted αὐτούς as an unnecessary element, or variant C could have added it to accentuate parallelism with Matt 10:26a. Variant A keeps the subjunctive aorist that some manuscripts inherited from Matt 10:26,28 (i.e., E Θ Ω). Variant D accentuates the parallelism by adding or keeping αὐτούς.

[82]For similar cases, see variant readings nos. 10; 16; 35; 46; 50; 67; 78 and 99.

32. *Matthew 10:32*
A. ουρανοις ℵ D E L W Δ Θ Π f¹ 700 [NA: a b k]
B. τοις ουρανοις B C Σ Ω f¹³ 565
Short omission[83]
There is unanimity of the manuscript tradition of Matthew only in the case of articular οὐρανοῖς (with ἐν).[84] This unanimity may indicate a Matthean preference for articular οὐρανοῖς with ἐν, and a scribal tendency to delete the article. Consequently, variant B likely represents the more ancient reading.

33. *Matthew 10:33*
A.# αρνησηται ℵ B D E L W Δ° Π Σ Ω 700, negaverit (a b k)
B. απαρνησηται C Θ f¹ f¹³ 565 (a b k)
Word alteration
Both ἀρνέομαι and ἀπαρνέομαι appear to roughly have the same meaning in the NT.[85] For this reason, the use of one of the verbs is likely due to stylistic preference, Lukan influence, or simply inattention from the scribe.[86] For this reason, it is not possible from internal criteria to give preference to one variant reading or another.

34. *Matthew 11:17*
A. εθρηνησαμεν υμιν και ουκ εκοψασθε C E L Δ Π Σ Ω f¹³ 33 565 700, lamentavimus vobis et non planxistis a b
B.# εθρηνησαμεν και ουκ εκοψασθε ℵ B D f¹
C. εθρηνησαμεν υμιν και ουκ εκλαυσασθαι W

---

[83]For comparable cases, see variant readings no. 5; 20; 51; 53; 54 and 69.
[84]See Matt 5:12, 16; 6:9; 16:19. Compare with Matt 5:45; 6:1; 7:11, 21; 10:32, 33; 12:50; 16:17; 18:10, 14, 19; 19:21.
[85]Johannes P. Louw and Eugene N. Nida, eds., *Greek-English Lexicon of the New Testament Based on Semantic Domains* (Volume 2: Indices; Cape Town, South Africa: Bible Society of South Africa, 1993), §33.277; "It is quite possible that ἀπαρνέομαι is somewhat more forceful in meaning than ἀρνέομαι, but this cannot be demonstrated from NT usage."
[86]Regarding Lukan influence, it should be noted that Luke 12:9 reads: ὁ δὲ **ἀρνησάμενός** με ἐνώπιον τῶν ἀνθρώπων **ἀπαρνηθήσεται** ... while variant B. would read ὅστις δ' ἂν **ἀπαρνήσηταί** με ἔμπροσθεν τῶν ἀνθρώπων, **ἀρνήσομαι** ...

D. εθρηνησαμεν υμιν και ου κοψασθαι Θ

E. planximus et lamentati non estis (=εκοψαμεν και ουκ εθρηνησατε) k

Short interpolation; word alteration

ὑμῖν, present in variants A, C, and D could have been added to create a symmetry with the previous clause: ηὐλήσαμεν **ὑμῖν** καὶ οὐκ ὠρχήσασθε. The deletion of this symmetry by a copyist, if it existed at the origin, would be unlikely. The manuscript tradition is similarly divided regarding the presence or absence of ὑμῖν in the parallel passage (Luke 7:32). Nevertheless, the presence of ἐκλαύσατε (in several forms) in Luke 7:32 has likely influenced the wording ἐκλαύσασθαι found in variant C. The infinitive aorist middle κόψασθαι found in variant D appears to be a scribal blunder, for the infinitive is grammatically unjustified here. Variant E simply reverses both elements, perhaps as an attempt to be more logical: the beating of breasts that expresses mourning generates the mourning song. To summarize, variant B likely represents the most ancient reading. Variant A appears to be derived from variant B by the addition of ὑμῖν. Variant C is close to variant A and is influenced by Luke 7:32. Variant D is close to variant A as well, but is a scribal blunder. Variant E likely derives from variant B.

35. *Matthew 12:2*

A.# ιδοντες ℵ B E W Π Σ Ω f^1 565 700, cum vidissent k

B. ιδοντες αυτους C D L Δ (Θ) f^{13} 33, videntes illos b

Short interpolation[87]

In the present case, transcriptional probability may go both ways, that is, toward the addition of αὐτούς (variant B), as well as toward its deletion (variant A). On the one hand, the more difficult reading is variant A, for ἰδόντες lacks an object, so that one does not know if the reaction of the Pharisees is prompted by the whole scene or by the disciples. The addition of αὐτούς (variant B) would be an attempt at clarification. On the other hand, the deletion of αὐτούς (variant A) could be done by atticizing copyists who deemed the object unessential for understanding the clause. To summarize, both

---

[87]For similar cases, see variant readings nos. 10; 16; 31; 46; 50; 67; 78 and 99.

variants are likely to be original, and one cannot make a decision as to the originality of one or the other.

36. Matthew 12:14

A. οι δε Φαρισαιοι συμβουλιον ελαβον κατ' αυτου εξελθοντες   E L Π Σ Ω 565 700

B.# εξελθοντες δε οι Φαρισειαιοι συμβουλιον ελαβον κατ' αυτου   (ℵ) B (C) f^1 33)

C. και εξελθοντες οι Φαρεισαιοι συμβουλιον ελαβον κατ' αυτου   D

D. οι δε Φαρισαιοι εξελθοντες συμβουλιον εποιησαν κατ' αυτου   L

E. οι δε Φαρισαιοι συμβουλιον ελαβον κατ' αυτου   W Δ

F. οι δε Φαρισαιοι εξελθοντες συμβουλιον ελαβον κατ' αυτου   Θ f^{13}

G. et exeuntes Pharisaei consilium faciebant adversus eum   (=και εξελθοντες οι Φαρισαιοι συμβουλιον εποιησαν κατ' αυτου)   a b

H. et exiebunt Farisaei et consilium acceperunt adversus illum   (=και εξηλθον οι Φαρισαιοι και συμβουλιον ελαβον κατ' αυτου)   k

Word order

We may establish two categories of variants: 1) Those that have the subject οἱ Φαρισαῖοι in the front position, i.e., variants A, D, E, and F, and 2) those that have the subject in a back position, i.e., variants B, C, G, and H. One may notice that the variants of category 2) follow closely the word order of the Markan parallel (Mark 3:6), which may have served as a source for Matthew. One may wonder whether the Matthean redactor or the scribe moved the subject οἱ Φαρισαῖοι to a frontal position to emphasize it. A second step could have been to move the participle considered less important to the end of the clause (i.e., variant A). In a third step (i.e., variant E), the participle could be dropped as unduly burdening the sentence and being superfluous.

Variants D and G have ἐποίησαν (variant G = *faciebant*) instead of ἔλαβον. That makes the verse closer to several manuscripts of its Markan parallel, but one may notice that Matthew appears to prefer the expression συμβούλιον λαμβάνειν to any other.[88] Therefore, the feature of this variant may

---

[88]See Matt 22:15; 27:1, 7; 28:12.

be explained as a stylistic preference for ποιεῖν in this idiomatic expression, or a harmonization to the Markan parallel.

The difference among the Greek variants of category 2) (i.e., variants B and C) is the connecting particle. Variant B has the connective δέ while variant C has the connective καί also found in the Markan parallel. Both variants are equally likely, for it has been noticed that Matthew frequently changes καί for δέ when using the Markan source.[89]

Variant H has two connective particles "*et*", since it has an imperfect (*exiebunt*) instead of a participle (*exeuntes*) as in variant G, thus creating a paratactical construction found in no other variant, and probably secondary.

To summarize, either variant B or C could represent the oldest reading.

37. *Matthew 13:23*
A. την γην την καλην D E W Θ Π Ω 565
B.# την καλην γην ℵ B C L Δ Σ f^1 f^{13} 33 700 [NA: a b e k]
Word order; short interpolation; harmonization

Variant A has an explanatory character absent from variant B. Indeed, variant A clearly differentiates the good soil from the other types of soil previously mentioned. The parallel passage Mark 4:20 has variant A, but harmonization of Matthew toward Mark would be surprising. The other parallel passage, namely Luke 8:15 has variant B. The first use of the expression in Matt 13:8/Mark 4:8/Lk 8:8 is τὴν γῆν τὴν καλήν (ἀγαθὴν in Luke). Variant A could be explained as a harmonization to Matt 13:8, and variant B could be the more ancient reading, since it creates a disruption from the previous expression.

38. *Matthew 13:46*
A. ος ευρων ενα C E W Δ Π Σ Ω f^{13} 565 700
B.# ευρων δε ενα ℵ B L f^1 33
C. ευρων δε D Θ, inventa autem a b
D. ubi autem invenit (=οταν δε ευρισκει?) e k
Short interpolation; grammatical change: omission of a connecting particle

---

[89]On this feature of Matthean style, see Hawkins, *Horae Synopticae*, 120–21.

The most difficult readings are variants B and C because of the presence of the particle δέ, while the construction of the preceding and following sayings (i.e., Matt 13:44, 47–48) use a relative object pronoun. The particle δέ creates a paratactical construction instead of the asyndetic construction used in the preceding and following sayings. Variant A may have tried, by replacing δέ with ὅς, to recreate parallelism, but the result looks a little strained, since ὅς is a relative subject pronoun while the two other sayings have a relative object pronoun (ὅν in Matt 13:44 and ἥν in Matt 10:48). Both variants B and C are likely, for ἕνα could have been inserted to add emphasis or have been deleted as unnecessary. Variant D is closer to variant C and seems to have sought to translate the temporal connotation of εὑρὼ δέ with a plain temporal phrase. To summarize, both variants B and C are likely to represent the most ancient reading. Variant A is probably a secondary attempt to reproduce the parallelism of the previous and following sayings.

39. *Matthew 13:55*
A. Ιωσης E L W Δ Π f^{13} 565, Ioses k
B.# Ιωσηφ ℵ^c B C Θ Σ f^1 33 700^c, Ioseph a b
C. Ιωση 700*
D. Ιωαννης ℵ* D Ω
Word alteration
Variants A and C have the Galilean pronunciation (יוֹסִי) of the Hebrew יוֹסֵף found in variant B. This could be a way to avoid confusion between Jesus' father, Joseph, and a brother who would bear the same name. It could also be a harmonization with Mark 6:3.[90] Variant D is probably a scribal blunder due to the frequency of the references to the tandem James and John, the sons of Zebedee in the synoptic gospels. To summarize, variant B likely represents the most ancient reading.

40. *Matthew 14:25*
A. επι της θαλασσης C D E L Π Σ Ω 565
B.# επι την θαλασσαν ℵ B W Δ Θ f^1 f^{13} 33 700, supra mare b e [NA: a]

---

[90]These explanations are found in *TCGNT* 2nd ed., 28.

Grammatical change: case[91]

Both variants are grammatically correct although it may be said that ἐπί + accusative connotes movement, and ἐπί + genitive denotes position.[92] The following verse, Matt 14:26 also has the expression ἐπὶ τη... θαλασσ..., but one notices that most manuscripts that had the genitive in Matt 14:25 have the accusative in Matt 14:26 and vice versa. This inversion may be due to a scribe who could not remember, when writing the text under dictation, whether the accusative came first and the genitive after or the opposite.[93] One may notice that the directional aspect is more affirmed in Matt 14:25 than in 14:26, so that accusative would be normally expected in 14:25, but could also be expected in 14:26. To summarize, no decisive argument favors either reading as more ancient than the other one.

41. *Matthew 14:26*

A. και ιδοντες αυτον οι μαθηται C E L W Δ Π Ω 33 565

B. και ιδοντες αυτον οι μαθηται αυτου Σ[94]

C.# οι δε μαθηται ιδοντες αυτον ℵ^c B D f^{13}

D. ιδοντες δε αυτον ℵ* Θ 700, videntes autem illum a b (e)

E. και ιδοντες αυτον f^1

Word order; grammatical change: alteration of a connecting particle

Both variants B and C are closely related to variant A In variant C, the front position of the subject (i.e., οἱ μαθηταί) adds emphasis on the disciples. If variant C was the most ancient reading, variant A would have reduced this emphasis by adopting an unmarked order. Regarding variant B, Greek manuscript tradition agrees so often in having the genitive personal pronoun αὐτοῦ after "disciples" (μαθηταί/μαθητάς/μαθητῶν/μαθηταῖς) in the First Gospel that it was likely to be added wherever it was missing.[95] Variant B could therefore

---

[91]For similar cases see variant readings nos. 42 and 92.

[92]On this, see Porter, *Idioms*, 160–61; Smyth, *Greek Grammar*, §1689; Maximilian Zerwick, *Biblical Greek* (English Edition Adapted from the Fourth Latin ed.; ed. Joseph Smith; Rome: Pontifical Biblical Institute, 1963), §123–24.

[93]On this type of error, see Metzger, *Text of the NT*, 192–93.

[94]For a similar case, see variant reading no. 93.

[95]e.g., Matt 5:1; 8:23; 9:10, 11, 19, 37; 11:1; 12:1; 15:23; 16:21, 24; 23:1; 24:1; 28:13.

be secondary. Variant D corresponds exactly to the text of the Markan parallel (Mark 6:49) and could therefore be a harmonization to Mark or have opted for terseness. Variant E may depend on variant A by deleting, as unecessary, the mention of the disciples made in the preceding verse (ἦλθεν πρὸς **αὐτοὺς**), or by changing the connecting particle found in variant D. The first hypothesis seems to me more likely. To summarize, either variant A or C could represent the oldest reading.

42. *Matthew 14:26*
A. επι την θαλασσην περιπατουντα   E L W Δ Π Ω 565, supra mare ambulantem, a b
B.# επι της θαλασσης περιπαντουντα   ℵ B C D Σ f^1 33
C. περιπατουντα επι της θαλασσης   Θ f^{13} 700
D. in mari ambulatem (=εν θαλασσῃ περιπατουντα) e

Grammatical change: case[96]

Both word orders are equally likely, but variants A, B, and D have the same word order, which makes variant C. suspect of representing a corruption. In addition, care for parallelism should not be considered here, for the passage is not organized to create parallelism. To summarize, either variant A or B could represent the oldest reading.

43. *Matthew 14:28*
A. προς σε ελθειν επι τα υδατα   E L Π Ω 565
B.# ελθειν προς σε επι τα υδατα   ℵ B C D W Δ Θ Σ f^1 f^{13} 33, venire ad te super aquam   a b e
C. ελθειν επι τα υδατα προς σε   700

Word order

The most unusual construction is found in variant A, and the most common is found in variant B.[97] Variant C likely depends on variant B. One could

---

[96] For similar cases, see variant readings nos. 40 and 92.

[97] Constructions ἐλθεῖν πρὸς + pronoun in the NT: Mt 13:22; 18:7; 19:14; Jn 5:48; 6:44, 65; Rm 1:10, 13; 15:22, 23; 2 Co 1:16; 12:14; 1 Th 2:18; 1 Tim 3:14 var.; 2 Tim 4:9, 21; Tit 3:1B. Constructions πρός + pronoun ἐλθεῖν in the NT: Lk 7:7; 2 Co 1:15 var.; 2:1. In the LXX, the construction ἐλθεῖν πρὸς is the only one attested (cf. Num

expect an unusual construction to be changed into a more usual one rather than the opposite, so that variant A may represent the most ancient reading.

44. *Matthew 15:12*

A. ειπον/ειπαν ℵ C E L W Δ Π Σ Ω 565, dixerunt a b
B.# λεγουσιν B D Θ f^1 f^{13} 33 700
C. et dixerunt (=και ειπον) e

Word alteration[98]

Since historic present was more likely to be changed into an aorist than the opposite, variant B likely represents the most ancient reading. Variant C depends on variant A, the addition of the connecting particle *et* being motivated by a paratactical construction using an indicative verb (*accesserunt*) in this manuscript, rather than a hypotactical one using a participle (*accedentes*).

45. *Matthew 15:22*

A. εκραυγασεν C E L W Δ Π Ω 565
B.# εκραζεν ℵ^c B D Θ Σ f^1 700
C. εκραξεν ℵ* f^{13} [NA: a e]

Word alteration

Variants B and C are closely related. The former has the imperfect of κράζω and the latter has the first aorist form of the same verb. Variant A has the first aorist of another verb, namely κραυγάζω. Both verbs appear to be synonyms, so that meaning would not be affected by replacing one with the other.[99] The imperfect (variant B) fits well in this context, but it would not have been impossible to find the aorist (variants A and C). Confusion between the letters Z and Ξ in an uncial manuscript could explain the rise of variants B or C from the other.[100] The verb κράζω found in variants B and C is much more

---

22:16; 2 Sam 14:29; 2 Kgs; 1 Esdr 8:44; Jdt 12:11; 1 Macc 13:21; Ps 50:2).

[98]For similar cases, see variant readings nos. 8 and 50.

[99]See BAGD; Louw and Nida, *Greek-English Lexicon, Vol. 2*, §33.83.

[100]Compare, for instance, Z and Ξ on a chart as the one found in Bruce M. Metzger, *Manuscripts of the Greek Bible. An Introduction to Greek Paleography* (New York: Oxford University Press, 1981), 23.

common than κραυγάζω in the Greek NT.[101] In addition, variation in the manuscript tradition is frequent wherever κραυγάζειν in used.[102] Apart from a quotation of Isa 42:2, κραυγάζω is otherwise not found in Matthew, and κράζειν is normally employed.[103] κραυγάζω (variant A) would therefore be likely changed for κράζω (variants B or C), since it is so uncommon. The fact that Matthew does not seem fond of this verb makes its presence suspect here. There are therefore good reasons to prefer or to reject each of these variants, and none of them emerges as more probable than the others.

46. Matthew 15:22
A. αυτω E L W Δ Π Ω 565
B. οπισω αυτου D
C.# omit ℵ B C Θ Σ f^1 f^{13} 700 a e
D. ad illum (=προς αυτον) k
Short interpolation[104]

Variants A, B, and D make it more specific to whom the Canaanite woman was crying out, while the absence of indirect object in variant C makes this crying out sound "absolute". It is difficult to know which was the most ancient reading. Was specification added, or deleted as useless? Both addition and deletion are likely. One may notice that variants B and D are even more specific than variant A. The preposition ὀπίσω in variant B is fairly common in LXX and in the NT, but is rare in Attic and Hellenistic Greek.[105] It adds an additional specification as does the preposition *ad* in variant D. I would tend to consider these prepositions as later additions made from variant A. Variants B and D could be derived from variant A. To summarize, either variant A or C could be the most ancient, depending on one's understanding of the evolution of the text toward expansion or contraction, toward being more specific or more terse.

---

[101] About 55 times for κράζω and about 9 times for κραυγάζω.
[102] E.g., Luke 4:41; John 12:13; 19:12.
[103] Another exception might be Matt 20:31 where the manuscript tradition is split.
[104] For comparable cases, see variant readings nos. 10; 16; 31; 35; 50; 67; 78 and 99.
[105] On this, see BDF §215; MHT, vol. 3, 277; Robertson, *Grammar*, 645.

47. *Matthew 16:19*

A. κλεις ℵ^c B^c C D E Δ Π Σ Ω f^13 33 565 700

B.# κλειδας ℵ* B* L W Θ f^1 [NA: a b e]

Form alteration

Variant A has the Attic spelling of the accusative plural of ἡ κλείς, κλειδός (also found in Rev 1:18), while variant B has the Hellenistic spelling.[106] Variant A is probably an atticizing correction, and variant B would represent the more ancient reading.

48. *Matthew 16:21*

A. αυτον απελθειν εις Ιεροσολυμα   C E L W Δ Π Σ Ω 565, eum ire Hierosolyma a b

B.# αυτον εις Ιεροσολυμα απελθειν   ℵ B D Θ f^1 f^13 700, illum in Hierosolyma ire e

Word order

One may notice that the frontal position of εἰς Ἱεροσόλυμα in variant B may put emphasis on Jerusalem as the most important element of the clause. It may have occupied this position at first and could have been moved further back later according to a more common word order. Conversely, it may have occupied the back position at first, and have been moved thereafter to a frontal position to add emphasis on the object. The variant may also be due to a scribe's faulty memory. To summarize, either variant may represent the more ancient reading.

49. *Matthew 17:25*

A. οτε εισηλθεν E L W^c Δ Π Σ Ω 565 700

B.# ελθοντα ℵ^c B f^1

C. εισελθοντα ℵ*

D. οτε ηλθον C

E. εισελθοντι D, intranti b, cum introisset (e)

F. οτε εισηλθεν ο Ιησους W*

---

[106]This spelling is found in LXX Bel and the Dragon 1:11. See also BDF §47(3); MHT, vol. 3, 131–32; LSJ online.

G. ελθοντων αυτων 33

H. εισελθοντων Θ f^{13}, intrantes a

Word alteration; grammatical change: addition of a connecting particle

One may divide all these variant readings into two categories: those that use the indicative mode, i.e. variants A, D, and F, and those that use the participle mode, i.e. variants B, C, E, G, and H. All variants that use the indicative mode have ὅτε to indicate the simultaneity of Peter's—and Jesus', according to variant D—coming home, and Jesus' question to Peter. The conjunction ὅτε is unnecessary with the use of the participle mode.

The most difficult readings are variants B and C, which have an accusative singular masculine second aorist participle. This unexpected accusative aorist participle modifies αὐτόν, the object of προέφθασεν. To smooth out this more difficult sentence structure, variants G and H changed to the most common absolute genitive already used at the beginning of 17:24. This change makes clear Peter's and Jesus' coming into the house together, which is unspecified with variants A, B, C, and E.

Variants A, D, and F also smoothed out the difficult accusative aorist participle by changing it for an aorist indicative and adding ὅτε. As with variants G and H, variant D made clear that Peter and Jesus came home together. The addition of ὁ Ἰησοῦς in variant F is a scribal blunder which creates a none-sense reading. The dative aorist participle used in variant E is also a scribal blunder, for the use of dative is unjustified here.

Finally, one notices that variants A, C, E, F, and H have the compound verb εἰσέρχομαι, while variants B, D, and G have the verb ἔρχομαι. The use of the compound εἰσέρχομαι may seem redundant, since it creates a repetition of the preposition εἰς already used in the next clause (εἰς τὴν οἰκίαν). Nevertheless, the repetition of the preposition εἰς after a compound verb is unexceptional.[107] The deletion of εἰς as unnecessary would therefore be unusual. Yet, Matt 17:24 begins with the formula Ἐλθόντων δὲ αὐτῶν εἰς Καφαρναοὺμ. On the one hand, the respect of parallelism would induce the change of εἰσέρχομαι into ἔρχομαι. On the other hand, a careless scribe could write the common

---

[107]E.g., Matt 5:20; 6:6; 7:21; 10:12; 12:4, 29; 18:3,8,9; 19:23,24; 25:10,21,23; 26:41. See also MHT, vol. IV, 39 and Robertson, *Grammar*, 559.

compound verb without noticing parallelism. For this reason, variant B likely represents the most ancient reading.

50. *Matthew 17:26*
A. λεγει αυτω ο Πετρος C E L W Δ Π Σ Ω f^{13} 565
B. λεγει αυτω D
C.# ειποντος δε ℵ B Θ f^1 700
D. omit 33 a b e

Interpolation;[108] grammatical change: omission of a connective particle; word alteration[109]

Variants A and B have a historic present that might be the most ancient reading, taking into account the tendency to change a historic present to an aorist. Variant A could have attempted to make the story clearer by mentioning the speaker (ὁ Πέτρος) and would therefore be secondary. Variant C has a connective particle that could have been added or deleted in variants A and B. The use of an aorist is to be expected, since the aorist is the "default" tense in the NT. Variant D may have deemed the clause unnecessary for understanding the passage, especially if it had in its source variants B or C. To summarize, either variant B or C is likely to represent the most ancient reading.

51. *Matthew 17:27*
A. την θαλασσαν D E f^{13} 565 700
B.# θαλασσαν ℵ B L W Δ Θ Π Σ Ω f^1 33 [NA: a b e]

Short Interpolation[110]

Although anarthrous θάλασσα is fairly common in the LXX, it is rare in the NT.[111] This might explain the addition of an article to make it more conform to NT usage.[112] Thus, variant B likely represents the more ancient reading.

---

[108]For similar cases, see variant readings nos. 10; 16; 31; 35; 46; 67; 78 and 99.
[109]For comparable cases, see variant readings nos. 8 and 44.
[110]For similar cases, see variant readings nos. 5; 20; 32; 53; 54 and 69.
[111]E.g., Matt 4:15; Luke 21:25; Acts 10:6,32; Jas 1:6; Jude 1:13; Rev 14:7; 15:2.
[112]On this, see BDF §253; MHT, vol. 3, 174–75.

52. Matthew 18:16

A.# δυο μαρτυρων η τριων σταθη B E W Π Σ Ω f^1 f^{13}
B. δυο η τριων μαρτυρων σταθη ℵ Θ 700, duorum vel trium tetium stet a b, duum aut trium testium stabit e
C. δυο η τριων σταθη D
D. μαρτυρων δυο η τριων σταθη L
E. δυο μαρτυρων η τριων σταθησεται Δ 33 565

Word order

Variants A, B, and D diverge only in their word order. This difference is likely due to faulty scribal memory. The frontal shift of μαρτύρων in variant D may perhaps have additional emphasis on this word as a purpose. It is also possible to imagine that μαρτύρων occupied the frontal position and was thereafter moved. Variant E clearly depends on variant A regarding word order, and may have altered σταθῇ to σταθήσεται to make it more similar to Deut 19:15: ἐπὶ στόματος δύο μαρτύρων καὶ ἐπὶ στόματος τριῶν μαρτύρων **σταθήσεται** πᾶν ῥῆμα. Finally, the mention of μαρτύρων could have been deleted in variant C, to be more congruent with Matt 18:16a: παράλαβε μετὰ σοῦ ἔτι ἕνα ἢ δύο. To summarize, either variant A, B, or D could represent the oldest reading.

53. Matthew 18:18

A. εν τω ουρανω$^{(1)}$ E W Δ Π Σ Ω f^1 565 700, in caelo (a b e)
B.# εν ουρανω B Θ f^{13} (a b e)
C. εν τοις ουρανοις ℵ D^c L 33

Short omission;[113] grammatical change: number

The most difficult reading here is variant B considering the presence of a repeated articular ἐπὶ τῆς γῆς, γῆ being a monadic name that can be anarthrous as well. As for parallelism could have caused the addition of the article in variant A. Nevertheless, there is unanimity of the manuscript tradition of Matthew only in the case of articular ουρανοῖς (with ἐν).[114] Variant C is probably a harmonization with the common Matthean formula. To summarize, variant A

---

[113] For similar cases, see variant readings nos. 5; 20; 32; 51; 54 and 69.
[114] See Matt 5:12,16; 6:9; 16:19. Compare with Matt 5:45; 6:1; 7:11,21; 10:32,33; 12:50; 16:17; 18:10,14,19; 19:21.

likely represents the most ancient reading.

54. *Matthew 18:18*
A. εν τω ουρανω⁽²⁾ E W Δ Π Σ Ω f^1 565 700ᶜ, in caelo (a)
B.# εν ουρανω ℵ B Θ f^{13} (a)
C. εν τοις ουρανοις D L 33
D. et in caelo (=και εν [τω] ουρανω) b e
Short interpolation;[115] **grammatical change: case**

Variant D adds emphasis by inserting *et* and likely depends on variant A or B. As in the previous variant reading, variant A likely represents the most ancient reading.

55. *Matthew 18:19*
A. παλιν αμην B E Π Ω 33 700, iterum amen a b
B. παλιν δε W Δ
C. παλιν ℵ D L Σ f^1 33
D. αμην Θ f^{13} 565
E. iterum audite (=παλιν ακουετε) e
Short interpolation; conflation?

The deletion of πάλιν is more probable than its insertion in this context, so that variant D is most likely the effect of a revision to make the beginning of Matt 18:19 similar to the beginning of Matt 18:18, i.e., ἀμὴν λέγω ὑμῖν. Variants A, B, and C are more problematic and each is possible. Variant A may be the most ancient. In this case, variants B and C would have removed ἀμήν, perceived to unduly lengthen the beginning of the verse. Variant B might also be the most ancient reading. In this second scenario, variant A would have replaced δέ, seen as redundant after πάλιν, with ἀμήν in order to accentuate the parallelism with the beginning of Matt 18:18, or would have conflated variants C and D.[116] In variant C, the scribe would have chosen to remove the

---

[115]For similar cases, see variant readings nos. 5; 20; 33; 52; 54 and 69.

[116]Πάλιν may indeed be used adverbially and in this case means *again* or may be used as an asyndetic connective and in this case may be translated as *then, in addition, furthermore*. In Matt 18:19, πάλιν is more a connective than an adverb. On this see BDF §459(4); MHT, vol. 4, 32.

unnecessary connective δέ. Finally, variant C could also be the most ancient reading. In this third scenario, variant A would have added ἀμήν to accentuate the parallelism with the beginning of Matt 18:18, and variant B would have added the connective δέ, not infrequent after πάλιν.[117] Variant E recalls the antithetical formulation of Matt 5:33, and is probably a scribal error of memory. To summarize, the most ancient reading is probably among variants A, B, and C, but none of them is more likely than the other two.

56. *Matthew 18:19*
A. υμων συμφωνησωσιν E W Δ^c Π Σ Ω f^1 565
B. συμφωνησουσιν εξ υμων B L
C.# συμφωνησωσιν εξ υμων ℵ D
D. υμιν συμφωνησουσιν Δ*
E. εξ υμων συμφωνησωσιν Θ f^{13} 700, ex vobis convenerit b (e)
F. συμφωνησωσιν 33, convenerit a

Word order; short omission

The most difficult readings are variants B and C, which separate the genitive phrase ἐξ ὑμῶν from the agent δύο with the verb συμφωνης[ου]ωσιν. Variants A, D, and E may be explained as attempts to move the genitive closer to the agent δυο in order to clarify the clause. Variant F would have been another attempt to clarify by deleting a problematic and unnecessary element, namely ἐξ ὑμῶν. Variants A, D, E, and F are therefore secondary. By deleting ἐξ, variant A opted for a partitive genitive that tended to disappear in koine Greek, to be replaced by ἐκ + genitive.[118] Variant D is a scribal blunder that was corrected thereafter, but obviously derives from variant A. The only difference between variants B and C is that variant B has συμφωνή**ου**σιν (indicative future) and variant C has συμφωνης**ς**ωσιν (subjunctive first aorist). Apart from the fact that both words could be confused if they were dictated, the use of the indicative with ἐάν, normally used with the subjunctive, was becoming

---

[117]Cf. Matt 19:24; 20:5; Luke 23:20; John 16:22. Of these references, only in John 16:22 is the Greek manuscript tradition not split regarding δέ.

[118]On this matter, see MHT, vol. 1, 72. On the partitive genitive, see BDF §164; MHT, vol. 3, 208–210; Robertson, *Grammar*, 502; Wallace, *Greek Grammar*, 84–86.

more common in later koine.[119] For this reason, variant C likely represents the most ancient reading, and variant B could be a later alteration.

57. Matthew 19:9

A. μη επι πορνεια και γαμηση αλλην μοιχαται και ο απολελυμενην γαμησας E Ω 700

B. μη επι πορνεια και γαμηση αλλην μοιχαται και ο απολελυμενην γαμων Δ (Θ) Π Σ (565)

C. μη επι πορνεια γαμηση αλλην μοιχαται και ο απολελυμενην γαμων W

D. μη επι πορνεια και γαμηση αλλην ποιει αυτην μοιχευθηναι και ο απολελυμενην γαμων C*

E.# μη επι πορνεια και γαμηση αλλην ℵ Cᶜ L

F. παρεκτος λογου πορνειας και γαμηση αλλην μοιχαται και ο απολελυμενην γαμων f^{13} 33

G. παρεκτος λογου πορνειας ποιει αυτην μοιχευτηναι και ο απολελυμενην γαμησας B

H. παρεκτος λογου πορνειας και γαμηση αλλην D, nisi ob causam fornicationis et aliam duxerit a b, prater causam fornicationis et aliam duxerit e

I. παρεκτος λογου πορνειας ποιει αυτην μοιχευτηναι και ο απολελυμενην γαμων f^1

Interpolation; harmonization.

One may divide all variant readings in two categories: 1) those in which the "excepting clause" is formulated as μὴ ἐπὶ πορνείᾳ, i.e., variants A, B, C, D, E, and 2) those in which the "excepting clause" is formulated as παρεκτὸς λόγου πορνείας, i.e., variants F, G, H, and I. It is probable that category 2) represents an assimilation to Matt 5:32, about which the manuscript tradition is unanimous.[120] Variants F, G, H, and I should therefore be discarded as representing later readings.

Likewise, the phrase ποιεῖ αὐτὴν μοιχευθῆναι, present in variants D, G, and I, is also found in Matt 5:32. Therefore, it also probably represents a

---

[119]On this matter, see MHT, vol. 1, 187 and Robertson, *Grammar*, 1009.

[120]Thus, Michael W. Holmes, "The Text of the Matthean Divorce Passages: A Comment on the Appeal to Harmonization in Textual Decisions," *JBL* 109 (1990): 660.

harmonization to Matt 5:32, so variant D can be discarded as well.

The phrase καὶ ὁ ἀπολελυμένην γαμήσας/γαμῶν, present in variants A, B, C, D, F, G, and I, is found in an almost similar wording in Matt 5:32 (καὶ ὅ[σ] [ἐ]ὰν ἀπολελυμένην γαμήσῃ/γαμήσας/γαμήσει), so that one could posit another harmonization to that verse.[121] Still, as Holmes notices, the phrase does not correspond to the one found in Matt 5:32, so that harmonization does not explain the presence of the phrase, which is likely ancient. Its omission in variant E can be explained by homoioteleuton from μοιχαται to μοιχαται. Variant E can therefore be discarded.[122] We are therefore left with variants A, B and C.

The absence of καί in variant C and G can be seen as a scribal stylistic omission that removes an unnecessary element. The use of the aorist participle γαμησας in variant A (and G) parallels the use of the aorist in the previous parts of the sentence (απολυση, γαμηση) and can be seen as an harmonization to Matt 5:32.

Consequently, variant B is likely the most ancient reading.

58. *Matthew 19:16*
A. ποιησω ινα εχω ζωην αιωνιον   C^c E Δ Π Σ Ω f^1 f^{13} 565 700, faciam ut habeam vitam aeternam   a b
B.# ποιησω ινα σχω ζωην αιωνιον   B C* D Θ,   faciam vitam aeternam consequor   e
C. ποιησας ζωην αιωνιον κληρονομησω   ℵ L 33
D. ποιησω ινα ζωην εχω αιωνιον   W

Word order; form alteration

Variant C is probably the result of harmonization with a Lukan parallel (Luke 18:18 or 10:25), and should therefore be considered as secondary. The main difference between variants A, C, and D is the use of the subjunctive present ἔχω, or the subjunctive second aorist σχῶ. Both tenses are syntactically correct, and neither would be more likely than the other. One may notice that variants A and D are closely related, differing only in word order. The odd word order found in variant D might be regarded as a scribal blunder if it were

---

[121]Thus TCGNT 2nd ed., 38–39.
[122]Holmes, "Text of the Matthean Divorce Passages," 661.

not also found in several manuscripts of 1 John 5:13: ὅτι ζωὴν ἔχετε αἰώνιον. Such a word order would tend to be normalized to the most common formula.[123] For this reason, transcriptional probability makes variant D likely to represent the most ancient reading. Variant A could represent a second stage in rearranging the word order, and variant B would represent a third stage by changing the subjunctive present to the subjunctive second aorist.

59. *Matthew 19:17*
A. λεγεις αγαθον C E W Π Σ Ω f^{13} 33 565
B.# ερωτας περι του αγαθου ℵ B L Θ f^1 700, interrogas de bono (a b e)
C. ερωτας περι αγαθου D (a b e)
D. αγαθον Δ

Harmonization

Variant A is a harmonization to Mark 10:18/Luke 18:19 and should therefore be considered as secondary. Variant D is probably related to variant A, and would have dropped λέγεις, perhaps under the influence of Matt 19:16b (τί ἀγαθὸν). Variant B considers ἀγαθοῦ as a substantive, while variant C possibly considers it as an adjective, since both of its uses in the verse are anarthrous. In this way, variant C is closer to the parallel passages (i.e., Mark 10:18/Luke 18:19) that have anarthrous ἀγαθόν and ἀγαθός. For this reason, variant B likely represents the most ancient reading because of its dissimilarity to the parallel passages.[124]

60. *Matthew 19:17*
A. ουδεις C E W Δ Π Σ Ω f^{13} 33 565
B.# εις εστιν ℵ B^c D L Θ f^1 700, unus est a b e
C. εστιν B*

Harmonization

Variant A is a harmonization to Mark 10:18/Luke 18:19 and should therefore be considered as secondary. Variant B is more likely to represent the most

---

[123]E.g., Matt 19:29; Mark 10:17, 30; Luke 10:25; 18:18,30; John 3:15, 16, 36; 4:14, 36; 5:24, 39; 6:27, 40, 47, 54; 10:28; 12:25; 17:2; Acts 13:48; Rom 2:7; 5:21; 6:22; Gal 6:8; 1 Tim 1:16; 1 John 2:25; 3:15; 5:11; Jude 1:21.

[124]On this variant, see *TCGNT* 2nd ed., 39–40.

Peculiarities of Basil's Quotations   325

ancient reading because of its dissimilarity to the parallel passages. Variant C is likely a none-sense scribal blunder.[125]

61. *Matthew 19:17*
A. αγαθος C D E W Δ Π Σ Ω f¹ f¹³ 33 565 700
B.# ο αγαθος א B L Θ [NA: a b e]
Harmonization
The presence or absence of the article ὁ depends on the whole reading selected in vv. 16–17. In Mark 10:17b–18, several manuscripts read:

> Διδάσκαλε ἀγαθέ, τί ποιήσω ἵνα ζωὴν αἰώνιον κληρονομήσω; ὁ δὲ Ἰησοῦς εἶπεν αὐτῷ, **Τί με λέγεις ἀγαθόν; οὐδεὶς ἀγαθὸς εἰ μὴ εἷς ὁ θεός** (NA²⁷).

In Luke 18:18–19, several manuscripts read:

> Διδάσκαλε ἀγαθέ, τί ποιήσας ζωὴν αἰώνιον κληρονομήσω; εἶπεν δὲ αὐτῷ ὁ Ἰησοῦς, **Τί με λέγεις ἀγαθόν; οὐδεὶς ἀγαθὸς εἰ μὴ εἷς ὁ θεός**. (NA²⁷)

However, in several manuscripts, the Matthean parallel (i.e., Matt 19:16–17) is quite different:

> Διδάσκαλε, τί ἀγαθὸν ποιήσω ἵνα σχῶ ζωὴν αἰώνιον; ὁ δὲ εἶπεν αὐτῷ, **Τί με ἐρωτᾷς περὶ τοῦ ἀγαθοῦ; εἷς ἐστιν ὁ ἀγαθός·** (NA²⁷).

It appears probable that the manuscripts cited in variant A harmonized fully or partially their reading with the ones found in the Synoptic parallels, so that variant B likely represents the more ancient reading.[126]

62. *Matthew 19:17*
A. ει μη εις ο θεος C E W Δ Π Σ Ω f¹³ 33 565
B.# omit א B D L Θ f¹ 700 a
C. Deus (=θεος) b
D. pater (=πατηρ) e
Harmonization

---
[125]On this variant, see ibid.
[126]On this variant, see ibid.

Variant A is predictably a harmonization to the parallel passage (i.e., Mk 10:18/Lk 18:19). Its omission would indeed be improbable, if it had been the most ancient reading.[127] Variant C is probably an abbreviation of variant A, and variant D would be a further adaptation made from variant C. Therefore, variant B likely represents the most ancient reading.

63. *Matthew 21:12*
A. του Θεου C D E W Δ Π Σ Ω f^1 565, Dei a e
B.# omit ℵ B L Θ f^{13} 33 700 b
Omission

Variant A could be an addition to emphasize the sacred character of the Temple, which otherwise did not need such emphasis for the Matthean Jewish Christian community.[128] Nevertheless, the phrase is missing from the parallel passages in Mark 11:15 and Luke 19:45. In addition, it is otherwise unknown in the NT and rare in the LXX (see 1 Esd 5:43,54; 8:17,18), so that it could be deleted by copyists who may have found it unnecessary and uncommon. For this reason, I would tend to consider variant A as the more ancient reading.[129]

64. *Matthew 22:38*
A. πρωτη και μεγαλη Ε Π Ω
B. η πρωτη και μεγαλη Δ Σ 565
C.# η μεγαλη και πρωτη ℵ B Θ f^1 f^{13} 33 700, maximum et primum a b e
D. μεγαλη και πρωτη D (a b e)
E. η μεγαλη και η πρωτη L
F. η πρωτη και η μεγαλη W
Word order; short omission

The most difficult readings are variants A and D, which have anarthrous adjectives. One may explain this absence of articles by the fact that the first η

---

[127]On this variant, see ibid.
[128]See *TCGNT* 2nd ed., 54.
[129]This is also the opinion of William D. Davies and Dale C. Allison, *The Gospel according to Saint Matthew* (ICC 26, Vol. 2; Edinburgh: T & T Clark, 1991), 137 and Joachim Gnilka, *Das Matthaüsevangelium* (vol. 2; HTKNT 1; Freiburg: Herder, 1986), 207.

was accidentally dropped while copying, especially considering the abundance of "η" in this verse: αὕτη ἐστὶν ἡ μεγάλη καὶ πρώτη ἐντολή. Conversely, variants E and F have an article for each adjective, likely to add emphasis. If this were the case, these variants could be secondary. Divergences in word order are likely due to a scribe's faulty memory while copying, since both adjectives are equal. Consequently, either variant B or C could represent the most ancient reading.

65. *Matthew 22:40*
A. και οι προφηται κρεμανται E W Δ Π Ω f^1 f^{13} 565 700 Nyssa
B.# κρεμαται και οι προφηται ℵ B D L Θ Σ 33, pendet et prophetae a b e

Word order

The more difficult reading is variant B, which splits the two-part subject (ὅλος ὁ νόμος, καὶ οἱ προφῆται) before and after the verb. Variant A could have edited the clause to bring both parts of the subject together. Thus, variant B likely represents the more ancient reading.

66. *Matthew 23:5*
A. δε⁽²⁾ E W Δ Π Σ Ω 33
B.# γαρ ℵ B D L Θ f^1 f^{13} 700, enim a b e
C. omit 565

Grammatical change: change of a connecting particle

The use of γάρ in variant B is explanatory after the first clause: πάντα δὲ τὰ ἔργα αὐτῶν ποιοῦσιν πρὸς τὸ θεαθῆναι τοῖς ἀνθρώποις indicating that examples of the Pharisees' behavior will follow. δέ, used in variant A, could be seen as copulative, merely juxtaposing the clause of 23:5b to the one found in 23:5a. However, it could also have an explanatory sense uncommon with this particle, but found, for instance, in John 3:19, 23. No reading is more likely than the other, but variant B would be more probable than variant A, so transcriptional probability would tend to replace δέ with γάρ. Variant C is probably a scribal blunder, for there are no stylistic reasons to omit one or the other particle here.

67. *Matthew 23:5*
A. των ιματιων αυτων E W Π Σ Ω f^{13} 33 565 700
B. των ιματιων (L) Δ

C.# omit ℵ B D Θ f^1 a b e
Interpolation[130]

The mention of the clothes (τῶν ἱματίων) in variants A and B could be an explanation for readers unfamiliar with the Jewish costume. It could also be an assimilation to Matt 9:20. In addition, αὐτῶν in variant A parallels the αὐτῶν found in the previous clause: τὰ φυλακτήρια αὐτῶν. Variant B may have omitted αὐτῶν as unnecessary. To summarize, variant C likely represents the most ancient reading.

68. *Matthew 23:7*

A. ραββι ραββι/ραββει ραββει D E W Π Ω f^{13} 700
B.# ραββι/ραββει ℵ B L Δ Θ Σ f^1 33 565, rabbi a b e

Short Interpolation

The double vocative found in variant A could likely be a scribal addition to make the saying more solemn.[131] Such an addition would make the reading conform to the usage of other double vocatives in the First Gospel (e.g., Matt 7:21; 23:37; 25:11). One could also posit that it was omitted because it was considered a scribal blunder, or that the copyist's eye skipped the first or second ῥαββί. Finally, it could have been omitted by an editor trimming useless words to make the style more terse.[132] Considering that other double vocatives of the First Gospel are found in all manuscripts, accidental omission appears unlikely. The addition of a second ῥαββί appears more probable, so that variant B likely represents the more ancient reading.

69. *Matthew 23:9*

A. ο εν τοις ουρανοις E Π Ω 565 700, qui in caelis est (a b), qui est in caelis (e) Nyssa
B. ο εν ουρανοις D W Δ Θ Σ f^1 (a b e)
C.# ο ουρανιος ℵ B L f^{13} 33^{vid}

Harmonization

---

[130]For comparable cases, see variant readings nos. 10; 16; 31; 35; 46; 50; 78; and 99.

[131]For such an explanation, see *TCGNT* 2nd ed., 49.

[132]On Attic terseness of style, see variant reading no. 10 above.

Variants A and B imply a monadic noun, i.e., οὐρανός, which is frequently anarthrous after a preposition.[133] I would tend to give a slight preference to variant A over variant B, since there is unanimity of the Greek manuscript tradition of Matthew only in the case of articular ουρανοῖς (with ἐν).[134] This unanimity may indicate a Matthean preference for articular ουρανοῖς with ἐν and a scribal tendency to delete the article. Nevertheless, the phrase ὁ πατὴρ ὁ οὐράνιος (variant C) is a Matthean expression used only seven times in the Gospel. It was likely to suffer alteration as the manuscript tradition shows.[135] Since variant C is the reading most likely to be altered, it likely represents the most ancient reading. Variants A and B show two types of alteration.

70. *Matthew 23:23*
A. τον ελεον C E W Δ Π Σ Ω f^1 f^{13} 700, misericordiam a e
B.# το ελεος ℵ B D L Θ 33
C. το ελεον 565

Grammatical change: gender[136]

ἔλεος is mostly neuter in the NT, but almost always masculine in secular Greek.[137] Variant A could therefore be a stylistic correction to conform the word to its daily use. Other occurrences, in Matt 9:13; 23:23, are similarly corrected by the same manuscripts. Variant C could be a compromise to make ἔλεος more neutral-like by changing the final letter from "σ" to "ν". Consequently, variant B likely represents the most ancient reading.

71. *Matthew 24:24*
A.# πλανησαι B E W Δ Π Σ Ω f^{13} 565 700, errent e
B. πλανηθηναι ℵ D, inducantur a b
C. πλανασθαι L Θ f^1 33

---

[133]See other instances of monadic nouns in variant readings nos. 5; 20; 32; 51; 53 and 54.
[134]See Matt 5:12, 16; 6:9; 16:19. Compare with Matt 5:45; 6:1; 7:11, 21; 10:32, 33; 12:50; 16:17; 18:10, 14, 19; 19:21.
[135]The expression is found in Matt 5:48; 6:14; 6:26,32; 15:13; 18:35; 23:9. Only in Matt 6:26 is the manuscript tradition unanimous.
[136]For a similar case, see variant reading no. 22.
[137]See variant reading no. 22 above.

Form alteration

The most difficult reading is variant B. It is an infinitive first aorist passive followed by an accusative object. One sometimes encounters a passive verb followed by an accusative object in the NT, but such a construction is rare.[138] Variant C is also difficult, for it is an infinitive middle-passive present. The use of the present in this context is unexpected. In addition, it is unclear whether the verb should be understood as a middle or a passive. To understand πλανᾶσθαι as a middle verb (as in Jas 5:19) relieves the problem of the accusative object τοὺς ἐκλεκτούς. Variant A (πλανῆσαι) has the most common infinitive active first aorist and therefore does not give any difficulty. In addition, it recalls the form used in LXX Deut 13:2–6. Consequently, as the most difficult reading, variant B likely represents the most ancient reading. Variant A and C could be seen as solutions to solve the difficulty of variant B.[139]

72. *Matthew 24:33*

A.# παντα ταυτα B E L Δ Θ^c Π Ω 565, omnia ista e
B. ταυτα παντα ℵ D W Σ f^1 f^{13} 700, haec omnia b
C. παν ταυτα Θ*
D. ταυτα παντα γινομενα 33, haec omnia fieri a

Word order

It is possible to discard as secondary variants C (scribal blunder) and D (additional emphasis) from the list of possible most ancient readings, so that either variant A or B likely represents the oldest reading. Nonetheless, one should notice that the different word order in variants A and B have different meanings. Thus, πάντα ταῦτα could be translated as "all these things" and ταῦτα πάντα as "these things all taken together."[140] Davies and Allison notes

---

[138]E.g., Luke 7:29; Phil 1:11; Phil 3:8; 1 Tim 6:5. On this construction, see Porter, *Idioms*, 66; Robertson, *Grammar*, 484–86; Wallace, *Greek Grammar*, 438–39. There is another instance of this construction in Euripides, *Hel.* 598: "πλανηθεὶς τὴν δε βάρβαρον χτόνα", but in this example, πλανάω is used with the meaning of wandering.

[139]Interestingly, NA^{27} and the TR (Scrivener 1894 and 1902 editions) print variant A. Variant B is printed in Tischendorf and variant C is printed in Westcott and Hort, von Soden, and Bover.

[140]See Georg Benedikt Winer and W. F. Moulton, *A Treatise on the Grammar of New Testament Greek Regarded as the Basis of New Testament Exegesis* (3rd ed.

that Matthew generally prefers the word order ταῦτα πάντα (e.g., 4:9; 13:34,51).[141] Still, the manuscript tradition is split for many occurrences of this phrase (e.g., Matt 6:32; 13:56; 23:36; 24:2,8,33,32), so that it is impossible to favor one variant over the other.

73. *Matthew 24:46*
A. ποιουντα ουτως   E W Δ Π Σ Ω 565 700
B.# ουτως ποιουντα   ℵ B C D L Θ f^1 f^{13} 33, sic facientem a b, ita facientem e
Word order
Variant A could be a stylistic improvement, since the adverb usually comes after the verb.[142] Otherwise, one of the variants should be attributed to a scribe's faulty memory while copying. Thus, variant B could represent the most ancient reading, but variant A cannot be discarded as such.

74. *Matthew 25:1*
A.# λαβουσαι   B D E Δ Π Σ Ω f^1
B. λαβουσα   ℵ C L W Θ f^{13} 33 565
C. ελαβον   700, acceperunt b
Form alteration
Variant A has dropped the final "ι" of the diphtong "αι" as often happened in the Hellenistic period.[143] It is therefore similar to variant B. Variant C could be the result of a scribe's faulty memory when copying. Therefore, either variant A or B could represent the most ancient reading.

75. *Matthew 25:2*
A. ησαν εξ αυτων   E W Π Ω f^{13} 33 565
B.# εξ αυτων ησαν   ℵ B C D L Δ Θ Σ f^1 700, ex eis erant b

---

revised, 9th English ed.; trans. W. F. Moulton; Edinburgh: T & T Clark, 1882), 686 and Jenny Heimerdinger, "Word Order in Koine Greek. Using a Text-Critical Approach to Study Word Order Patterns in the Greek Text of Acts," *FgNT* 9 (1996): 164.

[141]See William D. Davies and Dale C. Allison, *The Gospel according to Saint Matthew*, vol. 1, 657–58.

[142]See BDF §474.2.

[143]On this matter, see MHT, vol. 2, 84–85.

Word order

The more difficult reading is variant A, which separates with ἦσαν the genitive ἐξ αὐτῶν from πέντε. Such a construction is uncommon in Matthew (contrast with Matt 10:29; 18:12; 22:35; 27:48) and in the rest of the NT.[144] A scribe would rather tend to conform the phrase to the most common word order than the opposite, so variant A would represent the more ancient reading. Yet, one cannot exclude the possibility of a scribe's faulty memory to explain the origin of these divergent readings.

76. *Matthew 25:2*

A. φρονιμοι και αι πεντε μωραι E (Δ) Ω f^{13}

B. φρονιμοι και πεντε μωραι W Π 565 700

C.# μωραι και πεντε φρονιμοι ℵ B C D L Θ Σ f^1 33^{vid}, fatuae et quinque prudentes b

Word order; short interpolation

Variants A and B are closely related, the only difference being the presence or the absence of αι. Variant A is probably a stylistic improvemement. The presence of αἰ can be explained by the fact that the verse refers to a part of a quantity mentioned before (i.e., δεκα).[145] Variant A would therefore depend on variant B. It is nonetheless impossible to discriminate between variant B and C for both word orders are likely, the alteration possibly being due to a scribe's faulty memory.

77. *Matthew 25:3*

A. αιτινες μωραι λαβουσαι E W Δ Π Ω f^{13} 565

B.# αι γαρ μωραι λαβουσαι ℵ B C L Σ 33

C. αι ουν μωραι λαβουσαι D

D. λαβουσαι δε αι μωραι Θ f^1

E. αιτινες λαβουσαι 700

F. sed quinque fatuae acceptis (=αλλα πεντε μωραι λαβουσαι) b

---

[144] Another instance of this construction is found in John 7:44a: τινὲς δὲ ἤθελον ἐξ αὐτῶν πιάσαι αὐτόν.

[145] On this, see BDF §265.

Grammatical change: omission of a connecting particle; word alteration

The most difficult reading could be variant B because of the presence of γάρ which, generally, has either an inferential sense, or an explanatory sense.[146] In the present case, γάρ can be seen as explanatory, for it details the previous statement.[147] Such an explanatory γάρ may have been deemed too strong, or useless, from whence its replacement by other particles in variants C (οὖν) and D (δέ as in Matt 25:4), or its deletion in variants A and E. In addition, variants A and E retained the relative pronoun αἵτινες inherited from Matt 25:1b. Variant E, which probably originates from variant A, is most likely a scribal blunder as the copyist's eye shifted from Matt 25:3a to Matt 25:1b. Similarly, the different word order in variant D may have arisen from a faulty memory while copying. Finally, variant F adds emphasis with an adversative connective (i.e., *sed*), and by adding the mention of the number of foolish virgins (i.e., *quinque*). As the most difficult reading, variant B likely represents the most ancient reading. Variants A, C, and D could be attempts to smooth over that difficulty.

78. *Matthew 25:4*
A. αυτων⁽¹⁾ C E W Δ Π Σ Ω *f*¹³ 565, suis b
B.# omit ℵ B D L Θ *f*¹ 700
Short interpolation[148]
Either variant could be the older depending on one's understanding of the evolution of the text towards expansion or contraction, toward being more specific or more terse.

79. *Matthew 25:9*
A.# μηποτε ου μη B C D W Δ Π Σ Ω *f*¹
B. μηποτε ουκ ℵ E L *f*¹³ 33 565 700
C. ου μηποτε ουκ Θ [NA: b]
Word alteration

---

[146]On this, see Porter, *Idioms*, 207–08.
[147]On this, see Richard A. Edwards, "Narrative Implications of Gar in Matthew," *CBQ* 52 (1990): 647.
[148]For similar cases, see variant readings nos. 10; 16; 31; 35; 46; 50; 67; and 99.

The emphatic negative οὐ μή (variant A) may have sounded too strong in this context and may have been replaced by οὐκ (variant B).[149] Variant C does not make sense in this context and is likely a scribal error.

80. *Matthew 25:16*
A. εποιησεν ℵ* E W Δ Π Ω 565 700
B.# εκερδησεν ℵ^c B C D L Θ Σ f^1 f^{13} 33
C. omit a b

Word alteration

The verb κερδαίνω is consistently used in the rest of the story (i.e., Matt 25:17,20,22). Matthew's fondness for parallelism would therefore plead for the use of this verb in Matt 25:16 as well. Variant B consequently seems more likely to be the most ancient reading.[150] Variant A may have arisen from a scribe's faulty memory. Variant C may be explained by the scribe's eye skipping directly from *in eis* (i.e., ἐν αὐτοῖς) in Matt 25:16 to *in eis* in Matt 25:17.[151]

81. *Matthew 25:16*
A. αλλα πεντε ταλαντα ℵ C D E W Δ Π Σ Ω f^1 f^{13} 565 700
B.# αλλα πεντε B L Θ 33, alia quinque a b

Short interpolation

Either variant could represent the more ancient reading, depending on one's understanding of the evolution of the text towards expansion or contraction, toward being more specific or more terse. Variant A is more specific while variant B avoids the unecessary τάλαντα aforementioned in 25:15,16a.

---

[149]So William D. Davies and Dale C. Allison, *The Gospel according to Saint Matthew* (ICC 26, Vol. 3; Edinburgh: T & T Clark, 1997), 399 note 171. On the negative οὐ μή, see MHT, vol. 1, 187–192; C. F. D. Moule, *An Idiom Book of New Testament Greek* (2nd ed.; Cambridge: Cambridge University Press, 1963), 156–57; Porter, *Idioms*, 283; Robertson, *Grammar*, 1174; Zerwick, *Biblical Greek*, ¶44.

[150]So William D. Davies and Dale C. Allison, *The Gospel according to Saint Matthew*, vol. 3, 406, note 199.

[151]Matt 25:16b: *operatus est **in eis** et lucratus est alia quinque*. Matt 25:17: *Similiter qui duo accepit, lucratus est **in eis** alia duo*.

82. Matthew 25:17

A. και ℵ^c B C^c D E W Δ Π Σ Ω f^1 f^13 565 700
B.# omit ℵ* C* L Θ 33 a b

Grammatical change: addition of a connecting particle

Transcriptional probability can go both ways in the present case. Either variant A is the more ancient reading and καί was deleted as unnecessary (i.e., variant B) or καί was added to emphasize the second servant's similar behavior with the first servant.

83. Matthew 25:19

A. χρονον πολυν ℵ^c E Δ Π Σ Ω 565
B.# πολυν χρονον ℵ* B C D L Θ f^1 f^13 33 700, multum tempue (a b)
C. χρονον τινα W

Word order

Either variant A or B is may represent the most ancient reading, since no word order is more difficult than the other and both variants are syntactically correct.[152] Variant C would have made the statement more general and perhaps more realistic by replacing πολύν (i.e., much) with τινα (i.e., some, considerable). Therefore, it is likely secondary.

84. Matthew 25:19

A. μετ' αυτων λογον E W Δ Ω f^13 565
B.# λογον μετ' αυτων ℵ B C D L Θ Π Σ f^1 33 700, rationem cum eis a b

Word order

Either variant is likely to represent the more ancient reading and the divergence in word order may originate from stylistic preferences or from a scribe's faulty memory while copying.[153]

---

[152] This phrase is encountered nowhere else in the NT, which makes it difficult to see what would have been the most common word order. It is nonetheless found in the LXX: 2 Macc 6:13; Job 29:18; Isa 27:10 (πολὺν χρόνον) and in Isa 34:10 (χρόνον πολύν).

[153] The construction found in variant A is also found in Rev 11:7: ποιήσει μετ' αὐτῶν πόλεμον. One may notice that a variant that reads ποιήσει πόλεμον μετ' αὐτῶν arose in several manuscripts.

85. Matthew 25:20

A. επ' αυτοις C W Δ Π Σ Ω f^1 f^{13} 565
B. εν αυτοις E
C.# omit ℵ B D L Θ 33 700 a b

Interpolation

Variants A and B are clauses added to explain that the five aforementioned talents have been gained from the five talents that had been given by the master. The same variants are found in Matt 25:22 in reference to the two talents. In this case, transcriptional probabilities can work both ways. Either the clause found in variants A and B were present in the older text and were removed by later copyists as useless explanations, or they were absent from the older text and added as a supplementary piece of information on the source of the gain. The choice of the preposition (ἐπί or ἐν) is a matter of stylistic preference.[154] To summarize, internal evidence does not permit to select one of these variants as the likely oldest reading.

86. Matthew 25:21

A. δε W Δ Π Ω f^1 f^{13} 565
B.# omit ℵ B C D E L Θ Σ 33 700 a b

Grammatical change: addition of a connecting particle

δέ plays the role of a connective between 25:20, which tells of the servant who received five talents from his master and 25:21, which tells of the servant who received two talents from his master. Similarly, several manuscripts have δέ in 25:22 to connect this verse, which deals with the servant who received a single talent, to the previous verse. Transcriptional probabilities can go both ways here. δέ could be added to make a connection with what precedes or it could be deemed unnecessary and deleted.

87. Matthew 25:22

A. λαβων ℵ D E Ω 565 700, acceperat (b)

---

[154]Lexicons do not provide supplementary examples of the verb κερδαίνω used with these prepositions, so one does not know which preposition was to be expected in such a case.

B.# omit B C L W Δ Θ Π Σ f^1 f^{13} 33
Interpolation
Variant A makes Matt 25:22 (προσελθὼν [δὲ] καὶ ὁ τὰ δύο τάλαντα λαβὼν εἶπεν) more symmetrical with Matt 25:20 (καὶ προσελθὼν ὁ τὰ πέντε τάλαντα λαβὼν προσήνεγκεν). Transcriptional probability makes the search for symmetry more likely than its disruption. For this reason, variant B may be considered as the more ancient reading.

88. *Matthew 25:22*
A. επ' αυτοις C E W Δ Π Σ Ω f^1 f^{13} 565
B.# omit ℵ B D L Θ 33 700 b
Interpolation
See comment on variant reading no. 85 above.

89. *Matthew 25:29*
A. απο δε του C E W Δ Π Σ Ω f^{13} 565 700
B.# του δε ℵ B D L Θ f^1 33, autem qui a b
Harmonization
Variant A is more likely a harmonization to the Lukan parallel (Luke 19:26), so variant B would represent the more ancient reading.

90. *Matthew 25:36*
A. ηλθετε Π Ω f^1 565 700
B.# ηλθατε ℵ B D E L W Δ Θ Σ f^{13} 33 [NA: a b]
Form alteration
Variants A and B are two forms of the second plural indicative second aorist of ἔρχομαι, but variant B has a first aorist ending which is sometimes found with this verb.[155] Variant A is probably a correction of variant B to the

---

[155]See BDF §81(3); Harold K. Moulton, ed., *The Analytical Greek Lexicon Revised* (Grand Rapids, Mich.: Zondervan, 1978), 35.

more grammatically correct second aorist ending. Such a correction occurs in several other places, e.g., Matt 11:7,8,9; 26:55.[156] Therefore, variant B likely represents the more ancient reading.

91. *Matthew 26:7*

A. αλαβαστρον μυρου εχουσα βαρυτιμου E W Δ Σ Ω f^1

B.# εχουσα αλαβαστρον μυρου βαρυτιμου B f^{13} 700, habens alabastrum unguenti pretiosi (a b)

C. εχουσα αλαβαστρον μυρου πολυτιμου ℵ D L Θ 33 (a b)

D. αλαβαστρον μυρου εχουσα πολυτιμου Π 565

Word order

Variants A and B have βαρυτίμου while variants C and D have πολυτίμου. The former is a *hapax legomenon* in the NT and the latter is also found in Matt 13:46, in the Johannine parallel (John 12:3), and in a significant portion of the manuscript tradition of the Markan parallel (Mark 14:3).[157] It is therefore likely that πολυτίμου is due to the influence of these parallels. One could consequently discard variants C and D.[158] Either variant A or B is likely to represent the most ancient reading. The divergence in word order may be due to stylistical preference or to a scribe's faulty memory while copying.

92. *Matthew 26:7*

A. επι την κεφαλην E L W Δ Π Σ Ω 33 565, caput a b

B.# επι της κεφαλης ℵ B D Θ f^1 f^{13} 700

Grammatical change: case[159]

Both variants are grammatically correct, although ἐπί + accusative (variant A) has a directional connotation while ἐπί + genitive (variant B) has a positional one. Nonetheless, it is impossible to be dogmatic in Biblical Greek, espe-

---

[156]Surprisingly, several manuscripts are not consistent having a first aorist ending in Matt 25:36 and a second aorist ending in Matt 25:39 or vice-versa.

[157]E.g., A G W Θ f^1 f^{13} 28 565 1071.

[158]So William D. Davies and Dale C. Allison, *The Gospel according to Saint Matthew*, vol. 3, 444, note 20 and Donald A. Hagner, *Matthew 14–28* (WBC 33B; Dallas: Word Books, 1995), 756; Gundry, *Matthew*, 520.

[159]For a similar case, see variant readings nos. 40 and 42 above.

cially in the case of ἐπί.¹⁶⁰ ἐπί + accusative was more common than the other cases, and the use of the accusative grew in popularity at the expense of the other cases as the language evolved.¹⁶¹ In other words, the genitive was more likely to be transformed into an accusative than the opposite. For this reason, variant B could represent the more ancient reading.

93. *Matthew 26:8*
A. μαθηται αυτου E W Δ Π Σ Ω *f*¹ 565
B# μαθηται ℵ B D L Θ *f*¹³ 33 700 a b
Short interpolation¹⁶²

Greek manuscript tradition agrees so often, placing the genitive personal pronoun αὐτοῦ after "disciples" (μαθηταί/μαθητάς/ μαθητῶν/μαθηταῖς) in the First Gospel, that it was likely to be added wherever it was missing.¹⁶³ This may be the case with variant A, which means that variant B may be the more ancient.¹⁶⁴

94. *Matthew 26:22*
A.¹⁶⁵ εκαστος αυτων E W Δ Π Σ Ω *f*¹ 565 700
B.# εις εκαστος ℵ B C L 33, singuli a b
C. εις εκαστος αυτων D Θ *f*¹³
Word alteration

Variants B and C combine the two indefinite pronouns εἷς and ἕκαστος to produce an intensive formulation.¹⁶⁶ Variant A may have found this formula-

---

¹⁶⁰See MHT, vol. 3, 271.
¹⁶¹See BDF §233; Robertson, *Grammar*, 600–01.
¹⁶²For a similar case, see variant reading no. 41 above.
¹⁶³See Matt 5:1; 8:23; 9:10, 11, 19, 37; 11:1; 12:1; 15:23; 16:21, 24; 23:1; 24:1; 28:13.
¹⁶⁴Contra J. K. Elliott, "Μαθητής With a Possessive in the New Testament," in *Essays and Studies in New Testament Textual Criticism* (Estudios de Filología Neotestamentaria 3; Cordoba (Spain): Almendro, 1992), 139–45 who argues for the originality of the possessive with μαθηταί/μαθητάς/μαθητῶν/μαθηταῖς in the NT on the basis that this form is the most common.
¹⁶⁵One may notice that this variant is also supported by 𝔓³⁷ and 𝔓⁴⁵.
¹⁶⁶On this, see BDF §305 and MHT, vol. 3, 198. This combination is also used in Acts 2:6 and an even more intensive formulation is found in Rev 21:21: ἀνὰ εἷς ἕκαστος.

tion excessive and, accordingly, deleted εἰς. Regarding αὐτῶν, two main scenarios are possible: Either it was added in place of εἰς (variant A), and variant C would represent a conflation of variants A and B, or it was present along with εἰς in the most ancient reading (variant C), and was deleted afterwards (variant B). The first scenario seems more probable as the expression εἰς ἕκαστος is rarely found in the NT or in the LXX (e.g., Ac 2:6; Rev 21:21; Lev 25:10; 4 Macc 13:13) and was likely to be altered as an uncommon idiom. Thus, variant B likely represents the most ancient reading.

95. *Matthew 26:26*
A. τον αρτον E W Δ Π Σ Ω ƒ13 565
B.# αρτον ℵ B C D L Θ ƒ1 33 700 [NA: a b]
Harmonization (to a liturgical formula)
The article in variant A was likely added as a result of the developement of liturgical formulae and theological studies referring to the eucharistic bread. It is indeed difficult to conceive why the article would have been removed if it had been present in the more ancient reading.[167]

96. *Matthew 26:26*
A. ευχαριστησας E W Δ Π Σ Ω ƒ¹ ƒ¹³ 565
B.# ευλογησας ℵ B C D L Θ 33 700, cum benedixisset a, benedixit b
Word alteration; harmonization
Variant A is probably a harmonization to the following verse (Matt 26:27a: καὶ λαβὼν ποτήριον καὶ εὐχαριστήσας), or to the Lukan parallel (Luke 22:19), or to the Pauline parallel (1 Cor 11:24) or more simply an influence from liturgy. Therefore, variant B probably represents the more ancient reading.

97. *Matthew 26:26*
A. εδιδου ℵ* C E W Δ Π Σ Ω 565, dedit b
B.# δους ℵᶜ B D L Θ ƒ¹ ƒ¹³ 33 700

---

[167]A similar interpolation occurs in the liturgy of saint James. See B. Ch. Mercier, *La liturgie de saint Jacques édition critique du texte grec avec traduction latine* (Patrologia Orientalis, t. 26, fasc. 2; Paris: Firmin-Didot, 1946), 202.

Form alteration

Variant A has an unexpected imperfect while variant B has an aorist participle. In this context, the imperfect would be more predictably changed into an aorist than the opposite, so that variant A likely represents the more ancient reading. In addition, the imperfect may have been used in this context to draw attention on the action.[168]

98. Matthew 26:53
A. η δωδεκα   C E W Δ Π Σ Ω f^1 f^{13} 33 565, quam duodecim   a
B.# δωδεκα   ℵ B D L Θ 700
C. XII milia (=δωδεκα χιλιαδες)   b

Short interpolation

The presence of the particle ἤ (than) in variant A can be expected as πλείω is a comparative (comparative of πολύς).[169] However, it appears that ἤ may be omitted after the adverbial comparatives πλέον (πλεῖν) and ἔλαττον (μεῖον), which may be the case in variant B.[170] Both variants A and B are therefore grammatically correct, and either of them could represent the most ancient reading. Variant C is likely secondary, since it greatly inflates the number of legions of angels (12,000).

99. Matthew 26:75
A. αυτω   C E W Δ Θ Π Σ Ω f^1 f^{13} 565 700, ei   b
B.# omit   ℵ B D L 33

Short interpolation[171]

Transcriptional probability can go both ways in this reading. αὐτῷ in variant A could either be added to be more specific and to parallel the αὐτῷ found in Matt 26:34, or it could be deleted as unnecessary.

---

[168]On this use of the imperfect, see Porter, *Idioms*, 34.
[169]See BDF §185.
[170]On this, see Smyth, *Greek Grammar*, §1074.
[171]For similar cases, see variant readings nos. 10; 16; 31; 35; 46; 50; 67 and 78.

TEXTUAL TENDENCIES OF THE BYZANTINE VARIANTS IN THE TEXT OF MATTHEW USED BY BASIL OF CAESAREA

The following remarks are applicable to Basil's text of the First Gospel, classified as Byzantine, but do not claim to apply to the whole Byzantine text type of Matthew.

As a first observation one may notice, from the sample described above, that the number of Byzantine readings longer than their Alexandrian counterparts is greater than the number of Byzantine readings shorter than their Alexandrian counterparts.[172] The proportion is 4.1 to 1 in the studied sample.[173] This peculiarity of Byzantine readings has already been noticed in several works of New Testament textual criticism.[174] Such a statistic tells nothing regarding the secondary or editorial character of the Byzantine readings, for editorial work could proceed both by expansion and contraction. Still, looking more closely at this matter, one notices that Byzantine variants considered to be secondary are more often expansions than contractions of the text, in a ratio of 2.7 to 1.[175] Therefore, Byzantine alteration appears to proceed more often by expansion than by contraction.

It is nevertheless possible to be more precise concerning the different aspects of Byzantine alteration. Thus, they can be described as stylistic correc-

---

[172]Longer variant readings: nos. 1; 5; 9; 16; 17; 21; 23; 26; 33; 34; 37; 46; 49; 50; 51; 54; 57; 63; 67; 68; 69; 76; 78; 81; 82; 85; 86; 87; 88; 93; 95; 98; 99. Shorter variant readings: nos. 20; 24; 27; 32; 35; 56; 64; 77.

[173]This ratio could be different if one increased the size of the sample, but one could not reasonably expect the proportion to be reversed.

[174]See for instance Westcott and Hort, *Introduction to the NT*, 135. See also Gregory, *Canon and Text of the NT*, 496, 501; Marie-Joseph Lagrange, *Critique textuelle* (vol. 2: La critique rationnelle; Études bibliques; Paris: Gabalda, 1935), 134–35; Burton L. Mack, *Rhetoric and the New Testament* (Guides to Biblical Scholarship, New Testament Series; Minneapolis: Fortress, 1990), 134–35 on the character of codex Alexandrinus (A 02), perceived as an early representative of the Byzantine text type; Léon Vaganay and Christian-Bernard Amphoux, *Initiation à la critique textuelle du nouveau testament* (2nd ed.; Études annexes de la Bible de Jérusalem; Paris: Éditions du Cerf, 1986), 159.

[175]Secondary Byzantine expansions are found at readings nos. 1; 9; 16; 17; 21; 26; 34; 37; 49; 51; 57; 67; 68; 69; 87; 95. Secondary Byzantine contractions are found at readings nos. 20; 24; 27; 32; 56; 77.

tions, clarifications and harmonizations.[176]

Some stylistic corrections appear to have been made to standardize a reading to a more "correct" Greek usage—as long as we can ascertain this "correct" Greek usage. In fact, conformity to Attic usage could explain the occurrence of some variants.[177] Variants where monadic or proper nouns are made anarthrous can also be classified among stylistic corrections.[178] Stylistic corrections could also consist in changing a plural verb to the singular with a neuter subject,[179] in changing a verb from the present to the aorist,[180] in bringing together parts of the same clause,[181] and in conforming a clause to general usage by changing the word order.[182] Odd usages of a verb could as well be changed into a more common form.[183] Paradoxically, stylistic corrections could consist in deleting an overly strong or useless particle, in deleting a word to avoid redundancy, and perhaps in adding an auxiliary in a sentence deemed too elliptic.[184] Finally, evidence suggests changes to connecting particles,[185] replacement of a word with a more common expression in the New Testament or in the First Gospel,[186] and even the creation or accentuation of the parallelism present in a passage.[187] In addition, a number of Byzantine readings, when compared to Alexandrian readings, could be explained as clarifications. In these cases, Alexandrian readings may be considered ambiguous when compared to their

---

[176]Interestingly, I have not found any clear instance of conflation in this sample of variants. One may explain variant readings nos. 12 and 55 as conflations, but it is also possible to find other explanations for the occurrence of these readings. Hort used his analysis of Byzantine conflate readings to demonstrate the posteriority of this text type. See Westcott and Hort, *Introduction to the NT*, 93–107. It should be noticed that Hort provided only eight instances of these conflate readings, and that these were drawn exclusively from Mark and Luke.

[177]E.g., variant readings nos. 22; 29; 47; 70.
[178]E.g., variant readings nos. 6; 20; 32.
[179]E.g., variant readings nos. 18; 19.
[180]E.g., variant reading no. 44.
[181]E.g., variant readings nos. 56; 65.
[182]E.g., variant readings nos. 4; 73.
[183]E.g., variant readings nos. 2; 49; 71; 90.
[184]E.g., variant readings nos. 77; 94; 26.
[185]E.g., variant reading no. 3.
[186]E.g., variant reading no. 15.
[187]E.g., variant readings nos. 38; 87; (99).

corresponding Byzantine readings.[188] In some instances, the Byzantine variant reading could consist in the addition of an implied subject or object in order to make a clause more specific.[189] In other instances, the clarification took the form of a more appropriate word,[190] or of a different orthography of a proper noun to avoid a confusion between two characters.[191] Also, clarifications could consist in an additional explanation to readers unfamiliar with the Jewish costume,[192] or in an emphasis on the divine character of the Temple.[193] Finally, several Byzantine readings could be explained as harmonizations, either to other gospels,[194] or to another passage of Matthew,[195] or even to a liturgical formula.[196]

In other words, most of the Byzantine readings studied in this sample appear secondary when compared to Alexandrian readings.[197] This conclusion had already been reached by Hort, who worked from a larger sample.[198] Consequently, Hort considered the whole Byzantine text type as the result of an editorial revision that would have taken place at the beginning of the fourth century in Syria (Antioch) where several types of text were in usage. The editorial endeavor aimed to standardize the NT text. For that purpose, it borrowed from all current types.[199] More specifically, Hort suggested that, confronted by a variation unit, Byzantine editors could either (a) choose and copy one of the readings before them or, (b) choose and modify one of these readings

---

[188] E.g., variant readings nos. 9; 14; 39; 46; (48); 50; 56; 63; 67; (81); (85); (88); 93; 99. It may nevertheless be difficult to distinguish clarifications from stylistic corrections in certain cases.

[189] E.g., variant readings nos. 9; 50; 46; 81; 85; 93; 99.

[190] E.g., variant reading no. 14.

[191] E.g. variant reading no. 39.

[192] E.g., variant reading no. 67.

[193] E.g., variant reading no. 63.

[194] E.g., variant readings nos. 1; 18; 59; 60; 51; 62; 89; 91.

[195] E.g., variant readings nos. 37; 57; 69.

[196] E.g., variant reading no. 95. Variant reading no. 96 could also represent an harmonization to a liturgical formula unless it was derived from another passage of Matthew, from Luke or from 1 Corinthians.

[197] I found a single example of possible conflation in variant reading no. 12.

[198] See Westcott and Hort, *Introduction to the NT*, 115–19, 132–35.

[199] See Westcott and Hort, *Introduction to the NT*, 135–43.

Peculiarities of Basil's Quotations 345

or, (c) combine several readings (conflation). They could also introduce variation where there was none.[200]

The order of these possibilities is significant, and is in some way confirmed by the large number of primary (169), uniform (365) and, predominant (323) Byzantine readings listed in chapters 3 and 4 in comparison with the proportionally smaller number of distinctive (5) and exclusive (32) Byzantine readings found in the same sample.[201] These figures may indicate that Byzantine editors were indeed more likely to choose a reading among the available ones than to create a new one.[202] Zuntz had reached the same conclusion in his study of $\mathfrak{P}^{46}$ in relation to a sample of manuscripts of the Pauline epistles.[203] In addition, the evidence of distinctive and exclusive Byzantine readings gathered in this study may often be explained as a modification of an existing reading rather than the creation of a new one. If, as Hort argued, conflation was also a means used by Byzantine editors, I found no clear instance of it in my data.[204] One may therefore question whether this feature was a means of editorial process in the First Gospel. Finally, the fourth means of the editorial process was the introduction of variation where there was none. In these cases, one would expect several Greek manuscripts assigned to the Byzantine text type to align themselves against the rest of the Greek manuscript tradition. I found such instances in my data.[205] Most of them involve only a few manuscripts and were therefore classified as exclusive readings, but a few of them involve a larger number of manuscripts and were classified as distinctive readings. These could represent instances where Byzantine editors introduced variation where none existed.

---

[200]See Westcott and Hort, *Introduction to the NT*, 116–17.

[201]One can compare these figures with, for instance, the number of each category of Western readings. Primary: 99; uniform: 130; predominant: 209; distinctive: 66; exclusive: 136.

[202]See for instance distinctive and exclusive readings in Matt 5:31; 10:8, 15; 12:14; 15:13, 14; 18:19; 22:38; 23:8(2X), 9; 24:47; 25:2, 20; 26:7; 27:46.

[203]Zuntz, *Text of the Epistles*, 55.

[204]Maurice Robinson makes a similar remark. See Maurice A. Robinson, "Case for Byzantine Priority," ¶11, note 25.

[205]E.g., exclusive variant readings found in Matt 3:11; 6:7; 13:20, 56; 17:25; 18:9; 22:8; 23:25, 26; 24:24, 36; 25:27, 35; 26:6, 52, and distinctive readings found in Matt 24:45, 46, 49(2X).

One could also posit that these readings reproduce more ancient readings found in manuscripts now vanished. In $\mathfrak{P}^{46}$, Zuntz found an anticipation of several Byzantine readings, previously considered to be late. This finding led him to believe that the Byzantine editors never altered the text without manuscript evidence.[206] Unfortunately, there is no equivalent to $\mathfrak{P}^{46}$ for the First Gospel. The relevant papyri are too fragmentary to be useful for this study.[207] Therefore, until new evidence is discovered, which could take the form of an almost complete second-century papyrus of the First Gospel, one may legitimately think that, in some instances, Byzantine editors were introducing variation where none had existed.

To summarize, evidence gathered in chapters 3, 4, and 5 indicates that Basil's text of Matthew shows closer affinities to the Byzantine text type than to any other text types. However, this affinity does not make Basil's text of Matthew a pure representative of the Byzantine text type, since it supports only a small proportion of distinctive and exclusive readings, and it witnesses to a significant number of non-Byzantine readings. Nonetheless, Basil's text of Matthew reflects the editorial trends that were already affecting the Byzantine text type in mid-fourth-century Cappadocia. Thus, most of the Byzantine variants found in Basil were judged to be secondary in comparison with their Alexandrian counterparts.[208] From an internal point of view, Byzantine secondary readings could most often be explained as stylistic improvements, clarifications and harmonizations. From an external point of view, classification of evidence indicates that Byzantine editors were more likely to select among existing readings available to them, or to modify these readings slightly, than to introduce variation where there was none. Evidence could indicate nevertheless that they introduced variation from time to time as was proposed

---

[206]Zuntz, *Text of the Epistles*, 55.

[207]A look at a list made by Sturz of "Papryus-Distinctively Byzantine Alignments Opposed by Westerns, Alexandrians, and Westcott and Hort" displays only one instance of a "distinctive" (in fact primary) Byzantine reading also attested in $\mathfrak{P}^{37}$ and $\mathfrak{P}^{45}$. See Sturz, *Byzantine Text-Type*, 145.

[208]I raised the possibility that a few Byzantine readings supported by Basil were more ancient than their Alexandrian counterparts, but it should be noticed that all these readings (i.e., variant readings nos. 43; 53; 54; 63; 66 and 75) were primary Byzantine readings rather than distinctively or exclusively Byzantine.

by Hort, but denied by Zuntz. Finally, Byzantine editors appear not to have used conflation in editing the text of Matthew.

CONCLUSION

The primary aim of this study was to collect, to display, and to classify Basil of Caesarea's quotations of the First Gospel and to compare his reconstructed text of Matthew with a sample of manuscripts representing the major textual groups. As a result, Basil's text of Matthew was found to be in greater agreement with the Byzantine textual group than with any other. Basil's text of Matthew therefore appears as the earliest known witness of the Byzantine text type. The study therefore brings a new piece of evidence to the puzzle of the history of NT textual criticism by indicating that some form of Byzantine text type already circulated in mid-fourth-century Cappadocia.

The dissertation makes other significant contributions to NT textual criticism. For instance, the results of quantitative analysis, proceeding from a sample of more than 675 variant readings shared by Basil and various manuscripts, lead to the reclassification of *Family 1* (f^1), which has been classified so far as a Caesarean witness in Matthew as it is so considered in Mark. From now on, f^1 should be classified as a secondary Alexandrian witness in Matthew.

Furthermore, the dissertation proposes a refinement of Colwell's method of quantitative analysis by the addition of the calculation of error correction. In fact, quantitative analysis of the relationships between NT manuscripts can give the false impression of accuracy, especially when it proceeds from a small sample of variant readings. The use of error correction permits the precise indication of the level of accuracy of any quantitative analysis. It also clearly demonstrates that quantitative analysis should aim to work from samples as large as possible to increase accuracy.

Finally, the dissertation investigates the textual character of the early Byzantine text type of Matthew displayed in Basil's works. The examination of ninety-nine distinctive, exclusive and primary Byzantine variant readings found in Basil's text of Matthew shows that this text type was mainly the result of editorial work, which consisted in a selection among existing variant readings with the perspective of improving style, of clarifying difficult readings, and of harmonizing readings with those found in other gospels or comparable readings in Matthew. From time to time, editors could have introduced variation where there was none, but this likely rarely occurred, considering the small number of instances of this phenomenon in the studied sample.

One must also acknowledge the limits of this study. Thus, the picture of Basil's NT text is far from being complete. Further study should investigate Basil's text of Luke's and John's Gospels as well as his text of the Pauline corpus.[1] Such a study could cause some surprise, since the textual character of Basil's NT text could differ from document to document.[2] Nonetheless, quantitative analysis of Basil's text of Luke and John could not reach the accuracy obtained with Matthew, since the number of quotations from the Third and Fourth Gospels is considerably smaller than from the First Gospel.[3] Furthermore, the investigation of Gregory of Nazianzus' NT text would provide a clearer picture of the NT text which circulated in mid-fourth-century Cappadocia.[4]

Any further research on Basil's NT text would be greatly eased by the publishing of critical editions of Basil's ascetical and homiletic corpora.[5] At this

---

[1] Basil's text of Mark's Gospel appears impossible to reconstruct considering the small number of unequivocal quotations of the Second Gospel in Basil's works.

[2] For instance, Oliver concluded his study by noticing that Basil exhibited a K^1 text (von Soden's nomenclature) in Matthew, Mark and John, and a K^i text in Luke. See Harold Hunter Oliver, *The Text of the Four Gospels as Quoted in the Moralia of Basil the Great* (Ph.D. diss., Emory University; 1961), 907.

[3] For instance, the index of biblical passages of Umberto Neri, ed., *Opere ascetiche di Basilio di Cesarea* ([Torino]: Unione tipografico-editrice torinese, 1980) lists 349 quotations of Matthew, comparatively to 174 quotations of Luke and 164 quotations of John. In contrast, there are 704 quotations of the Pauline corpus.

[4] Brooks has already studied Gregory's of Nyssa NT text. See James A. Brooks, *The New Testament Text of Gregory of Nyssa* (SBLNTGF 2; Atlanta: Scholars Press, 1991).

[5] So far, only a few homilies have appeared in critical editions: Yves Courtonne, ed., *Saint Basile. Homélies sur la richesse. Édition critique et exégétique* (Paris: Firmin-Didot, 1935); Stanislas Giet, ed., *Basile de Césarée. Homélies sur l'Hexaéméron* (SC 26; Paris: Cerf, 1949); Emmanuel Amand de Mendieta and Stig Y. Rudberg, eds., *Basilius von Caesarea. Homilien zum Hexaemeron* (GCS nf 2; Berlin: Akademie Verlag, 1997); Stig Y. Rudberg, ed., *L'homélie de Basile de Césarée sur le mot 'Observe-toi toi-même.' Édition critique du texte grec et étude sur la tradition*

time, anyone who wants to attempt this type of work must rely either on the eighteenth-century Maurist edition or on specific manuscripts, making the work either unreliable or arduous. In his 1953 monograph, Gribomont prepared the ground for such a critical edition of the ascetical corpus by identifying the best recensions and manuscripts.[6] Recently, Fedwick completed and improved this work by listing and classifying all known manuscripts of Basil's works.[7] With the existence of such guidelines, the time appears to be ripe for producing such critical editions of Basil's ascetical and homiletic corpora, which would accelerate research on Basil's NT text.

---

manuscrite (Acta Universitatis Stockholmiensis. Studia Graeca Stockholmiensis 2; Stockholm: Almquist & Wicksell, 1962).

[6]Jean Gribomont, *Histoire du texte des Ascétiques de S. Basile* (Bibliothèque du Muséon 32; Louvain: Publications universitaires, 1953).

[7]Paul J. Fedwick, ed., *Bibliotheca Basiliana Universalis. A Study of the Manuscript Tradition of the Works of Basil of Caesarea* (4 volumes; Corpus Christianorum. Bibliotheca Basiliana Universalis; Turnhout: Brepols, 1993–2000).

APPENDIX A
UNCERTAIN QUOTATIONS

Matthew 3:3; Mark 1:3; Luke 3:4
ο Ιωαννης φωνη μεν ελεγετο βοωντος εν τη ερημω (*HTrin* 4; PG 31, 1496B) [All]

Matthew 3:4; Mark 1:6
Ιωαννης μεν δερματινη ζωνη περισφιγγων εαυτου την οσφυν (*RFus* 23; PG 31, 981A) [All]

Matthew 3:6; Mark 1:5
γεγραπται γαρ εν τω ευαγγελιω οτι τω Βαπτιστη Ιωαννη εξομολογουντο τας αμαρτιας αυτων (*RBr* 288; PG 31, 1284D–1285A) [All]

Matthew 3:8; Luke 3:8
αλλα και καρπους αξιους της μετανοιας ποιησαι (*Ep* 22.7.20–21) [All]
δια του ποιειν καρπους αξιους της μετανοιας (*RFus* 55.4; PG 31, 1049B) [All]
ει μη επιδειξηται καρπους αξιους της μετανοιας (*RBr* 7; PG 31, 1088A) [All]
και η σπουδη των αξιων καρπων της μετανοιας ειρηται εν τοις ιδιοις τοποις (*RBr* 14; PG 31, 1092B) [All]
επιδειξαμενους καρπον τινα μετανοιας (*Ep* 188.4.16–17) [All]
επειδαν τους καρπους της μετανοιας αξιους επιδεξηται (*Ep* 217.75.14–15) [All]
και ποιους επιδειξασθαι καρπους αξιους της μετανοιας (*RBr* 5; PG 31, 1085A) [L]

Matthew 3:10; Luke 3:9
παν ξυλον μη ποιουν καρπον καλον εκκοπτεται υπο της αξινης και εις πυρ βαλλεται (*HPs* 28.7; PG 29, 300D–301A) [Ad]

Matthew 3:12; Luke 3:17
ευθυς γαρ το πτυον διακρινει μεν το αχυρον απο του σιτου (*HMam* 4; PG 31, 596C) [All]
τινες εισιν αχυρον κατακαιομενον πυρι ασβεστω (*RBr* 257; PG 31, 1253C) [L]

Matthew 4:2; Mark 1:13
ον ετιμησας τη νηστεια των τεσσερακοντα ημερων (*HMart* 6; PG 31, 520A) [All]

Matthew 4:4; Deuteronomy 8:3
και ο εμπλησθεις παντι ρηματι εκπορευομενω δια στοματος θεου (*HPs* 44.3; PG 29, 393B) [C]

Matthew 4:16; Isaiah 9:2
προς τους καθημενους εν σκοτει (*HIul* 7; PG 31, 253C) [All]

Matthew 4:18; Mark 1:16
ευθυς γαρ εκ της Βηθσαιδα τον αδελφον Ανδρεου τον απο αλιεων εις την διακονιαν της αποστολης προσκληθεντα τον δια πιστεως υπεροχην εφ' εαυτου την οικοδομην της εκκλησιας δεξαμεονον (*Eun* II.4.16) [All]

Matthew 5:3; Luke 6:20[1]
τουτους και ο Κυριος μακαριζει λεγων, "μακαριοι οι πτωχοι τω πνευματι" (*HPs* 33.5; PG 29, 361B) [C]
τουτους και μακαριζει ο Κυριος λεγων, "μακαριοι οι πτωχοι τω πνευματι" (*HPs* 33.12; PG 29, 381A) [C]

---

[1] A large number of manuscripts of Luke have a text similar to that of Matthew for this part of the verse. For that reason, I must consider the possibility that Basil was

ουτοι εισιν οι πτωχοι τω πνευματι (*RBr* 205; PG 31, 1217C) [All]
τινες εισιν οι πτωχοι τω πνευματι (*RBr* 205; PG 31, 1217C) [L]

Matthew 5:21; 19:18; Exodus 20:15; Romans 13:9
κακεινος μεν ου φονευσεις (*HPs* 1.14.5; PG 29, 260C) [C]

Matthew 5:22,28,32,34,39,44
προσεχε δε ακριβως και ταις φωναις του Κυριου οτι οταν ημας περι του πατρος εκπαιδευση οιδε ταις αυθεντικαις και δεσποτικαις κεχρησθαι φωναις, λεγων· [...] και [...] "και εγω δε λεγω υμιν" και το [...] (*AmphSp* VIII.21,14) [C]

Matthew 5:27–28; Exodus 20:13,17
ελεγε νομος ου μοιχευσεις ο δε Κυριος ουδε επιθμησεις (*HPs* 1.14.5; PG 29, 260C) [All]

Matthew 5:29; Mark 9:47
κατα το προσταγμα αυτου του Κυριου ειποντος· "εαν ο οφθαλμος σου ο δεξιος σκανδαλιζη σε εξελε αυτον και βαλε απο σου" (*RFus* 28.1; PG 31, 989A) [C]

Matthew 6:2,5,16
"απεχουσιν" γαρ, φησιν, "τον μισθον αυτων" (*HHum* 7; PG 31, 540A) [C]
αμην λεγω υμιν απεχουσι τον μισθον αυτων (*RBr* 282; PG 31, 1280CD) [C]
αμην λεγω υμιν απεχουσι τον μισθον αυτων (*RBr* 298; PG 31, 1293B) [C]
αμην λεγω υμιν οτι απεχουσιν τον μισθον αυτων (*AscPr3* 3; PG 31, 896A) [C]

Matthew 6:25; Luke 12:22
διο και ο Κυριος ... λεγων· "μη μεριμνατε τη ψυχη υμων τι φαγητε μηδε τω σωματι υμων τι ενδυσησθε" (*HMal* 9; PG 31, 349B) [C]

---

quoting from Luke here.

εστιν υπο του Κυριου κεκωλυμενον ειποντος· "μη μεριμνατε τη ψυχη υμων τι φαγητε, μηδε τω σωματι υμων τι ενδυσησθε" (*RFus* 42.1; PG 31, 1025A) [C]

Matthew 6:26; 8:20; Mark 4:32; Luke 8:5; 9:5,58; 13:19; Acts 11:6
η γραφη τον αερα λεγει ως το, τα πετεινα του ουρανου (*HMal* 10; PG 31, 352B) [All]

Matthew 6:32; Luke 12:30
εστιν υπο του Κυριου κεκωλυμενον ειποντος· [Matt 6:25/Luke 12:22] και επενεγκοντος· "ταυτα γαρ παντα τα εθνη του κοσμου επιζητει" (*RFus* 42.1; PG 31, 1025A) [C]
ταυτα γαρ παντα τα εθνη του κοσμου επιζητει (*RBr* 207; PG 31, 1220C) [All]

Matthew 7:1; Luke 6:37
μεμνησθω δε και του ειποντος· "μη κρινετε ινα μη κριθητε" (*Ep* 204.4.17) [C]

Matthew 7:2; Luke 6:38
ω γαρ μετρω μετρειτε, αντιμετρηθησεται υμιν (*HPs* 61.5; PG 29, 481D) [Ad]

Matthew 7:3; Luke 6:41
πολλοι γαρ κατα τον λογον του κυριου, "το μεν καρφος το εν τω οφθαλμω του αδελφου κατανοουσι, την δε εν τω οικειω οφθαλμω δοκον ουκ εμβλεπουσιν" (*HAtt* 31.19–21) [All]

Matthew 7:4; Luke 6:42
αλλα την δοκον την εν τω οικειω οφθαλμω εκβαλλετωσαν (*Ep* 224.3.18–19) [All]

Matthew 7:5; Luke 6:42
ινα διδαχθητε εκβαλλειν την δοκον των οφθαλμων υμων (*Ep* 207.4.34–35B) [All]

Matthew 7:8; Luke 11,10
καλως γαρ ακουσας της παραινεσεως του Κυριου οτι "πας ο αιτων λαμβανει και ο ζητων ευρισκει" (*AmphSp* I.1.1) [C]

Matthew 8:3; Mark 1:41; Luke 5,13
προσεχε δε ακριβως και ταις φωναις του Κυριου οτι οταν ημας περι του πατρος εκπαιδευση οιδε ταις αυθεντικαις και δεσποτικαις κεχρησθαι φωναις λεγων. "θελω καθαρισθητι", και [...], και [...], και το [...] (*AmphSp* VIII.21,13) [C]
[ο Κυριος] λεγων· "θελω καθαρισθητι" (*RFus* 55.2; PG 31, 1045C) [C]

Matthew 8:12; 13:42,50; 22:13; 24:51; 25:30; Luke 13:28
οπου εστιν ο κλαυθμος και ο βρυγμος των οδοντων (*RBr* 57; PG 31, 1121B) [All]

Matthew 8:12; 22:13; 25:30
πεμπονται γαρ εις το σκοτος το εξωτερον εκει εσται ο κλαυθμος και ο βρυγμος των οδοντων (*HPs* 48.11; PG 29, 457C) [C][2]
πεμπονται εις το σκοτος το εξωτερον (*Hex* 30.9) [All]

Matthew 9:6; Mark 2:10[3]
ινα δε ειδητε οτι εξουσιαν εχει ο υιος του ανθρωπου επι της γης αφιεναι αμαρτιας (*Mor* 1.2; PG 31, 700C) [C]

Matthew 9:12; Mark 2:17; Luke 5:31
ου χρειαν εχουσιν οι ισχυοντες ιατρου αλλ' οι κακως εχοντες (*Mor* 80.17; PG 31, 865C) [C]
του Κυριου ειποντος· [Jn 6:37] και παλιν· "ου χρειαν εχουσιν οι ισχυοντες ιατρου αλλ' οι κακως εχοντες·" και αλλαχου [Mt 18:12] (*RBr* 102; PG 31, 1153B) [C]

---

[2] Missing from VatGr 413.
[3] Migne and Neri attribute this quotation to Mark 2:10.

ου γαρ χρειαν εχουσιν οι ισχυοντες ιατρου αλλ' οι κακως εχοντες (Hlieun 1.3; PG 31, 168A) [C]

εκεινου ρηματα εστιν εκεινο το γλυκυ και σωτηριον στομα ειπεν· "ου χρειαν εχουσιν οι ισχυοντες ιατρου αλλ' οι κακως εχοντες" + (*Ep* 46.6.13–14) [C]

Matthew 9:13; Mark 2:17

+ ουκ ηλθον καλεσαι δικαιους αλλα αμαρτωλους εις μετανοιαν (*Ep* 46.6.14–15) [Ad]

επειδη δε ο ιατρος των ψυχων ουκ ηλθε καλεσαι δικαιους αλλα αμαρτωλους εις μετανοιαν (*HPs* 48.1; PG 29, 433C) [All][4]

Matthew 9:17; Mark 2:22; Luke 5:33

ουδεις γαρ βαλλει οινον νεον εις ασκους παλαιους ινα μη και ο οινος εκχυθη και παντη απολωνται εκεινοι οι ασκοι (*HPs* 32.5; PG 29, 337A) [All]

Matthew 9:22; Mark 5:34; 10:52; Luke 7:50; 8:48; 17:19; 18:42

"η πιστις γαρ σου," φησιν, "σεσωκεν σε" (*HPs* 7.2; PG 29; 232C) [Ad]

Matthew 9:38; Luke 10:2

προσληψεται εργατας εις τον θερισμον (*Ep* 190.1.21) [All]

Matthew 10:21; Mark 13:12

παραδωσει δε αδελφος αδελφον εις θανατον και πατηρ τεκνον, και επαναστησονται τεκνα επι γονεις και θανατωσουσιν αυτους + (*Mor* 62.1; PG 31, 797A) [C]

Matthew 10:22; 24:13; Mark 13:12

+ και εσεσθε μισουμενοι υπο παντων δια το ονομα μου· ο δε υπομεινας εις τελος ουτος σωθησεται (*Mor* 62.1; PG 31, 797A) [C]

ο δε υπομεινας εις τελος ουτος σωθησεται (*RBr* 221; PG 31, 1229A) [C]

---

[4]Missing from VatGr 413.

ο γαρ υπομεινας εις τελος ουτος σωθησεται   (*HIra* 4; PG 31, 361A)   [Ad]

Matthew 11:5; Luke 7:22
λεπροι εκαθαριζοντο και χωλοι περιεπατουν κωφοι ηκουον και τυφλοι ανεβλεπον   (HInv 4; PG 31, 377C)   [All]

Matthew 11:8
τους εν τοις βασιλειοις οικουντας και τα μαλακα ημφιεσμενους   (*RFus* 22.1; PG 31, 977B)   [All]

Matthew 11:11; Luke 7:28
δια τουτο μειζων εν γεννητοις γυναικων ουκ ανεστη Ιωαννου του βαπτιστου   (Hlieun 1.9; PG 31, 177C)   [All][5]
ου μειζων εν γεννητοις γυναικων ουκ εγηγερται Ιωαννην λεγω τον του Ζαχαριου   (*RFus* 22.1; PG 31, 977BC)   [All]

Matthew 11:15; Luke 8:8
τι δε δει λεγειν περι του ο εχων ωτα ακουειν ακουετω   (*HPs* 33.13; PG 29, 384A)   [C]

Matthew 11:19; Luke 7:35
"εδικαιωθη" γαρ, φησιν, "η σοφια απο των τεκνων αυτης"   (*HPs* 7.1; PG 29, 229C–232A)   [Ad]

Matthew 11:25; Luke 10:21
εξομολογουμαι σοι, πατερ, κυριε του ουρανου και της γης, οτι απεκρυψας ταυτα απο σοφων και συνετων και απεκαλυψας αυτα νηπιοις +   (*Mor* 61.1; PG 31, 796B)   [C]
εξομολογουμαι σοι, πατερ, κυριε του ουρανου και της γης, οτι απεκρυψας ταυτα απο σοφων και συνετων και απεκαλυψας αυτα νηπιοις +   (*Mor* 70.26; PG 31, 837D–840A)   [C]

---

[5]In these two quotations, the position of μειζων might lead us to believe that there is a conflation with Luke 7:28.

Matthew 11:26; Luke 10:21
+ ναι ο πατηρ, οτι ουτως εγενετο ευδοκια εμπροσθεν σου (*Mor* 61.1; PG 31, 796B) [C]
+ ναι ο πατηρ, οτι ουτως εγενετο ευδοκια εμπροσθεν σου (*Mor* 70.26; PG 31, 840A) [C][6]

Matthew 11:27; 24:36; Mark 13:22; Revelation 2:17; 19:12
ουτω και το "ουδεις οιδε" (*Ep* 236.1.28) [C]

Matthew 12:6,41–52; Luke 11:31–32
του δε Κυριου λεγοντος· "πλειον του ιερου ωδε" (*RBr* 310; PG 31, 1304C) [All][7]
ει δε πλειον του ιερου ωδε (*RBr* 309; PG 31, 1304A) [All]

Matthew 12:28; 1 Corinthians 6:11
δαιμονες απηλαυνοντο εν τω πνευματι του θεου (*AmphSp* XIX.49.17; PG 32, 157A) [All]

Matthew 12:29; Mark 3:27
αυτος γαρ δησας τον ισχυρον, διηρπασεν αυτου τα σκευη (*AmphSp* VIII.18.23) [All]

Matthew 12:34; Luke 6:45
εκ του περισσευματος της καρδιας λαλει το στομα (*RBr* 300; PG 31, 1296A) [All]
επειδη το λαλουμενον εκ του περισσευματος εστι της καρδιας (*HPs* 1.14.3) [All]
εκ γαρ του περισσευματος της καρδιας ο λογος προφερεται (HVerb 3; PG 31, 477C) [All]
οτι εκαστος ημων εκ του περισσευματος της καρδιας λαλει (*Ep* 197.1.12–13) [All]

---

[6]Missing from Garnier.
[7]In spite of the fact that this quotation is introduced as a verbatim citation from a

Matthew 12:43; Luke 11:24
"οταν εξελθη," φησι, "το ακαθαρτον πνευμα απο του ανθρωπου" + (*HPs* 45.8; PG 29, 429A) [Ad][8]

Matthew 12:44; Luke 11:25
+ λεγει πορευομαι εις τον τοπον οθεν εξηλθον και ελθον ευρισκει τον οικον εκεινον σχολαζοντα και σεσαρωμενον   (*HPs* 45.8; PG 29, 429AB) [Ad][9]

Matthew 12:50; Mark 3:35?
του Κυριου ειποντος· "ος γαρ αν ποιηση το θελημα του πατρος μου του εν ουρανοις ουτος μου αδελφος και αδελφη και μητηρ εστιν" (*RBr* 155; PG 31, 1184B) [C]

Matthew 13:9; 11:15; 13:43; Luke 8:8; 14:35
ως ο Κυριος· "ο εχων ωτα ακουειν ακουετω"   (*HProv* 14; PG 31, 413C) [C]

Matthew 13:15; Isaiah 6:10
οτι φθασαντες αυτοι τους οφθαλμους αυτων εκαμμυσαν και τοις ωσιν βαρεως ηκουσαν και επαχυνθη η ασυνετος αυτων η καρδια   (*MorPrL* 3; PG 31, 657A) [Ad]
σοι δε ουκ εστιν ωτα του ακουειν ουδε καρδια του συνιεναι   (*Eun* II.27.10–11) [All]

Matthew 13:22; Mark 4:19; Luke 8:14
κατα την του Κυριου φωνην, "αι μεριμναι του αιωνος τουτου, και αι ηδοναι του βιου, και αι περι τα λοιπα επιθυμιαι συμπνιγουσι τον λογον, και ακαρπος γινεται" (*RFus* 18; PG 31, 965C) [All]

---

gospel, it looks like a conflation of Mt 12:6 with Mt 12:41–42//Lk 11:31–32.
[8]Missing from VatGr 413.
[9]Missing from VatGr 413.

Matthew 13:32; Mark 4:31
ο μικροτατον ον των φρυγανικων σπερματων (*AmphSp* I.1.2.38; PG 32, 72A) [All]

Matthew 13:42; Mt 13:50; 18:9
ολος βληθη εις την γεεναν του πυρος οπου εστιν ο κλαυθμος και ο βρυγμος των οδοντων (*RBr* 57; PG 31, 1121B) [All]

Matthew 14:19; Matthew 15:36/Mark 8:6; Mark 6:41/Luke 9:16
και λαβων τους πεντε αρτους και τους δυο ιχθυας ευχαριστησας εκλασε και εδωκε τοις μαθηταις αυτου οι δε μαθηται τω οχλω (*Mor* 56.2; PG 31, 785B) [Ad][10]

Matthew 14:19; Mark 6:41; 7:34/Luke 9:16
αναβλεψον προς τον ουρανον (*Ep* 6.2.23–24) [All]

Matthew 15:32; Mark 8:2–3
σπλαγχνιζομαι επι τον οχλον, οτι ηδη ημεραι τρεις προσμενουσι μοι και ουκ εχουσι τι φαγωσι· και απολυσαι αυτους νηστεις ου θελω, μηποτε εκλυθωσιν εν τη οδω (*Mor* 70.21; PG 31, 833BC) [C]

Matthew 15:32; Mark 8:2
"σπλαγχνιζομαι" γαρ, φησιν, "επι τον οχλον" (*HFam* 7; PG 31, 324A) [Ad]

Matthew 15:32; Mark 8:3
τουτο αυτος ο Κυριος εν οις εδεξιουτο τα κεκμηκοτα πληθη προς το μη εκλυθηναι εν τη οδω, ως γεγραπται (*RFus* 19.2; PG 31, 969A) [All]

---

[10]Missing from VatGr 428. One may wonder whether this wording is due to a liturgical influence.

Uncertain Quotations

Matthew 16:16; Mark 8:29[11]

και παλιν ο Πετρος, ο δια την της αληθειας επιγνωσιν των μακαρισμων εκεινων αξιωθεις, ουκ ειπε 'συ ει το γεννημα', αλλα "συ ει ο Χριστος ο υιος του θεου του ζωντος" (*Eun* II.7.14–15) [C]

Matthew 16:24; Mark 8:34; Luke 9:23

ει τις θελει οπισω μου ελθειν απαρνησασθω εαυτον (*RFus* 6.1; PG 31, 925C) [C]

του Κυριου ημων Ιησου Χριστου ... λεγοντος προς παντας· "ει τις ερχεται προς με απαρνησασθω εαυτον και αρατω τον σταυρον αυτου και ακολουθειτω μοι" (*RFus* 8.1; PG 31, 936A) [C][12]

ει τις θελει οπισω μου ελθειν απαρνησασθω εαυτον και αρατω τον σταυρον αυτου και τοτε επαγαγοντος και ακολουθειτω μοι (*RFus* 8.1; PG 31, 936BC) [C]

ει τις θελει οπισω μου ελθειν, απαρνησασθω εαυτον και αρατω τον σταυρον αυτου και ακολουθειτω μοι + (*Mor* 2.3; PG 31, 705B) [C]

την υπο του Κυριου παντι τω προσερχομενω προταθεισαν ειποντος· "ει τις θελει οπισω μου ελθειν, απαρνησασθω εαυτον και αρατω τον σταυρον αυτου και ακολουθειτω μοι" (*RBr* 2; PG 31, 1084A) [C]

"ει τις" γαρ, φησι, "θελει οπισω μου ελθειν, απαρνησασθω εαυτον και αρατω τον σταυρον αυτου και ακολουθειτω μοι" (*Ep* 2.1.19–21) [Ad]

ως ο Κυριος εδιδαξεν ειπων· "ει τις θελει οπισω μου ελθειν απαρνησασθω εαυτον και αρατω τον σταυρον αυτου" (*RBr* 234; PG 31, 1240A) [Ad]

η καταδεξαμενη την προτασιν του Κυριου ειποντος· "ει τις θελει οπισω μου ελθειν απαρνησασθω εαυτον και αρατω τον σταυρον αυτου [ad. και ακολουθειτω μοι Garnier]" (*RBr* 237; PG 31, 1241B) [Ad]

---

[11] I relegated that quotation to this section, for manuscripts W f^{13} of Mark 8:29 have the same reading as Matt 16:16.

[12] William Kemp Lowther Clarke, *The Ascetic Works of Saint Basil, Translated Into English with Introduction and Notes* (Translations of Christian Literature, Series 1: Greek Texts; London/New York: SPCK/MacMillan, 1925), 166 mentions a conflation with Lk 14:26 regarding the use of ερχεται προς με. Here, VatGr 413 skips this reference and continues directly with Luke 14:33.

Matthew 16:24; 14:27; Mark 8:34; Luke 9:23

και αραντες τον εαυτων σταυρον (*Ep* 207.2.10) [All]

Matthew 16:25; Mark 8:35; Luke 9:24

+ ος γαρ εαν θελη την ψυχην αυτου σωσαι απολεσει αυτην (*Mor* 2.3; PG 31, 705B) [C]

Matthew 16:27

μελλει γαρ ο υιος του ανθρωπου ερχεσθαι εν τη δοξη του πατρος αυτου μετα των αγγελων αυτων, και τοτε αποδωσει εκαστω κατα την πραξιν αυτου (*Mor* 1.1; PG 31, 700C) [C][13]

Matthew 16:27; 25:31

οταν ελθη ο υιος του Θεου εν τη δοξη αυτου μετα των αγγελων αυτου (*Ep* 46.5.23–24) [All]

Matthew 16:27; Mark 8:30

αλλ' εν τη δοξη του πατρος (*Mor* 68.2; PG 31, 808A) [L]

Matthew 17:5; Luke 17:5[14]

μεμνημενος της εν τω ευαγγελιω φωνης; "ουτος εστιν ο υιος μου ο αγαπητος, εν ω ευδοκησα· αυτου ακουετε" (*HPs* 44.2; PG 29, 392A) [C]

---

[13]Missing from Garnier. Harold Hunter Oliver, *The Text of the Four Gospels as Quoted in the Moralia of Basil the Great* (Ph.D. diss., Emory University; 1961), 311 has αυτου instead of αυτων. He likely assumed this reading in VatGr 413 and VatGr 428. Nevertheless, the passage is not found in VatGr 428 nor in VatGr 413 at this location. Instead there is Matt 12:41. I assume that Gribomont made an error in his collation of VatGr 428 and VatGr 413. His error was copied by Oliver who relied on Gribomont's collations of both manuscripts.

[14]The text of Luke 17:5 is identical to the one of Matt 17:5 in manuscripts C³ D M Ψ 7 27 60 71 267 349 544 1194 1443 1458 1630 1654 1685 2613 and several lectionaries. For this reason, I considered it more appropriate to relegate this quotation to the present section.

Matthew 17:21; Mark 9:29[15]

αυτου του Κυριου διδαξαντος ημας, οτι "τουτο το γενος ουκ εν ουδενι εκπορευεται ει μη εν προσευχη και νηστεια" (*RFus* 18; PG 31, 965D) [C]

Matthew 18:6; Luke 17:2

"συμφερει" γαρ, φησιν ο Κυριος "ινα κρεμασθη μυλος ονικος περι τον τραχηλον αυτου και ερριπται εις την θαλασσαν η ινα σκανδαλιση ενα των μικρων τουτων" (*RFus* 47; PG 31, 1036C) [Ad]

περι ου ειρηται οτι "συμφερει αυτω ινα κρεμασθη μυλος ονικος περι τον τραχηλον αυτου και ριφη εις την θαλασσαν η ινα σκανδαλιση ενα των μικρων τουτων" (*RBr* 7; PG 31, 1085C) [All]

συμφερει αυτω ινα κρεμασθη μυλος ονικος περι τον τραχηλον αυτου και ριφη εις την θαλασσαν η ινα σκανδαλιση ενα των μικρων τουτων (*RBr* 64; PG 31, 1125A) [L]

Matthew 18:6; Mark 9:42; Luke 17:2

η ινα σκανδαλιση ενα των μικρων τουτων (*RBr* 64; PG 31, 1125A) [L]

Matthew 18:12; Luke 15:4

του Κυριου ειποντος [Jn 6:37] και παλιν [Mt 9:12] και αλλαχου· "τις εξ υμων εχων εκατον προβατα εαν πλανηθη εν εξ αυτων ουχι αφιησι τα ενενηκοντα εννεα και πορευθεις ζητει το πλανωμενον εως ου ευρη αυτο" (*RBr* 102; PG 31, 1153B) [All]

Matthew 18:16; Deuteronomy 19:15; 2 Corinthians 13:1[16]

ει γαρ επι στοματος δυο και τριων μαρτυρων σταθησεται παν ρημα (*RFus* 7.3; PG 31, 932C) [Ad]

ωσπερ τι αναθημα τω Θεω καθιερουσθαι και βεβαιωσιν ειναι του γινομενου δια της μαρτυριας επι στοματος γαρ, φησιν "δυο μαρτυρων και τριων

---

[15] The presence of the phrase εν ουδενι, found in Mark 9:29, introduces the possibility that Basil is quoting Mark instead of Matthew.

[16] This reading is closer to the one found in certain manuscripts of Matthew, but σταθησεται is found only in Deuteronomy 19:15 and 2 Corinthians 13:1.

σταθησεται παν ρημα" (*RFus* 15.4; PG 31, 956C) [Ad]

Matthew 19:6; Mark 10:8
κατα τον του Κυριου λογον "ουκετι εισι δυο αλλα σαρξ μια" (*Ep* 302.14) [C]

Matthew 19:14; Luke 18:16
φυλασσεσθω το υπο του Κυριου προστεταγμενον ειποντος· "αφετε τα παιδια ερχεσθαι προς με και μη κωλυετε αυτα των γαρ τοιουτων εστιν η βασιλεια των ουρανων" (*RBr* 292; PG 31, 1288B) [C]

Matthew 19:19; Leviticus 19:18
οτι ηγαπησας τον πλησιον σου ως σεαυτον [εαυτον Parisinus gr. 487] (*HDiv* 41.17–18) [All]

Matthew 19:21; Luke 18:22
δια την διδασκαλιαν του Κυριου ειποντος· "υπαγε πωλησον παντα οσα εχεις και δος πτωχοις" (*RBr* 205; PG 31, 1217D) [C]

Matthew 19:22; Mark 10:22
ου γαρ αν απηλθεν επι ταις τοιαυταις αποκρισεσι του Κυριου λυπουμενος (*HDiv* 39.7–8) [All]

Matthew 20:26; Mark 10:43
αλλ' ος εαν θελη γενεσθαι μεγας εν υμιν εσται υμων διακονος (*Mor* 45.2; PG 31, 765A) [C]

Matthew 21:12; Mark 11:15
μονοις τοις περι το ιερον πωλουσι και αγοραζουσι την μαστιγα επανετεινατο + (*RFus* 40; PG 31, 1020C) [All][17]

---

[17]Matt 21:12–13 are missing from VatGr 413.

Matthew 21:13; Mark 11:17; Luke 19:46
ως της εμποριας τον οικον της προσευχης μεταποιουσης εις σπηλαιον ληστων (*RFus* 40; PG 31, 1020C) [All]

Matthew 21:33; Isaiah 5:2
και, αμπελωνα εφυτευσα και περιεθηκα φραγμον (*Hex* 79.14–15) [Ad][18]

Matthew 22:30; Mark 12:25; Luke 20:35
οτε ουτε γαμουσιν ουτε γαμισκονται (*Ep* 265.2.57) [All]

Matthew 22:36; Mark 12:28
το ερωτημα υμων αρχαιον εστι και παλαι προεκδεδομενον εν τοις ευαγγελιοις ηνικα προσελθων τω Κυριω ο νομικος, "διδασκαλε," φησιν, "ποια πρωτη εν τω νομω εστιν εντολη;" + (*RFus* 1; PG 31, 908A) [Ad]

Matthew 22:37; Mark 12:30; Luke 10:27
ο δε Ιησους εφη αυτω, αγαπησεις κυριον τον θεον σου εξ ολης της καρδιας σου και εξ ολης της ψυχης σου και εξ ολης της ισχυος σου και εξ ολης της διανοιας σου (*Mor* 3.1; PG 31, 705C) [C]
+ και ο Κυριος απεκρινατο αγαπησεις κυριον τον θεον σου εξ ολης της καρδιας σου και εξ ολης της ψυχης σου και εξ ολης της ισχυος σου και εξ ολης της διανοιας σου (*RFus* 1; PG 31, 908A) [Ad]
την εντολην του Κυριου αυτου ειποντος οτι [Jn 3:36] ... [Jn 12:50] "πρωτη δε και μεγαλη εντολη αγαπησεις κυριον τον θεον σου εξ ολης της καρδιας σου και εξ ολης της ψυχης σου και εξ ολης της διανοιας σου και εξ ολης της ισχυος σου" (*RBr* 163; PG 31, 1188D–1189A) [Ad]

---

[18]On this quotation, see Stanislas Giet, ed., *Basile de Césarée. Homélies sur l'Hexaéméron* (SC 26; Paris: Cerf, 1949), 304, note 3, which mentions: "ou plutôt, remarque Dom David Amand, [most likely his unpublished dissertation] citation inexacte d'Isaïe, 5, 2, influencée par Matthieu, 21, 33."

Matthew 22:37; Mark 12:30; Deut 6:5
αγαπησας κυριον τον θεον ημων εξ ολης καρδιας και εξ ολης ισχυος και εξ ολης διανοιας (*Ep* 23.9–10; PG 32, 293C–296A) [Ad]

Matthew 22:39; Mark 12:31
δευτερα δε ομοια αυτη αγαπησεις τον πλησιον σου ως εαυτον (*Mor* 3.1; PG 31, 705C) [C]
δευτερα δε ομοια αυτη αγαπησεις τον πλησιον σου ως σεαυτον (*RFus* 1; PG 31, 908A) [Ad]

Matthew 22:39; Mark 12:31; Luke 10:27
και δευτερα ομοια αυτη αγαπησεις τον πλησιον σου ως σεαυτον (*RBr* 163; PG 31, 1188C–1189A) [Ad]

Matthew 23:5; 6:1
κατα την φωνην αυτου του Κυριου ημων Ιησου Χριστου ειποντος, οτι "ποιουσιν προς το θεαθηναι τοις ανθρωποις" (*AscPr3* 3; PG 31, 896A) [C]

Matthew 24:6; Mark 13:7
εν οις γαρ λεγει "ουπω το τελος" (*Ep* 236.1.47) [Ad]

Matthew 24:29; Mark 13:24; Joel 3:4; Acts 2:20
ηδη δε και της του παντος διαλυσεως εν ηλιω και αστροις σεημεια φανησεσθαι ο κυριος προηγορευσεν ο ηλιος μεταστραφησεται εις αιμα και η σεληνη ου δωσει το φεγγος αυτης (*Hex* 94.17–20) [Ad]

Matthew 24:35; Mark 13:31; Luke 21:33
και ο ουρανος και η γη παρελευσεται (*Hex* 6.10) [C]
ο γαρ ουρανος και η γη παρελευσεται φησιν (*HIul* 4; PG 31, 245D) [Ad]

Matthew 24:35; Luke 21:33
"ο ουρανος," φησι, "και η γη παρελευσονται οι δε λογοι μου ου μη παρελθωσιν" (*MorPrL* 8; PG 31, 672D–673A) [C]

Matthew 24:44; Luke 12:40

και εν τη τελειτητι της προς Θεον ευαρεστησεως ετοιμον ειναι ειδοτα οτι η ωρα ου δοκει ο Κυριος ερχεται (*Mor* 80.22; PG 31, 869C) [All]

Matthew 24:46; Luke 12:43

"μακαριος" γαρ, φησιν "ο δουλος εκεινος ον ελθων ο κυριος αυτου ευρησει ουχι ποιουντα ως ετυχεν αλλα ποιουντα ουτως" (*AscPr3* 2; PG 31, 892C) [Ad]

Matthew 25:21; Luke 19:17

ινα γενηται αξιος της φωνης του Κυριου ειποντος· "ευ δουλε αγαθε και πιστε επι ολιγα ης πιστος επι πολλων σε καταστησω" (*RBr* 235; PG 31, 1240D) [Ad]

Matthew 25:21,23

ουτοι εισιν οι ακουσοντες ευ δουλε αγαθε και πιστε επι ολιγα ης πιστος επι πολλων σε καταστησω (*AmphSp* XVI.40,17) [C]

Matthew 25:30; 8:12; 13:42,50; 22:13; 24:51; Luke 13:28

"εκει εσται," φησιν "ο κλαυθμος και ο βρυγμος των οδοντων" (*AscPr3* 1; PG 31, 892B) [C]

Matthew 26:29; Mark 14:25

"ου γαρ μη πιω," φησιν, "εκ του γενηματος της αμπελου ταυτης" (*Eun* II.8.29–30) [All]

TEXT: ου [γαρ][19] μη πιω [...] εκ [...][20] του γενηματος της αμπελου [ταυτης][21]

---

[19]γαρ was probably inserted by Basil to link this quotation with the preceding one.

[20]It is likely that Basil's text did not have anything between εκ and του.

[21]It is not impossible that Basil's text had this word, since one finds the same reading in Clement Alexandria Pd II 32.3 [Swanson], 251* *b* Iren[int.] Or[int.] Nevertheless, the fact that this verse is quoted only once, and in a loose manner, prevents us from being definitive.

Matthew 26:30; Mark 14:27
και υμνησαντες εξηλθον εις το ορος των ελαιων (*Mor* 21.4; PG 31, 741A) [C]

Matthew 26:31; Mark 14:27
τοτε λεγει αυτοις ο Ιησους, παντες υμεις σκανδαλισθησεσθε εν εμοι εν τη νυκτι ταυτη (*Mor* 8.3; PG 31, 713D) [C]
κατα την του Κυριου φωνην ειποντος, οτι "παντες σκανδαλισθησεσθε εν εμοι" (*Ep* 260.9.6) [Ad]
TEXT: τοτε λεγει αυτοις ο Ιησους, παντες [υμεις][22] σκανδαλισθησεσθε εν εμοι εν τη νυκτι ταυτη

Matthew 26:33; Mark 14:29
λεγων ει και παντες σκανδαλισθησονται εν σοι αλλ' εγω ουδεποτε σκανδαλισθησομαι (*HHum* 4; PG 31, 532CD) [C]

Matthew 27:35; Psalm 21:19
απεδυσαν μου και τον Κυριον και διεμερισαντο τα ιματια αυτου εαυτοις (*HIra* 4; PG 31, 364AB) [All]
στρατιωτων γαρ εκεινο το τολμημα εκεινοι εξεδυσαν και διεμεριταντο σα ιματια (*HMart* 6; PG 31, 517A) [C]

---

[22] I tend to include this word. Its omission in the second quotation listed here could be explained by the context and the shortness of the quotation.

APPENDIX B
QUOTATIONS FROM DE BAPTISMO

Matthew 3:7[1]
Ιωαννου ... λεγοντος· "Γεννηματα εχιδνων, τις υπεδειξεν υμιν φυγειν απο της μελλουσης οργης;" + (*Bapt* II.6.2.3–4) [C]

Matthew 3:8
+ ποιησατε ουν καρπους αξιους της μετανοιας + (*Bapt* II.6.2.4–5) [C]

Matthew 3:9
+ και μη δοξητε λεγειν εν εαυτοις· πατερα εχομεν τον Αβρααμ. Λεγω γαρ υμιν οτι δυναται ο Θεος εκ των λιθων τουτων εγειραι τεκνα τω Αβρααμ + (*Bapt* II.6.2.5–8) [C]

Matthew 3:10
+ ηδη δε η αξινη προς την ριζαν των δενδρων κειται· παν ουν δενδρον μη ποιουν καρπον καλον εκκοπτεται και εις πυρ βαλλεται (*Bapt* II.6.2.8–10) [C]

Matthew 3:11
Ιωαννης ο βαπτιστης ... μαρτυρει λεγων ποτε μεν· [John 3:30] ποτε δε· "εγω μεν υμας βαπτιζω εν υδατι εις μετανοιαν, εκεινος δε υμας βαπτισει

---

[1] One finds Mt 3:7–10 cited together here in *De baptismo*. These verses are very close to Lk 3:7–9. The only important difference is that Mt 3:9 has δοξητε where Lk 3:8 has αρξησθε. Three mss of Luke (Ψ 1012 1200) have the same text as Matthew in Lk 3:7–9. This small number is not sufficient to seriously consider the possiblity that the author quoted from Luke 3:7–9 instead of from Matt 3:7–10.

εν Πνευματι αγιῳ και πυρι", και πολλα τοιαυτα (*Bapt* I.2.4.38–39) [All]

Matthew 3:14
ηνικα Ιωαννης ο βαπτιστης ειπεν· "εγω χρειαν εχω υπο σου βαπτισθηναι, και συ ερχῃ προς με;" (*Bapt* II.11.1.6–7) [C]

Matthew 3:15
αποκριναμενου οτι "αφες αρτι, ουτω γαρ πρεπον εστιν ημιν πληρωσαι πασαν δικαιοσυνην" (*Bapt* II.11.1.7–8) [C]

Matthew 4:4
παρεδωκεν ημιν παλιν ο αυτος μονογενης υιος του Θεου του ζωντος, ποτε μεν ειπων· "ουκ επ' αρτῳ μονῳ ζησεται ανθρωπος, αλλ' επι παντι ρηματι εκπορευομενῳ δια στοματος θεου" (*Bapt* I.3.1.22–24) [C]

τα του Κυριου ρηματα πλεον παντων ... περι παντος ρηματος εκπορευομενου δια στοματος Θεου (*Bapt* II.4.1.30–31) [All]

Matthew 5:3
ο Κυριος ημων Ιησους Χριστος, οτε ανεθη εις το ορος και την αρχην της διδασκαλιας δια των μακαρισμων εποιειτο, πρωτον μακαρισμον εκηρυξε τον επαγγελιαν εχοντα βασιλειας ουρανων. ειπε γαρ· "μακαριοι οι πτωχοι τῳ πνευματι, οτι αυτων εστιν η βασιλεια των ουρανων" (*Bapt* I.2.2.5–7) [C]

ωσπερ γαρ ο πτωχος τῳ πνευματι, εαν μη γεννηθῃ εξ υδατος και Πνευματος, ου δυναται εισελθειν εις την βασιλειαν των ουρανων[2] (*Bapt* I.2.4.51–53) [All]

Matthew 5:6
καθως ειπεν αυτος ο Κυριος ημων Ιησους Χριστος, ο μονογενης υιος του Θεου του ζωντος· "μακαριοι οι πεινωντες και διψωντες την δικαιοσυνην, οτι αυτοι χορτασθησονται" (*Bapt* II.6.2.24–26) [C]

---

[2]This quotations ends with an allusion to John 3:5.

Matthew 5:10

'εν δε τω ογδοω μακαρισμω φησι· "μακαριοι οι δεδιωγμενοι ενεκεν δικαιοσυνης, οτι αυτων εστιν η βασιλεια των ουρανων"   (*Bapt* I.2.2.7–9) [C]

Matthew 5:14

ακουοντες του Κυριου· "υμεις εστε το φως του κοσμου" (*Bapt* I.2.11.15–16) [C]

Matthew 5:15

Κυριου λεγοντος ποτε μεν· "ουδεις λυχνον αψας κρυπτει αυτον υπο τον μοδιον, αλλ' επι την λυχνιαν, και λαμπει πασι τοις εν τη οικια" + (*Bapt* II.4.2.24–26) [C]

Matthew 5:16

+ ουτω λαμψατω το φως υμων εμπροσθεν των ανθρωπων, οπως ιδωσιν υμων τα καλα εργα και δοξασωσι τον Πατερα υμων τον εν τοις ουρανοις" (*Bapt* II.4.2.26–29) [C]

ουτως λαμψατω το φως υμων εμπροσθεν των ανθρωπων, οπως ιδωσιν υμων τα καλα εργα και δοξασωσι τον Πατερα υμων τον εν τοις ουρανοις" (*Bapt* I.2.11.17–19) [C]

του Κυριου προσταγμα ειποντος· "ουτω λαμψατω το φως υμων εμπροσθεν των ανθρωπων, οπως ιδωσιν υμων τα καλα εργα και δοξασωσι τον Πατερα υμων τον εν τοις ουρανοις" (*Bapt* I.2.16.40–42) [C]

ον εδιδαξεν ο Κυριος ειπων· "ουτως λαμψατω το φως υμων εμπροσθεν των ανθρωπων, οπως ιδωσιν υμων τα καλα εργα και δοξασωσι τον Πατερα υμων τον εν τοις ουρανοις" (*Bapt* II.8.8.22–24) [C]

Matthew 5:18

ει γαρ λεγει ο Κυριος· "ιωτα εν η μια κεραια ου μη παρελθη απο του νομου, εως αν παντα γενηται" (*Bapt* I.2.3.3–4) [C]

αυτου δε του Κυριου οριστικως αποφηναμενου· "ιωτα εν η μια κεραια ου μη παρελθη απο του νομου, εως αν παντα γενηται" (*Bapt* II.5.1.9–11) [C]

μνημονευσωμεν αυτου του Κυριου λεγοντος· "αμην γαρ λεγω υμιν, ιωτα εν η μια κεραια ου μη παρελθη εκ του νομου, εως αν παντα γενηται" (*Bapt* II.4.1.11–13) [Ad]

Matthew 5:20

εν μεν τω κατα Ματθαιον ευαγγελιω αποφαινεται ο Κυριος και φησιν· "εαν μη περισσευση υμων η δικαιοσυνη πλεον των γραμματεων και φαρισαιων, ου μη εισελθητε εις την βασιλειαν των ουρανων" (*Bapt* I.2.2.27–29) [C]

γενικωτερον κατα παντων απεφηνατο προειπων μεν· "εαν μη περισσευση υμων η δικαιοσυνη πλεον των γραμματεων και φαρισαιων, ου μη εισελθητε εις την βασιλειαν των ουρανων" (*Bapt* II.5.1.31–33) [C]

και πρωτον μεν φησιν· "εαν μη περισσευση η δικαιοσυνη υμων πλεον των γραμματεων και φαρισαιων, ου μη εισελθητε εις την βασιλειαν των ουρανων" (*Bapt* II.6.1.8–10) [C]

εστι μαθειν παρ' αυτου του Κυριου διορισαμενου· "εαν μη περισσευση υμων η δικαιοσυνη πλεον των γραμματεων και φαρισαιων, ου μη εισελθητε εις την βασιλειαν των ουρανων" (*Bapt* II.8.7.10–12) [C]

ουτως παλιν εαν μη περισσευση η δικαιοσυνη πλεον των γραμματεων και φαρισαιων (*Bapt* I.2.4.4–5) [All]

υπερ τους γραμματεις και φαρισαιους την δικαιοσυνηνς τελειουμεν (*Bapt* I.2.11.37–38) [All]

περισσειαν της κατα τον νομον δικαιοσυνης διδασκων, ινα βασιλειας ουρανων καταξιωθωμεν (*Bapt* I.2.19.54–55) [All]

Matthew 5:22

αυτου του Κυριου μνημονευσαι, [...] ειπων· "πας οργιζομενος τω αδελφω αυτου ενοχος εσται τη κρισει· ος δ' αν ειπη ρακα, ενοχος εσται τω συνεδριω· ος δ' αν ειπη, μωρε, ενοχος εσται εις την γεενναν του πυρος" (*Bapt* II.5.1.19–22) [C]

Matthew 5:28

ωσπερ εν τω ειπειν οτι "πας ο βλεπων γυναικα προς το επιθυμησαι, ηδη εμοιχευσεν αυτην εν τη καρδια αυτου" (*Bapt* II.5.1.24–25) [C]

Matthew 5:34

και το· "εγω δε λεγω υμιν μη ομοσαι ολως" (*Bapt* II.5.1.25–26) [C][3]

Matthew 5:37

και μετ' ολιγα· "εστω δε ο λογος υμων ναι ναι, ου ου· το δε περισσον τουτων εκ του πονηρου εστι" (*Bapt* II.5.1.27–28) [C][4]

Matthew 5:38

οταν ανασχωμεθα του Κυριου λεγοντος· "ερρηθη τοις αρχαιοις· οφθαλμον αντι οφθαλμου και οδοντα αντι οδοντος" + (*Bapt* I.2.11.39–40) [Ad]

Matthew 5:39

+ εγω δε λεγω υμιν μη αντιστηναι τω πονηρω· αλλ' οστις σε ραπιση[5] επι την δεξιαν σιαγονα, στρεψον αυτω και την αλλην + (*Bapt* I.2.11.40–42) [Ad]

Matthew 5:40

+ και τω θελοντι σοι κριθηναι και τον χιτωνα σου λαβειν, αφησεις αυτω και το ιματιον + (*Bapt* I.2.11.42–43) [C]

Matthew 5:41

+ και ος[6] εαν σε αγγαρευση μιλιον εν, υπαγε μετ' αυτου δυο" (*Bapt* I.2.11.44–45) [Ad]

Matthew 6:3

Κυριου λεγοντος ποτε μεν· [Mt 5:15–16...] ποτε δε· "σου δε ποιουντος ελεημοσυνην μη γνωτω σου η αριστερα τι ποιει η δεξια σου" (*Bapt* II.4.2.29–30) [C]

---

[3]This citation closely follows the citation of Matt 5:28 in *de baptismo*.
[4]This citation closely follows the citation of Matt 5:34 in the text of the *De baptismo*.
[5]I have not found this form of the verb in any ms.
[6]All mss appear to have οστις here instead of ος.

Matthew 6:20

Συνηθες γαρ τω Κυριω ... ειρημενων σαφως παραδιδοναι· ως το "θησαυριζετε δε υμιν θησαυρους εν ουρανω" (*Bapt* I.1.1.41–42) [Ad][7]
"θησαυριζετε δε υμιν θησαυρους εν ουρανω" (*Bapt* II.4.3.10–11) [C]

Matthew 6:24

και παλιν ο Κυριος φησιν· "ουδεις δυναται δυσι κυριοις δουλευειν" (*Bapt* I.1.2.43) [C]
εν δε τη καινη διαθηκη του Κυριου ημων Ιησου Χριστου ... ειποντος οτι [Jn 8:34], και "ουδεις δυναται δυσι κυριοις δουλευειν" και "ου δυνασθε θεω δουλευειν και μαμμωνα" (*Bapt* II.7.9–10) [C]

Matthew 7:15

του μεν Κυριου εντελλομενου προσεχειν απο των ψευδοπροφητων (*Bapt* I.2.14.26–28) [All]

Matthew 7:18

αυτος ο Κυριος ημων Ιησους Χριστος τρανοτερον παριστησι λεγων· "ου δυναται δενδρον αγαθον καρπους πονηρους ποιειν ουδε δενδρον σαπρον καρπους αγαθους ποιειν" (*Bapt* II.9.2.17–19) [C]

Matthew 7:22

του Κυριου ειποντος οτι "πολλοι ελευσονται εν εκεινη τη ημερα λεγοντες, κυριε κυριε, ου τω σω ονοματι προεφητευσαμεν, και τω σω ονοματι δαιμονια εξεβαλλομεν, και τω σω ονοματι δυναμεις πολλας εποιησαμεν;" (*Bapt* 1.2.24.42–45) [All][8]
αυτος δε ο Κυριος ... λεγει· "πολλοι ελευσονται εν εκεινη τη ημερα λεγοντες· κυριε κυριε, ου τω σω ονοματι προεφητευσαμεν, και τω σω ονοματι δαιμονια εξεβαλομεν, και δυναμεις πολλας εποιησαμεν;" (*Bapt.* II.8.8.12–15) [All]

---

[7] I label this quotation as an *adaptation* because of the absence of δε.
[8] The quotation continues with Lk 13:26–27 and resumes with Matt 7:23.

Matthew 7:23

[Lk 13:26] ... και αποκρινεται αυτοις· "ουδεποτε εγνων υμας· αποχωρειτε απ' εμου, εργαται της ανομιας (*Bapt* I.2.24.47–49) [All]

[Lk 13:26] ... και τοτε αποκριθησομαι αυτοις λεγων· "αποχωρειτε απ' εμου· ουκ οιδα υμας ποθεν εστε, εργαται ανομιας" (*Bapt* II.8.8.17–18) [All]

Matthew 7:26

πας ο ακουων μου τους λογους τουτους και μη ποιων αυτους ομοιωθησεται ανδρι μωρῳ, οστις ῳκοδομησε αυτου την οικιαν αυτου επι την αμμον· + (*Bapt* II.5.1.34–36) [C]

πας ο ακουων μου τους λογους τουτους και μη ποιων αυτους ομοιωθησεται ανδρι μωρῳ, οστις ῳκοδομησε την οικιαν αυτου επι την αμμον + (*Bapt* II.6.1.12–15) [C]

Matthew 7:27

+ και κατεβη η βροχη και ηλθον οι ποταμοι και επνευσαν οι ανεμοι και προσεπεσαν τῃ οικιᾳ εκεινῃ, και επεσε και ην η πτωσις αυτης μεγαλη (*Bapt* II.5.1.36–39) [C]

+ και κατεβη η βροχη και ηλθον οι ποταμοι και επνευσαν οι ανεμοι και προσερρηξαν τῃ οικιᾳ εκεινῃ, και επεσε και ην η πτωσις αυτης μεγαλη (*Bapt* II.6.1.15–18) [C]

Matthew 10:5

παραγγελλοντος δε "εις οδον εθνων μη απελθειν και εις πολιν Σαμαρειτων μη εισελθειν" (*Bapt* II.12.1.7–8) [Ad]

εις οδον εθνων απελθειν (*Bapt* I.2.6.13) [All]

Matthew 10:37

του Κυριου ημων Ιησου Χριστου ειποντος· "ο αγαπων πατερα η μητερα υπερ εμε ουκ εστι μου αξιος" (*Bapt* I.1.3.50–51) [Ad][9]

---

[9] All mss appear to have φιλων here instead of αγαπων.

Matthew 10:38

οις επαγει· "ος ου λαμβανει τον σταυρον αυτου και ακολουθει οπισω μου, ουκ εστιν μου αξιος (*Bapt* I.1.3.55–56) [C]

ος ου λαμβανει τον σταυρον αυτου καθ' ημεραν και ακολουθει οπισω μου, ουκ εστιν μου αξιος (*Bapt* I.2.26.11–13) [Ad][10]

Matthew 11:29

Του Κυριου λεγοντος· "μαθετε απ' εμου, οτι πραυς ειμι και ταπεινος τη καρδια" (*Bapt* II.11.1–2) [C]

Matthew 12:6

του δε Κυριου φανερως την υπεροχην δειξαντος εν τω ειπειν· "του ιερου μειζον ωδε" (*Bapt* I.2.1.43) [Ad]

"μειζον γαρ του ιερου" απεφηνατο ειναι ο μονογενης υιος του Θεου του ζωντος (*Bapt* I.2.4.28) [Ad]

ο δε Κυριος, λεγων· "μειζον του ιερου ωδε" (*Bapt* II.2.13) [Ad]

οσω γαρ πλειον του ιερου ωδε, κατα την του Κυριου φωνην (*Bapt* II.3.14–15) [All]

Matthew 12:33

ινα φυλασσοντες το προσταγμα του Κυριου ειποντος· "ποιησατε το δενδρον καλον και τον καρπον αυτου καλον" (*Bapt* I.2.25.32–33) [C]

διοπερ παρακαλω, ως διδασκει ο Κυριος, ποιησωμεν το δενδρον καλον και τον καρπον αυτου καλον (*Bapt* II.7.23–24) [Ad]

Matthew 12:34

εκ περισσευματος καρδιας αγαθης καρποφορωμεν (*Bapt* I.2.25.36–37) [All]

Matthew 12:36

το κριμα εχει της αγριας, του Κυριου και τους ρημα αγρον προιεμενους ακριτους ειναι (*Bapt* I.3.3.16–17) [All]

---

[10] καθ' ἡμέραν may be an influence from Lk 9:23.

Matthew 13:43

τη παρ' αυτου του Κυριου επηγγελμενη, ειποντος· "τοτε εκλαμψουσιν οι δικαιοι ως ο ηλιος" (*Bapt* I.2.27.36) [C]

Matthew 15:7

καλως προεφητευσεν Ησαιας περι υμων λεγων + (*Bapt* II.8.6.17–18) [C]

Matthew 15:8

+ ο λαος ουτος τοις χειλεσι με τιμα, η δε καρδια αυτων πορρω απεχει απ' εμου + (*Bapt* II.8.6.18–19) [C]

Matthew 15:9

+ ματην δε σεβονται με διδασκοντες διδασκαλιας ενταλματα ανθρωπων (*Bapt* II.8.6.19–20) [C]

Matthew 15:11

ωσπερ ο Κυριος, ειπων μεν· "ου το εισερχομενον εις το στομα κοινοι τον ανθρωπον, αλλα το εκπορευομενον εκ του στοματος τουτο κοινοι τον ανθρωπον" (*Bapt* II.10.1.16–17) [C]

Matthew 15:13

ωσπερ ο Κυριος, ειπων μεν· [Mt 15:11], προς δε τους σκανδαλισθεντας επαγαγων· "πασα φυτεια ην ουκ εφυτευσεν ο πατηρ μου ο ουρανιος εκριζωθησεται" (*Bapt* II.10.1.19–20) [C]

Matthew 15:24

παρ' αυτου δε του Κυριου παιδευομετθα του ασφαλιζεσθαι, ειποντος προς τους μαθητας· "ουκ απεσταλην ει μη προς τα προβατα τα απολωλοτα οικου Ισραηλ" (*Bapt* II.8.6.6–7) [C]

του Κυριου ημων ... ομολογουντος μεν οτι "ουκ απεσταλην ει μη εις τα προβατα τα απολωλοτα οικου Ισραηλ" (*Bapt* II.12.1.3–5) [C]

Matthew 15:26

παρ' αυτου δε του Κυριου ... ειποντος προς τους μαθητας· [Mt 15:24], προς δε την γυναικα· "ουκ εστιν καλον λαβειν τον αρτον των τεκνων και βαλειν τοις κυναριοις" (*Bapt* II.8.6.8–) [C]

Matthew 16:23

προς ον λεγει ο Κυριος ... "υπαγε οπισω μου, Σατανα· σκανδαλον μου ει." και η επενεχθεισα δε αιτια ολιγη το καθολου ιδιωμα του σκανδαλου εδιδαξεν· "οτι ου φρονεις τα του θεου αλλα τα των ανθρωπων" (*Bapt* II.10.2.7–10) [Ad]

αγανακτικωτερον ειποντος· "υπαγε οπισω μου, Σατανα· σκανδαλον μου ει, οτι ου φρονεις τα του θεου αλλα τα των ανθρωπων" (*Bapt* II.11.12–13) [C]

Matthew 18:3

εν μεν τω κατα Ματθαιον ευαγγελιω αποφαινεται ο Κυριος και φησιν· [Mt 5:20] και παλιν· "εαν μη στραφητε και γενησθε ως τα παιδια, ου μη εισελθητε εις την βασιλειαν των ουρανων" (*Bapt* I.2.2.30–31) [C]

Matthew 19:21

αυτου του Κυριου ειποντος· "πωλησον σου τα υπαρχοντα και δος πτωχοις, και εξεις θησαυρον εν ουρανω" (*Bapt* II.4.3.12–14) [C]

ου προτερον ειποντι τω νεανισκω· "δευρο ακολουθει μοι", πριν ειπειν· "πωλησον σου τα υπαρχοντα και δος πτωχοις" (*Bapt* I.1.3.40–42) [Ad]

ουχ οτι γε μαθητευθηναι τω Κυριω τω ου προτερον ειποντι τω νεανισκω· "δευρο ακολουθει μοι" πριν εντειλασθαι πωλησαι τα υπαρχοντα και δουναι πτωχοις (*Bapt* I.1.2.30–31) [All]

Matthew 22:40

οις επιφερει ο Κυριος· "εν ταυταις ταις δυσιν εντολαις ολος κρεμαται ο νομος και οι προφηται" (*Bapt* II.8.9.7–8) [C]

Matthew 23:26

ινα φυλασσοντες το προσταγμα του Κυριου ειποντος· [Mt 12:33], και παλιν· "φαρισαιε τυφλε, καθαρισον πρωτον το εντος του ποτηριου, και τοτε το εκτος αυτου εσται καθαρον ολον" (*Bapt* I.2.25.34–36) [All]

ως διδασκει ο Κυριος [Matt 12:33], και καθαρισωμεν πρωτον το εντος του ποτηριου, και της παροψιδος, και τοτε το εκτος αυτου εσται καθαρον ολον (*Bapt* II.7.25) [All]

Matthew 23:27

το κριμα του αυτου Κυριου ειποντος· "ουαι υμιν οτι ομοιοι εστε ταφοις κεκονιαμενοις, οιτινες εξωθεν μεν φαινονται ωραιοι, εσωθεν δε γεμουσιν οστεων νεκρων και πασης ακαθαρσιας" + (*Bapt* I.2.25.41–44) [All]

Matthew 23:28

+ ουτω και υμεις εξωθεν μεν φαινεσθε τοις ανθρωποις δικαιοι, εσωθεν δε μεστοι εστε υποκρισεως και ανομιας (*Bapt* I.2.25.44–46) [C]

Matthew 24:41

και ως εκ των δυο των οντων εν τω μυλων (*Bapt* II.9.3.19) [All]
και εν τω μυλωνι (*Bapt* II.9.4.36) [All]

Matthew 24:44

φησι δε αυτος Κυριος· [Lk 13:24–25] "δια τουτο λεγω υμιν· γινεσθε ετοιμοι, οτι η ωρα ου δοκειτε ο υιος του ανθρωπου ερχεται" (*Bapt* II.8.5.9–11) [All]

Matthew 25:1

αυτου του Κυριου ημων Ιησου Χριστου εστιν ακουσαι, λεγοντος· "δια τουτο ωμοιωθη η βασιλεια των ουρανων δεκα παρθενοις, αιτινες λαβουσαι τας λαμπαδας αυτων εξηλθον εις απαντησιν του νυμφιου" + (*Bapt* II.8.4.13–15) [Ad]

Matthew 25:2

+ πεντε δε ησαν εξ αυτων φρονιμοι και αι πεντε μωραι + (*Bapt* II.8.4.16) [C]

Matthew 25:3

+ αιτινες μωραι λαβουσαι τας λαμπαδας αυτων ουκ ελαβον μεθ' εαυτων ελαιον + (*Bapt* II.8.4.17–18) [C]

Matthew 25:4

+ αι δε φρονιμοι ελαβον ελαιον εν τοις αγγειοις αυτων μετα των λαμπαδων αυτων + (*Bapt* II.8.4.18–19) [C]

Matthew 25:5

+ χρονιζοντος δε του νυμφιου ενυσταξαν πασαι και εκαθευδον + (*Bapt* II.8.4.20–21) [C]

Matthew 25:6

+ μεσης δε νυκτος κραυγη εγενετο, ιδου ο νυμφιος ερχεται, εξερχεσθε εις απαντησιν αυτου + (*Bapt* II.8.4.21–22) [C]

Matthew 25:7

+ τοτε εγερθεισαι πασαι αι παρθενοι εκειναι εκοσμησαν τας λαμπαδας αυτων + (*Bapt* II.8.4.22–24) [C]

Matthew 25:8

+ αι δε μωραι ταις φρονιμοις ειπαν, δοτε ημιν εκ του ελαιου υμων, οτι αι λαμπαδες ημων σβεννυνται + (*Bapt* II.8.4.24–26) [C]

Matthew 25:9

+ απεκριθησαν δε αι φρονιμοι λεγουσαι· μηποτε ου μη αρκεση ημιν τε και υμιν· πορευεσθε δε μαλλον προς τους πωλουντας και αγορασατε εαυταις + (*Bapt* II.8.4.26–28) [C]

Matthew 25:10

+ απερχομενων δε αυτων αγορασαι ηλθεν ο νυμφιος, και αι ετοιμοι εισηλθον μετα του νυμφιου εις τους γαμους και εκλεισθη η θυρα + (*Bapt* II.8.4.29–31) [C]

Matthew 25:11

+ υστερον δε ερχονται και αι λοιπαι παρθενοι λεγουσαι, κυριε κυριε, ανοιξον ημιν + (*Bapt* II.8.4.31–32) [C]

Matthew 25:12
+ ο δε αποκριθεις ειπεν, αμην αμην λεγω υμιν, ουκ οιδα υμας + (*Bapt* II.8.4.32–33) [C]

Matthew 25:13
+ γρηγορειτε ουν, οτι ουκ οιδατε την ημεραν ουδε την ωραν (*Bapt* II.8.4.34–35) [C]

Matthew 25:34
ο Κυριος διδασκει λεγων τοις μεν εκ δεξιων εστωσι· "δευτε οι ευλογημενοι του πατρος μου, κληρονομησατε την ητοιμασμενην υμιν βασιλειαν απο καταβολης κοσμου" (*Bapt* II.9.2.30–32) [C]
δια της παραβολης του ποιμενος προφητευων, λεγει· "δευτε οι ευλογημενοι του πατρος μου, κληρονομησατε την ητοιμασμενην υμιν βασιλειαν απο καταβολης κοσμου" + (*Bapt* I.2.2.11–13) [C]

Matthew 25:35
+ επεινασα γαρ και εδωκατε μοι φαγειν" και τα εξης (*Bapt* I.2.2.13–14) [C]

Matthew 25:41
το κριμα τουτο, λεγων· "πορευεσθε απ' εμου οι κατηραμενοι εις το πυρ το αιωνιον το ητοιμασμενον τω διαβολω και τοις αγγελοις αυτου" (*Bapt* II.6.1.24–26) [C]
και δικαιως ακουουσι· "πορευεσθε απ' εμου οι κατηραμενοι εις το πυρ το αιωνιον το ητοιμασμενον τω διαβολω και τοις αγγελοις αυτου" (*Bapt* II.6.2.16–17) [C]
εις το πυρ το αιωνιον το ητοιμασμενον τω διαβολω και τοις αγγελοις αυτου (*Bapt* II.9.2.34–35) [C]
οις και το πυρ το ασβεστον ητοιμασθη (*Bapt* II.6.1.31–32) [All]

Matthew 25:42
επεινασα και ουκ εδωκατε μοι φαγειν, εδιψησα και ουκ εποτισατε με (*Bapt* II.6.1.28–29) [C]

"επεινασα γαρ," φησι, "και ουκ εδωκατε μοι φαγειν" και τα εξης (*Bapt* II.9.2.37–38) [Ad]

Matthew 25:46
εις κολασιν αιωνιον (*Bapt* I.1.5.48–49) [All]

Matthew 26:26
και προς τω τελει των ευαγγελιων γεγραπται· "λαβων ουν ο Ιησους αρτον και ευχαριστησας εκλασε και εδιδου τοις μαθηταις και ειπε· Λαβετε, φαγετε·, τουτο εστι το σωμα μου το υπερ υμων κλωμενον. Τουτο ποιειτε εις την εμην αναμνησιν" + (*Bapt* I.3.2.2–5) [All][11]

Matthew 26:27
+ και λαβων το ποτηριον και ευχαριστησας εδωκεν αυτοις λεγων, πιετε εξ αυτου παντες + (*Bapt* I.3.2.5–7) [C]

Matthew 26:28
αυτου του Κυριου ειποντος· "τουτο εστι το αιμα μου το της καινης διαθηκης το περι πολλων εκχυννομενον εις αφεσιν αμαρτιων" (*Bapt* I.2.7.13–14) [C]

δια του μονογενους αυτου υιου του Κυριου ημων Ιησου Χριστου ειποντος· "τουτο μου εστι το αιμα το της καινης διαθηκης το περι πολλων εκχυννομενον εις αφεσιν αμαρτιων" (*Bapt* I.1.3.27–29) [Ad]

αυτου ειποντος· "τουτο μου εστι το αιμα το της καινης διαθηκης το περι πολλων εκχυννομενον εις αφεσιν αμαρτιων" (*Bapt* I.2.10.31–32) [Ad]

του ειποντος· "τουτο μου εστι το αιμα το της καινης διαθηκης το περι πολλων εκχυννομενον εις αφεσιν αμαρτιων" (*Bapt* I.2.26.24–26) [Ad]

+ τουτο γαρ εστι το αιμα μου το της καινης διαθηκης το περι πολλων εκχυννομενον εις αφεσιν αμαρτιων. τουτο ποιειτε εις την εμην αναμνησιν (*Bapt* I.3.2.7–9) [All]

---

[11]Considering the conflations with Luke 22:19–20, it is not unlikely that Basil is quoting from memory here and that he is influenced by the liturgical usage of this passage.

Matthew 28:18

"εδοθη μοι πασα εξουσια εν ουρανω και επι της γης" (*Bapt* I.1.1.9–10) [C]

ο την εξουσιαν πασαν (*Bapt* II.13.1.4) [All]

Matthew 28:19

εντελλεται ειπων· "πορευθεντες μαθητευσατε παντα τα εθνη, βαπτιζοντες αυτους εις το ονομα του πατρος και του υιου και του αγιου πνευματος" (*Bapt* I.2.6.14–16) [C]

και τοις εαυτου μαθηταις παραγγειλαντος· "πορευθεντες μαθητευσατε παντα τα εθνη" (*Bapt* II.12.1.14–15) [C]

και τοτε αποστελλει αυτους, λεγων· "πορευθεντες, μαθητευσατε παντα τα εθνη, βαπτιζοντες αυτους εις το ονομα του πατρος και του υιου και του αγιου πνευματος + (*Bapt* I.1.1.11–13) [C]

ινα ουτω και υμεις πρωτον του "μαθητευσατε" την δυναμιν γνοτες (*Bapt* I.1.1.28) [All]

ενταυτα μεν ουν "μαθητευσατε" ειποντος ηκουσαμεν (*Bapt* I.1.1.33) [All]

το εν τω ονοματι του πατρος και του υιου και του αγιου πνευματος βαπτισθηναι (*Bapt* I.2.20.3–4) [All]

προσταξαντος του Κυριου πρωτον· "μαθητευσατε παντα τα εθνη" και τοτε επαγαγοντος· "βαπτιζοντες αυτους" και τα εξης (*Bapt* 1.1.1.15–17) [Ad]

Matthew 28:20

+ διδασκοντες αυτους τηρειν παντα οσα ενετειλαμην υμιν (*Bapt* I.1.1.13–14) [C]

τω παραγγελματι του βαπτισματος παρα του αυτου Κυριου ημων Ιησου Χριστου, ειποντος· "διδασκοντες αυτους τηρειν παντα οσα ενετειλαμην υμιν" (*Bapt* I.2.24.17–18) [C]

διδασκομενοι τηρειν παντα οσα ενετειλατο ο Κυριος τοις ιδιοις μαθηταις, καθως γεγραπται (*Bapt* I.1.1.31–32) [All]

UNCERTAIN REFERENCES

Matthew 3:6; Mark 1:5–6
τις εξομολογουμενους τας αμαρτιας, οσας δηποτ' ουν και οιας δηποτ' ουν, εβαπτιζετο εν τω Ιορδανη ποταμω (*Bapt* I.2.5.20–21) [All]

Matthew 3:8; Luke 3:8
παρα Ιωαννου του βαπτιστου, ειποντος..., "ποιησατε ουν καρπους αξιους της μετανοιας" (*Bapt* II.9.2.26–27) [C]

Matthew 3:10; Luke 3:9
και μετ' ολιγα επιφεροντος· "παν ουν δενδρον μη ποιουν καρπον καλον εκκοπτεται και εις πυρ βαλλεται." (*Bapt* II.9.2.27–29) [C]

Matthew 3:11; Luke 3:16
τω βαπτιστη Ιωαννη προφητευσαντι περι του Κυριου οτι "αυτος υμας βαπτισει εν Πνευματι αγιω και πυρι" (*Bapt* I.2.10.11) [C]

Matthew 3:12; Luke 3:17
οις και το πυρ το ασβεστον ητοιμασθη (*Bapt* II.6.1.31–32) [All]

Matthew 5:1; 14:23; Luke 9:28
ο Κυριος ημων Ιησους Χριστος, οτε ανεβη εις το ορος (*Bapt* I.2.2.2–3) [All]

Matthew 5:39; Luke 6:29
εν τω παρατιθεναι και την αλλην (*Bapt* I.2.11.54) [All]

Matthew 5:3; Luke 6:20
μακαριοι οι πτωχοι τω πνευματι, οτι υμετερα εστιν η βασιλεια των ουρανων (*Bapt* I.2.2.17–18) [All]

Matthew 6:1–2,5,16
ως οταν λεγη ο Κυριος περι μεν των παθει ανθρωπαρεσκειας ποιουντων ελεημοσυνην η αλλο τι δικαιωμα προς το θεαθηναι τοις ανθρωποις·

"αμην λεγω υμιν, απεχουσιν τον μισθον αυτων" (*Bapt* II.8.8.4) [C]
τους ποιουντας το αγαθον μη ευαρεστως τω Θεω [...] περι ων ο Κυριος
λεγει· "απεχουσι τον μισθον αυτων" (*Bapt* II.9.3.10) [C]

Matthew 7:23; Luke 13:27
της του Κυριου αποκρισεως, ειποντος· "αποχωρειτε απ' εμου, εργαται της ανομιας" (*Bapt* I.2.25.20–21) [All]

Matthew 11:11; Luke 7:28
Ιωαννης ο βαπτιστης, ου μειζων εν γεννητοις γυναικων ουδεις (*Bapt* I.2.4.35–36) [All]
υπο δε Ιωαννου του βαπτιστου, ου μειζων εν γεννητοις γυναικων ουδεις (*Bapt* I.2.13.26–27) [All]
Ιωαννου του βαπτιστου ου μειζων ουδεις (*Bapt* II.5.2.40–41) [All]

Matthew 12:41; Luke 11:32
απεφηνατο ειναι ο μονογενης υιος του Θεου του ζωντος, και [Mt 12:42], και "μειζον του Ιωνα ωδε" (*Bapt* I.2.4.30) [All]
και πλειον Ιωνα ωδε (*Bapt* II.4.1.15–16) [All]

Matthew 12:42; Luke 11:31
απεφηνατο ειναι ο μονογενης υιος του Θεου του ζωντος, και "μειζον του Ζολομωντος ωδε" (*Bapt* I.2.4.29–30) [All]
ει δε πλειον Ζολομωνος ωδε (*Bapt* II.4.1.15) [All]

Matthew 13:8,23; Mark 4:8,28
ο μεν εκατον, ο δε εξηκοντα, ο δε τριακοντα (*Bapt* I.2.25.37) [All]

Matthew 16:24; Luke 14:26; Mark k 8:34; Luke 9:23
καθως ειπεν αυτος· "ει τις ερχεται προς με, απαρνησασθω εαυτον και αρατω τον σταυρον αυτου και ακολουθειτω μοι" (*Bapt* I.1.3.18–19) [All][12]

---

[12]The beginning of the quotation is Lk 14:26 and the rest is either Matt 16:24; Mk 8:34 or Lk 9:23.

καθολικωτερον δε νομοθετει λεγων· "ει τις ερχεται προς με, απαρνησασθω εαυτον και αρατω τον σταυρον αυτου και ακολουθειτω μοι" (*Bapt* I.1.4.15–17) [All]

και παλιν προστακτικως· "ει τις ερχεται προς με, απαρνησασθω εαυτον και αρατω τον σταυρον αυτου και ακολουθειτω μοι" (*Bapt* I.2.26.9–10) [All]

και ως παλιν λεγοντος του Κυριου· "ει τις ερχεται προς με, απαρνησασθω εαυτον και αρατω τον σταυρον αυτου και ακολουθειτω μοι" (*Bapt* II.8.7.22–23) [All]

Matthew 18:6; Luke 17:2

το φοθερον εκεινο κριμα το υπο του Κυριου ειρημενον ουτως· "συμφερει αυτῳ ινα κρεμασθῃ μυλος ονικος περι τον τραχηλον αυτου[13] και ερριπται εις την θαλασσαν, η ινα σκανδαλιση ενα των μικρων τουτων" (*Bapt* II.10.2.29–32) [All]

Matthew 19:20; Luke 18:21

προσεταξεν πριν ομολογησαι αυτον οτι "ταυτα παντα εφυλαξα" (*Bapt* I.1.2.32–33) [C]

Matthew 19:21; 16:24; 27:32; Mk 8:34; 15:21; Lk 9:23

πωλησον σου τα υπαρχοντα και δος πτωχοις, και αρον τον σταυρον σου, και δευρο ακολουθει μοι (*Bapt* II.8.17.18–19) [All]

Matthew 24:35; Mark 13:31; Luke 21:33

αυτου του Κυριου λεγοντος· "ο ουρανος και η γη παρελευσονται, οι δε λογοι μου ου μη παρελθωσιν" (*Bapt* I.2.3.5–7) [C]

του Κυριου μνημονευσωμεν λεγοντος· "ο ουρανος και η γη παρελευσονται, οι δε λογοι μου ου μη παρελθωσιν" (*Bapt* II.4.1.26–27) [C]

---

[13]End of the quotation of Matt 18:6. The rest of the quotation is Luke 17:2.

Matthew 24:46; Luke 12:43
του Κυριου ημων Ιησου Χριστου ... εν τῳ ειπειν· "μακαριος ο δουλος εκεινος ον ελθων ο κυριος ευρησει ποιουντα ουτως" (*Bapt* II.8.1.14.15) [C]

Matthew 25:21,23
ινα αξιοι γενωμεθα οι παντες ως εις ακουσαι· "δευρο, αγαθε δουλε, επι ολιγα ης πιστος, επι πολλων σε καταστησω· εισελθε εις την χαραν του κυριου σου" (*Bapt* II.1.2.40–42) [All]

APPENDIX C
BASIL'S TEXT OF MATTHEW
IN THE APPARATUS OF NA[27] AND UBS[4]

The two following lists show occurrences where it is suggested that Basil's witness could be cited in the apparatus of NA[27] and UBS[4]. I consider only those places where the editions already provide an apparatus. Each of Basil's readings is labeled as either *txt* (indicating agreement with the reading given in the edition) or *v.l.* (indicating agreement with one of the variant readings). I omitted Basil's witness where it is not definitive. Words with slightly different orthography from the readings suggested in NA[27] are in brackets.

BASIL IN THE APPARATUS OF NA[27]

Matt 1:20	Μαριαμ (*v.l.*)
Matt 1:21	υιον (*txt*)
Matt 1:23	καλεσουσιν (*txt*)
Matt 1:25	ουκ εγινωσκεν αυτην εως ου (*txt*)
Matt 1:25	τον υιον αυτης τον πρωτοτοκον (*v.l.*)
Matt 2:9	εστη (*txt*)
Matt 2:9	ου ην το παιδιον (*txt*)
Matt 3:7	αυτου (*txt*)
Matt 3:9	εν εαυτοις (*txt*)
Matt 3:10	καλον (*txt*)
Matt 3:11	οπισω μου (*txt*)
Matt 3:14	Ιωαννης (*txt*)
Matt 3:15	προς αυτον (*txt*)
Matt 3:16	ανεβη ευθυς (*v.l.*)

Matt 3:16	αυτω (*txt*)
Matt 3:16	το ... του (*txt*)
Matt 3:16	καταβαινον ωσει (*txt*)
Matt 3:16	και (*txt*)
Matt 3:17	ουτος εστιν (*txt*)
Matt 4:1	ο (*txt*)
Matt 4:2	και νυκτας τεσσαρακοντα (*txt*)
Matt 4:3	αυτω ο πειραζων ειπεν (*v.l.*)
Matt 4:4	επι (*txt*)
Matt 4:4	εκπορευομενω δια στοματος (*txt*)
Matt 4:5	ιστησεν (*txt*)
Matt 4:6	σεαυτον (*txt*)
Matt 4:7	ουκ εκπειρασεις (*txt*)
Matt 4:9	λεγει (*v.l.*)
Matt 4:10	υπαγε (*txt*)
Matt 4:17	μετανοιετε (*txt*)
Matt 4:17	γαρ (*txt*)
Matt 4:23	ολην την Γαλιλαιαν ο Ιησους (*v.l.*)
Matt 5:4–5	4/5 (*txt*)
Matt 5:4	πενθουντες (*txt*)
Matt 5:5	μακαριοι (*txt*)
Matt 5:9	αυτοι (*txt*)
Matt 5:11	οταν ονειδισωσιν υμας και διωξωσιν (*txt*)
Matt 5:11	παν πονηρον ρημα καθ' υμων (*v.l.*)
Matt 5:11	ψευδομενοι (*txt*)
Matt 5:11	εμου (*txt*)
Matt 5:13	ετι (*txt*)
Matt 5:13	βληθηναι εξω και (*v.l.*)
Matt 5:16	εργα (*txt*)
Matt 5:18	του νομου (*txt*)
Matt 5:18	αν (*txt*)
Matt 5:18	γενηται (*txt*)
Matt 5:22	αυτου (*txt*)
Matt 5:22	(ρακκα) (*txt*)
Matt 5:28	αυτην (*txt*)

Matt 5:29	βληθη (*txt*)	
Matt 5:30	βληθη εις γεενναν (*v.l.*)	
Matt 5:32	ος αν απολυση (*v.l.*)	
Matt 5:32	και ος αν απολελυμενην γαμηση μοιχαται (*txt*)	
Matt 5:37	εστω (*txt*)	
Matt 5:37	ναι ναι (*txt*)	
Matt 5:38	και (*txt*)	
Matt 5:39	ραπισει (*v.l.*)	
Matt 5:40	τω θελοντι (*txt*)	
Matt 5:41	αγγαρευσει (*txt*)	
Matt 5:41	μετ' αυτου δυο (*txt*)	
Matt 5:42	δος (*txt*)	
Matt 5:44	προσευχεσθε υπερ των επηρεαζοντων υμας (*v.l.*)[1]	
Matt 5:46	το αυτο (*txt*)	
Matt 5:47	φιλους (*v.l.*)	
Matt 5:47	εθνικοι (*txt*)	
Matt 5:47	ουτως (*txt*)	
Matt 6:1	προσεχετε (*v.l.*)	
Matt 6:1	ελεημοσυνην (*v.l.*)	
Matt 6:1	τοις (*txt*)	
Matt 6:2	αμην (*txt*)	
Matt 6:4	η σου η ελεημοσυνη (*txt*)	
Matt 6:4	αυτος (*v.l.*)	
Matt 6:4	εν τω φανερω (*v.l.*)	
Matt 6:7	εθνικοι (*txt*)	
Matt 6:8	ο πατηρ υμων (*txt*)	
Matt 6:8	αιτησαι αυτον (*txt*)	
Matt 6:9	τοις ουρανοις (*txt*)	
Matt 6:10	ως (*txt*)	
Matt 6:11	επιουσιον (*txt*)	
Matt 6:12	τα οφειληματα (*txt*)	
Matt 6:12	αφιεμεν (*v.l.*)	

[1] Basil does not quote the whole verse.

Matt 6:15	ανθρωποις τα παραπτωματα αυτων (*v.l.*)
Matt 6:15	υμων αφησει (*txt*)
Matt 6:16	ως (*txt*)
Matt 6:18	τοις ανθρωποις νηστευων (*txt*)
Matt 6:20	ουδε κλεπτουσι (*txt*)
Matt 6:21	σου (*txt*)bis
Matt 6:21	και (*txt*)
Matt 6:22	ουν (*txt*)
Matt 6:22	η ο οφθαλμος σου απλους (*txt*)
Matt 6:24	ουδεις (*txt*)
Matt 6:26	τας αποθηκας (*v.l.*)
Matt 6:28	αυξανει ου κοπια ουδε νηθει (*v.l.*)
Matt 6:32	ταυτα γαρ παντα (*v.l.*)
Matt 6:32	επιζητει (*v.l.*)
Matt 6:33	βασιλειαν του θεου και την δικαιοσυνην (*txt*)
Matt 6:34	εαυτη (*v.l.*)
Matt 7:4	ερεις (*txt*)
Matt 7:4	εκ (*txt*)
Matt 7:5	την δοκον εκ του οφθαλμου σου (*v.l.*)
Matt 7:6	καταπατησωσιν (*v.l.*)
Matt 7:8	ανοιγησεται (*txt*)
Matt 7:13	η πυλη (*txt*)
Matt 7:14	η πυλη (*txt*)
Matt 7:15	δε (*v.l.*)
Matt 7:16	σταφυλην (*v.l.*)
Matt 7:17	καλους ποιει (*txt*)
Matt 7:18	ποιειν$^{(2)}$ (*txt*)
Matt 7:21	ουρανοις (*v.l.*)
Matt 7:22	κυριε ου (*txt*)
Matt 7:22	δαιμονια εξεβαλομεν (*txt*)
Matt 7:23	αποχωρειτε (*txt*)
Matt 7:23	απ' εμου οι (*txt*)
Matt 7:24	τουτους (*txt*)
Matt 7:24	ομοιωσω αυτον (*v.l.*)
Matt 7:25	προσεπεσαν (*txt*)

Matt 7:26	ο ακουων (*txt*)
Matt 7:26	ποιων (*txt*)
Matt 7:26	την οικιαν αυτου (*v.l.*)
Matt 7:27	επνευσαν οι ανεμοι και (*txt*)
Matt 7:27	προσεπεσαν (*v.l.*)
Matt 7:27	σφοδρα (*v.l.*)
Matt 9:10	και (*txt*)
Matt 9:11	ειπον (*v.l.*)
Matt 9:11	εσθιει ο διδασκαλος υμων (*txt*)
Matt 9:12	Ιησους (*v.l.*)
Matt 9:14	νηστευομεν (*txt*)
Matt 9:15	νυμφωνος (*txt*)
Matt 9:15	πενθειν (*txt*)
Matt 9:15	νηστευσουσιν (*txt*)
Matt 9:17	γε (*txt*)
Matt 9:17	ρηγνυνται οι ασκοι (*txt*)
Matt 9:17	αλλα βαλλουσιν οινον νεον εις ασκους καινους (*txt*)
Matt 9:18	εις ελθων (*txt*)
Matt 9:18	οτι (*txt*)
Matt 9:19	ηκολουθησεν (*txt*)
Matt 9:28	δυναμαι τουτο ποιησαι (*txt*)
Matt 9:36	οχλους εσπλαγχνισθη (*txt*)
Matt 9:36	εσκυλμενοι
Matt 10:5	αυτοις λεγων (*txt*)
Matt 10:6	πορευεσθε δε (*txt*)
Matt 10:7	οτι (*txt*)
Matt 10:8	λεπρους καθαριζετε, δαιμονια εκβαλλετε (*v.l.*)
Matt 10:10	ραβδους (*v.l.*)
Matt 10:10	της τροφης (*txt*)
Matt 10:14	της οικιας [εκεινης] η (*txt*)
Matt 10:14	πολεως εκεινης (*txt*)
Matt 10:14	κονιορτον των (*txt*)
Matt 10:15	Γομορρων (*txt*)
Matt 10:16	εν μεσω (*txt*)
Matt 10:16	οι οφεις (*txt*)

Matt 10:16	ακεραιοι (*txt*)
Matt 10:17	δε (*txt*)
Matt 10:17	εν ταις συναγωγαις αυτων (*txt*)
Matt 10:18	ηγεμονας δε και βασιλεις αχθησεσθε (*txt*)
Matt 10:23	αλλην (*v.l.*)
Matt 10:27	κηρυξατε (*txt*)
Matt 10:28	φοβεισθε (*txt*)
Matt 10:28	φοβηθητε (*v.l.*)
Matt 10:30	υμων δε (*txt*)
Matt 10:30	κεφαλης πασαι (*txt*)
Matt 10:31	φοβηθητε πολλων (*v.l.*)
Matt 10:32	τοις (*txt*)
Matt 10:33	καγω αυτον (*txt*)
Matt 10:33	ουρανοις (*v.l.*)
Matt 10:37	και ... αξιος (*txt*)
Matt 10:42	μικρων τουτων (*txt*)
Matt 10:42	ψυχρου μονον (*txt*)
Matt 10:42	απολεση τον μισθον (*txt*)
Matt 11:17	υμιν (*v.l.*)
Matt 11:20	ηρξατο ονειδιζειν (*txt*)
Matt 11:21	ουαι σοι (*txt*)
Matt 11:21	καθημενοι (*v.l.*)
Matt 11:28	πεφορτισμενοι καγω (*txt*)
Matt 11:29	απ' εμου (*txt*)
Matt 12:1	Ιησους τοις (*txt*)
Matt 12:1	τους (*v.l.*)
Matt 12:1	σταχυας και (*txt*)
Matt 12:2	ιδοντες (ειπον) (*txt*)
Matt 12:2	ιδου (*txt*)
Matt 12:2	εν σαββατω (*txt*)
Matt 12:4	εφαγεν (*v.l.*)
Matt 12:4	ους (*v.l.*)
Matt 12:11	εσται (*txt*)
Matt 12:11	εξει (*txt*)
Matt 12:11	εαν (*txt*)

Matt 12:11	τουτο (*txt*)
Matt 12:11	κρατησει αυτο και εγερει (*txt*)
Matt 12:12	ουν διαφερει (*txt*)
Matt 12:14	οι δε Φαρισαιοι (*v.l.*)
Matt 12:18	μου ον (*txt*)
Matt 12:18	εις ον (*txt*)
Matt 12:20	καλαμον συντετριμμενον (*txt*)
Matt 12:20	κρισιν (*txt*)
Matt 12:21	και τω (*txt*)
Matt 12:22	προσηνεχθη αυτω δαιμονιζομενος τυφλος και κωφος (*txt*)
Matt 12:22	τον κωφον και τυφλον και (*v.l.*)
Matt 12:24	Βεελζεβουλ (*txt*)
Matt 12:25	ιδων δε ο Ιησους (*v.l.*)
Matt 12:32	ανθρωπου αφεθησεται (*txt*)
Matt 12:32	ουκ αφεθησεται (*txt*)
Matt 12:35	της καρδιας αυτου (*v.l.*)
Matt 12:36	εαν λαλησωσιν (*v.l.*)
Matt 12:48	και (*txt*)
Matt 12:48	εισιν (*txt*)
Matt 12:48	μου (*txt*)
Matt 12:50	αν ποιηση (*txt*)
Matt 12:50	μου αδελφος (*txt*)
Matt 13:11	αυτοις (*txt*)
Matt 13:13	αυτοις λαλω (*txt*)
Matt 13:13	οτι βλεποντες ... συνιουσι (*txt*)
Matt 13:13	αναπληρουται (*txt*)
Matt 13:17	(ειδον) (*txt*)
Matt 13:19	το εσπαρμενον (*txt*)
Matt 13:23	συνιων (*v.l.*)
Matt 13:23	ος δη (*txt*)
Matt 13:36	φρασον (*v.l.*)
Matt 13:45	ανθρωπω (*txt*)
Matt 13:46	ος ευρων (*v.l.*)
Matt 13:46	ενα (*txt*)
Matt 13:54	τουτω η (*txt*)

Matt 13:55	ουχ (*txt*)
Matt 13:55	Ιωσης (*v.l.*)
Matt 13:57	πατριδι αυτου (*v.l.*)
Matt 13:58	την απιστιαν (*txt*)
Matt 14:25	της θαλασσης (*v.l.*)
Matt 14:26	και ιδοντες αυτον οι μαθηται (*v.l.*)
Matt 14:26	επι την θαλασσην περιπατουντα (*v.l.*)
Matt 14:27	αυτοις ο Ιησους (*v.l.*)
Matt 14:28	αυτω ο Πετρος ειπεν (*txt*)
Matt 14:28	προς σε ελθειν (*v.l.*)
Matt 14:29	ο (*txt*)
Matt 14:29	ελθειν (*v.l.*)
Matt 14:30	ισχυρον (*txt*)
Matt 15:11	ου το (*txt*)
Matt 15:11	κοινοι⁽¹⁾ (*txt*)
Matt 15:11	τουτο (*txt*)
Matt 15:11	κοινοι⁽²⁾ (*txt*)
Matt 15:12	ειπον (*v.l.*)
Matt 15:14	αυτους (*txt*)
Matt 15:14	τυφλοι εισιν οδηγοι τυφλων (*txt*)
Matt 15:14	εαν οδηγη (*txt*)
Matt 15:14	εις βοθυνον (εμ-)πεσουνται (*txt*)
Matt 15:15	ταυτην (*txt*)
Matt 15:16	Ιησους (*v.l.*)
Matt 15:17	ουπω (*v.l.*)
Matt 15:18–19	εξερχεται ... καρδιας (*txt*)
Matt 15:22	εκραυγασεν αυτω (*v.l.*)
Matt 15:22	υιε (*v.l.*)
Matt 15:23	ηρωτων (*v.l.*)
Matt 15:24	προβατα τα (*txt*)
Matt 15:26	εστιν καλον (*txt*)
Matt 15:27	γαρ (*txt*)
Matt 16:19	κλεις (*v.l.*)
Matt 16:21	ο Ιησους (*txt*)
Matt 16:21	απελθειν εις Ιεροσολυμα (*v.l.*)

Matt 16:21	γραμματεων και (*txt*)
Matt 16:22	ηρξατο επιτιμαν αυτω λεγων (*txt*)
Matt 16:22	σοι τουτο (*txt*)
Matt 16:23	στραφεις (*txt*)
Matt 16:23	μου (*txt*)
Matt 16:23	μου ει (*v.l.*)
Matt 16:23	αλλα τα των ανθρωπων (*txt*)
Matt 16:27	την πραξιν (*txt*)
Matt 17:9	αναστη (*v.l.*)
Matt 17:21	τουτο ... νηστεια (*v.l.*)
Matt 17:24	τα (*txt*)
Matt 17:25	εισηλθεν (*v.l.*)
Matt 17:25	τινων (*txt*)
Matt 17:26	λεγει αυτω ο Πετρος (*v.l.*)
Matt 17:26	υιοι (*txt*)
Matt 17:27	σκανδαλισωμεν (*txt*)
Matt 17:27	ευρησεις στατηρα (*txt*)
Matt 18:6	περι (*txt*)
Matt 18:7	εκεινω (*v.l.*)
Matt 18:8	αυτον (*txt*)
Matt 18:8	χωλον η κυλλον (*v.l.*)
Matt 18:9	και ει (*txt*)
Matt 18:10	τουτων λεγω (*txt*)
Matt 18:10	εν τω ουρανω (*v.l.*)
Matt 18:16	μετα (σεαυτου/σου) ετι ενα (*txt*)
Matt 18:16	δυο μαρτυρων η τριων (*txt*)
Matt 18:17	και ο (*txt*)
Matt 18:18	εσται (*txt*)
Matt 18:18	εν τω ουρανω bis (*txt*)
Matt 18:19	αμην (*txt*)
Matt 18:19	υμων συμφωνησωσιν (*v.l.*)
Matt 18:20	εκει (*txt*)
Matt 18:31	κυριω εαυτων (*txt*)
Matt 18:34	ου (*txt*)
Matt 18:34	παν (*txt*)

Matt 19:9	οτι (*txt*)
Matt 19:9	μη επι πορνεια και γαμηση αλλην μοιχαται (*txt*)
Matt 19:9	και ο απολελυμενην γαμησας μοιχαται (*v.l.*)
Matt 19:16	ειπεν αυτω (*v.l.*)
Matt 19:16	αγαθε (*v.l.*)
Matt 19:16	ποιησω ινα (εχω) ζωην αιωνιον (*txt*)
Matt 19:17	τι με λεγεις αγαθον ουδεις αγαθος ει μη εις ο θεος (*v.l.*)
Matt 19:21	δος πτωχοις (*v.l.*)
Matt 19:21	ουρανω (*v.l.*)
Matt 19:29	οικιαν ... αγρους (*v.l.*)
Matt 19:29	εκατονταπλασιονα (*txt*)
Matt 20:26	εσται (*txt*)
Matt 20:27	αν (*txt*)
Matt 20:27	εν υμιν πρωτος ειναι (*v.l.*)
Matt 20:27	εσται (*txt*)
Matt 21:12	εισηλθεν Ιησους (*txt*)
Matt 21:12	του Θεου (*v.l.*)
Matt 21:13	εποιησατε (*v.l.*)
Matt 21:22	αν (*txt*)
Matt 21:28	εις τον αμπελωνα (*v.l.*)
Matt 22:14	δε εκλεκτοι (*txt*)
Matt 22:40	ολος (*txt*)
Matt 23:5	των ιματιων αυτων (*v.l.*)
Matt 23:6	τας πρωτοκλισιας (*v.l.*)
Matt 23:7	ραββι (*v.l.*)
Matt 23:8	μη κληθητε (*txt*)
Matt 23:8	καθηγητης (*v.l.*)
Matt 23:8	παντες (*txt*)
Matt 23:9	υμων (*txt*)
Matt 23:9	ο πατηρ υμων (*v.l.*)
Matt 23:9	εν τοις ουρανοις (*v.l.*)
Matt 23:23	τον ελεον (*v.l.*)
Matt 23:23	ταυτα εδει (*v.l.*)
Matt 23:23	αφιεναι (*txt*)
Matt 23:24	οι (*txt*)

Matt 23:25	ακρασιας (*txt*)
Matt 23:26	και της παροψιδος (*v.l.*)
Matt 23:27	(παρομοιμιαζων) (*txt*)
Matt 23:37	αυτην (*txt*)
Matt 23:37	ορνις επισυναγει (*txt*)
Matt 23:37	εαυτης (*v.l.*)
Matt 23:38	ερημος (*txt*)
Matt 24:24	μεγαλα και τερατα (*txt*)
Matt 24:24	πλανησαι (*txt*)
Matt 24:27	φαινεται (*txt*)
Matt 24:29	εκ (*v.l.*)
Matt 24:33	παντα ταυτα (*txt*)
Matt 24:36	ουδε ο υιος (*txt*)
Matt 24:36	πατηρ μονος (*txt*)
Matt 24:45	κυριος επι (*txt*)
Matt 24:45	οικετειας (*txt*)
Matt 24:46	ποιουντα ουτως (*v.l.*)
Matt 24:48	εκεινος (*txt*)
Matt 24:48	ο κυριος μου (*v.l.*)
Matt 25:1	αυτων (*v.l.*)
Matt 25:1	απαντησιν (*v.l.*)
Matt 25:1	του νυμφιου και της νυμφης (*v.l.*)
Matt 25:3	ελαιον αι (*txt*)
Matt 25:4	αυτων$^{(1)}$ (*v.l.*)
Matt 25:4	αυτων$^{(2)}$ (*v.l.*)
Matt 25:6	εξερχεσθε (*txt*)
Matt 25:6	απαντησιν αυτου (*txt*)
Matt 25:7	αυτων (*v.l.*)
Matt 25:9	ου μη (*txt*)
Matt 25:15–16	ευθεως πορευθεις δε (*v.l.*)
Matt 25:16	εποιησεν (*v.l.*)
Matt 25:16	ταλαντα (*v.l.*)
Matt 25:17	και (*v.l.*)
Matt 25:17	εκερδησεν (*txt*)
Matt 25:18	εν τη γη (*v.l.*)

Matt 25:18	εκρυψεν (*txt*)
Matt 25:20	εκερδησα επ' αυτοις (*v.l.*)
Matt 25:21	δε (*v.l.*)
Matt 25:21	επι (*txt*)
Matt 25:22	δε (*txt*)
Matt 25:22	λαβων (*v.l.*)
Matt 25:22	εκερδησα επ' αυτοις (*v.l.*)
Matt 25:23	επι (*txt*)
Matt 25:23	ης πιστος (*txt*)
Matt 25:24	σε (*txt*)
Matt 25:24	οθεν (*txt*)
Matt 25:27	ουν σε (*v.l.*)
Matt 25:27	το αργυριον (*v.l.*)
Matt 25:28	δεκα (*txt*)
Matt 25:29	παντι (*txt*)
Matt 25:29	εχει (*txt*)
Matt 25:29	αυτου και (*txt*)
Matt 25:40	των αδελφων μου (*txt*)
Matt 25:41	οι (*txt*)
Matt 25:41	το ητοιμασμενον (*txt*)
Matt 25:42	φαγειν εδιψησα (*txt*)
Matt 25:42	εποτισατε με (*txt*)
Matt 25:43	με γυμνος (*txt*)
Matt 25:43	γυμνος και (*txt*)
Matt 25:46	κολασιν (*txt*)
Matt 26:7	αλαβαστρον μυρου εχουσα (*v.l.*)
Matt 26:7	βαρυτιμου (*txt*)
Matt 26:7	την κεφαλην (*v.l.*)
Matt 26:8	αυτου (*v.l.*)
Matt 26:9	τουτο πραθηναι (*txt*)
Matt 26:9	δοθηναι πτωχοις (*txt*)
Matt 26:20	μαθητων (*v.l.*)
Matt 26:21	οτι (*txt*)
Matt 26:22	αυτω (*txt*)
Matt 26:22	εκαστος αυτων (*v.l.*)

Matt 26:26	εσθιοντων δε αυτων (*txt*)
Matt 26:26	τον (*v.l.*)
Matt 26:26	και ευχαριστησας (*v.l.*)
Matt 26:26	εδιδου τοις μαθηταις (*v.l.*)
Matt 26:33	αυτω (*txt*)
Matt 26:33	εν σοι εγω (*txt*)
Matt 26:34	αυτω ο (*txt*)
Matt 26:34	εν (*txt*)
Matt 26:34	αλεκτορα φωνησαι (*txt*)
Matt 26:34	τρις απαρνηση με (*txt*)
Matt 26:39	πατερ ει (*v.l.*)
Matt 26:52	την μαχαιραν (*v.l.*)
Matt 26:52	απολουνται (*txt*)
Matt 26:53	ωδε (*v.l.*)
Matt 26:53	πλειους η (*v.l.*)
Matt 26:53	(λεγεωνας) αγγελων (*txt*)
Matt 26:75	αυτω (*v.l.*)
Matt 27:46	ανεβοησεν (*txt*)
Matt 27:46	ηλι ηλι (*txt*)
Matt 27:46	(λειμα) σαβαχτθανι (*txt*)
Matt 27:54	θεου υιος ην (*txt*)
Matt 28:19	πορευθεντες μαθητευσατε (*v.l.*)
Matt 28:19	βαπτιζοντες (*txt*)
Matt 28:20	μεθ' υμων ειμι (*txt*)

BASIL IN THE APPARATUS OF UBS[4]

Matt 1:25	τον υιον αυτης τον πρωτοτοκον (*v.l.*)
Matt 3:16	Apparatus correct
Matt 3:16	Apparatus correct
Matt 4:10	υπαγε (*txt*)
Matt 4:17	Apparatus correct
Matt 5:4–5	4/5 (*txt*)
Matt 5:11	Apparatus correct

Matt 5:22	Apparatus incorrect[2]
Matt 5:32	Apparatus correct
Matt 5:44	Apparatus correct
Matt 5:47	Apparatus correct
Matt 6:4	Apparatus correct
Matt 6:8	Apparatus incorrect[3]
Matt 6:15	Apparatus correct
Matt 6:25	Apparatus correct
Matt 6:28	Apparatus correct
Matt 6:33	Apparatus correct
Matt 7:13	Apparatus correct
Matt 7:14	Apparatus correct
Matt 7:24	ομοιωσω αυτον (*v.l.*)
Matt 9:14	Apparatus incorrect[4]
Matt 10:23	Apparatus correct
Matt 11:17	εθρηνησαμεν υμιν (*v.l.*)
Matt 12:4	εφαγεν (*v.l.*)
Matt 12:25	Apparatus incorrect[5]
Matt 13:13	Apparatus correct
Matt 13:55	Apparatus incorrect[6]
Matt 14:29	Apparatus correct
Matt 14:30	Apparatus correct
Matt 15:14	Apparatus correct
Matt 16:27	την πραξιν (*txt*)
Matt 17:21	Apparatus correct
Matt 17:26	Apparatus correct
Matt 18:15	Apparatus incorrect[7]

[2]The apparatus of UBS³ was correct for this variant reading.
[3]Both occurrences in Basil have the same reading.
[4]Basil's reading is the one found in ℵ* B.
[5]Basil supports the fourth variant reading (along with 13 and 33) instead of the third.
[6]The apparatus of UBS³ was correct for this variant reading.
[7]Basil supports these variant readings in the following proportions: αμαρτηση εις σε 4/10; αμαρτη εις σε 2/10; αμαρτηση 1/10; αμαρτη 3/10.

Basil's Text of Matthew in the Apparatus of NA²⁷ and UBS⁴

Matt 18:19	Apparatus correct
Matt 19:9⁽¹⁾	Apparatus correct
Matt 19:9⁽²⁾	Apparatus correct
Matt 19:16	Apparatus correct
Matt 19:17	Apparatus correct
Matt 19:29⁽¹⁾	Apparatus correct
Matt 19:29⁽²⁾	Apparatus correct
Matt 20:26	εσται (*txt*)
Matt 21:12	Apparatus correct
Matt 23:9	μη καλεσητε υμων (*txt*)
Matt 23:23	Apparatus correct
Matt 23:25	Apparatus correct
Matt 23:26	Apparatus correct
Matt 23:38	Apparatus correct
Matt 24:36	ουδε ο υιος (*txt*)
Matt 24:42	Apparatus correct
Matt 25:1	Apparatus incorrect[8]
Matt 25:15–16	Apparatus correct
Matt 26:20	Apparatus correct

---

[8] Basil supports the reading του νυμφιου και της νυμφης.

BIBLIOGRAPHY

CRITICAL EDITIONS, MANUSCRIPTS AND TRANSLATIONS OF BASIL'S WORKS

Clarke, William Kemp Lowther. *The Ascetic Works of Saint Basil, Translated into English with Introduction and Notes.* Translations of Christian Literature, Series 1: Greek Texts. London/New York: SPCK/MacMillan, 1925.

Courtonne, Yves, ed. *Saint Basile. Homélies sur la richesse. Édition critique et exégétique.* Paris: Firmin-Didot, 1935.

———. *Saint Basile. Lettres.* 3 tomes. Collection des Universités de France. Paris: Les Belles Lettres, 1957–1966.

Deferrari, Roy J., ed. *Saint Basil. The Letters.* 4 volumes. LCL 190, 215, 243, 270. Cambridge, Mass./London: Harvard University Press/William Heinemann, 1926–1934.

De Sinner, Gabriel Rudolf Ludwig, ed. *Τοῦ ἐν ἁγίοις πατρὸς ἡμῶν Βασιλείου, ἀρχιεπισκόπου Καισαρείασς Καππαδοκίας, τὰ εὑρικόμενα πάντα. Sancti Patris nostri Basilii, Caesareae Cappadociae archiepiscopi, opera omnia quae exstant, uel quae sub eius nomine circumferuntur, ad manuscriptos Codices Gallicanos, Vaticanos, Florentinos et Anglicos, necnon ad antiquiores editiones castigata, multis aucta: Noua Interpretatione, criticis Praefationibus, Notis, uariis Lectionibus illustrata, noua sancti Doctoris Vita et copiosissimis Indicibus locupletata.* 6 Volumes. Presbyteri et Monachi Benedictini E. Congregatione Sancti Mauri. Tomus Tertius: Opera et studio Monachorum Ordinis Sancti Benedicti Tomus Primus et Secundus: Opera et studio Domni Iuliani Garnier, e Congregatione Sancti Mauri. Editio Parisina Altera, Emendata et Aucta. Paris: Gaume Fratres, Bibliopolas, 1839.

Ducatillon, Jeanne, ed. *Sur le baptême.* SC 357. Paris: Editions du Cerf, 1989.

Giet, Stanislas, ed. *Basile de Césarée. Homélies sur l'Hexaéméron.* SC 26. Paris: Cerf, 1949.

Hauschild, Wolf-Dieter. *Basilius von Caesarea. Briefe. Eingeletet, übersetzt und erlaütert.* 3 volumes. Bibliothek der Griechischen Literatur 3, 32, 37. Stuttgart: Anton Hiersemann, 1973–93.

Jackson, Blomfield, ed. *The Treatise de Spiritu Sancto. The Nine Homilies of the Hexaemeron and the Letters of Saint Basil the Great, Archbishop of Caesarea Translated with Notes*. NPNF², Vol. 8. Grand Rapids, Mich.: Eerdmans, 1968.

Johnston, Charles Francis Harding, ed. *The Book of Saint Basil the Great, Bishop of Caesarea in Cappadocia, On the Holy Spirit, Written to Amphilochius, Bishop of Iconium, Against the Pneumatomachoi. A Revised Text with Notes and Introduction*. Oxford: Clarendon Press, 1892.

Mendieta, Emmanuel Amand de, and Stig Y. Rudberg, eds. *Basilius von Caesarea. Homilien zum Hexaemeron*. GCS Nf, no. 2. Berlin: Akademie Verlag, 1997.

Migne, Jacques-Paul, ed. *Patrologiae cursus completus*. Series graeca posterior, no. 29,31. Paris: Migne, 1857.

Mponē, Konstantinou, ed. Βασίλειος ὁ μέγας. Τὰ ἔργα. Bibliothēkē hellēnōn paterōn kai ekklēsiastikōn euggrapheōn, 7 volumes. Athens: Ekdosis tēs Apostolikēs Diakonias tes Ekklēsias tēs Hellados, 1975–1978.

Naldini, Mario, ed. *Basilio di Cearea. Sulla Genesi (Omelie sull' Esamerone)*. Fondazione Lorenzo Valla. Milan: Mondadori, 1990.

Neri, Umberto, ed. *Basilio di Cesarea: Il battesimo*. Testi e ricerche di scienze religiose 12. Brescia: Paideia, 1976.

Neri, Umberto, and Maria Benedetta Artioli, eds. *Opere ascetiche di Basilio di Cesarea*. Turin: Unione tipografico-editrice torinese, 1980.

Pruche, Benoît, ed. *Basile de Césarée. Sur le Saint-Esprit. Introduction, texte, traduction et notes*. 2nd ed. SC 17bis. Paris: Cerf, 1968.

Rudberg, Stig Y., ed. *L'homélie de Basile de Césarée sur le mot 'Observe-toi toi-même'. Édition critique du texte grec et étude sur la tradition manuscrite*. Acta Universitatis Stockhomiensis. Studia Graeca Stockholmiensis 2. Stockholm: Almquist & Wicksell, 1962.

ISTANBUL Βιβλιοθήκη τοῦ Οἰκουμενικοῦ Πατριαρχείου Σκολὴ Θεολογικὴ τῆς μονῆς 105 (97). From the Holy Trinity Monastery of Halki. [Sainte Trinité 105]

Sesboüé, Bernard, Georges-Matthieu de. Durand, and Louis Doutreleau. *Basile de Césarée. Contre Eunome*. Paris: Les Editions du Cerf, 1982.

Sieben, Herman Josef, ed. *Basilius von Cäsarea. De Spiritu Sancto über den Heiligen Geist*. Fontes Christiani 12. Freiburg im Breslau: Herder, 1993.

Uluhogian, Gabriella, ed. *Basilio di Cesarea. Il libro delle Domande (Le regole)*. CSCO, Scriptores Armeniaci 19. Leuven: Peeters, 1993.

Vatican: Bibliotheca Apostolica Vaticana. *S. Basilii opera diversa, partim sincera. S. Gregorii Nysseni De hominis opificio sub inscriptione* περὶ εἰκόνος ἀνθρώπων. [Vaticanus Graecus 413]

Vatican: Bibliotheca Apostolica Vaticana. *Basilii exercitationes monasticae et moralia. Ps. Macarii Homilia XXV*. [Vaticanus Graecus 428]

Wagner, M. Monica, ed. *Saint Basil. Ascetical Works*. FC 9. Washington: The Catholic University of America Press, 1950.

Way, Agnes Clare ed. *Saint Basil. Exegetic Homilies*. FC 46. Washington, D.C.: The Catholic University of America Press, 1963.
Way, Agnes Clare, and Roy J. Deferrari, eds. *Saint Basil. Letters*. 2 volumes. FC13, 28. Washington, D.C.: The Catholic University of America Press, 1951–1955.

BIBLICAL TEXTS, EDITIONS, AND MICROFILMS

Aland, Barbara, Kurt Aland, Johannes Karavidopoulos, Carlo M. Martini, and Bruce M. Metzger, eds. *The Greek New Testament*. 4th ed. Stuttgart/New York: Deutsche Bibelgesellschaft/United Bible Societies, 1993.
———. *Novum Testamentum Graece*. 27th ed. Stuttgart: Deutsche Bibelgesellschaft, 1993.
Aland, Kurt. *Synopsis quattuor evangeliorum. Locis parallelis evangeliorum apocryphorum et patrum adhibitis edidit*. 13th ed. Stuttgart: Deutsche Bibelanstalt, 1990.
Beerman, Gustav and Gregory Caspar René, eds. *Die Koridethi Evangelien*. Leipzig: J. C. Hinrichs, 1913. [Θ]
Belsheim, J. ed. *Das evangelium des Marcus nach dem griechischen Codex aureus Theodorae Imperatricis purpureus Petropolitanus aus dem 9ten Jarhundert*. in *Christiana Videnskabs-Selskabs Forhandlinger* 9. 1885. [565]
Bover, Joseph M. *Novi Testamenti. Biblia Graeca et Latina*. 3rd ed. Madrid: Consejo Superior de Investigaciones Cientificas, 1953.
Champlin, Russell. *Family E and Its Allies in Matthew*. SD 28. Salt Lake City: University of Utah Press, 1966.
Ferrar, William Hugh, ed. *A Collation of Four Important Manuscripts of the Gospels: With a View to Prove Their Common Origin, and to Restore the Text of their Archetype*. Edited and Introduced by T. K. Abbott ed. Dublin/London: Hodges, Foster and Figgis/MacMillan, 1877. [f^{13}]
Fischer, Bonifatius, et al. eds. *Biblia sacra iuxta vulgatam versionem*. Tome II. Stuttgart: Württembergische Bibleanstalt, 1969.
Gasquet, Aidano. *Codex Vercellensis iamdudum ab Irico et Bianchino denuo cum manuscripto collatus in lucem propertur*. Collectaneo biblica latina, no. 3,1. Rome: F. Pustet, 1914. [a]
Gebhart, Oscar von, and Adolf von Harnack, eds. *Die Evangelien des Matthaeus und des Marcus aus dem Codex Purpureus*. TU, no. 1. Leipzig: J. C. Hinrich, 1883. [Σ]
Geerlings, Jacob, ed. *Family 13—The Ferrar Group: The Text according to Matthew*. SD 19. Salt Lake City: University of Utah Press, 1961. [f^{13}]
———. *Family Π in Matthew*. SD 24. Salt Lake City: University of Utah Press, 1964. [Π]

Η ΚΑΙΝΗ ΔΙΑΘΗΚΗ. *Phototypice Expressus iussu Pauli PPVI Pontificis Maximi*. In Civitatae Vaticana, 1965. [B]

Hansell, Edward H., ed. *Novum Testamentum Graece: Antiquissimorum codicum textus in ordine parallelo dispositi accedit collatio codices Sinaiticus*. Oxford: Clarendon Press, 1864. [ℵ A B C D]

Hoskier, Hermann C. *A Full Account and Collation of the Greek Cursive Codex Evangelium 604*. London: David Nutt, 1890. [700]

Huck, Albert, and Heinrich Greeven, eds. *Synopse der drei ersten Evangelien mit Beigabe der johanneischen Parallelsten*. 13th ed. Tübingen: J. C. B. Mohr (Paul Siebeck), 1981.

Jülicher, Adolf, ed. *Matthäus Evangelium*. Vol. I, edited by Walter Matzkow and Kurt Aland. In *Itala: Das Neue Testament in altlateinischer Überlieferung*, 2nd ed. Berlin: Walter de Gruyter, 1972. [a b e k]

Lake, Helen, and Kirsopp Lake, eds. *Codex Sinaiticus Petropolitanus: The New Testament*. Oxford: Clarendon Press, 1911. [ℵ]

Lake, Kirsopp. *Codex 1 of the Gospels and Its Allies*. Text & Studies 7.3. Cambridge: Cambridge University press, 1902. [f^1]

Lake, Kirsopp, and Silva New, *Six Collations of New Testament Manuscripts*. HTS 17. Cambridge, Mass.: Harvard University Press, 1932. [Ω]

Legg, S. C. E., ed. *Novum Testamentum Graece: Evangelium secundum Mattheum*. Oxford: Oxford University Press, 1940.

Lyon, R. W. "A Re-Examination of Codex Ephraemi Rescriptus." *NTS* 5 (1958–1959): 260–72. [C]

Merk, Augustinus, ed. *Novum Testamentum graece et latine*. 11th ed. Rome: Pontificio Instituto Biblico, 1992.

Moir, Ian A. *Codex Climaci Rescriptus Graece*. Cambridge: Cambridge University Press, 1956. [565]

Parker, D. C. *Codex Bezae. An Early Christian Manuscript and Its Text*. Cambridge: Cambridge University Press, 1992. [D]

Rettig, H. C. M., ed. *Antiquissimus quatuor evangeliorum canonicorum codex Sangallensis Graeco-Latinus interlinearis*. Zürich: Frederick Shulthess, 1836. [Δ]

Sanders, Henry A. *Facsimile of the Washington Manuscript of the Four Gospels in the Freer Collection*. Ann Arbor, Mich.: University of Michigan, 1912. [W]

———. *The New Testament Manuscripts in the Freer Collection*. University of Michigan Studies, Humanistic Series 9. New York: MacMillan, 1918. [W]

Scrivener, Frederick H., ed. *A Full Collation of the Codex Sinaiticus with the Received Text of the New Testament to Which is Prefixed a Critical Introduction*. 2nd ed. Cambridge/London: Deighton, Bell, and Co/Bell and Daddy, 1867. [ℵ]

———. *Bezae Codex Cantabrigiensis. Being an Exact Copy, in Ordinary Type, of the Celebrated Uncial Greco-Latin Manuscript of the Four Gospels and Acts of the Apostles, Written Early in the Sixth Century, and Presented to the Univer-*

sity of Cambridge by Theodore Beza, A.D. 1581. Edited with a Critical Introduction, Annotations and Facsimiles. Pittsburgh Reprint Series 5. Pittsburgh: Pickwick Press, 1978. [D]

———. *Novum Testamentus: Textus Stephanici A. D. 1550*. Cambridge: Deighton Bell, 1877. [TR]

Soden, Hermann von. *Die Schriften des Neuen Testaments in ihrer ältesten erreichbaren Textgestalt*. Göttingen: Vandenhoeck und Ruprecht, 1911–13.

———. *Griechisches Neues Testament. Text mit kurzem Apparatat*. Göttingen: Vandenhoeck & Ruprecht, 1913.

Swanson, Reuben J. *New Testament Greek Manuscripts Variant Readings Arranged in Horizontal Lines Against Codex Vaticanus. Volume 1: Matthew*. Edited by Reuben J. Swanson. Sheffield/Pasadena, Calif.: Sheffield Academic Press/William Carey International University Press, 1995.

Tischendorf, Constantinus, ed. *Codex Ephraemi Syri rescriptus sive fragmenta Novi Testamenti*. Leipzig: B. Tauchnitz, 1843. [C]

———. *Monumenta Sacra Inedita; sive Reliquiae antiquissimae textus Novi Testamenti Graeci*. Leipzig: B. Tauchnitz, 1846. [L]

———. *Novum Testamentum Graece. Ex Sinaitico Codice*. 8th ed., 2 volumes. Leipzig: Giesecke und Devrient, 1869–1872. Reprint, Graz, Austria: Akademische Druck, 1974.

Tregelles, Samuel Prideaux, ed. *The Greek New Testament. Edited from Ancient Authorities, with Their Various Readings in Full, and the Latin Version of Jerome*. London: Samuel Bagster and Sons, 1857–1879. [E 33]

Vogels, H. J. "Eine Neuausgabe des Codex Vercellensis." *BZ* 15 (1918–1919): 301–18. [a]

STUDIES ON BASIL AND HIS WRITINGS

Bartelink, G. J. M. "Observations de saint Basile sur la langue biblique et théologique." *VC* 17 (1963): 85–104.

Basilio di Cesarea, la sua età, la sua opera e il basilianesimo in Sicilia. Atti de Congresso Internazionale, Messina 3–6 XII 1979. 2 volumes. Messina: Centro di studi umanistici, 1983.

Bessières, J. "La tradition manuscrite de la correspondance de saint Basile." Introduction by C. H. Turner. *JTS* 21 (1919): 1–50; 289–310.

———. "La tradition manuscrite de la correspondance de S. Basile." *JTS* 23 (1922): 243–47.

Campbell, James Marshall. *The Influence of the Second Sophistic on the Style of the Sermons of St. Basil the Great*. The Catholic University of America Patristic Studies 2. Washington, D.C.: Catholic University of America, 1922.

Cavalcanti, Elena. "Il significato dell'esegesi letterale in Basilio e in Agostino. Omelie sull'Esamerone e De Genesi ad litteram I–III." *Annali di storia dell'esegesi* 4 (1987): 119–42.
Christou, P. C. "L'enseignement de saint Basile sur le Saint-Esprit." *Verbum Caro* 23 (1969): 86–99.
Clarke, William Kemp Lowther. *Saint Basil the Great. A Study of Monasticism.* Cambridge: Cambridge University Press, 1913.
Constantelos, Demetrios J. "Basil the Great's Social Thought and Involvement." *Greek Orthodox Theological Review* 26 (1981): 81–87.
Courtonne, Yves. *Un témoin du 4e siècle oriental; saint Basile et son temps d'après sa correspondance.* Collection d'études anciennes. Paris: Les Belles Lettres, 1973.
Cousin, Patrice. *Précis d'histoire monastique.* La vie de l'Église. Paris: Bloud & Gay, 1956.
Dörries, Hermann. *De Spiritu Sancto. Der Beitrag Des Basilius Zum Abschluss Des Trinitarischen Dogmas.* Abahandlungen der Akademie der Wissenchaften in Göttingen, Philologisch-Historische Klasse, 3. Folge, 39. Göttingen: Vandenhoeck und Ruprecht, 1956.
Duplacy, Jean. "Les regulae morales de Basile de Césarée et le texte du Nouveau Testament en Asie-Mineure au IVe siècle." *Arbeiten zur Kirchengeschichte* 50 (1980): 69–83.
Fedwick, Paul J. "A Chronology of the Life and Works of Basil of Caesarea." Pp. 3–19 in *Basil of Caesarea: Christian, Humanist, Ascetic. A Sixteen-Hundredth Anniversary Symposium.* Tome I. Ed. Paul J. Fedwick. Toronto: Pontifical Institute of Mediaeval Studies, 1981.
———. "A Commentary of Gregory of Nyssa or the 38th Letter of Basil of Caesarea." *OrChrP* 44 (1978): 31–51.
———. "Basil of Caesarea on Education." Pp. 579–600 in *Basilio di Caesarea, la sua età, la sua opera e il basilianesimo in Sicilia. Atti del Congresso internazionale, Messina 3–6 XII 1979.* Messina: Centro di studi umanistici, 1983.
———. *The Church and the Charisma of Leadership in Basil of Caesarea.* Text and Studies 45. Toronto: Pontifical Institute of Mediaeval Studies, 1979.
Fedwick, Paul J., ed. *Bibliotheca Basiliana Universalis. A Study of the Manuscript Tradition of the Works of Basil of Caesarea.* 4 volumes. Corpus Christianorum. Bibliotheca Basiliana Universalis. Turnhout: Brepols, 1993–2000.
Gain, Benoît. *L'Église de Cappadoce au IVe siècle d'après la correspondance de Basile de Césarée (330–379).* OrChrAn 225. Rome: Pontificium Institutum Orientale, 1985.
Giet, Stanislas. *Les idées et l'action sociales de saint Basile.* Paris: Librairie Lecoffre, 1941.
———. "Saint Basile et le concile de Constantinople de 360." *JTS* n.s. 6 (1955): 94–99.

———. *Sasimes. Une méprise de saint Basile.* Paris: Gabalda, 1941.

Girardi, Mario. "Basilio di Caesarea esegeta dei Proverbi." *VetChr* 28 (1991): 25–60.

———. *Basilio di Cesarea interprete della Scrittura. Lessico, principi ermeneutici, prassi.* Quaderni di "Vetera Christianorum." Bari: Edipuglia, 1998.

———. "Basilio e Gregorio Nisseno sulle beatitudini." *Vetera Christianorum* 32 (1995): 91–129.

———. "Note sul lessico esegetico di Basilio di Caesarea." *Vetera Christianorum* 29 (1992): 19–53.

Gribomont, Jean. "Ésotérisme et tradition dans le *Traité du Saint-Esprit* de saint Basile." *Oecumenica* 2 (1967): 22–56.

———. *Histoire du texte des Ascétiques de S. Basile.* Bibliothèque du Muséon 32. Louvain: Publications universitaires, 1953.

———. "Intransigence and Irenicism in Saint Basil's 'De Spritu Sancto.'" *Word and Spirit* (1979), 109–36.

———. "La tradition johannique chez saint Basile." Pp. 847–66 in *Parola e Spirito. Studi in onore di Settimio Cipriani.* Tome I. Ed. Cesare Casale Marcheselli. Brescia: Paideia, 1982.

———. "Le paulinisme de Saint Basile." Pp. 481–90 in *Studiorum Paulinorum Congressus Internationalis Catholicus 1961: Simul Secondus Congressus Internationalis Catholicus de Re Biblica, Completo Undevicesimo Saeculo Post S. Pauli in Urbem Adventum.* AnBib 17–18. Rome: Pontificio Instituto Biblico, 1963.

———. "Le paulinisme de Basile. Note Complémentaire." Pp. 201–08 in *Saint Basile. Évangile et Église. Mélanges.* Vol. 1. Ed. Enzo Bianchi. Spiritualité Orientale 36. Brégrolles-en-Mauge, Maine-&-Loire: Abbaye de Bellefontaine, 1984.

———. "Les Règles Morales de Saint Basile et le Nouveau Testament." Pp. 416–26 in *Papers Presented to the Second International Conference on Patristic Studies Held at Christ Church, Oxford, 1955.* Ed. Kurt Aland and F. L. Cross. Studia Patristica 2.2, TU 64. Berlin: Akademie Verlag, 1957.

———. "L'Exhortation au renoncement attribuée à saint Basile. Étude d'authenticité." *OCP* 21 (1955): 375–98.

———. "Obéissance et Évangile selon saint Basile le Grand." *La Vie Spirituelle. Supplément* 5 (1952): 192–215.

———. *Saint Basile. Évangile et Église. Mélanges.* 2 volumes. Ed. Enzo Bianchi. Spiritualité Orientale 36. Brégrolles-en-Mauge, Maine-&-Loire: Abbaye de Bellefontaine, 1984.

———. "Un aristocrate révolutionnaire, évêque et moine." *Augustinianum* 17 (1977): 179–91.

Hanson, R. C. P. "Basil's Doctrine of Tradition in Relation to the Holy Spirit." *VC* 22 (1968): 241–55.

Heising, Alkuin. "Der Heilige Geist und die Heiligung der Engel in der Pneumatologie des Basilius von Cäsarea." *ZKT* 87 (1965): 257–308.

Humbertclaude, Pierre. *La doctrine ascétique de saint Basile de Césarée*. Études de Théologie Historique. Paris: Beauchesne, 1932.

Karayannopoulos, Ioannes. "St. Basil's Social Activity: Principles and Praxis." Pp. 375–91 in *Basil of Caesarea: Christian, Humanist, Ascetic. A Sixteen-Hundredth Anniversary Symposium*. Ed. Paul J. Fedwick. Toronto: Pontifical Institute of Mediaeval Studies, 1981.

Keidel, Anne Gordon. "Basil of Caesarea's Use of Romans 7 as a Reflection of Inner Struggle." Pp. 136–40 in *Studia Patristica*. Vol. XXXII. Ed. Elizabeth A. Livingstone. Leuven: Peeters, 1997.

Koschorke, Klaus. *Spuren der alten Liebe. Studien zum Kirchenbegriff des Basilius von Caesarea*. Paradosis 32. Freiburg, CH: Universitätsverlag, 1991.

Kustas, George L. "Saint Basil and the Rhetorical Tradition." Pp. 221–79 in *Basil of Caesarea: Christian, Humanist, Ascetic. A Sixteen-Hundredth Anniversary Symposium*. Tome I. Ed. Paul J. Fedwick. Toronto: Pontifical Institute of Mediaeval Studies, 1981.

Lendle, Otto. "In Basilium fratrem." Pp. 107–34 in *Gregorii Nysseni sermones*. Pars II. Ed. Werner Jaeger et al. vol. 10, tome 1. Leiden: Brill, 1990.

Lim, Richard. "The Politics of Interpretation in Basil of Caesarea's *Hexaemeron*." *VC* 44 (1990): 351–70.

Luislampe, Pia. *Spiritus vivificans: Grundzuge einer Theologie des Heiligen Geistes nach Basilius von Caesarea*. Münsterishce Beiträge zur Theologie 48. Münster: Aschendorff, 1981.

Maraval, Pierre. "La date de la mort de Basile de Césarée." *RE Aug* 34 (1988): 25–38.

McCauley, Leo P., ed. "On St. Basil the Great, Bishop of Caesarea." In *Funeral Orations by Saint Gregory Nazianzen and Saint Ambrose*. The Fathers of the Church 22. New York: The Fathers of the Church, 1953.

Mendieta, Emmanuel Amand de. *The 'Unwritten' and 'Secret' Apostolic Traditions in the Theological Thought of St. Basil of Caesarea*. Scottish Journal of Theology Occasional Papers 13. Edinburgh: Oliver & Boyd, 1965.

Oliver, Harold Hunter. *The Text of the Four Gospels as Quoted in the Moralia of Basil the Great*. Ph.D. diss., Emory University, 1961.

Paczkowski, M. C. "Esegesi prosopografica di S. Basilio Magno." *LASBF* 44 (1994): 291–330.

———. "L'esegesi tipologica nel dibattito antipneumatico di S. Basilio Magno." *LASBF* 43 (1993): 243–59.

Pargoire, Jules. "Basile de Césarée (Saint) et Basiliens." Pp. 501–10 in *Dictionnaire d'archéologie chrétienne et de liturgie*, Vol. 2. Ed. Fernand Cabrol. Paris: Letouzey et Ané, 1907.

Pelikan, Jaroslav. "The 'Spiritual Sense' of Scripture: The Exegetical Basis of St. Basil's Doctrine of the Holy Spirit." Pp. 337–60 in *Basil of Caesarea: Christian, Humanist, Ascetic. A Sixteen-Hundredth Anniversary Symposium.* Tome I. Ed. Paul Jonathan Fedwick. Toronto: Pontifical Institute of Mediaeval Studies, 1981.

Pouchet, Jean-Robert. "La date de l'élection épiscopale de saint Basile et celle de sa mort." *RHE* 87 (1992): 5–33.

———. "Le traité de s. Basile le Grand sur le Saint-Esprit. Milieu originel." *RSR* 84, no. 3 (1996): 325–50.

Pouchet, Robert. *Basile le Grand et son univers d'amis d'après sa correspondance. Une stratégie de communion.* Studia Ephemeridis-Augustinianum 36. Rome: Institutum Patristicum Augustinianum, 1992.

Reilly, Gerald Francis. *Imperium and Sacerdotium according to St. Basil the Great.* Catholic University of America Studies in Christian Antiquity 7. Washington, D.C.: Catholic University of America Press, 1945.

Rippinger, Joel. "The Concept of Obedience in the Monastic Writings of Basil and Cassian." *StudMon* 19 (1977): 7–18.

Rist, John M. "Basil's 'Neoplatonism': Its Background and Nature." Pp. 137–220 in *Basil of Caesarea: Christian, Humanist, Ascetic. A Sixteen-Hundredth Anniversary Symposium.* Tome I. Ed. Paul J. Fedwick. Toronto: Pontifical Institute of Mediaeval Studies, 1981.

Rousseau, Philip. *Basil of Caesarea.* Transformation of the Classical Heritage 20. Berkeley, Calif.: University of California Press, 1994.

Rudberg, Stig Y. *Études sur la tradition manuscrite de saint Basile.* Uppsala: AB Lundequistska Bokhandeln, 1953.

Scazzoso, Piero. "San Basilio et la Sacra Scrittura." *Aevum* 47 (1973): 210–24.

Sesboüé, Bernard. *Saint Basile et la Trinité. Un acte théologique au IVe siècle.* Paris: Desclée, 1998.

Sigountos, James G. *Basil the Great's Rejection of Allegory.* Ph.D. diss. University of Chicago, 1987.

Smets, Alexis, and Michel van Esbroeck, eds. *Basile de Césarée. Sur l'Origine de l'Homme. (Hom. X et XI de l'Hexaéméron).* SC 106. Paris: Cerf, 1970.

Stiernon, Daniel. "Basilio il Grande. Vita, opere, culto, reliquie, iconografia." Pp. 910–44 in *Bibliotheca Sanctorum,* Vol. 2. Rome: Istituto Giovanni xxiii, 1962.

Tieck, William Arthur. "Basil of Caesarea and the Bible." Ph.D. diss. Columbia University, 1953.

Treucker, Barnim. *Politische und sozialgeschichtliche Studien zu den Basilius-Briefen.* Frankfurt am Main, 1961.

Université de Strasbourg II. Centre d'analyse et de documentation patristiques. *Biblia patristica: index des citations et allusions bibliques dans la littérature patristique.* Vol. 5. *Basile de Césarée, Grégoire de Nysse, Grégoire de Nysse, Amphiloque d'Iconium.* Paris: Centre national de la recherche scientifique, 1991.

Yamamura, Kei. "The Development of the Doctrine of the Holy Spirit in Patristic Philosophy: St. Basil and St. Gregory of Nyssa." Transl. by H.G. Seraphim. *SVTQ* 18 (1974): 3–21.

OTHER WORKS USED

Ackroyd, P. R., and C. F. Evans, eds. *From the Beginnings to Jerome.* In *The Cambridge History of the Bible.* Vol. 1. Cambridge: Cambridge University Press, 1970.

Aland, Kurt, and Barbara Aland. *The Text of the New Testament.* 2nd ed. Transl. by Errol F. Rhodes. Grand Rapids, Mich./Leiden: Eerdmans/Brill, 1989.

Arndt, William F., and F. Wilbur Gingrich. *A Greek-English Lexicon of the New Testament and Other Early Christian Literature: A Translation and Adaptation of the Fourth Revised and Augmented Edition of Walter Bauer's Griechisch-deutsches Wörterbuch zu den Schriften des Neuen Testaments und der übrigen urchristlichen Literatur.* 3rd ed. from Walter Bauer's 6th ed. Chicago: University of Chicago Press, 2000.

Bardy, Gustave. "Éditions et Rééditions d'Ouvrages Patristiques." *RBén* 47 (1935): 356–80.

———. *Recherches sur saint Lucien d'Antioche et son école.* Études de Théologie Historique. Paris: Beauchesne, 1936.

Barnes, Timothy D. "The Collapse of the Homoeans in the East." Pp. 3–16 in *Studia Patristica Vol. XXIX*, Papers Presented at the Twelfth International Conference on Patristic Studies held in Oxford 1995. Ed. Elizabeth A. Livingstone. Leuven: Peeters, 1997.

Blass, F., A. Debrunner, and Robert W. Funk. *A Greek Grammar of the New Testament and Other Early Christian Literature.* A Translation and Revision of the Ninth-Tenth German Edition Incorporating Supplementary Notes of A. Debrunner. Chicago: University of Chicago Press, 1961.

Blinzler, J., O. Kuss, and F. Mussner, eds. *Neutestamentliche Aufsätze: Festschift Für Prof. Josef Schmid Zum 70. Geburtstag.* Regensburg: F. Pustet, 1963.

Booth, Alan D. "The Chronology of Jerome's Early Years." *Phoenix* 35 (1981): 237–59.

Brogan, John J. *The Text of the Gospels in the Writings of Athanasius.* Ph.D. diss., Duke University, 1997.

Brooks, James A. *The New Testament Text of Gregory of Nyssa.* SBLNTGF 2. Atlanta: Scholars Press, 1991.

Brunner, Klaus. "Textkritisches zu Mt 6,28." *ZKT* 100 (1978): 251–56.
Bruns, Gerald L. "The Problem of Figuration in Antiquity." Pp. 147–64 in *Hermeneutics: Questions and Prospects*. Ed. Gary Shapiro and Alan Sica. Amherst, Mass.: University of Massachussets Press, 1984.
Burgess, Stanley M. *The Holy Spirit: Ancient Christian Traditions*. Peabody, Mass.: Hendrickson, 1997.
Center for Hermeneutical Studies in Hellenistic and Modern Culture., and G. D. Kilpatrick. *Literary Fashions and the Transmission of Texts in the Graeco-Roman World*. Protocol of the Colloquies of the Center 19. Berkeley, Calif.: The Center, 1976.
Colwell, Ernest C. "Method in Grouping New Testament Manuscripts." Pp. 1–25 in *Studies in Textual Criticism of the New Testament*. NTTS 9. Leiden: Brill, 1969.
———. "Method in Locating a Newly-Discovered Manuscript within the Manuscript Tradition of the Greek New Testament." In *Studia Evangelica [Vol. I] Papers Presented to the International Congress on "The Four Gospels in 1957" Held at Christ Church, Oxford, 1957*. Ed. Kurt Aland et al. TU 73. Berlin: Akademie Verlag, 1959.
———. "The Significance of Grouping of New Testament Manuscripts." *NTS* 4 (1958): 73–92.
———. "The Complex Character of the Late Byzantine Text of the Gospels." *JBL* 54 (1935): 211–21.
Colwell, Ernest C. and Ernest W. Tune. "The Quantitative Relationships between MS Text-Types." Pp. 25–32 in *Biblical and Patristic Studies in Memory of Robert Pierce Casey*. Ed. J. N. Birdsall and R. W. Thomson. Freiburg im Breisgau: Herder, 1963.
Davies, William D., and Dale C. Allison. *The Gospel according to Saint Matthew*. 3 Volumes. ICC 26. Edinburgh: T & T Clark, 1988–1997.
Dicks, Claude D. "The Matthean Text of Chrysostom in His Homilies on Matthew." *JBL* 67 (1948): 365–76.
Dunn, Mark R. "An Examination of the Textual Character of Codex Ephraemi Syri Rescriptus (C, 04) in the Four Gospels." Ph. diss., Southwestern Baptist Theological Seminary, 1990.
Duplacy, Jean. *Études de critique textuelle du Nouveau Testament*. Ed. Joël Delobel. BETL 78. Leuven: Leuven University Press/Uitgeverij Peeters, 1987.
Edwards, Richard A. "Narrative Implications of Gar in Matthew." *CBQ* 52 (1990): 636–55.
Ehrman, Bart D. *Didymus the Blind and the Text of the Gospels*. SBLNTGF 1. Atlanta: Scholars Press, 1986.
———. "Methodological Developments in the Analysis and Classification of New Testament Documentary Evidence." *NovT* 29 (1987): 22–45.

———. "The Use and Significance of Patristic Evidence for NT Textual Criticism." Pp. 118–35 in *New Testament Textual Criticism, Exegesis, and Early Church History. A Discussion of Methods.* Ed. Barbara Aland and Joël Delobel. CBET 7. Kampen [The Netherlands]: Kok Pharos, 1994.

———. "The Use of Group Profiles for the Classification of New Testament Documentary Evidence." *JBL* 106 (1987): 465–86.

Ehrman, Bart D., Gordon D. Fee, and Michael W. Holmes. *The Text of the Fourth Gospel in the Writings of Origen.* Vol. 1. SBLNTGF 3. Atlanta: Scholars Press, 1992.

Elliott, J. K., ed. *The Principles and Practice of New Testament Textual Criticism. Collected Essays of G. D. Kilpatrick.* BETL 96. Leuven: Leuven University Press/Peeters, 1990.

Elliott, J. K. "The Use of ἕτερος in the New Testament." Pp. 121–23 in *Essays and Studies in New Testament Textual Criticism.* Estudios de Filología Neotestamentaria 3. Cordoba (Spain): Almendro, 1992.

———. "Μαθητής With a Possessive in the New Testament." Pp. 139–45 in *Essays and Studies in New Testament Textual Criticism.* Estudios de Filología Neotestamentaria 3. Cordoba (Spain): Almendro, 1992.

Epp, Eldon J., and Gordon D. Fee. *Studies in the Theory and Method of New Testament Textual Criticism.* SD 45. Grand Rapids, Mich.: Eerdmans, 1993.

Fee, Gordon D. "The Text of John in Origen and Cyril of Alexandria: A Contribution to Methodology in the Recovery and Analysis of Patristic Citations." *Bib* 52 (1971): 357–94.

———. "The Text of John in *The Jerusalem Bible*: A Critique of the Use of Patristic Citations in New Testament Textual Criticism." *JBL* 90 (1971): 163–73.

———. "The Use of Patristic Citations in New Testament Textual Criticism: The State of the Question." ANRW 26.1. Berlin/New York: De Gruyter, 1992.

———. "The Use of the Greek Fathers for New Testament Textual Criticism." Pp. 191–207 in *The Text of the New Testament in Comtemporary Research. Essays on the Status Quaestionis. A Volume in Honor of Bruce M. Metzger.* Ed. Bart D. Ehrman and Michael W. Holmes. SD 46. Grand Rapids, Mich.: Eerdmans, 1995.

Festugière, A. J. *Antioche païenne et chrétienne. Libanius, Chrysostome et les moines de Syrie.* Bibliothèque des Écoles Françaises d'Athènes et de Rome 194. Paris: E. de Boccard, 1959.

Fiedrowicz, Michael. *Principes de l'interprétation de l'Ecriture dans l'Eglise ancienne.* Transl. by Gérard Poupon. Traditio Christiana 10. Bern: Peter Lang, 1998.

Fisher, Ronald A. *Statistical Methods for Research Workers.* 14th ed. New York: Hafner, 1973.

Fontaine, Jacques, and Charles Pietri. *Le monde latin antique et la Bible.* In *Bible de tous les temps.* Vol. 2. Paris: Beauchesne, 1985.

Freese, John H., ed. *The Library of Photios*. London: SPCK, 1920.
Geerard, Maurice. *Clavis Patrum Graecorum*. CCSG. Turnhout: Brepols, 1974.
Glasson, T. F. "Carding and Spinning: Oxyrhynchus Papyrus No. 655." *JTS* n.s. 13 (1962): 331–32.
Gnilka, Joachim. *Das Matthaüsevangelium*. Vol. 2. HTKNT 1. Freiburg: Herder, 1986.
Grant, Robert M., and David Tracy. *A Short History of the Interpretation of the Bible*. 2nd ed. Philadelphia: Fortress, 1984.
Greenlee, J. Harold. *Introduction to New Testament Textual Criticism*. 2nd ed. Peabody, Mass.: Hendrickson, 1995.
Gregory, Caspar René. *Canon and Text of the New Testament*. Edinburgh: T & T Clark, 1907.
Gundry, Robert Horton. *Matthew: A Commentary on His Handbook for a Mixed Church under Persecution*. Grand Rapids, Mich.: Eerdmans, 1994.
Hagner, Donald A. *Matthew 1–13*. WBC 33A. Dallas: Word Books, 1993.
———. *Matthew 14–28*. WBC 33B. Dallas: Word Books, 1995.
Haines-Eitzen, Kim. "'Girls Trained in Beautiful Writing': Female Scribes in Roman Antiquity and Early Christianity." *JECS* 6 (1998): 629–46.
Halleux, André de. *Patrologie et oecuménisme*. BETL 93. Leuven: Leuven University Press/Peeters, 1990.
———. "La profession de foi de l'Esprit-Saint dans le Symbole de Constantinople." *RTL* 10 (1979): 5–39.
Hannah, Darrell D. *The Text of 1 Corinthians in The Writings of Origen*. SBLNTGF 4. Atlanta, GA: Scholars Press, 1997.
Harris, William V. *Ancient Literacy*. Cambridge, Mass: Harvard University Press, 1989.
Harvey, A. E. "'The Workman is Worthy of His Hire.' Fortunes of a Proverb in the Early Church." *NovT* 24 (1982): 209–21.
Hawkins, John C. *Horae Synopticae, Contribution to the Study of the Synoptic Problem*. Oxford: The Clarendon Press, 1899.
Haykin, Michael A. G. *The Spirit of God. The Exegesis of 1 and 2 Corinthians in the Pneumatochian Controversy of the Fourth Century*. VCSup 27. Leiden: Brill, 1994.
Heimerdinger, Jenny. "Word Order in Koine Greek. Using a Text-Critical Approach to Study Word Order Patterns in the Greek Text of Acts." *FgNT* 9 (1996): 139–80.
Hills, Edward F. "The Inter-Relationship of the Caesarean Manuscripts." *JBL* 68 (1949): 141–59.
Holl, Karl, ed. *Epiphanius Werke III*. 2th ed. GCS 37. Berlin: Akademie Verlag, 1985.
Holmes, Michael W. "The Text of the Matthean Divorce Passages: A Comment on the Appeal to Harmonization in Textual Decisions." *JBL* 109 (1990): 651–64.
Hug, Johann Leonhard. *Einleitung in die Schriften Des Neuen Testaments*. Stuttgart: J. C. Gotta, 1808.

Jones, A. H. M. *The Cities of the Eastern Roman Provinces*. 2nd ed. Oxford: Clarendon, 1971.
Katz, Peter. "ΠΩΣ ΑΥΞΑΝΟΥΣΙΝ." *JTS* n.s. 5 (1954): 207–09.
Kenyon, Sir Frederic G. *Handbook to the Textual Criticism of the New Testament*. 2nd ed. London: MacMillan and Co., 1926.
Kilpatrick, G. D. "Atticism and the Text of the Greek New Testament." Pp. 15–32 in *The Principles and Practic of New Testament Textual Criticism. Collected Essays of G. D. Kilpatrick*. Ed. J. K. Elliott. BETL 96. Leuven: Leuven University Press/Uitgeverij Peeters, 1990.
———. "The Historic Present in the Gospels and Acts." *ZNW* 68 (1977): 258–62.
———. "Griesbach and the Development of Textual Criticism." In *Synoptic and Text Critical Studies, 1776-1976*. Eds. Bernard Orchard and Thomas Longsaff, 136-153. Cambridge: Cambridge University Press, 1978.
———. "Literary Fashions and the Transmission of Texts in the Graeco-Roman World." Pp. 15–32 in *The Principles and Practice of New Testament Textual Criticism. Collected Essays of G. D. Kilpatrick*. Ed. J. K. Elliott. BETL 96. Leuven: Leuven University Press/Peeters, 1990.
Knowles, David. *Les moines chrétiens*. Transl. by Christine Renard-Cheinisse. L'Univers des Connaissances. Paris: Hachette, 1969.
Lagrange, Marie-Joseph. *Critique textuelle: la critique rationnelle*, avec la collaboration de Stanislas Lyonnet. Introduction à l'étude du Nouveau Testament 2,2. Paris: Gabalda, 1935.
Lake, Kirsopp, and Robert Blake. "The Text of the Gospels and the Koridethi Codex." *HTR* 16 (1923): 267–86.
Lake, Kirsopp, Robert Blake, and Silva New. "The Caesarean Text of the Gospel of Mark." *HTR* 21 (1928): 207–404.
Lake, Kirsopp, and Silva Lake. "The Byzantine Text of the Gospels." Pp. 251–58 in *Mémorial Lagrange*. Ed. L.-H. Vincent. Paris: Gabalda, 1940.
Liddell, Henry G., and Scott, Robert, eds. *A Greek-English Lexicon*. 9th ed. rev. and augm. throughout by Henry S. Jones, with the assistance of Roderick M. McKenzie and with the cooperation of many scholars. Oxford/New York: Clarendon Press/Oxford University Press, 1996. Cited 10 April 2000. Online: http://www.perseus.tufts.edu/cg-bin/leindex?entry-fe/rw.
Louw, Johannes P., and Eugene N. Nida, eds. *Greek-English Lexicon of the New Testament Based on Semantic Domains*. Volume 2: Indices. Cape Town, South Africa: Bible Society of South Africa, 1993.
Mack, Burton L. *Rhetoric and the New Testament*. Guides to Biblical Scholarship, New Testament Series. Minneapolis: Fortress, 1990.
Margerie, Bertrand de. *Les Pères grecs et orientaux*. In *Introduction à l'histoire de l'exégèse*. Initiations. Paris: Cerf, 1980.

Marrou, Henri-Irénée. *Histoire de l'éducation dans l'Antiquité*. 6th ed. revised. Paris: Seuil, 1965.
Mercier, B. Ch. *La liturgie de saint Jacques édition critique du texte grec avec traduction latine*. Patrologia Orientalis, t. 26, fasc. 2. Paris: Firmin-Didot, 1946.
Meredith, Anthony. *The Cappadocians*. Crestwood, N.Y.: St. Vladimir's Seminary Press, 1995.
Metzger, Bruce M. *A Textual Commentary on the Greek New Testament. A Companion Volume to the United Bible Societies Greek New Testament (Third Edition)*. London: United Bible Societies, 1971.
———. *A Textual Commentary on the Greek New Testament. A Companion Volume to the United Bible Societies Greek New Testament*. Fourth Revised ed. Stuttgart: Deutsche Bibelgesellschaft/United Bible Societies, 1994.
———. *Chapters in the History of New Testament Textual Criticism*. NTTS 4. Grand Rapids, Mich.: Eerdmans, 1963.
———. "Lucian and the Lucianic Recension of the Greek Bible." *NTS* 8 (1962): 189–203.
———. *Manuscripts of the Greek Bible. An Introduction to Greek Paleography*. New York: Oxford University Press, 1981.
———. *The Text of the New Testament. Its Transmission, Corruption, and Restoration*. 3rd ed. New York/Oxford: Oxford University Press, 1992.
Middleton, T. F. *The Doctrine of the Greek Article Applied to the Criticism and Illustration of the New Testament*. With prefatory observations and notes by Hugh James Rose. London: Rivington, 1841.
Milne, H. J. M., and Theodore. C. Skeat. *Scribes and Correctors of the Codex Sinaiticus, including contributions by Douglas Cockerell*. London: British Museum, 1938.
Montdésert, Claude, ed. *Le monde grec ancien et la Bible*. In *Bible de tous les temps*. Vol. 1. Paris: Beauchesne, 1984.
Moule, C. F. D. *An Idiom Book of New Testament Greek*. 2nd ed. Cambridge: Cambridge University Press, 1963.
Moulton, Harold K., ed. *The Analytical Greek Lexicon Revised*. Grand Rapids, Mich.: Zondervan, 1978.
Mullen, Roderick L. *The New Testament Text of Cyril of Jerusalem*. SBLNTGF 7. Atlanta: Scholars Press, 1997.
O'Leary, De Lacy, ed. *The Arabic Life of St. Pisenthius according to the Text of the Two Manuscripts Paris Bib. Nat. Arabe 4785 and Arabe 4794*. Tome 22, fasc. 3. Patrologia Orientalis. Paris: Firmin-Didot, 1930.
Pelikan, Jaroslav. *La tradition chrétienne*. Tome I: L'émergence de la tradition catholique (100–600). Transl. by Pierre Quillet. Théologiques. Paris: Presses Universitaires de France, 1994.
Perry, Alfred M. "Translating the Greek Article." *JBL* 68 (1949): 329–34.

Petzer, Jacobus H. "Author's Style and the Textual Criticism of the New Testament." *Neot* 24 (1990): 185–97.
Photius. *Bibliothèque*. Ed. René Henry. Collection Byzantine. Paris: Les Belles lettres, 1959.
Porter, Stanley E. *Idioms of the Greek New Testament*. 2nd ed. Biblical Language: Greek 2. Sheffield: JSOT Press, 1994.
Quasten, Johannes. *The Beginnings of Patristic Literature. From the Apostles Creed to Irenaeus*. Vol. 1 of *Patrology*. Westminster Md.: Christian Classics Inc., 1992.
———. *The Golden Age of Greek Patristic Literature. From the Council of Nicea to the Council of Chalcedon*. Vol. 3 of *Patrology*. Westminster Md.: Christian Classics Inc., 1992.
Ralston, T. J. "The 'Majority Text' and Byzantine Origins." *NTS* 38 (1992): 122–37.
Richards, W. Larry. *The Classification of the Greek Manuscripts of the Johannine Epistles*. SBLDS 35. Missoula, Mont.: Scholars Press, 1977.
Robertson, A. T. *A Grammar of the Greek New Testament in the Light of Historical Research*. 3rd ed. Nashville, Tenn.: Broadman, 1934.
Robinson, James M. "A Written Greek Sayings Cluster Older Than Q: A Vestige." *HTR* 92 (1999): 61–77.
———. "The Pre-Q Text of the (Ravens and) Lilies: Q 12:22–31 and P. Oxy. 665 (Gos. Thom. 36)." Pp. 143–80 in *Text und Geschichte: Facetten theologischen Arbeitens aus dem Frendes- und Schülerkreis. Dieter Lührmann zum 60. Gerburtstag*. Eds. Stefan Maser and Egbert Schlarb. Marburger Theologische Studien 50. Marburg: N. G. Elwert, 1999.
Robinson, James M., and Christopher Heil. "Zeugnisse Eines Schriftlichen, Griechischen Vorkanonischen Textes: Mt 6:28b Sinaiticus, P. Oxy. 655 I,1–17 (EvTh 36) und Q 12,27." *ZNW* 89 (1998): 30–44.
Robinson, Maurice A. "The Case for Byzantine Priority." No pages. Cited 12 September 2003. *TC* 6 (2001). Http://purl.org/TC.
Sanday, William. "The Text of Codex Rossaniensis (Σ)." *Studia Biblica* 1 (1885): 103–112.
Sanders, Donald H., and François Allard. *Les statistiques. Une approche nouvelle*. 2nd ed. Montréal: McGraw-Hill, 1992.
Schroeter, Jens. "Vorsynotpische Überlieferung auf P. Oxy. 655? Kritische Bermerkungen Zur einer Erneuerten These." *ZNW* 90 (1999): 265–72.
Semler, Johann Salomo. *Hermeneutische Vorbereitung*. 2 volumes. Halle: C. H. Hemmerde, 1765.
Sesboüé, Bernard, and Joseph Wolinski. *Le Dieu du Salut. Histoire des Dogmes*, tome 1. Paris: Desclée, 1994.
Simonetti, Manlio. *Biblical Interpretation in the Early Church. An Historical Introduction to Patristic Exegesis*. Transl. by J. A. Hughes and ed. A. Bergquist and

M. Bockmuehl. Edinburgh: T & T Clark, 1994.

———. "Sabellius—Sabelliens." Pp. 2205–06 in *Dictionnaire encyclopédique du christianisme ancien*. Paris: Cerf, 1990.

Skeat, Theodore C. "The Lilies of the Field." *ZNW* 37 (1938): 211–14.

Smyth, Herbert W. *Greek Grammar*. Revised by G. M. Lessing. Cambridge, Mass.: Harvard University Press, 1956.

Streeter, Burnett Hillman. *The Four Gospels. A Study of Origins*. London: MacMillan, 1927.

Sturz, Harry A. *The Byzantine Text-Type & New Testament Textual Criticism*. Nashville: Thomas Nelson, 1984.

Suggs, M. Jack. "The Use of Patristic Evidence in the Search for a Primitive New Testament Text." *NTS* 4 (1957): 139–47.

Teja, Ramón. *Organización economica y social de Capadocia en el siglo IV, segun los Padres capadocios*. Acta Salmanticensia, Filosofia y Letras 78. Salamanca: Universidad de Salamanca, 1974.

Vaganay, Léon. *Initiation à la Critique Textuelle Néotestamentaire*. Bibliothèque Catholique Des Sciences Religieuses 14. Paris: Bloud & Gay, 1934.

Vaganay, Léon, and Christian-Bernard Amphoux. *Initiation à la critique textuelle du nouveau testament*. 2nd ed. Études annexes de la Bible de Jérusalem. Paris: Éditions du Cerf, 1986.

Vaggione, Richard Paul, ed. *Eunomius. The Extant Works*. Oxford Early Christian Texts. Oxford: Clarendon Press, 1987.

Voss, David O. "Is von Soden's Kr a Distinct Type of Text?" *JBL* 57 (1938): 311–18.

Wachtel, Klaus. *Der Byzantinische Text der Katholischen Briefe. Eine Untersuchung Zur Entstehung der Koine Des Neuen Testaments*. ANTF 24. Berlin: De Gruyter, 1995.

Wallace, Daniel B. *Greek Grammar Beyond the Basics. An Exegetical Syntax of the New Testament*. Grand Rapids, Mich.: Zondervan, 1996.

Westcott, B. F., and F. J. A. Hort. *Introduction to the New Testament in the Original Greek*. Reprinted from the edition by Harper & Brothers, New York, 1882. Peabody, Mass.: Hendrickson, 1988.

Wickham, Lionel R. "Aetius and the Doctrine of Divine Ingeneracy." Pp. 259–263 In *Studia Patristica*, Vol. XI, ed. F. L. Cross. TU 108. Berlin: Akademie Verlag, 1972.

Wickham, Lionel R., ed. "The *Syntagmaton* of Aetius the Anoeman." *JTS* n.s. 19 (1968): 532–69.

Winer, Georg Benedikt, and W. F. Moulton. *A Treatise on the Grammar of New Testament Greek Regarded as the Basis of New Testament Exegesis*. 3rd ed. revised, 9th English ed. Translated by W. F. Moulton. Edinburgh: T & T Clark, 1882.

Wisse, Frederik. *The Profile Method for Classifying and Evaluating Manuscript Evidence*. SD 44. Grand Rapids, Mich.: Eerdmans, 1982.

Young, Frances M. *From Nicea to Chalcedon. A Guide to the Literature and Its Background.* Philadelphia: Fortress, 1983.

———. "The Rhetorical Schools and Their Influence on Patristic Exegesis." Pp. 182–99 in *The Making of Orthodoxy.* Essays in Honour of Henry Chadwick. Ed. Rowan Williams. Cambridge: Cambridge University Press, 1989.

Zerwick, Maximilian. *Biblical Greek.* English Edition Adapted from the Fourth Latin ed. Ed. Joseph Smith. Rome: Pontifical Biblical Institute, 1963.

Zuntz, Günther. "A Note on Matthew xxvi.34 and xxvi.75." *JTS* 50 (1949): 182–83.

———. *Lukian von Antiochien und der Text der Evangelien.* Ed. Barbara Aland and Klaus Wachtel. Heidelberg: Winter, 1995.

———. "The Byzantine Text in New Testament Criticism." *JTS* 43 (1942): 25–30.

———. *The Text of the Epistles. A Disquisition Upon the Corpus Paulinum.* Oxford: Oxford University Press, 1953.